总主编 惠 中

小学数学教学设计与案例分析（第二版）

21世纪
小学教师
教育系列教材

● 沈丹丹 杨宏 著

说课 教学设计 10-15min.
出勤 + 课堂表现 + 作业

中国人民大学出版社
· 北京 ·

图书在版编目（CIP）数据

小学数学教学设计与案例分析/沈丹丹，杨宏著
. --2版. --北京：中国人民大学出版社，2023.1
21世纪小学教师教育系列教材/惠中总主编
ISBN 978-7-300-31168-5

Ⅰ.①小… Ⅱ.①沈… ②杨… Ⅲ.①小学数学课-教学设计-小学教师-师资培养-教材 Ⅳ.①G623.502

中国版本图书馆CIP数据核字（2022）第203390号

21世纪小学教师教育系列教材
总主编 惠 中
小学数学教学设计与案例分析（第二版）
沈丹丹 杨 宏 著
Xiaoxue Shuxue Jiaoxue Sheji yu Anli Fenxi

出版发行	中国人民大学出版社		
社　　址	北京中关村大街31号	**邮政编码**	100080
电　　话	010－62511242（总编室）		010－62511770（质管部）
	010－82501766（邮购部）		010－62514148（门市部）
	010－62515195（发行公司）		010－62515275（盗版举报）
网　　址	http://www.crup.com.cn		
经　　销	新华书店		
印　　刷	北京昌联印刷有限公司	**版　　次**	2016年12月第1版
规　　格	185 mm×260 mm　16开本		2023年1月第2版
印　　张	20.5	**印　　次**	2025年1月第5次印刷
字　　数	417 000	**定　　价**	52.00元

总　序

教师是教育事业发展的基础，是提高教育质量、办好人民满意教育的关键。《国务院关于加强教师队伍建设的意见》明确提出，我国教师队伍建设的总体目标是：形成一支师德高尚、业务精湛、结构合理、充满活力的高素质专业化教师队伍。为了实现这一目标，国家加大了教师教育改革的推进力度。2011 年 10 月，教育部颁布了《关于大力推进教师教育课程改革的意见》和《教师教育课程标准（试行）》，对深入推进教师教育课程改革作出了总体部署。2012 年 2 月，教育部正式颁布《幼儿园教师专业标准（试行）》《小学教师专业标准（试行）》《中学教师专业标准（试行）》，将其作为教师培养、准入、培训、考核等工作的重要依据。与此同时，为了严把教师入口关，教育部制定了教师资格考试指导意见和考试标准，对国家教师资格考试制度进行改革。

2018 年初，教育部又制定并颁发《师范类专业认证标准》，借鉴国际高等教育通用的专业认证方式，推进师范类专业建设与课程改革，以保证并提高我国教师教育培养质量。

教育部关于教师教育改革的一系列重大部署对我国教师教育发展将产生积极、深远的影响。其中，“教师专业标准（试行）”明确提出了对合格中小幼教师的专业要求，为促进中小幼教师的专业化发展、建设高素质的教师队伍提供了基本准则；《教师教育课程标准（试行）》则聚焦教师教育课程的改革，其所倡导的基本理念、基本标准和课程模块等，对中小幼教师教育的课程设置、教学内容和培养方式的改革提出了具体、明确的要求；教师资格考试制度改革实行国家统一的教师资格考试，包括笔试和面试，考试成绩合格者方能认定教师资格，这必然对中小幼教师培养产生较大的冲击；师范类专业认证的全面推进，则力图重塑高校师范类专业人才培养体系，建立贯穿教师培养全过程的质量保障机制……这一切，都要求教师教育机构、教师教育工作者和研究者关注教师教育改革的动态，研究和领会教师教育改革的精神，进一步推进教师教育的课程教学改革工作。

在我国近 1 800 万各级各类教师中，小学教师是人数最多、占比最高的一支队伍，小学教师队伍建设是我国教师教育发展的一个重要方面。20 世纪 90 年代以来，随着经济、社会和教育事业的发展，我国三级师范教育体系逐步向二级甚至一级师范教育体系过渡，小学教师培养也经历了由以中专学历为主体，到大学专科和本科学历占主导地位的迅速转型。据不完全统计，目前各类教师教育机构开设的本科小学教育专业有200多个，专科初等教育专业也有相当大的规模，形成了庞大的小学教师培养体系。小学教育专业是我国高等师范教育体系中一个全新的专业，经过多年的实践探索和理论研究，专业建设已取得许多重要成果。但毋庸讳言，其专业建设中依然存在着诸如培养模式不够清晰、课程设置不尽合理、课程内容简单照搬、培养方式变化不大等问题。而且，高等教育大众化带来的高等院校升格和结构调整，灵活、开放的教师教育体系构建带来的师范院校的重新定位和内部重组，小学教师培养迅速高学历化带来的培养模式变革，特别是2022年4月教育部颁发的《义务教育课程方案和课程标准（2022年版）》对深入推进义务教育阶段的课程改革进行了全面部署，这些都迫切要求我们回应基础教育课程教学改革的要求，不断创新教师教育课程理念，优化教师教育课程结构，改革课程教学内容，改进教学方法和手段，强化教育实践环节，提高小学教师的培养质量。

加强教学基本建设是专业建设的中心问题之一。课程是组织教学的基本单位，教材则是课程的载体，教材建设涉及教育理念的更新、教学内容的选择和教学方式的变革，加强小学教育专业的教材建设是保证小学教师培养质量的重要方面。高学历小学教师的培养模式、课程体系仍处于探索之中，《教师教育课程标准（试行）》的颁发必然导致小学教师培养课程的结构调整，加之国家教师资格考试制度改革和师范类专业认证的持续推进，新课标提出的小学阶段课程教学改革新举措，对小学教师培养提出了新的要求，这些都应该体现在小学教育专业的教材之中。有鉴于此，我们组织编写了这套“21世纪小学教师教育系列教材”。

在这套教材的组织编写过程中，我们始终坚持并力图实现以下目标：

第一，根据《教育部关于大力推进教师教育课程改革的意见》《教师教育课程标准（试行）》的精神，按照小学教育专业培养模式改革和课程结构调整的要求，精心设计系列教材结构和具体编写项目。我们将本套教材设计为小学教师教育理论系列、小学教师学科教育系列和小学教师教育教学实践系列三个部分，分别针对小学教育专业师范生的教师教育理论课程的学习、主要任教学科专业基础课程的学习和小学教育教学实践能力提升三个方面。在具体教材项目选择方面，则注意与小学教育专业的课程改革和小学阶段的课程方案调整相吻合，除了基本覆盖该专业传统基础课程之外，还设计了《小学教育基础》《小学生认知与学习》《小学数学思维方法》《儿童文学应用教程》《小学语文教学设计与案例分析》《小学数学教学设计与案例分析》《小学班队活动设计》《小学科学活动设计与指导》《小学综合实践活动设计与组织》《小学生心理健康与辅导》等教材，希望能够填补小学教育专业教材建设的一些空白。

第二，根据《小学教师专业标准（试行）》对小学教师的具体要求，参照《义务教育课程方案和课程标准（2022年版）》的基本精神，坚持育人为本的基本理念，全面落实习近平总书记提出的培养有理想、有本领、有担当时代新人的要求，基于小学生核心素养发展的需要，凸显中华优秀传统文化、革命传统、国家安全、生命安全与健康等重大教育主题，精心选择教材编写内容。教育生理和心理都处于迅速成长期的6～12岁儿童，要求小学教师具有良好的师德，要关爱小学生，尊重小学生人格，富有爱心、责任心、耐心和细心等，也要求小学教师具有综合的专业素养，具备合理的知识结构和多方面的专业能力。我们必须改变长期以来以学科知识体系为主线的教材内容组织方式，按照学生学习逻辑组织呈现课程内容，以小学教师的职业需要为前提，关注小学教育专业师范生培养实际，关注未来小学教师专业素养的养成，关注目前小学新课程改革和国家统编本教材的发展方向，加强与学生经验、现实生活、社会实践的联系，兼顾在职小学教师专业发展和培训的需要，选择合适的教学内容，形成具有自身特色的教材知识体系。

第三，根据国家教师资格考试制度改革的要求，突出实践取向和能力培养，将学科知识、教育理论与教育实践有机结合，以培养未来小学教师教书育人的实践能力。本套教材的编写十分注重从解决小学教育教学实践中的问题出发，其中教育理论知识学习以学生能理解和运用为目的，教育教学实践能力培养注重学生实践体验和反思的过程，同时兼顾国家教师资格考试相关内容与技能训练，以推动小学教师教育的教学方式和学习方式的变革。

第四，在教材的编写体例和内容呈现方式上，本套教材注意学习借鉴国内外相关高等教育教材的成功经验，根据不同的教材系列设计出更加灵活的编写体例，增加更多课堂和教育案例与相关知识专栏。写作语言风格活泼，避免简单的理论说教，以适合当代教育工作者阅读和学习的需要。

组织编写“21世纪小学教师教育系列教材”是一项庞大的系统工程，此项工作得到了全国许多从事小学教师教育的兄弟院校领导的大力支持、中国人民大学出版社领导的直接关心和策划编辑的精心策划，更有赖于各分册主编和编写者的辛勤劳动，对此我们一并表示衷心感谢！

本人从事小学教师教育研究已有20年之久，也先后主持和参与了一些小学教师教育教材建设项目，在自己学术研究和职业生涯的最后阶段，我愿将多年从事小学教师教育研究的成果和经验，将自己参与教育部许多教师教育重大改革项目的思考和启示，运用于本套教材的编写过程中。希望通过各方的积极参与和共同努力，能够编写出反映教师教育改革与发展趋势的、具有特色的小学教师教育教材，为小学教育专业建设和小学教师专业发展尽绵薄之力。

是为序。

惠 中

2022年12月8日于上海

前言

《义务教育数学课程标准（2022年版）》（以下简称2022版新课标）指出，要坚持“以习近平新时代中国特色社会主义思想为指导，全面贯彻党的教育方针，遵循教育教学规律，落实立德树人根本任务，发展素质教育”。2022版新课标强化了课程育人的导向，优化了课程内容结构，并通过学业质量标准指导和帮助教师把握教学深度与广度，落实党中央、国务院的“双减”政策要求。本书根据2022版新课标提出的义务教育从“有学上”转向“上好学”的改革新方向，结合教育部2012年印发的《小学教师专业标准（试行）》，以及教师资格考试、教师定期注册、教师专业培训、教师职称评定等一系列改革要求，从解决小学数学教育教学实践中的实际问题出发，通过“理论构建，案例示范”的形式，帮助教师进一步明确“培养什么人、怎样培养人、为谁培养人”等问题，提高小学数学教学设计能力和执教能力，满足有志于从事小学数学教育事业的大专生、本科生参加教师资格考试，以及在职小学数学教师专业发展的需要。

本书运用教育教学理论、学习理论、心理学原理和数学学科知识，对小学数学课堂教学设计的理论和实践进行系统阐述，旨在解决小学数学教学中“教什么”“怎么教”“教到什么程度”“为什么这么教”“教得怎么样”等问题，使读者能根据教学设计理论，针对具体的数学教学内容和学习者特征提出不同的设计方案，学会评价与反思小学数学课堂教学，提高小学数学教育理论水平和专业素养，为读者成为小学数学学科专业教师打下扎实的基础。特别是“宏观定位，三维聚焦”的教学设计策略，可为初学者提供非常实用的操作指南。

通过本书的学习，读者可以开阔专业视野，提高专业理论水平和实际应用能力，能够依据小学生学习数学的客观规律、2022版新课标和有关教材，合理确定教学目标、教学重点和难点，完成指定内容的教案设计。本书在宏观把握小学数学教学理念的基础上，为如何处理课堂教学中预设与生成的关系安排了一些课堂实录和分析，以期能够为读者在实践小学数学教学设计理论时提供有意义的借鉴和助益。

本书选用了大量生动鲜活的小学数学教学活动设计案例，用案例提出问题、说明问题，力求以通俗易懂的语言阐述小学数学教学设计的基本原则、依据和步骤。特别通过分析一些经典案例，凸显小学数学课堂教学的现场感，使读者从中了解小学生学习数学的基本规律，掌握课堂教学的基本环节，体会优秀教师在小学数学课堂中的教学智慧，促进教师朝专业化方向发展。

所谓专业化，目前公认的主要特征有三条：(1) 有专业的理论知识做依据，有专门的技能做保证。(2) 承担着重要的社会责任。(3) 具有专业自主权（如医生的处方权），不受专业外因素的控制①。

显然，研究小学数学教师的专业成长，应该从构建专业理论知识入手。而要构建小学数学教育的专业理论知识，首先应了解教师究竟需要什么知识。传统的认识是教师需要的知识就是学科方面的知识，但后来发现教师需要拥有更广博的知识，至少包括以下三个方面：(1) 教学的课程知识，即“关于包括技术在内的教学材料与资源的知识”；(2) 教学的内容知识，即“关于表达学科概念和过程的方法的知识”；(3) 教学的方法知识，即“关于教学策略和课堂组织模式的知识”。目前，人们普遍认为教师的知识应包括：学科知识、一般性教学知识、课程知识、学习者及其特征的知识、教育环境的知识、教师自身的知识以及教育信念方面的知识，而且教育信念方面的知识越来越受到重视。教师的教育观决定了他的教育行为，一个教师要上好课首先必须树立正确的教育理念，任何课堂教学的研究应以教育观念的更新为前提，以教师的专业成长为切入口，以学生的发展为目的。为此，本书以小学数学教师专业发展研究为基础，把小学数学教师的专业知识概括为以下六个方面：

(1) 教育观念和职业道德修养，即教师教育理念和教学态度方面的知识。涉及课程观、教学观、知识观、学生观、教师观、人才观和教师自己的人生观、价值观、职业观等，知道“为什么教”和“为什么学”。根据 2022 版新课标的改革要求，教师应以培养“担当民族复兴大任的时代新人”为己任，从“有理想，有本领，有担当”三个方面落实各门课程的教学要求。

(2) 小学数学教学的课程知识，即课程内容的选择和建构方面的知识。既包括对已有教学材料与资源的选择和利用，也包括课程资源的开发，如针对学生的数学学习编制和使用数学教学材料，根据学校和周围社区的社会结构开发教育教学资源等，简言之就是“教什么”、“学什么”以及能“教到什么程度”等方面的知识。在选择和编制这些教学材料与资源时将涉及教育理念和学习理论方面的知识，所以“小学数学教学的课程知识”涵盖面比较广，已不仅限于原来的数学课程标准（或教学大纲）和教材。

(3) 数学学科知识。包括对数学史的了解，对数学思想方法的领悟，对数学内容的理

① 范良火．教师教学知识发展研究．上海：华东师范大学出版社，2003：44.

解和掌握等，从数学学科的角度理解为什么要选择这些内容，知道其在数学上及发展上的地位和作用，以及对培养学生数学核心素养与理性思维有什么作用等，这需要教师拥有良好的数学功底和知识结构。

(4) 学生的知识。包括不同年龄段儿童学习数学的特点和心理规律，儿童对数学学习的建构过程，以及儿童学习数学的基本形式。了解学习者及其特征的知识，是实现“以学定教”的基础。

(5) 教学设计和策略的知识。包括课堂管理、教学设计基本原理以及教学策略方面的知识，只有知道“怎么教”和“怎么学”，才能激发小学生的学习兴趣，促进小学生的数学学习和数学思维能力的发展。

(6) 教师自身的知识。了解自身作为教师的优势与弱点，学会“扬长避短”，能清醒地知道自己作为教师的角色定位，成为学生学习的组织者、引导者与合作者，有教学反思能力等。

了解教师专业知识的构成，能为教师的专业发展研究提供必要的依据和路径，也能为教学设计提供理论基础和基本策略。但若要对上述六方面的专业知识进行系统、全面的论述，则是一项非常大的工程；许多教育理论主要是研究教育的“应该”问题，操作性不是很强，而广大一线教师可能更关注教育的“可能”问题，他们学习理论的机会较少，实践中也往往只限于“一招一式”上的创新，使“先进的教育理论缺乏实施途径，有效的教学经验找不到理论支撑”，即出现了理论与实践脱节的现象，造成了“讲归讲，做归做”的局面。本书力图用整体的思想，在教育的“应该”与“可能”之间寻找突破口，着力于探索教学设计理论与小学数学教学实际之间的结合点，特别对2022版新课标的实施提供理论导向和实际范例，对教师资格考试中小学数学学科教师的教学设计能力进行培训与指导，做到“低起点”(熟悉的教学实例)，“高提升”(提到理论的高度来认识)，使枯燥难解的理论知识具体化，力求能引起读者的思考和共鸣，起到理论与实践之间“二传手”的作用。

第一章学习小学数学教学设计理论，主要包括教学设计的相关概念、小学数学学科的特点、儿童学习数学的一般规律和心理特点，从如何在教学设计时进行“宏观定位”给予理论指导。第二章学习小学数学教学设计的一般过程，主要包括2022版新课标解读、小学数学教材的阅读和理解、小学数学教学目标和教学方法的确定与选择、小学数学的课堂教学结构、小学数学课堂教学设计的文本规范以及小学数学课堂教学评价等，让读者了解“宏观定位，三维聚焦”的基本框架。第三章根据2022版新课标确定的四大内容领域，从“数学知识领域”这个维度开展课堂教学设计研究，主要包括数与代数、图形与几何、统计与概率、综合与实践的教学设计及其特点研究。第四章从“数学知识类型”这个维度开展教学设计研究，主要包括数学概念、数学规则和数学问题解决的教学设计，试图从学习理论的视角研究教学设计的理论依据，同时对大家感觉深度与广度比较难把握的“数学广角”进行分析和研究。第五章从“课的类型”维度出发，针对小学数学课堂的基本环节开展教学设计研究，包括导入环节、重点环节、练习环节和结课设计的研究等，同时结合经典课例对小学数学板书设计进行研究，凸显数学板书的逻辑框架和艺术特点。

在每一章中都安排了一些小学数学教学案例，包括历年教师资格考试中“小学数学教学设计”的内容和相关案例评析，优秀教师的课堂教学展示与分析等，既有教学设计的示范和引领，也有优秀教师在处理预设与生成关系过程中的教学智慧展示，便于广大一线教师学习、领会、借鉴和创造性地进行应用，为教师和学生的共同发展服务。

目 录

第一章

小学数学教学设计理论

本章导读

本章介绍教学设计和小学数学教学设计的基本概念、小学数学教学设计的核心理念、小学生学习数学的心理分析等内容。通过本章的学习，读者可了解到什么叫小学数学教学设计，小学数学教学设计应主要关注哪些方面，小学生是如何学习数学的。

第一节　小学数学教学设计概述

“设计”在《辞海》中有多条解释，其中之一是：根据一定的目的要求，预先制定方案、图样等。它有两个要素：目的和预案。

教学设计（instructional design，ID），是教师运用系统方法，分析教学任务和学习者的特征，确定教学目标，选择策略手段，制定教学流程，评价教学效果，以达到课堂教学最优化的编制教学预案的过程。教学设计有目标和预案两个要素。

教学设计理论是在学习理论的基础上发展起来的，20 世纪 60 年代后期逐步盛行，其流派众多，但大体可分为两大流派：以“教”为中心的教学设计理论和以“学”为中心的教学设计理论。其中，以“教”为中心的教学设计理论的代表模型是“肯普模型”，它由肯普（J. E. Kemp）在 1977 年提出，后来经过多次修改并逐步完善。该模型可用三句话概括：一是强调四个基本要素，即教学目标、学习者特征、教学资源和教学评价；二是解决三个主要问题，即“教什么”“怎么教”“教得怎么样”；三是安排十个教学环节（见图 1－1）。

从图 1-1 中可知，在这十个环节中，只有“利用教学资源”环节可以由师生合作完成，其他各环节都是以教师为主完成的，强调了教师“如何教”。这十个环节虽然具有较强的实用性和可操作性，但学生的学习主动性较难发挥。其中“实施教学活动”是众多环节中的一个，可见教学活动设计是线性的，是一环紧扣一环、步步落实的。但是在“实施教学活动”环节中，更多的是关注教师“怎么教”，对学生怎么学缺乏研究和思考，课堂的话语权是由教师掌握的。

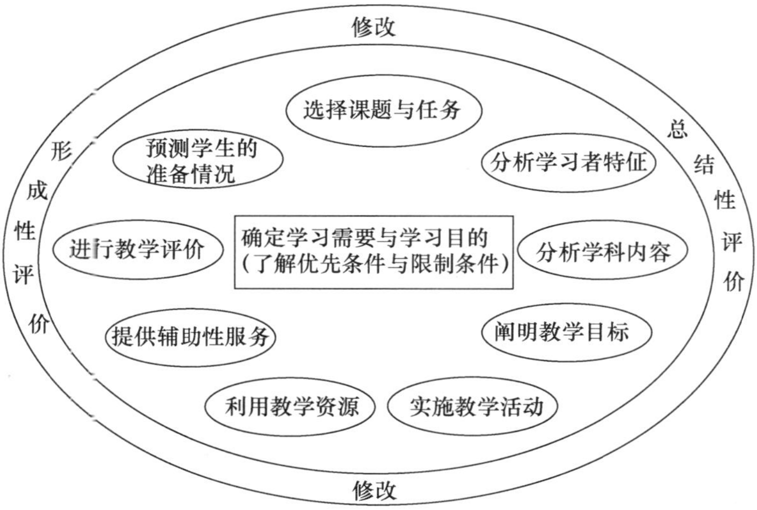

图 1-1

20 世纪 90 年代我国提出了一种“双主模式”，认为教学是师生的双边活动，课堂教学既要发挥教师的主导作用又要充分体现学生的认知主体作用。“双主模式”的提出，促使教师在设计策略中关注学生的真实需求，关注学生的学习积极性。但由于大班化教学、教师思维定式等，在实际操作中，“双主”的结果还是以教师为主。这种“折中”的“双主模式”，是中庸思想指导下的理论框架，试图把行为主义和认知建构主义结合起来，突破了原来单一的“教师为主，传授知识”的课堂教学模式。但在具体的教学中教师还是不习惯“放权”给学生，也担心“放权”给学生后课堂纪律无法控制。学生的课堂纪律得不到保证，所有教学策略都是无效的。

“双主模式”在分科教学和大班化教学的背景下难以达到理想的效果，在我国流行一段时间后就少有人提及。不过，它在促进教学从“传授知识”向“以教导学”发展方面还是起了实质性作用的。

事实上，早在 20 世纪 90 年代初，史密斯（P. L. Smith）和拉根（T. J. Ragan）在他们两人合著的《教学设计》一书中，就把行为主义和认知主义理论相结合，提出了新的教学设计模型——史密斯-拉根模型（见图 1-2）。

史密斯和拉根把整个设计过程分成三个模块，即教学分析、策略设计和教学评价，并

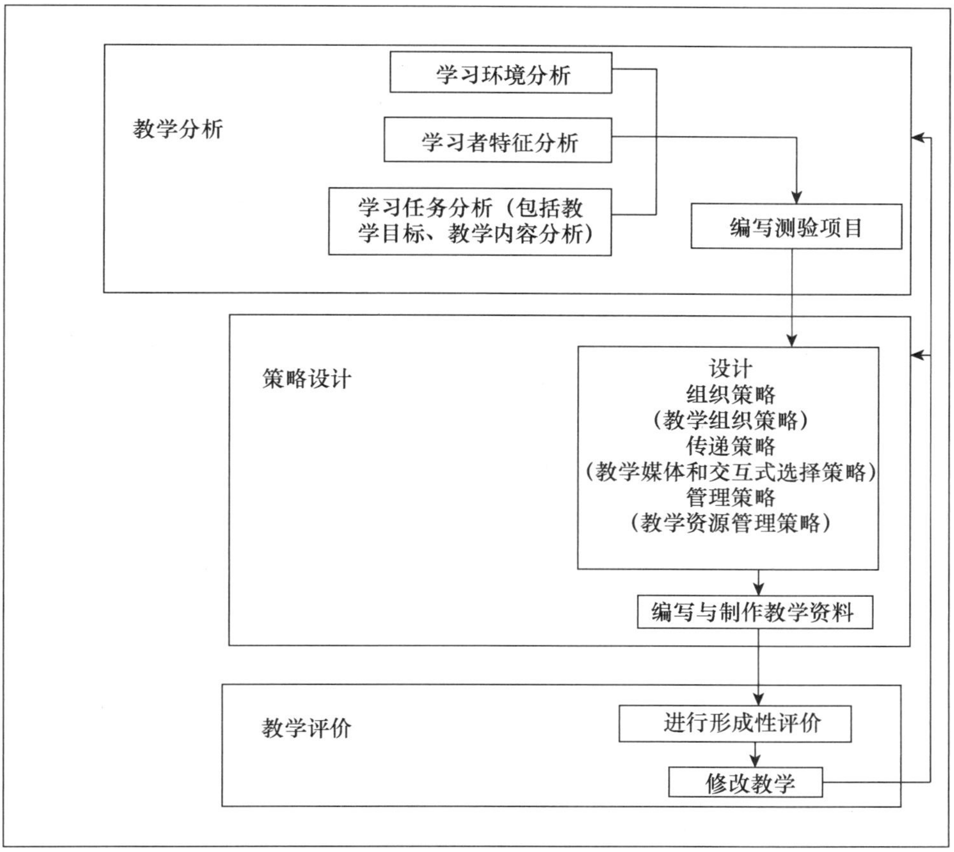

图 1－2

把教学评价贯穿于整个教学设计环节中，体现了预设与生成之间的辩证关系。在策略设计中，不仅关注了传递策略，更强调了通过组织策略实现学生的主动探究。

现代教学系统认为，教学活动是由教师、学生、教学内容和教学媒体四个要素，通过相互联系、相互作用形成的一个有机整体，教学设计最终必须落实到对教学活动进程的设计。史密斯-拉根模型的最大特点是强调了教学活动设计的策略。首先，通过组织策略，在充分考虑学生原有认知结构和认知特点的基础上，按学科内容之间的结构关系，确定教学内容的组织方式、先后顺序，并为如何教特定的知识内容提供了切实可行的教学“处方”。其次，在传递策略中，为了实现教学内容由教师向学生的有效传递，强调了教学媒体的选用和教学的交互方式。最后，通过教学资源管理策略，实现教学资源的合理分配与使用。

在肯普模型的基础上，史密斯-拉根模型对教学分析板块进行了改进，强调学习环境的分析，同时在分析“教什么”和学习者特征时，通过编写测试项目（当前教学研究中经常使用的前测就是其中的一个措施），为“为什么这么教”提供实证，使教学策略的设计更有针对性和有效性。

史密斯-拉根模型既关注了学科内容之间的结构关系，也强调了学习这些内容只有在学生原有认知结构和认知特点的基础上，创设合适的环境，才具有有效性。也就是说，它既关注了教师的教，也关注了学生的学，以及学习的有效性等问题。但它的理论依据是以认知主义学习理论为主，强调知识的整体构建，教学过程还是以教师为主导。

随着建构主义学习理论的不断丰富和发展，以“学”为中心的教学设计正越来越为广大教师所接受，“以学定教”“自主探究”已不再是一种口号，而是落实到了具体的教学活动设计中。小学数学课程改革正是在此理论基础上开展和实施的。加涅在他的《教学设计原理（第五版）》中，不仅秉承了前四版的核心思想（学习分类、教以学为基础），而且还从数字化时代的现实背景出发，对建构主义学习理论与教学实践如何结合进行了具体分析，认为教学不仅要关注教师教什么和如何教（教学流程），更要关注学生的内部学习过程，教仅仅是支持学生学的外部条件（见图 1－3）。为此，在教学设计中，不仅要强调“教什么”“怎么教”“教得怎么样”，更要研究“为什么这么教”“此学生与彼学生为什么要教得不一样”“教到什么程度比较合适”“学生内部的学习过程是怎么样的”等问题。

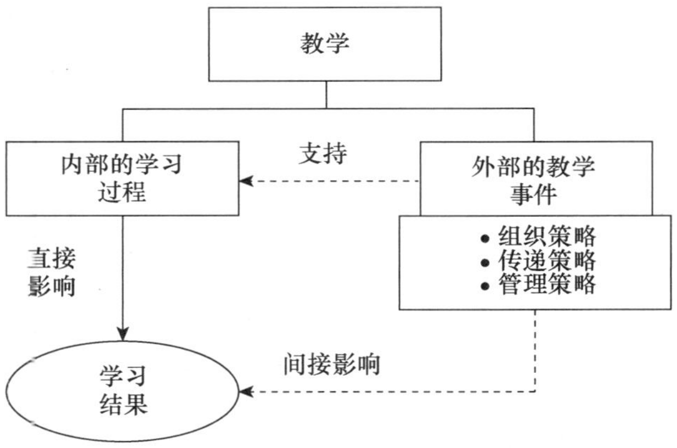

图 1－3

下面两位教师的课堂教学实录，充分体现了不同的学习理论指导下所采用的不同设计策略。先看蒋老师的课堂教学实录：

案例 1 **加法估算**

开始上课时，蒋老师就笑着对学生们说：“今天学习估算。假设我们正在逛商店，看，这是什么？”说着，她展开自己制作的挂图。

“随身听。”学生们叫道。

“有什么用处?”

“学英语。”

“你们估计要多少钱?”

“100 元。”一个学生说。

“不对，比 100 元多。”老师说。

“200 元。”一个穿红裙子的女孩猜测道。

“红红真聪明！表扬她!”

老师话音未落，教室里响起了很有节奏的拍手声。“嗨，嗨，嗨，你真棒!”学生齐刷刷地伸出大拇指。同时，老师把一颗金星贴在红红的前额上。

“随身听的准确价格是 242 元。”老师把价格写在黑板上。

“这是什么?”老师又出示了另一幅挂图。

“小孩骑的自行车。”学生们说。

“多少钱?”

“200 元。”

“不对，比 200 元多得多。”

“1 000 元。”

“不对，比 1 000 元少多了。”

“500 元。”

“还是多了。”

“400 元。”

“对，表扬他!”老师兴奋地说道。随即响起：“嗨，嗨，嗨，你真棒!”

给小孩贴金星时，老师太激动了，用力过猛，差点把小孩按倒。

老师标上价格：387 元。

“你们想要这两样东西吗?”老师问。

“想要。”

“买这两样东西，你们估计要多少钱?”

“我知道。老师，让我说!”一个穿黄衣服的男孩踮着脚，高高地举着手，急切地说。看得出，举手的学生太多，他生怕失去这次机会。

“欢欢，你说。”

“比 200 元多。”

“你估计得不对，谁能告诉欢欢应怎样估算?”老师立刻做出反应。

很多学生都举起了手，老师让其中的一位说。“随身听 242 元，约 250 元；自行车 387 元，约 400 元。250 元加 400 元等于 650 元。买这两样东西大约要 650 元。”

“对，表扬他！”

“嗨，嗨，嗨，你真棒！”

“老师，我还有其他估算方法。”

“你说。”

“我用笔算了。242 元加 387 元等于 629 元，629 元接近 600 元。”

“同学们，这也是一种估算方法，但与前面相比，哪种方法好？”

“前一种好。”

“为什么？”

“前一种不用笔算，方便啊！”

“真聪明，表扬她。”

“嗨，嗨，嗨，你真棒！”

“同学们，怎么列式？”教师板书“242＋387＝650”后问：

“算式列对了吗？”

“不是等于，是约等于 650。”

“对，表扬他！”

“嗨，嗨，嗨，你真棒！”

…………

在蒋老师的课堂教学中，虽然学生举手发言很积极，课堂气氛也不错，但教师是支配课堂教学的权威。当学生的回答符合教师的要求时，教师立即肯定和表扬，而当学生的回答不符合教师的要求时，教师就迫不及待地否定，其他学生根本没有机会发表自己的想法，学生的不同估算方法也因教师过早地追求最优化而被否定。这样的课堂教学看起来热闹，但实际上不能有效促进学生教学思维的发展。

这种“以教为中心”的教学设计，其理论基础是行为主义学习理论，重在外部刺激，实质是教师牵着学生的鼻子走。为了实现“刺激—反应”的教学效果，不少教师还拿出了物质奖励的“高招”：这个回答对了，来支铅笔；那个回答正确，奖本练习本。一堂课下来，学生的小脸红彤彤的，兴奋得很，为得到奖品而激动不已，好像学习的快乐只来源于奖品的获得。殊不知，过多的外在奖励不利于培养学生内在持久的学习兴趣。

再看崔老师的课堂教学实录：

“同学们，今天有很多叔叔阿姨来听课，你们有什么感觉？”

“我很高兴，但有点紧张。”一个女孩说。

“我也是。”一个男孩说。

老师说："别说你们，我也有点紧张。你们看，我的腿直发抖（教师装的）。"

孩子们被逗笑了。

"有多少位叔叔阿姨？"

"不知道。"

"你们可以估计一下。"

孩子们转头观察教室后面坐着的人。

"大概 40 人。"一个学生说。

"你是怎么估算的？"

"教室的一半我们坐，另一半差不多被叔叔阿姨坐满了，人数可能和我们班一样，大概是 40 人。"

"就像这样，生活中我们随时都可能用到估算。"

"爸爸妈妈带你们逛过商店吗？你们对什么最感兴趣？"

"暴龙机。"很多男生叫道。

"它的价格是多少，你们注意到了吗？"

"可能是 50 元。"

"还有其他看法吗？"教师慢慢地问道。

"可能是 100 多元，"一个学生说，"我去看过，准确的价格记不清了。"

"是 128 元。"老师说。

"你怎么知道？老师，你也喜欢暴龙机？"学生们惊喜地问。

"我儿子与你们差不多大，他也喜欢暴龙机，昨天我们去商店看了一下。"教师把一张暴龙机的广告贴到黑板上。

"还对什么感兴趣？"

"自行车。"很多学生说。

"价格是多少，知道吗？"

"200 元。"

"不是这个价，我到商场看过多次，快到 400 元啦！"另一个同学赶忙"纠正"。

"为什么这两位同学说的不一样？"老师问。

"可能是牌子不一样。"一个学生解释道。

"我想也是，"教师完全以一个普通讨论者的口气说，"看，这是我昨天看到的一个牌子。"

"价格是多少？"

"从广告上看，是 364 元。"一个学生说。

"如果讲价，还可能降下一点。"一个女生说。

“暴龙机是 128 元，自行车是 364 元。”

“当看到这两个价格时，你想到了什么？”

好一会儿，学生 1 说：“我有点失望。”

“为什么？”老师问。

“这两样东西我都想要，但加起来肯定超过 200 元。我的零用钱不到 200 元，我买不起了。”

“我有点高兴。”学生 2 说。

“为什么高兴？”

“两样东西加起来不到 1 000 元，我有希望买。”

“我不明白你的意思。”老师说。

“过春节时，我得到 1 000 多元的压岁钱。”学生 2 说。

“钱在你手里？”其他学生问。

“不，被我爸爸存到银行里了。”

“那就不是你的了。”其他学生说。

“是我的，我爸爸说了，我可以用这笔钱买我喜欢的东西。”

“看来你是一定能买的了。”其他学生羡慕地说。

“如果我回家给我妈妈说，要买这两样东西，她肯定要问多少钱。”学生 3 说。

“你想过要多少钱吗？”老师问。

“我估算了，不超过 600 元。”

“你怎么估算的？”老师问。

“把 128 元看成 200 元，把 364 元看成 400 元，200 元加 400 元是 600 元。”学生 3 说。

过了一会儿，学生 4 说：“比 600 元要少，我估算不超过 550 元。”

“你是怎么估算的？”学生 3 说。

“128 元接近 150 元，364 元接近 400 元，150 元加 400 元为 550 元。”

“还要少，约 500 元。”学生 5 叫道。

“怎么估算的？”其他学生问道。

“100 元加 300 元为 400 元，28 元加 64 元不到 100 元，总的就不到 500 元。”学生 5 说。

“我有 300 元，能不能买这两样东西呢？”学生 6 问。

“肯定不能。”学生 5 说。

“为什么？”

“你想一想，单单自行车就是 364 元。”学生 5 说。

“那 400 元能不能买呢？”学生 7 问。

“128 元比 100 元多，364 元比 300 元多，128 元加 364 元肯定比 400 元多。”学生 8 说。

“唉！我只有 400 元钱在我妈妈那里，我买不成了。”学生 7 说。

“可以买的!”学生 1 说。

“你给我一点钱?”学生 7 不相信地问。

“不是，你可以讲价，人家会降一些价的。”学生 1 说。

同样的教学内容，崔老师的课堂教学则显得较为民主，体现了以学生为中心的教学设计理念。她通过学生感兴趣的话题，非常自然地引出了估算问题，并让学生在自由的讨论中探究多种估算方法，还把零用钱的使用、商场中的讨价还价巧妙地结合在一起，使旧知迁移、新知内化以及情感态度、价值观的培养都自然地融合在一起。她对学生正确的答案不急于去表扬，对错误的答案也不急于去否定，而是让学生有充分思考、辨析的时间，为学生提供了自主探究的学习空间和安全自由的心理环境，真正体现了以学生为主体的课堂教学新理念。其理论基础是建构主义学习理论。

从蒋老师和崔老师的课堂教学对比中我们可得到这样的启发：教师要上好课，首先就要把“以学生为本”的教学新理念根植在灵魂深处，心中装着学生，根据学生的心理特点设计教学活动，同时仔细斟酌语言，以最大限度地激发学生的兴趣、启发学生的思维。教师要时刻想到学生的心理需要，关注当前学生最感兴趣的话题是什么，而不能只是完成教学流程。除了上述理论基础与教学方法方面的知识，教学设计还要重点关注“课程的知识”。教师要针对学生的实际，科学合理地选择和使用各种教学资源，比如，崔老师就合理地利用了现实生活中的学习资源——广告纸。

蒋老师虽然与崔老师一样充分利用了现实生活中的学习资源，但没有让学生充分展示自己的思想，所以蒋老师的课堂教学只是师与生的简单对话，而崔老师的课堂教学则更多的是师与生、生与生之间的思想碰撞，学生在思想碰撞的过程中学习了知识和方法。另外，教学设计还需要关注“数学学科知识”，比如，要让学生知道估算有多种方法，知道估算结果的不唯一性，知道估算在数学和实际生活中的地位和作用。可见，教师只有知道“课程的知识”和“数学学科知识”，才不会把教学设计的主要精力都耗费在外在的教学形式上。

由此引发思考：什么叫小学数学教学设计？2022 版新课标下小学数学教学设计要关注哪些问题？是教学理念、数学学科知识、数学课程知识、学生的知识，还是方法与策略的知识？如果教学理念是根本，那么小学数学教学设计的核心理念是什么？这些正是下面要着重讨论的问题。

综上所述，小学数学教学设计是在不同学习理论指导下的学科教学设计，是教学设计理论中的一个重要分支。

本书把小学数学教学设计界定为：教师运用系统方法，在一定的教学理念引领下，通过分析一学期、一单元、一节课的小学数学教学任务，以及小学生的原有认知结构和认知特点，确定教学目标，选择策略手段，创设教学环境，制定教学流程，评价教学效果，以达到课堂教学最优化的编制教学预案的过程。

第二节　小学数学教学设计的核心理念

经济全球化使人在生产中的地位发生了质的变化，人自身的素质对于他今后的社会地位和生活质量有重要影响，于是人们开始关注人的个性的和谐发展，关注人如何才能在这个充满疑问、有时连问题和答案都不确定的世界中求得生存的本领。在新的社会背景下，数学教师不得不思考以下这些问题："为什么要进行数学教学?""教什么样的数学?""怎样教才能促进学生的发展?"回答这些问题就要对数学教学的内容、方法以及教师与学生各自的作用和地位等进行探讨和抉择。是以传授数学知识为主要目的的纯数学教学，还是以人的个性和谐发展与培养创造能力为主要目的的人本主义教学，或者是以"掌握数学技能"为目的的实用主义教学？这些思考和抉择将影响教师的教学设计，从而也就决定了数学教学的实施与效果。

一、核心理念之——关注人的发展

社会的发展已经不需要听话的"乖孩子"和只会解题的"机器人"，而是需要具有独立个性和较强创新能力的"新世纪人才"。

在小学数学教学设计中，首先要关注人的发展，"聚焦中国学生发展核心素养，培养学生适应未来发展的正确价值观、必备品格和关键能力，引导学生明确人生发展方向，成长为德智体美劳全面发展的社会主义建设者和接班人"①。只有从育人的高度来分析数学教学任务，设计教学策略，开展教学评价，才能让小学数学教学设计脱离学科的局限。

英国诗人萨克雷有一首诗：

播种思想，收获行动；
播种行动，收获习惯；
播种习惯，收获个性；

① 中华人民共和国教育部．义务教育数学课程标准（2022年版）．北京：北京师范大学出版社，2022：前言2.

播种个性，收获命运。

为思想播下积极正面的种子，

为命运收割成功富裕的果实。

这首诗告诉我们，不管是什么学科的教师，你的每一堂课都是在播撒种子，而这粒种子在学生漫长的人生道路上随时都可能生根、发芽、开花、结果。播撒的是“创造”的种子还是“听话”的种子，是“幸福”的种子还是“怨天尤人”的种子，都会不经意间影响学生的思维。例如，当小孩因为撞到了凳子而大哭时，有些家长会说“凳子真坏，害我们宝宝撞疼了”。这个无心之言，给孩子的感觉就是：可以把责任推给别人。长此以往，孩子就会形成“都是谁谁谁，害我……”的思维习惯，这对他的成长会造成负面的影响。同样，作为数学教师，如果总是传递“数学很难，数学就是背公式、记思路”的思想，那么，学生就会不求甚解，机械解题，甚至会害怕数学、讨厌数学。为此，要抓住以下数学教育的三个特征：

（1）“数学在形成人的理性思维、科学精神和促进个人智力发展中发挥着不可替代的作用”，数学教育需体现为所有人的数学而不是为少数人的数学。

（2）“数学不仅是运算和推理的工具，还是表达和交流的语言”，数学教育的目的在于培养学生作为未来公民所必需的一般数学能力、形成和发展学科的核心素养。

（3）“数学承载着思想和文化，是人类文明的重要组成部分”，数学教育强调学习最有价值的数学，用发展的眼光考量数学的教育价值。

小学数学教学处于义务教育的初始阶段，要注意面向全体学生，设计和选择最有价值的数学内容，提供现实而有吸引力的学习背景，促使学生自主探索和合作交流，养成良好的数学学习习惯和正确的思维方式，使学生的知识与技能、情感态度与价值观都得到发展。

儿童的能力发展不仅具有普遍性，同时也具有特殊性。就每个儿童各自的能力发展而言，由于遗传、成长环境，以及已有经验和知识基础等因素的影响，儿童个体各种能力的发展前景有大有小，最终的成就有高有低，不可能达到同一水平。如某个儿童在绘画领域可能大有成就，但在数学上或许只能达到平均水平。儿童相互之间也存在很大的个体差异，包括发展水平的差异、知识结构的差异、特殊能力的差异等。特殊能力的差异尤其明显，有些儿童天生有副好歌喉，有较强的节奏感，在音乐方面有较大的发展潜能；有的儿童则在数学、文学、体育、美术等方面有较大的发展潜能。儿童能力发展的这类差异性，我们可以通过“最宜发展区”来理解。

最宜发展区是指以儿童先天禀赋和现有能力发展水平为基础的，通过教学可以达到的最能体现儿童个体特长的主要能力的发展广度和深度的总和。它显示了儿童主要的发展潜能和发展的优势方向。如图 1 - 4 所示的阴影部分，即为某一儿童的最宜发展区。

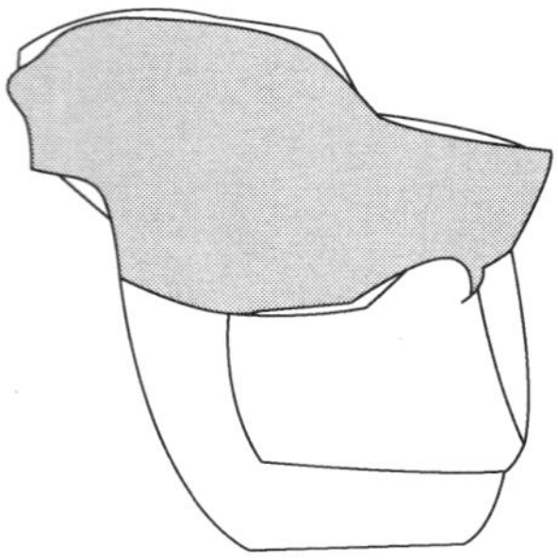

图 1-4

资料来源：沈丹丹．简论儿童的最宜发展区和最佳发展序．教育探索，2000 (12).

儿童个体多种潜在能力的发展不仅有着广度和深度上的差异，而且在发展的先后次序、发展速度和进程上也同样存在特殊性，具有很大的差异。就儿童个体而言，有先后之别的时间差、发展快慢的速度差、时而快时而慢的进程差。儿童能力发展的这类差异性，属于“发展序”方面的差异。

最佳发展序是指与儿童个体潜能相符合的能被教学正确反映的各种能力发展的先后次序、不同发展速度和进程的客观规律性。

把不同阶段的最宜发展区和最佳发展序结合起来，就构成了儿童个体能力的整体发展区域（如图 1-5 所示的逐渐外扩的阴影部分）。

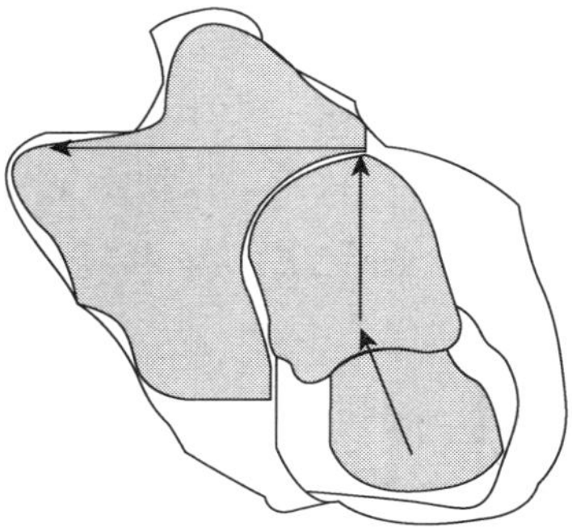

图 1-5

资料来源：沈丹丹．简论儿童的最宜发展区和最佳发展序．教育探索，2000 (12).

对某些儿童来说，这个区域可能是全方位同步扩展的，这些儿童的发展比较均衡，其中少数儿童还会呈现出全面优势。这时，他们的最宜发展区可能是环形的，可以全方位对外扩展，但受限于时间和精力，各个阶段也会有所侧重，于是就有最佳发展序的问题。而对另一些儿童来说，其最宜发展区可能非常狭长，偏科就是其中一种情况。数学教师不仅要观察每个学生的最宜发展区，还要关注他们的最佳发展序，让学生在适当的时间学他愿意学的知识，同时，向他提出合适的数学学习要求，让他在自己的最宜发展区内按最佳发展序发展。为此，从2001版、2011版到2022版新课标都强调：让不同的人在数学上得到不同的发展。

每个儿童都有分析问题、解决问题和创造的潜能，都有一种与生俱来的探索、研究的本能以及证实自己想法的欲望。如果在数学教学中，教师能了解和把握上述思想和理念，就有可能更加相信学生的学习和探究能力，放手让学生自己去学习“用数学的思想和方法来解决问题”，让不同的学生有不同的发展机会，使学生体会到不同的成功，在成功中获得自信，从而认识到学习数学知识的最终目的是促进人的发展。

由此可见，小学数学教学设计的核心理念是关注人的发展，从人的发展的高度来设计每一节课、每一个教学环节。这也是小学数学教学设计中要坚守的“小学数学教育观”。

教师只有树立这样的小学数学教育观，才能在小学数学教学中克服分科教学的弊端。在教学活动中，教师不再是照本宣科，不厌其烦地反复讲解与示范，或机械盲目地布置大量的练习题，而是更多地去考虑提供好的内容素材，以促进学生的能力发展。所有的数学知识只有通过学生自身的“再创造”，才能被纳入其认知结构，才有可能成为有效的、可迁移的、用得上的知识。

案例2中北京特级教师吴正宪通过让学生表达自己心目中的“一半”，放手让学生自主探究，使学生不仅理解了$\frac{1}{2}$的含义，而且“创造”了$\frac{1}{4}$等其他的分数，更向学生渗透了符号意识。学生从腼腆到慷慨激昂，从词不达意到学会辩论，从随声附和到客观公正地评价自己和同伴，表现出高涨的学习热情，连下课了都不肯离去。课堂教学带给学生的是自信和认真的学习态度，学生经历的不仅是数学知识的学习，更是生命成长的过程。

案例2　　　　**分数的初步认识**

一、旧知迁移

师：八月十五吃什么？

生：月饼。

师：吃月饼也是有学问的。妈妈买来4块月饼，平均分给两个小朋友，每人得几块？请用掌声表示。

学生都拍了两下手。

师：两块月饼平均分给两个小朋友，每人得几块？预备开始！

师与生一起拍一下。

师：把一块月饼平均分成两份是……

学生有用手指点一下手掌的，也有拍到一半停下来的……

师：谁愿意到讲台上来表示你心中的一半？写字画画都可以。（板书：一半）

［引入新知的话题，教师提出的数学任务是与学生的现实生活和知识经验密切相关的，

而且起点低，能帮助学生建立自信，激发学习兴趣。]

二、学习平均分

学生自愿上讲台在黑板上展示他们心中的一半，有画半圆的，也有画正方形的一半的，还有写“半”字的。

[了解学生的知识基础，渗透符号化思想，让学生展示自己心目中的符号，这里需要教师对数学符号有全面了解。]

教师拿来一个月饼模型，叫一个学生把它平均分成两份，比较分得的两块是一样大后，将模型贴在黑板上。

师：刚才这位同学把一块月饼分成一样大的两块，这种分法叫……

生齐声说：平均分。

师：对！把一块月饼平均分成两份，这样的一份就是一半，还有没有其他方法表示一半？谁能用数表示？

学生又陆续上台画图、写字，有用0.5表示的，也有用“3”表示“8”的一半的……

教师在学生解释完后一个一个地表扬。

三、学习$\frac{1}{2}$

教师直接介绍$\frac{1}{2}$，并说明：把一个月饼平均分成两份，这样的一份可用$\frac{1}{2}$表示。

师：$\frac{1}{2}$读作二分之一，写$\frac{1}{2}$要先写一横，再写2，然后写1。

师：这个$\frac{1}{2}$原来见过吗？

生1：在音乐书上见过。

生2：在高年级的奥数书上见过。

师：$\frac{1}{2}$也是一个数，是我们的新朋友，从今天开始，分数（板书：分数）这个新朋友就加入数的大家庭中了。

[对于新出现的数，教师首先直接介绍怎样用符号表示、怎么读、怎么写，这样不仅效率高，而且能给学生留下深刻印象。为了让学生理解它的含义，教师接着又花了许多时间，这样的教学，力气用在刀刃上，事半功倍。]

师：$\frac{1}{2}$表示什么？

全班学生自由地用动作相互描述：把一个月饼平均分成两份，这样的一份是这个月饼的$\frac{1}{2}$。

师：什么叫$\frac{1}{2}$？

生 1：把一个大月饼平均分成两份，这样的一份是$\frac{1}{2}$。

师：谁的$\frac{1}{2}$？

生 1：这个月饼的$\frac{1}{2}$。

师：谁能说得更完整一点？

生 2：把一块大月饼切开，每一块就是这块月饼的$\frac{1}{2}$。

教师不评价，叫这个学生问其他同学有没有意见。

生 2：同学们有没有意见？

其他同学纠正，并突出是“平均分”。

师：刚才大家用数字、图画、文字表示了心中的一半，吴老师也写了一个数即$\frac{1}{2}$表示一半，愿意接受这个新朋友的就把自己原来的一半擦掉，不愿意的继续留下，没关系的。

教师把想保留的都圈起来，说：“这些都是你们的学习成果，老师把它们保留起来。”

[充分尊重学生的选择。]

四、模仿练习

（1）说一说：谁是谁的$\frac{1}{2}$？（叫学生抢答，不必举手）

（2）折一折：用手中的纸片表示你心中的$\frac{1}{2}$。

叫学生把折好的纸片贴到黑板上，要求不能重复。

师：谁还有不一样的折法？

学生 1 上台展示了对折再对折的情况，老师叫他贴到黑板最上方，并用粉笔把折痕描出来。

[没有教师对学生的充分了解是不可能设计出这个教学环节的，它妙就妙在教师能非常自然地引入$\frac{1}{4}$，而且看起来是由学生自己“创造”的。]

五、学习几分之几

师生共同分析：这是把一个正方形平均分成 4 份，这样的一份可用什么来表示？

生齐声：四分之一。

师：谁能写？

生 2 上台写$\frac{1}{4}$，教师叫这个学生自己读一读，并强调写法，说明横线表示“分”。

师回问：这个$\frac{1}{4}$表示什么？

生 2：把一个正方形平均分成 4 份，每份是它的$\frac{1}{4}$。

师引导：一个阴影部分是它的$\frac{1}{4}$，那么再画一个阴影部分是几分之几？

生 2：也是$\frac{1}{4}$。

师：一共有几个$\frac{1}{4}$？

生 2：两个。

师：两个$\frac{1}{4}$是$\frac{2}{4}$。

教师板书：$\frac{1}{4}$　$\frac{1}{4}$　$\frac{1}{4}$　$\frac{1}{4}$

$\frac{2}{4}$

$\frac{3}{4}$

$\frac{4}{4}$

师：$\frac{4}{4}$也就是多少？

生思考后齐声回答：1。

师：也就是整个的意思。

师：老师叫你们折$\frac{1}{2}$，结果这两位同学却折出了$\frac{1}{4}$，请你们对这两个同学评价一下。

有的学生说“乱弹琴”，有的学生说“很聪明”，有的学生说“他们不听老师的话”。

教师叫这两个学生自己评价自己。

生 1，生 2：老师教了我们$\frac{1}{2}$，我们却折出了一个$\frac{1}{4}$。（显得十分自信）

教师不急于表态，叫学生继续评价。

生 3：他们很聪明，是怎么想出来的？

生 4：他们自己创造了$\frac{1}{4}$。

教师表扬学生的评价后说：这两位同学不仅完成了老师的任务，折出了$\frac{1}{2}$，又利用多余时间折出了$\frac{1}{4}$，这样的学习是很聪明的学习，是有创造性的学习。

教师接着很自然地叫其他同学也“创造”一些分数。

[这个引导过程可谓用心良苦，既培养了学生的评价能力，启发学生要有自己的独立见解，学会客观公正地评价自己和别人，学会欣赏和共享同伴的成果，又为下一环节的引入做了铺垫，激发了学生的创造热情，使学生从榜样中获得了力量，把课堂教学推向了高潮。]

学生兴致勃勃地折出其他的分数：$\frac{1}{8}$，$\frac{1}{16}$。

[只有经验丰富的老教师才会在如此热闹的场景中保持镇静，把基础知识落到实处，普通教师则常常不能及时指出概念性的错误。]

下面的教学环节，是让学生撇开具体事物，不必折纸，直接说出自己"创造"的不同分数，当学生从$\frac{1}{10}$，$\frac{1}{32}$说到$\frac{1}{11}$时，吴老师也能及时反问学生：这$\frac{1}{11}$是折出来的还是自己想出来的？这强调了"创造"过程的严肃性，避免学生养成"浮躁"的坏习惯。

师：好极了！小朋友们，你们真能干，老师教了一个$\frac{1}{2}$，你们却"创造"了这么多的分数，这应该感谢谁？

生齐声：吴老师。

师：不！应该感谢你们的两位同学。

[在教师的赞誉声中，这两位同学还会不喜欢数学吗？其他同学会不喜欢数学吗？至此，每个学生都希望下面自己也成为第一个"创造"的人。]

六、变式训练

(1) 判断题：把一个圆分成两份，每份一定是它的二分之一。

学生有两种意见，教师叫同意的学生自愿上台，站到黑板的一边，不同意的人站到另一边，指导学生寻找各自的支持者。

教师为每组提供一张圆纸片，叫他们商量，怎样说服对方，然后宣布："一场激烈的辩论赛开始了。"

正方（把圆平均分成了两份）：这是不是两份？

反方：是。（教师叫反方一个一个地说"是"）

正方（举起其中的一份）：这一份是不是$\frac{1}{2}$？

反方：是。（教师仍然叫反方一个一个地说"是"）

正方（教师提示：既然……）：既然你们都同意，那就是我们胜利了。

反方（把圆分成不相等的两份）：这是几份？

正方：是两份。

反方（举起小的那张纸片）：这是$\frac{1}{2}$吗？

正方：不是（不是，不是……）。

反方：既然不是$\frac{1}{2}$，那你们为什么说得到的一定（学生对“一定”加重了语气）是$\frac{1}{2}$？

正方：因为你们不是平均分。

反方抓住机遇：题目中又没说一定要平均分！

正方：每份就是平均分。

[至此，学生基础知识模糊的地方在争议中被暴露出来。这个环节看似有点小题大做，但从转变数学课程的功能上看，十分必要，它能使学生在知识技能、数学思考、问题解决、情感态度方面实现同步发展。教师不仅教会了学生辩论的方法，锻炼了学生的思辨能力，而且使他们明晰了概念，知道了验证的方法，学会了独立思考、相互合作而不固执己见，使学生的能力得到了发展。]

师小结：如果没有说平均分，得到的可能是$\frac{1}{2}$，也可能不是$\frac{1}{2}$。

师对反方说：谢谢你们！是你们的精彩提问给老师和同学留下了深刻的印象。

师对正方说：也要感谢你们给我们带来了这么精彩的辩论。

生1：你们还告诉了我们不要把不一定的东西说成一定的。

师：对，一定要在平均分的基础上才能产生分数。

（2）说一说：下面这两个图形中的阴影部分各表示几分之几？

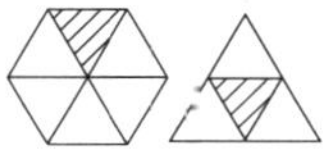

生1：$\frac{1}{6}$和$\frac{1}{4}$。

（3）下图的阴影部分是$\frac{1}{4}$吗？怎样改动就能用一个分数来表示？

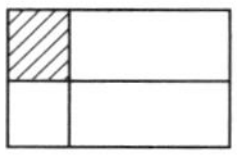

生1：把两条线移到中间。

生2：再添上一些线。

七、学习分数的各部分名称

师：通过这些题目的练习，我们更加接近了分数。小朋友们，我们都有自己的名字，分数的各部分也有自己的名字，如这条横线是平均分的意思，叫什么线？

学生回答“平均分线”“分线”等。

师：看看课本中是如何取名的。

生：分数线。

师：分数线下面的数表示平均分了多少份，叫作分母；分数线上面的数与分母密切相关，可叫作……

生："分父""分数子""分子"。

在肯定学生取名合理的基础上叫学生继续看书，看看书上是怎么取名的，并叫学生判断$\frac{2}{4}$和$\frac{1}{8}$的分母、分子各是几。

八、拓展训练

（1）用分数表示生活中的事。

生1：1个苹果的……

（2）直接说出一个分数，要求大胆一点，更大胆一点。

生挨个站起来说：$\frac{1}{21}$，$\frac{9}{17}$，$\frac{9}{81}$，…

教师叫坚持用自己的方法（如画图）表示分数的同学上台画图表示$\frac{9}{81}$，其他同学继续做如下练习：

1）你们家几个人？你占全家人数的几分之几？

2）全班多少人，你占全班人数的几分之几？占你们小组人数的几分之几？

3）全班几组？你所在组占全班的几分之几？

直至下课铃响，学生也不肯下课，而坚持用画图的方法表示分数的那些同学，早已被课堂中的热烈场面吸引，放弃自己的"意见"，学会将所学到的知识应用于实际。

从吴老师的成功案例中我们得到这样的启示：教学不应追求知识的"一步到位"，而要体现知识发展的阶段性，符合学生的认识规律，让学生经历"非正式定义"的过程，不要把概念过早地符号化；不要过早地追求"统一化"和"最佳化"，应致力于"多样化"和"合理化"，以使学生真正理解知识。教师的教学设计应充分考虑学生主体性的发挥，让学生经历"做数学"的过程。教师要提供机会让学生注意反思总结，启发学生遇事要独立思考但又不能固执己见。

可见，小学数学教学就是以数学知识为载体，教导学生学会学习、领悟思想、总结方法、掌握数学知识的一般建构过程。学生在学习数学的过程中不仅可以认识世界、体会成功、获得自信、磨炼意志，还可以学会做人、学会共处、学会创造。这样的数学课程不是用来淘汰的"筛子"，而是促进学生发展的"加油站"和"原动力"。

二、核心理念之二——凸显数学学科的特点

小学数学作为数学学科知识的基础，不仅要关注教育教学理论的发展，更要关注数学学科本身的发展。这是由数学教学的本体性决定的。

（一）数学学科的发展趋势

当今数学科学的发展出现了以下三种新的趋势①：

（1）数学内部各分支间相互渗透以及数学与其他学科交叉融合。这一发展趋势要求我们在选择课程内容时，更多地考虑通过教授这些数学内容让学生的思维方式得到发展，使之更符合社会发展的需要。如原来的算术知识更多地对个体以及个体之间的关系进行研究，强调准确性和确定性，而在现代生活和生产实践中，有时需要我们对群体的状况或不确定事件进行研究。如下题：

某公司有 16 名职工，对外招聘时称该公司职工的月平均工资达到 6 000 元，请分析下面的统计表（见表 1－1），你怎样看待该公司公布的这个数？

表 1－1

职务	经理	副经理	职员
人数	1	2	13
月工资/元	20 000	12 000	4 000

此题改变了过去只让学生根据已知数据简单地计算平均数的状况，改由学生自己选择合适的特征数来描述该公司的工资情况。事实上，由于该组数据的极差：20 000－4 000＝16 000 很大，平均数已不能准确反映该公司的工资状况，中位数或众数才能比较客观地反映该公司的工资状况。可见解答这个问题的思维方式与以前的“算术”相比有了质的变化，那就是同一组数据可以用不同的特征数来描述。这是关于表达数学概念和过程的方式的知识，作为数学教师要给予充分的重视。

（2）计算机的发展为数学开辟了新的研究领域，使数学成了形式科学与实验科学两种不同知识类型的结合，形成了数学活动的新形式，为此我们需要重新思考什么是学生应该掌握的基础知识和基本技能。我们知道，概率统计的应用越来越广泛，利用计算机进行数据处理将是每个公民必备的基本技能，所以应该从整体上加强概率统计的教学内容，并且应从读懂统计图表入手，重在转变学生的思维方式，而不是让学生把时间浪费在画统计图上。请看图 1－6，你能否读懂？

图 1－6 显示了一些学生在某天完成家庭作业所需要的时间，问：①这张统计图中一共有多少个学生？②求出这些学生做家庭作业所需时间的中位数。

笔者曾做过问卷调查，结果发现不只小学生，甚至小学教师和中学教师的错误率都高得出人意料②，可见，统计的知识是今后要加强学习的学科知识。

此外，算法思想、离散数学的内容、计算器的使用等都要求数学教学应从传统的只关

① 欧阳绛．数学的艺术．北京：农村读物出版社，1997：183．

② 沈丹丹，黄冠麟．师生解题方法与解题错误的比较、分析．中小学数学（小学版），2008（12）．

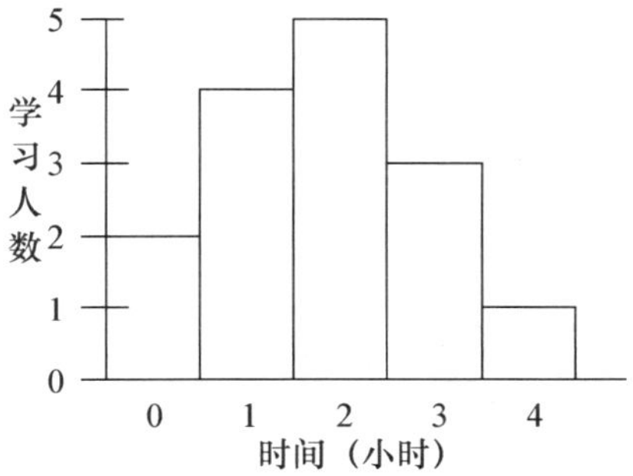

图 1-6

注数学计算转向注重从计算和数据中发现规律，领悟思想，掌握方法。

（3）数学应用领域日趋广泛，生活中处处有数学，数学几乎成了自然技术科学和社会管理科学的共同智力资源。为此，数学教学为学生提供的数学，应是整体的数学，是现实的、与计算技术和其他学科密切相关的数学，而不是分散的、孤立的、纯而又纯的形式逻辑；是大众的数学，而不是少数精英的数学。

在不同数学观的影响下，不同教师的教学设计也有所不同。如果把数学看成动态的、以问题为主线和核心的过程，则教学中重视让学生亲身经历数学的生成发展过程，强调"做数学"；如果把数学看成静态的、统一严密的逻辑体系，则教学中以概念为主导，注重概念的内涵，尤其重视推理的逻辑性，突出概念间的关系，强调"为什么"；如果把数学看成一个由各种事实、规则和技能填充的工具袋，则教学中突出对规则、步骤的演示，强调操作程序，不重视证明，只要求学生能熟练应用。

以教为中心的教学设计，更多看到的是教师而不是学生的聪明才智。这样的教学设计，教师把重点都放到数学内部的理论结构和它们之间的逻辑关系的展示上（即严士健教授所说的"鱼烧中段"），没有给予数学的产生过程和实际应用足够的关注，不讲数学与生活的联系，不讲数学与其他学科的关系，把数学知识当成天上掉下来的"馅饼"，不管学生是否想吃，是否能消化和吸收。不少学生反映"学了许多数学，但是不会用它去解决实际问题"。

从特级教师俞正强教学"B-12 型拖拉机每天耕地 18 亩，3 天耕地多少亩?"的过程中，可得到启示。

当老师出示此题后，班上的 15 号同学是这样解答的：12×18×3=……

教师辅导：这里的 12 相当于你的学号，不能参加列式。

学生又改列成：18÷3。

老师知道他并没有真正理解题意，就举生活中的实例："15 号同学，你每天早晨吃 2 张大饼，3 天吃几张大饼?"

那位同学认真地说："我从来不吃大饼。"

“那你吃什么？”

“我吃粽子。”

老师：“15 号同学，每天吃 2 个粽子，3 天吃几个粽子？”

学生还是不理解，说：“我每天只吃半个粽子。”

由此俞老师悟得，我们以前过多地重视“纯粹”数学的教学，致使该生认为数学是数学，生活是生活。在现实生活中，他首先考虑的是“真的吗？”——我每天不吃大饼的呀，“可能吗？”——我每天只能吃半个粽子呀。由于数学知识原来的呈现方式基本上都是“已知什么，要求什么”，而且所有条件都有用，所有问题都有解，学生已习惯于根据条件“凑”算式，数据个个要用上。长此以往，数学不仅不能促进学生的发展，相反，留给学生的只是机械的“操作”，那么学了再多的数学又有何用？

（二）数学学科的特点

数学学科具有四个显著特点：一是高度抽象性，二是符号统一性，三是严密逻辑性，四是应用广泛性。

1. 高度抽象性

我们来看数学知识的发展过程①：

显然，图 1－7 中从下往上 1～3 层的抽象过程是在小学阶段完成的，虽然数学知识越来越丰富，但抽象方法是相同的。初高中和大学学习的后三层内容，其抽象方法与小学阶段是相同的，因此，我们要“撇开事物的非本质特征，找到事物之间共同的、本质的特征进行抽象，并用符号来表达”。由此可见，让学生了解前三层的抽象过程，掌握数学知识的抽象方法，无疑会促进学生今后的学习和发展，因而是值得花时间让学生领悟和掌握的。这体现在教学设计中，就是把教学时间拉长，把抽象的过程展示出来，让学生有领悟数学思想方法和体验抽象过程的时间。让学生在领悟和体验中理解数学，有助于学生实现数学知识的“再创造”。

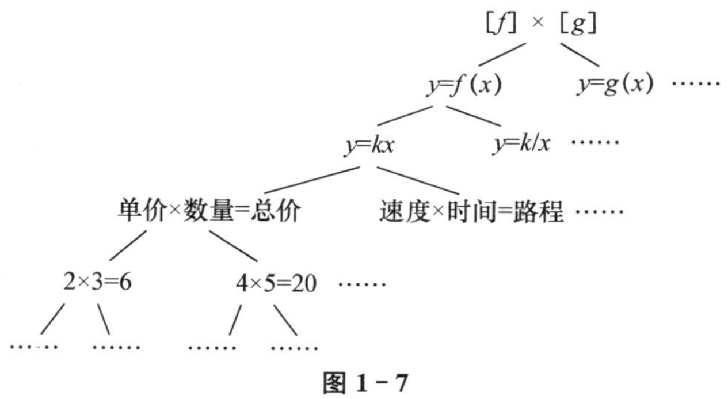

图 1－7

① 沈丹丹．开展数学建模活动　促进小学教学改革．宁波大学学报（教育科学版），2002（5）．

这里特别要防止片面地理解数学知识的“再创造”，认为“再创造”就是“发现学习”，就是不考虑时间成本，在有限而宝贵的课堂教学时间中，让学生毫无目标地“瞎探究”。

奥苏伯尔曾根据学习的内容与深度把学习分为机械学习与意义学习。他认为通过意义学习，学生不仅能记住所学数学知识的结论，能按法则或程序进行操作，而且能理解这些知识或操作的内在含义，并能与其他相关知识建立联系，学生学到的是“活”的知识；而机械学习的结果是学生只记住数学符号或公式，只会模仿某种法则或操作步骤解决问题，而不明白这样操作的道理，显然，通过机械学习获得的知识或方法是“死”的，在新情境中不能产生有效迁移。同时，他根据学习的方式把学习分为接受学习与发现学习，认为接受学习并非一定不是意义学习，发现学习也并非一定是意义学习，关键在于我们有没有关注学生，是不是注意了学生的内部条件——学生的心理准备和原有的知识经验基础，是不是为学生创造了良好的外部条件——在新旧材料之间建立非人为的、实质性的联系。如四则运算的顺序：“先乘除，后加减，有括号的要先算括号以内的”，这是一种“规定”，怎样借助恰当的教学设计让学生自己去“发现”，实现数学知识的“再创造”？实际上，“小括号”在生活中是有原型的，比如我们买一套衣服，一定是把衣服和裤子合在一起算出总价，再付给营业员钱款的，这不就可以提炼出“付出的钱－(衣服的钱＋裤子的钱)＝剩下的钱”的数量关系式吗？课堂上，教师就可以通过购物情境的创设，联系学生的生活经验，让学生自发产生要“先算一共需要多少钱，再算还剩多少钱”的想法，并与已有的计算经验产生认知冲突：要先算加法，那就要改变运算的顺序，该怎么办？这时教师如果愿意花时间让学生自主探究，就可以激发学生的创新思维，那就是“创造”一个符号——小括号，让大家都知道有括号的要先算括号以内的。显然，数学知识的“再创造”有时可以体现在具体问题抽象成为数学一般性表达的过程中。

2. 符号统一性

由于数学是“最具公共语言的一门学科”，因而“各国数学及数学教育具有很大的一致性”①，这种共性为广泛开展比较研究奠定了基础，也为数学的全球化奠定了基础。数学的公共语言实际上就是数学特有的符号语言系统，如看到 $a+b=b+a$，无论哪个国家的人都知道这是加法交换律，这种数学约定和数学符号就是数学知识的“一般化”过程。郑毓信先生在《数学思维与小学数学》一书中，把数学分为“日常数学”与“学校数学”，为的就是凸显数学的本质特征，即数学具有的“一般性意义”或者说普遍性意义，以及数学内部完美的逻辑结构。学生的数学学习如果没有上升到“一般性意义上的思考”，那就不能称之为学数学，同样，学生如果不知道数学内部的逻辑结构，就等于没有进入数学的大门。

① 吴晓红，郑毓信．从质疑到释疑：数学教育国际比较可比性解读．比较教育研究，2007 (8).

数学发展到今天，已成为一个符号化的世界，在这个世界，处处都要和符号打交道。恰当的符号可以清楚、准确地表示数学思想、概念、方法和逻辑关系，数学符号语言可以取代冗长烦琐的日常语言。英国著名哲学家、数学家罗素说过“数学就是符号加逻辑”。

数学在 19 世纪和 20 世纪取得了显著的进展和辉煌的成就，主要原因之一是数学符号的统一性。符号用以传达数学思想，推动了数学自身的发展。

数学符号以浓缩的形式表达大量信息，极大地简化了数学运算或推理过程，加快了数学思维运转的速度。这一点，我们从文字代数与符号代数的比较中看得很清楚。今天看似十分简单的代数式 $(10+x)^2=100+20x+x^2$，如果换成文字代数则要叙述为“如果要求 10 与根的和自乘的结果，就要施行如下运算过程：10 乘 10 得 100；根乘 10 等于 10 个根；10 乘根等于 10 个根；根乘根等于根的平方。总之，这个自乘的结果等于 100 加 20 个根再加根的平方”。古人掌握简单的数的概念需要经历非常漫长、艰难的过程，而今天小学一年级的学生不仅能很快理解初步的数的概念，而且能掌握 100 以内的加减运算等。除了古今实践条件不同、人的素质差异之外，一个十分重要的原因就是今天已有了一个规范统一的数学符号系统。

数学符号一旦经过数学界的约定，就具有了规范性，不能随意改动。尽管现行的数学符号系统可能有不完善、不合理的地方，但只要相应的意见尚未为整个数学界所接受，人们就必须使用这一统一规定的数学符号系统。

小学数学是构建这个符号化世界的最基础阶段，所以，要让学生感悟数学符号的产生与发展，体会数学符号、图形、表格和关系式的独特魅力，让学生不仅愿意去认识数学，更愿意去亲近数学，愿意使用数学符号表达自己的思想。

为此，在小学数学教学设计中，要让学生经历符号化的过程，让学生体会数学约定的合理性，并帮助学生掌握数学特有的符号语言系统，体会数学符号产生和发展的过程。

例如，教学有余数除法时，针对第一次出现的除法竖式，学生有疑惑，为什么 15+3，15−3，15×3，都列成类似的竖式（见图 1－8），只有 15÷3 要列成如图 1－9 这样的竖式呢？

$$\begin{array}{r}15\\+\ \ 3\\\hline 18\end{array}\qquad\begin{array}{r}15\\-\ \ 3\\\hline 12\end{array}\qquad\begin{array}{r}15\\\times\ \ 3\\\hline 45\end{array}$$

图 1－8

$$\begin{array}{r}5\\3\overline{)15}\\15\\\hline 0\end{array}$$

图 1－9

特级教师俞正强通过分 15 个东西，让学生在分的过程中感悟图 1－9 中的两个 15 的不同之处：第一个 15 代表的是要分的一堆东西（可以是苹果、梨等任何物品），而第二个 15 代表 3 个 5，是分掉的东西，0 代表分剩的东西。这样不仅把分的过程说清楚了，还让学生领悟到整除是有余数除法的一种特殊情况，从而体会到数学符号的作用和魅力。

2014 年曾流行这样一个段子："手机尾号暴露了你的年龄!"这从数学的视角理解，其实就是一个数学语言符号化和数学思维一般化的过程。一旦把生活语言（见左栏）改用数学特定的符号语言来描述（见右栏），"秘密"就暴露无遗了①。

生活语言：	用数学符号语言表达：
看一下你手机的最后一位	设手机的最后一位为 x
把这个数字乘上 2	$2x$
然后加上 5	$2x+5$
再乘以 50	$(2x+5)\times 50$
把得到的数目加上 1764	$(2x+5)\times 50+1764=100x+2014$
用这个数目减去你出生年份	$100x+(2014-$出生年份$)$
得到的三位数，第一位是你手机的最后一位百位上的数字是 x，	
最后两位就是你的实际年龄	$(2014-$出生年份$)$

从右边那栏用数学符号语言表达的"一般式"中可知，后两位当然就是你的实际年龄。"手机尾号暴露了你的年龄!"这个"神秘"的段子，在数学符号语言体系中就现出了"原形"，这里的年龄是利用数学知识"计算"出来的，而不是"算命先生""算"出来的。

可见，把生活语言用数学符号语言来表达，有助于揭示事物的本质属性。

3. 严密逻辑性

先来判别下面的教学设计（见案例 3）有什么逻辑上的错误。

案例 3　　交换律（教学流程）

一、从生活中引出数学问题

（1）（每桌的两个同学互相交换座位）通过刚才的小组活动，你有没有体会到什么变了，什么没变？

（2）在日常生活中，我们经常会观察到变与不变的情况，那么在我们的数学知识中有没有像这种交换了位置，结果却不变的现象呢？你能举一些例子吗？

二、从举例、观察中归纳数学规律

（1）学生独立举例→小组交流。由小组长负责统计有几种不同的情况。

---

① 沈丹丹．简论数学符号语言的特征．现代语文（语言研究），2015（9）．

（2）组织全班交流，小组进行汇报。

（3）你能把这些算式按照一定的标准分类吗？怎样分？你又是怎样想的？

（4）观察加法算式，你发现了什么规律？

引导归纳：“两个数相加。交换加数的位置，它们的和不变，这叫作加法交换律。”（板书）

（5）用刚才的方法请你观察乘法算式，你又发现了什么规律？

引导归纳：“两个数相乘，交换因数的位置，它们的积不变，这叫作乘法交换律。”（板书）

三、从生活事例中验证数学规律

（1）同学们通过举例、观察归纳出加法交换律和乘法交换律，那么是否所有的加法算式和乘法算式都具有这样的规律呢？我们再以身边的例子来进行验证。

例 1　402 班有男同学 39 人，女同学 20 人，全班一共有多少人？

39＋20＝20＋39

例 2　▲▲▲▲▲

▲▲▲▲▲　　4×5＝5×4

▲▲▲▲▲

▲▲▲▲▲

（2）你能否也举些身边的例子来验证呢？

（3）小结：加法交换律、乘法交换律是加法算式和乘法算式中存在的普遍规律，即交换两个加数（因数）位置，它们的和（积）不变。

四、从巩固练习中拓展数学思维（略）

关于交换律，教材是分两课时学习的，但教师考虑到学生在过去的学习中，对加法交换律和乘法交换律已有大量的感性认识，并已能运用交换加数（因数）的位置来验算加法（乘法）结果是否相等，所以教师对教学内容进行有目的的选择、补充和调整，把加法交换律和乘法交换律安排在同一节课中学习，旨在提高教学效率，凸显数学知识的整体性和结构性。这体现了教师在数学设计理念上的创新。但在实际教学中，由于教师一开始抛出的问题太大，学生举的例子五花八门，分类时花费了很多时间，学生的思维在加法、乘法之间跳跃，探究的问题指向不明确，学生的回答比较零乱，且用语不够规范，因而需要教师不断补充、说明，这又导致学生的学习比较被动，出现了“启而不发”的状况，以致于没有把教学设计理念和教学目标落到实处。

这是教师经常遇到的“不成功”教学。表面上是教师的方法有问题，但实际上是教学设计的逻辑框架有问题。该老师抛出的问题是“数学知识中有没有像这种交换了位置，结果却不变的现象？”导致学生没有明确的思考方向，举出的例子各种各样。例子可以是加法、乘法、减法或是除法，也可以是数字而不是运算，如22这个数字，交换十位与个位上数字的位置，仍然是22这个数字，等等。这造成在课堂教学动态生成过程中，教学资源的可控性太差：既然学生有各种各样的实例，为什么今天一定要研究加法和乘法？最后，还是变成教师指令，“要”学生去学习、探究“加法和乘法”。接着问：“你能把这些算式按照一定的标准分类吗?”这又涉及不同的分类标准，自然又花费了很多时间，在宝贵的40分钟内安排与本堂课关系比较远的学习活动，就难以突出教学重点了。

接下来的教学环节“是否所有的加法算式和乘法算式都具有这样的规律呢？我们再以身边的例子来进行验证”，就涉及逻辑问题了。试想：能通过举例验证数学中的无限种情况吗？即使几个例子成立，哪怕是十几个、几十个例子成立，就能说明“所有”的都成立吗？这是对学生思维方式的严重误导。我们知道，基本的推理方法有三种：归纳推理（归纳法）、演绎推理（演绎法）和类比推理（类比法）。归纳法是归纳许多有内在联系的事物的共同特点，从特殊性的前提推出一般性的结论。归纳法又分为完全归纳法和不完全归纳法，用完全归纳法得到的结论自然是真的，而用不完全归纳法得到的结论就不一定是真的，如下列各式所示：

$3+1.5=4.5$　　$3\times1.5=4.5$

$6+1.2=7.2$　　$6\times1.2=7.2$

$11+1.1=12.1$　　$11\times1.1=12.1$

通过以上例子就说“两数之和必等于两数之积”，就是典型的归纳法的错误运用。只有通过反证法，即“找不到一个例子，使这个结论不成立”，我们才可以说“这个结论对任何例子都成立”。所以，在教授加法交换律时，不应只让学生找“成立”的例子，还应找“不成立”的例子。在这个教学环节中，一般的教师往往不以为然，认为可有可无，只举一些“成立”的例子来说明，这就犯了逻辑上的错误。数学教学不仅是教知识，更重要的是让学生形成正确的思维方式，提高学生的逻辑思维能力。

请看特级教师沈百军在教授交换律时的片段（见案例4），就可以知道教师在培养学生逻辑思维能力方面应该做哪些努力了。

案例4　　**交换律（教学片段）**

第一环节：学习加法交换律。

举例：让学生列加法算式计算，发现3＋5＝5＋3，98＋76＝76＋98，18＋132＝132＋18等。

猜想：上述算式有什么共同点？

学生发现：都是交换两个加数的位置，和不变。

验证：举正例，学生发现举不完，有无数个；接着要求举反例。有学生认为3＋3＝

3＋3没有交换位置，教师引导发现 3＋3 的和还是等于 3＋3，也就是说，任何两个加数，不管是相同的数还是不同的数，交换它们的位置，和都是不变的。

结论（归纳推理）：“任何两个数相加，交换加数的位置，和不变”，指出：这叫加法交换律。

符号化：无数个、举不完，数学上可以用一个算式来表示，谁能试一试？

有的写甲＋乙＝乙＋甲，有的写 o＋#＝#＋o，也有的写 $a+b=b+a$。

教师归纳总结（渗透符号化思想）：有用文字的，有用符号的，也有用字母的，数学家是用字母来表示加法交换律的，那就是 $a+b=b+a$。

第二环节：通过问题“想到了谁也有交换律？”（类比推理），让学生建立新的猜想：减法、乘法、除法是否也有交换律？

自主探究：学生自主选择减法、乘法或除法，用刚才发现加法交换律的方法，也就是通过“举例—猜想—验证—结论”的方法来“证明”减法、乘法、除法是否也有交换律。

反馈交流：按先反馈乘法，再讨论减法、除法的顺序，分别交流验证。

整体呈现：加法、乘法有交换律，可以用“$a+b=b+a$”“$ab=ba$”表示，减法、除法没有交换律。

第三环节：应用加法、乘法交换律解决问题（演绎推理）。

上述教学设计不仅关注到了符号化思想的渗透，还关注到了培养学生的合情推理能力，如用归纳法、类比法等，更关注到了数学证明的思想和方法。显然，沈老师凸显了数学教育的本质——培养学生的逻辑思维能力。这是数学教学的核心所在。

4. 应用广泛性

我们来看下题①：

某企业有 5 位股东，100 个工人，2018—2020 年的三年间的收益情况如下（见表 1－2）：

表 1－2　　单位：万元

类别 ＼ 资金分配总额 ＼ 年份	2018	2019	2020
股红	200	300	400
工资	400	500	600

从不同视角思考，可画出以下几种统计图：

1）按资金分配总额绘制统计图，说明老板与工人“有福同享，有难同当”（见图 1－10）。

① 张奠宙．数学素质教育设计．南京：江苏教育出版社，1996：25.

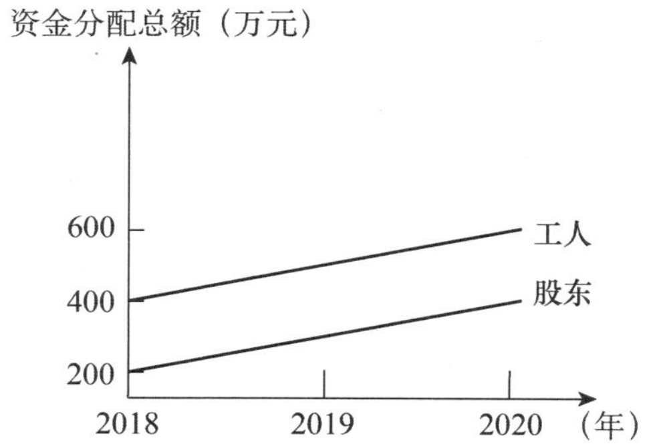

图 1－10

2）以 2018 年的资金分配总额为标准，按资金分配总额的增长速度绘制统计图，说明老板与工人的收益存在“剪刀差”（见图 1－11）。

3）按平均每人收益绘制统计图，则老板与工人简直是天壤之别（见图 1－12）。

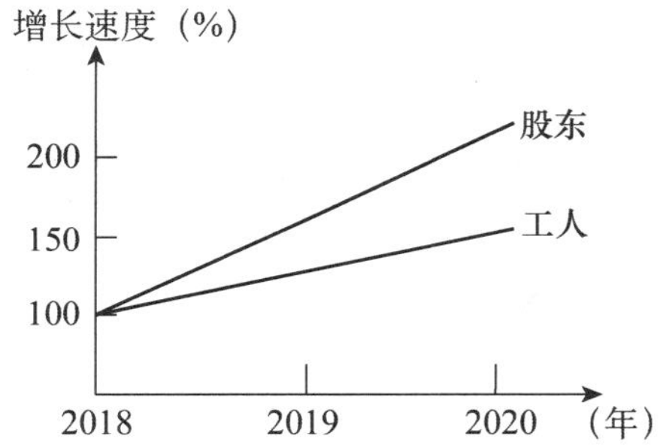

图 1－11

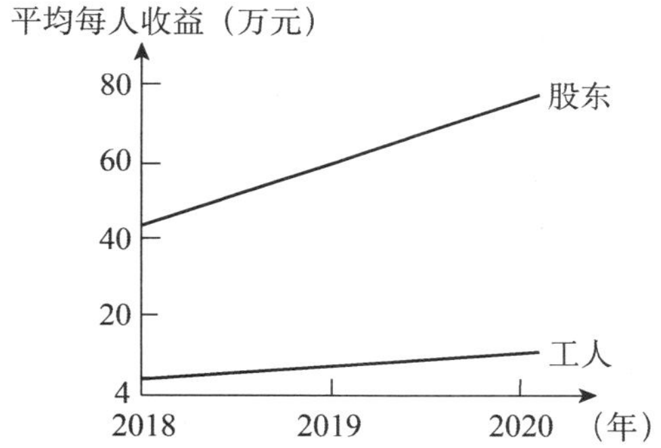

图 1－12

许多学生和老师只能画出第一幅图（图 1－10），说明按照这些师生的数学理解，只会承认工人与老板是“有福同享，有难同当”，工人要求提高工资就显得有点不讲理了。但如果能通过上述现象绘制出第三幅统计图（图 1－12），那么工人就有理由维护自身权益了。如果我们的老师不习惯、不会运用数学知识解决实际问题，又怎么可能引导学生学会数学思维，用数学的眼光来观察分析生活和生产中的实际问题，让数学成为学生学习和生活中的必要知识呢？

（三）凸显数学学科的特点是数学教学设计的根本

从上面的案例和分析中我们可以推证，小学数学教学设计的核心理念就是从学生发展的高度，宏观设计教学活动，同时要牢牢把握数学教育的本体性目标，那就是让学生学会从数学的视角观察世界，学会论证，学会有条有理、有根有据的逻辑思维方法。“学生通过数学课程的学习，掌握适应现代生活及进一步学习必备的基础知识和基本技能、基本思想和基本活动经验；激发学习数学的兴趣，养成独立思考的习惯和合作交流的意愿；发展实践能力和创新精神，形成和发展核心素养，增强社会责任感，树立正确的世界观、人生观、价值观。”①

事实上，数学作为一门成熟的学科，是义务教育的重要学科。数学教育不仅要提高学生的解题能力，还要让学生学会从数学的视角去观察世界、解释世界，用数学的思维去思考问题、解决问题，更要培养学生学习数学的兴趣。为此，在小学数学教学设计中，要凸显数学学科的特点，让学生了解数学、喜欢数学、掌握数学的基本思维方式。这是小学数学教育的根本任务。

由此可见，小学数学教学设计的核心理念之二是凸显数学学科的四个基本特点，展示数学特有的逻辑结构和符号语言系统。

三、核心理念之三——关注小学生的学习特点

过去的小学数学教学，主要研究“教什么”和“怎么教”的问题，关注的是数学学科，新课程改革后我们需要更多地关注学习者本身。奥苏伯尔早在《教育心理学：认知观点》一书的扉页上写道：如果我不得不把全部教育心理学还原为一条原理的话，我将会说，影响学习的最重要因素是学生已经知道了什么，根据学生原有的知识状况进行教学②。为此，要把研究学生“怎么学”作为教学设计的前提，作为教师专业成长的基础。下面我们专列一节研究小学生学习数学的心理特点。

第三节　小学生学习数学的心理分析

学习理论是心理学的一门分支学科，主要探讨行为（包括内部行为）是如何变化的，并试图解释与预测行为的变化，从而为课程与教学理论奠定基础。学习理论的流派很多，为简便起见，人们习惯于把它们分为两大流派：行为主义学习论——强调通过练习强化获得“行为习惯”；认知学习论——强调从个体与环境的相互作用中获得“认知结构”。建构主义理论则是对认知学习理论的继承和发展。建构主义理论者认为，世界是客观存在的，由于知识、经验和信念的不同，每个人对世界都有独特的理解。知识并非主体对客观现实的被动的、镜面式的反映，而是一个主动的建构过程。任何知识在被个体接收之前对个体来说都是没有意义的，也无权威可言。学习不是简单的信息积累，而是新旧知识经验的冲突以及由此而引发的认知结构的重组。

在前面的教学设计和课堂实录的分析中笔者已陆续介绍了一些学习理论，这里主要介

① 中华人民共和国教育部．义务教育数学课程标准（2022年版）．北京：北京师范大学出版社，2022：1.

② 奥苏伯尔，等．教育心理学：认知观点．北京：人民教育出版社，1994.

绍认知学习论中建构主义学习观在小学数学教学中的应用。

一、建构主义学习观

建构主义学习理论认为，主体已有的认知结构在学生的学习过程中发挥了特别重要的作用。学习过程是学习者根据已有认知结构主动地、有选择地接收外在信息，建构当前事物的意义的过程。由于每个人都以自己的方式理解事物的某些方面，所以学习过程中要增进学习者之间的合作，使他们各自看到那些与自己不同的观点，完善其对事物的理解。情境、合作、会话和意义建构是建构主义学习理论的四个要素。

建构主义学习理论的发展对传统教学带来了冲击。教学的中心由教师转向学生，教学的目的是培养善于学习的终身学习者。终身学习者能够科学地选择学习内容，自我控制学习过程，具有自我分析和评价能力、反思与批判能力，具有创新精神。如果说行为主义学习理论重视外部知识的习得，强调从社会需要出发塑造全面发展的个体，那么由认知主义发展而来的建构主义学习理论则更重视个体的内心体验，强调从每个个体的实际经验和需要出发扬长避短地主动适应社会。

（1）建构主义学习观之一：知识并不能简单地由教师或其他人传授给学生，而只能由每个学生依据自身已有的知识和经验主动地加以建构。

以小学一年级学生学习笔算减法为例。列竖式进行计算时，教师一般会根据教材的范例，要求学生必须记上退位点，即列式如下：

$$\begin{array}{r} \dot{4}6 \\ -17 \\ \hline 29 \end{array}$$

其目的在于避免学生出现十位上不减1的计算错误。另外，借助退位点还能让学生形象地看出个位上是16－7＝9，从而提高计算的正确率。但有些学生学习20以内退位减法时，不是用“做减想加法”，而是用“破十法”进行计算，即在这些学生原来的认知结构中，不是以20以内加减法，而是以10以内加减法作为知识基础的。这样在列竖式计算46－17时，个位上，他们采用先算10－7＝3，再算3＋6＝9，虽然计算速度较慢，但这样的计算方法与传统的珠算“七退一还三”的计算方法是一致的，也有其合理性的一面。

由于教师规定必须写上退位点，所以该生在作业中列竖式计算两位数的退位减时，采用先在各道减法竖式题中记上退位点，以免“因忘记记退位点而被教师打‘×’”；由此可见，尽管作业中的竖式相同，但实际计算方法却是不同的。

根据建构主义学习观，教师应“容忍”学生的上述“错误”，不再统一规定必须记上退位点，而是应探索其思维的合理性，即重视学习者内在的思维过程，把学生的“错误”看作了解学生思维的重要线索。

我们不能以主观的分析或解释去代替学生真实的思维活动，但也不能认为各种合理有效的思维方式或较高的智力发展水平，特别是比较抽象的数学知识，可通过个人的“自学”得以形成或实现。教师的主要职责不应是去控制学生的学习活动，而应通过创设良好的学习环境去促进学生的学习。

根据小学生知识经验少、思维水平低的特点，教师更应重视教学环境的创设。这是建构主义学习理论指导下现代数学教学设计的第一原则。而在这一点上，现代教育技术为我们提供了广阔的天地。请看下面一道数学问题：“一列客车以每小时 72 千米的速度行驶，客车的司机发现对面开来一列货车，速度是每小时 54 千米，这列货车从他身边驶过去用了 8 秒钟，求这列货车的长。”

教师在上述“应用题”教学的过程中，通过实物演示图或线段图等，把此题纳入客车车头与货车车尾的“相遇问题”之中，能让部分（可能仅是一部分）学生理解它的解答过程：

$$(72\,000+54\,000)\times(8\div3\,600)=280(\text{米})$$

但就这个“实际问题”，如果教师仅是简单地“给出”问题，并通过各种方法“迫使”学生解决问题，则容易抑制学生的学习主动性，不利于激活学生的思维，且易使学生感觉数学是专家们拍着脑袋想出来的数字游戏，与他们的生活没有多大关系。这就使学生得到的仅是这一道题目的解决策略，而没有上升到一般意义上的数学学习。

若运用建构主义学习观，则可通过现代教育手段模拟两列火车相遇的实际情境，并在原题中去掉“货车速度是每小时 54 千米”这个条件，建立更一般的实际问题情境。那就是：“客车司机以每小时 72 千米的速度行驶，发现对面开来一列货车，这列货车从他身边驶过去用了 8 秒钟，如果你是客车司机，你会怎样想？”教师组织学生讨论，让学生学会从数学的视角进行思考，学生就会进入情境，自己提出问题：“这列货车有多长？”“货车的速度是多少？”等等。

下面简要介绍这一教学片段：

（1）讨论。

甲：我只需要比较客车与货车开过时的快慢（从局外人的视角），根据客车的速度，就能估计出货车的速度（大部分学生持反对意见，认为估计速度比较难）。

乙：我只要数一数货车有几节车厢，就能算出这列货车的长度。

丙：那首先得知道一节车厢有多长。

师：你知道一节车厢有多长吗？如果不知道怎么办？

学生提出以下几种方案：1）量一量；2）自己查找资料；3）教师提供。

丁：如果我是客车驾驶员（进入问题情境中），我就能用乙的方法算出货车的长度，因为客车司机应该知道每节车厢大约有多长。

教师出示：货车长 280 米。

（2）进一步讨论。

生：知道了货车有多长，我们应该能算出货车的速度。

于是大家一起编出如下实际问题："客车以每小时 72 千米的速度行驶，司机发现对面开来一列货车，货车长 280 米（或编成：数一数是 14 节，已知每节车厢长 20 米），从他身边驶过去用了 8 秒钟，求这列货车的速度。"从而把这一"实际问题"纳入行程问题的知识结构之中。由于观察模拟情境时，各人的视角不同，建立的数学模型也不同，所以又有以下不同的"解决问题"的策略。

方法 1：若把这个问题看成客车车头与货车车尾的关系，建立数学模型，则这是一个"相遇问题"（见图 1－13），其中货车长度即为相遇的路程。

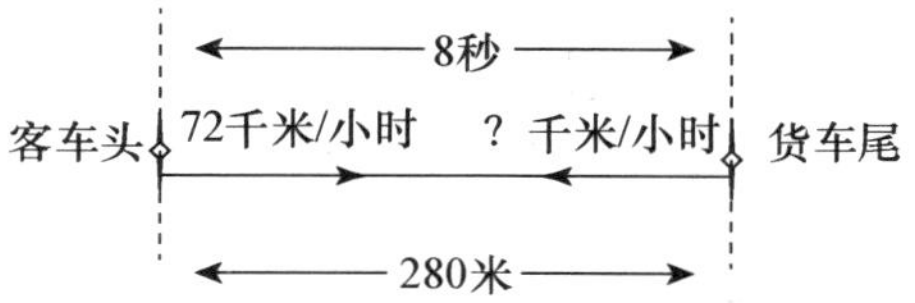

图 1－13

可列式解答如下：280÷（8÷3 600）－72 000

＝54 000（米）

＝54（千米）

方法 2：若把这个问题看成客车车头与货车车头的关系，建立数学模型，则这是一个背向而行的问题，其解答方法与上述相同。

（3）继续讨论。

假设知道货车的速度，则自然能求出货车的车长（回归到原题）。

通过情境展示、相互启发、实际探索，学生学到的是与"相遇问题"有关的一个知识块，而不仅仅是一道数学题的解答方法。

在这样的"实际问题"情境下，学生的思维十分活跃，而且通过讲述各人的思考过程，既能使学生在彼此的交流中受到启发，也能让教师了解学生的知识背景和真实的思维方式。

从上述教与学的过程中，可以看出传统教学观与建构主义学习理论指导下的教学观是截然不同的。在传统的教学模式下学生除了为解题而解题，还能做什么呢？而在建构主义学习理论指导下，教师已不是从天而降的"救世主"，也不是迫使学生学习的"奴隶主"，而是一个有益的"启发者"。当学生有困难时，教师通过适当的提问启发学生思考，从而帮助其找到克服困难的方法；当学生取得进展时，教师及时鼓励，以便为其明确前进方向；当学生犯错时，教师通过适当的质疑，使之自觉调整。

（2）建构主义学习观之二：实际的教学活动不是简单地重复历史的进程或某个大数学家真实的思维过程，而是揭示知识背后的思想方法。请看圆面积公式的推导过程。

这里不仅要使小学生认识到将圆分成若干等份（课本中是 16 等份）后可以拼成近似的长方形，更要使学生进一步发现圆等分的份数越多，拼成的图形就越接近于长方形，从而渗透“极限”的思想，使学生从无穷分割中悟得“这个长方形的长相当于圆周长的一半，即 $c/2=2\pi r/2$，长方形的宽就是圆的半径 r”，由此推得圆面积公式。

教学中可利用计算机把圆分成若干等份，如 8 等份、16 等份、32 等份……，将其拼成近似的长方形；把各个近似长方形按分割份数的多少依次排列，闪烁画面中的“长”（曲边），并对这些“长”进行对比；再把这些近似的长方形还原成圆。这样就把有限（分割）转化为无限，又从无限转化为有限，实现近似向精确的转化，把“化圆为方，以直代曲”的思维过程展示给学生。之后，让小学生看书本中的推导过程：

因为，长方形的面积＝长×宽

↙ ↙

所以，圆的面积＝$\pi r\times r=\pi r^2$

这样，小学生自然能够心领神会，且对这里“两个箭头”的寓意有所领会。事实上，这两个箭头既是为了代替算式：

$\lim\limits_{n\to\infty}x_n=\pi r$（$x_n$表示近似长方形的长）

$\lim\limits_{n\to\infty}y_n=r$（$y_n$表示近似长方形的宽）

体现极限的逼近过程，就三段论法来说，又相当于“小前提”，更是符号意识的具体展示。而上述教学过程，正是建构意义下的教学“再创造”的具体应用。

（3）建构主义学习观之三：数学知识作为社会共同体的共同建构，必定具有一定的历史性和文化特征，因此不应被看作纯客观和完全中性的。

对比中西方的数学文化，同是“万物皆数”，中国古代“万物皆数”观念中几何成分不多，主要偏重数学的算法性质，其抽象性和逻辑性都较差。中国的传统数学是以“问题—算法”为主要特征的，而西方则偏重于数的几何性质，具有较强的演绎推理特征。正如吴文俊先生所指出的，“我国的传统数学有它自己的体系与形式，有着它自身的发展途径与独到的思想体系”，“我国传统数学在从问题出发以解决问题为主旨的发展过程中，建立了以构造性与机械化为其特色的算法体系，这与西方数学以欧几里得《几何原本》为代表的所谓公理化演绎体系正好遥遥相对”。

建构主义学习观要求我们既应从中国国情出发，着力于为学生选择“有用的数学知识”，用于解决“实际问题”；也应学习国外先进的学习理论，使学生掌握数学的本质特征，通过数学知识的学习掌握逻辑推理方法。这就需要教师深刻地了解理论产生的社会基础和背景，领悟理论的精神实质，关心数学知识的历史及发展，重视数学的文化价值和社会价值，以在数学教学设计中灵活运用。也就是说，教师要学会对比思考中西方的文化差异，学会从理性的角度设计课堂教学，而不是一味地照搬照抄国外的东西或固守自己落后的数学教育观。

二、儿童认知发展规律

从20世纪20年代起，数学本身的特点使许多心理学家都关注到了儿童智力发展过程中的数学学习活动的特征。皮亚杰在“数学认知发展阶段理论”研究中发现“儿童的智力发展展示了一条与数学建构相平行的直线”。他以发生认识论为基础，以建构主义学习理论为指导思想，用一些简单而巧妙的心理实验来研究逻辑、数学和心理学的概念是如何在儿童心理中发展起来的，并认为运算是逻辑的核心概念，是划分儿童认知发展阶段的主要标志。他把儿童认知发展分为四个主要阶段：（1）感知运动阶段（出生到两岁）；（2）前运算阶段（两岁到六七岁），需要借助表象进行思维；（3）具体运算阶段（六七岁到十一二岁），这一阶段，最初通过实物进行直观形象思维，然后逐步内化过渡到头脑中的抽象逻辑思维；（4）形式运算阶段（从十一二岁开始），这时儿童的思维能超出所感知的具体事物或形象，进行抽象的逻辑运算。小学阶段的儿童处于第三阶段，也就是从具体的形象思维过渡到抽象的逻辑思维阶段，是培养学生逻辑思维能力的关键阶段。由此可见，小学阶段的数学教学对人的思维发展，尤其是数学思维的发展尤为重要，“儿童从此步入了逻辑思维的门槛”①。

皮亚杰认为儿童的认知发展是通过同化和顺应的不断平衡来实现的。所谓同化，就是将新的信息和经验纳入原有认知结构的过程。皮亚杰把个体主观上的认知结构称为图式，当个体接触外界事物时首先是用图式来同化，也就是把外界事物纳入原来的图式中，使图式发生量的变化。当不能纳入原有图式时，就会创造或修改原来的图式，使认知结构发生质变，形成新的图式，以获得内部平衡，这就是顺应。儿童获得内部平衡之后，由于外界的刺激，如听到彼此对立的观点时又会产生新的不平衡，即皮亚杰所说的“认知冲突”。“认知冲突”会引发产生新的平衡的需求，儿童再通过同化或顺应达到新的高一级的平衡。由此可见，引发学生的认知冲突是促进学生主动探究的前提。

① 黄建宏．小学数学教学心理初探．上海：上海教育出版社，1995：24.

三、对教学设计的启示

从对建构主义学习理论和儿童认知发展理论的分析中可知，小学数学教学设计要遵循以下几个原则：

（1）处理好共同发展与个体差异之间的关系。儿童接纳和学习数学内容是受年龄段限制的，他们只有具有一定的生理、智力基础才能进行有效的数学学习。有些内容的教学“急不得”，有些人的成绩也“急不得”，因为他们还处于慢慢长大的过程中。所以，需要教师“适当放慢关键内容的教学进程”，“对不同学生提出不同的要求”，用教育理论中的术语来解释就是要“循序渐进”和“因材施教”。为此，小学数学教学设计要处理好共同发展与个体差异之间的关系，了解学生，顺势而为。

（2）处理好直观思维与抽象思维之间的关系。小学阶段是发展学生逻辑思维能力的关键时期，各种基本的推理形式——逻辑的、算术的、几何的以及物理的推理，都是在这个时期形成并发展的，对这些推理形式的学习离不开对具体事物进行类或关系的运算。布鲁纳认为“动作—表象—符号”是儿童认知发展的程序，也是学生学习过程的认知序列。教师应该帮助儿童找出抽象概念的具体基础，根据儿童认知的具体情况一步一步地将具体的事物抽象化，逐步在学生头脑中形成表象，进而形成数学知识。为此，在教学时需要让学生经历“具体—表象—抽象”的过程，引导学生“通过数学的眼光”，主动“从现实世界的客观现象中发现数量关系与空间形式，提出有意义的数学问题”①，在经历“数学化”的过程中培养学生的逻辑思维。

由此可见，小学数学教学设计中要处理好直观思维与抽象思维之间的关系。对小学生而言，没有直观基础的数学只是空中楼阁，但同时没有抽象的数学则不是真正的数学，而直观与抽象的数学是通过逻辑思维来联系的。所以小学数学教学设计要注意直观先行，同时将学生掌握数学中的抽象方法和逻辑思维作为数学教育的终极目标。

（3）处理好数学知识结构与学习顺序之间的关系。小学生的数学学习也像其他学习一样，都是通过同化或顺应的方式来学习的，学习的基本过程是新的学习内容与原有的数学认知结构相互作用，形成新的认知结构的过程。加涅认为学习过程一般要经历以下四个阶段：理解阶段、习得阶段、储存阶段和提取阶段。在理解阶段，学生感受到一个或者一组刺激，通过数学的视角进行感知，在感知的基础上理解其意义。在习得阶段，学生通过练习掌握知识、习得技能。在储存阶段，学生把知识和技能储存在自己的认知结构中，形成新的认知结构。在提取阶段，遇到新的问题时，学生就会把习得的知识或技能提取出来，用自己认为合理的方法来解决问题，在解决问题的过程中进一步理解习得的知识，提高技

① 中华人民共和国教育部．义务教育数学课程标准（2022 年版）．北京：北京师范大学出版社，2022：5.

能，调整认知结构。

由此可见，学生能否形成良好的数学认知结构，取决于其数学学习的四个阶段是否具有可持续性。这就需要教师在宏观设计的基础上，关注每一个活动环节，也就是要明确上述学习过程中四个阶段的目的和意义，使学习的每一个阶段都落到实处，以帮助学生形成良好的数学认知结构。这是小学数学教学设计中既要关注课堂目标又要关注单元目标的原因，也是小学数学教学内容中既要有数与代数、图形与几何、统计与概率，又要有综合与实践的原因。

为此，小学数学教学设计要处理好数学知识结构与学习顺序之间的关系。

数学知识结构犹如一片森林，学生头脑中的数学认知结构则是正在逐步成长的树木，我们不能理想化地期望这些树木马上就变成森林，但只要脚踏实地地种好每一棵树，让每一棵树经历成长过程，使其成为有用之材，这些树木终会变成森林。每一个新知识的教学，都要依照学习顺序理论，经过“旧知迁移—新知内化（理解阶段）—技能形成（习得阶段）—总结提炼（储存阶段）—灵活应用（提取阶段）”的基本过程，让新知通过同化或顺应纳入学生原有的数学认知结构，使学生头脑中形成结构完整的数学，而不是一个个碎片，让学生既学习了知识和技能，又掌握了思想和方法，最终达到“教是为了不教”的目的。

综上所述，小学数学教学设计不仅要有宏观规划，更要有符合学习和成长规律的微观措施，而且这些措施只有在符合儿童学习规律时才有效。

思考与练习

1. 根据教学设计理论的几个发展阶段，谈谈建构主义学习理论对教学设计的影响。
2. 小学数学教学设计的核心理念是什么？反思你的成长经历，说说你的观点。
3. 简述小学数学教学设计的基本原则。
4. 分析本章中的课堂教学案例，你从这些案例中读出了哪些成功经验？
5. 儿童学习数学有什么心理特点？试举例说明。

阅读导航

1. 经典阅读

（1）加涅，韦杰，戈勒斯，等．教学设计原理．上海：华东师范大学出版社，2018.

（2）陈琦，刘儒德．当代教育心理学．北京：北京师范大学出版社，1997.

（3）柯普兰．儿童怎样学习数学：皮亚杰研究的教育含义．北京：中国宇航出版社，2002.

（4）何克抗，林君芬，张文兰．教学系统设计．2 版．北京：北京高等教育出版社，2016.

（5）施良方．学习论：学习心理学的理论与原理．北京：人民教育出版社，1994.

（6）唐瑞芬．数学教学理论选讲．上海：华东师范大学出版社，2001.

（7）克莱因．数学：确定性的丧失．长沙：湖南科学技术出版社，2007.

（8）维果茨基．维果茨基教育论著选．北京：人民教育出版社，2005.

（9）中华人民共和国教育部．义务教育数学课程标准（2022 年版）．北京：北京师范大学出版社，2022.

2. 网络资源

（1）学科网，http://www.zxxk.com

（2）中国教研网，http://www.zgjiaoyan.com

第二章

小学数学教学的基本知识

本章导读

本章介绍小学数学教学的基本知识，内容包括《义务教育数学课程标准（2022年版）》的简介、小学数学教材的研读、小学数学教学方法的选择和应用、小学数学教学设计的基本步骤和文本规范、小学数学教学的实施和评价等。通过本章的学习，读者可以知道数学课程标准的改革与发展，掌握小学数学教材的研读方法，了解基本的小学数学教学方法以及课堂教学的结构和类型，并能根据不同的课型和教学目标撰写小学数学教学设计活动方案，掌握课堂教学活动的基本要求，学会欣赏和评价小学数学课堂教学。

第一节　小学数学课程标准简介

小学数学是基础教育的一门重要学科，是进一步学习其他知识的基础，也是每个公民必备的基本素养之一。早在周代设置的“六艺”课程中，就有“数”，它主要传授几种数学问题的解法。以后又出现了算术、算学，算学作为小学的一门课程始于清朝末年。

一、小学数学课程标准的发展

（一）课程与课程标准

对课程的界定很多，我国的“课程”，始见于唐宋时期，有朱熹的“宽着期限，紧着课程”“小立课程，大作工夫”，虽未明确界定，但意思已较清楚，即指“功课及其进程”，与现在许多人对课程的理解基本相同。英语“curriculum”（课程），是从拉丁语“currere”一词派生出来的，意为“跑道”（race-course），指“学习的进程”，简称“学程”，是个体对自己经验的认识，关注的是个体经验的积累。

有人把课程比作施工的蓝图，这样一来，教学就是具体的施工，而教师就是建筑工程师，学生就是一幢幢大楼。在工业化时代，“大楼”以“批量生产”为主，施工蓝图是统一的，造出来的大楼也是大同小异。进入信息化时代，人们提倡个性化，强调“大楼”要有“文化底蕴”、有特色，因而提倡课程的多样化。

江苏省教育科学研究院前院长陈尚荣教授认为：“如果把学制比作一列列车，课程就是车厢里的货；如果把学制比作精美的篮子，课程就是篮里的菜。课程是凹透镜，把最有价值的内容收集在一起，从某种程度上说，课程结构影响人的发展，甚至决定人的素质，所以，教育改革的核心是课程改革。”

对课程的不同理解反映了不同的教育理念。当前对课程的定义大约有以下六种①：

（1）课程即教学科目。我国古代有礼、乐、射、艺、书、数六艺，欧洲中世纪初有文法、修辞、辩证法、算术、几何、音乐、天文学七艺，“六艺”和“七艺”都是指学科，强调学校向学生传授各学科的知识。

（2）课程即有计划的教学活动。这一观点强调的是教师的教，往往会把重点放到可观察到的教学活动上，而不是放在学生的实际体验上，这实际上是本末倒置。

（3）课程即预期的学习结果。这一观点认为课程不应该指教学活动本身，而应关注预期的学习结果或目标。

（4）课程即学习经验。它把课程的重点从教材转向学生个人，但在实际的班级化教学中，一个教师无法同时满足四五十个学生的个人成长需求，因此在实践中很难有效实行。

（5）课程即社会文化的再生产。这一观点认为个体是社会的产物，教育就是要使个体社会化，因此有人说“教育就是把一个自然人变成社会人”。

（6）课程即社会改造。这一观点认为课程不是要使学生适应或顺从社会文化，而是要帮助学生摆脱现存社会制度的束缚。

广义的课程泛指所有学科以及学生在教师指导下的各种活动。曾有学者提出：“课堂教学活动化，课外活动课程化。”所谓的课程化，就是要有课程计划、课程目标、课程内容、课程资源和课程评价，如果活动没有明确的目标指向，就不能称为课程。有了上述几个要素的课外活动才能被认为是课程。

在目前大多数学校都采用分科教学的背景下，狭义的课程仅就一门学科而言，这时的课程主要指课程标准。

---

① 施良方．课程理论：课程的基础、原理与问题．北京：教育科学出版社，1996：3－7．

小学数学课程标准又叫小学数学教学大纲，课程标准这一说法是沿用了欧美的习惯，而教学大纲的说法则是引自苏联。也有学者认为课程标准是最低标准，与教学大纲有区别。教学大纲是指向结果性目标，强调“双基”（基础知识和基本技能）的落实，而课程标准更加重视学生“形成数学基本思想，积累数学基本活动经验，发展核心素养”①。

一般来说，无论是教学大纲还是课程标准都是国家颁发的纲领性文件，它是编写教材、教学参考资料和师生进行教学活动的依据，也是检查评估教学质量和学生学业成绩的依据。

如 1986 年的教学大纲中规定一年级“应用题”的教学要求是“口述答案”，这一要求体现在教材中就是常会在作答要求中标注“口答”，以体现“应用题”解答过程的完整性；另外，它考虑了小学生识字量不够，书写有困难。但有些老师不理解教材的意图，把教材范例中的“口答”变成了书面答。要求一年级学生在解决问题时书面答就被认为是超出了大纲的要求。

《义务教育数学课程标准（2022 年版）》是当前国家对义务教育阶段数学课程的基本规范和要求，是在《义务教育数学课程标准（2011 年版）》的基础上修订而成的。

改“教学大纲”为“课程标准”，预示着基础教育课程与教学的时代转型，也标志着教师专业化建设开始迈步，标志着教师再也不是课程的执行者，而是课程的研究者和创造者。自觉参与课程研制、选用合适的教材教学、为了每一个学生的发展，将成为教师专业工作的三大准则。而这三大准则，集中体现在教学内容的选择和创生上②。

（二）小学数学课程标准的演变过程

小学数学课程标准（或大纲）的演变经历了如下三个历史时期：

（1）清末到民国初年。1903 年制定的《奏定小学堂章程》规定初小五年、高小四年，都要设置“算学”。

（2）民国初年到新中国成立前。把“学堂”改为“学校”，把“算学”改为“算术”，规定初小四年、高小三年。

（3）新中国成立后。

1950 年：颁布《小学算术课程暂行标准（草案）》。

1952 年：颁布《小学算术教学大纲（草案）》，该大纲参照苏联《初等学校算术教学大纲》制定，规定五年一贯制，初中再学一年算术。

1956 年：颁布《小学算术教学大纲（修订草案）》，规定初小四年、高小二年，初中再学一年算术。

1963 年：颁布《全日制小学算术教学大纲（草案）》，规定学制六年。

---

① 中华人民共和国教育部．义务教育数学课程标准（2022 年版）．北京：北京师范大学出版社，2022：3.

② 王荣生．语文课程标准所预示的范型转换．教育研究，2003（2）.

1978 年：颁布《全日制十年制学校小学数学教学大纲（试行草案）》，学制为五年、六年并存（算术与数学的分水岭：用字母表示数，现代数学思想的渗透，如集合、对应、函数、概率、统计等）。

1986 年：颁布《全日制小学数学教学大纲》，这是新中国成立后第一份正式大纲，学制仍为五年、六年并存。

1992 年：人教社的《九年义务教育全日制小学数学教学大纲（试用）》、上海的《九年义务教育全日制小学数学课程标准（试行）》以及浙江的《九年义务教育全日制小学数学指导纲要（试行）》并存，旨在满足各地区的不同需要。学制仍为五年、六年并存。

2001 年：颁布《全日制义务教育数学课程标准（实验稿）》。为体现义务教育的整体性，该大纲通盘考虑了九年的课程内容，分三个学段：第一学段，1～3 年级；第二学段，4～6 年级；第三学段，7～9 年级。小学的学制大多数仍采用六年制，也有九年一贯五四分段的。

2011 年：《义务教育数学课程标准（2011 年版）》是在 2001 年《全日制义务教育数学课程标准（实验稿）》的基础上，对十年改革实验中存在的问题进行调整和修改的成果。

2022 年：《义务教育数学课程标准（2022 年版）》，体现了数学课程立德树人的根本任务，致力于“使学生通过数学的学习，形成和发展面向未来社会和个人发展所需要的核心素养”①。进一步落实了“四基”“四能”的培养目标，同时在《义务教育数学课程标准（2011 年版）》的基础上，将义务教育分为四个学段，第一学段：1～2 年级；第二学段：3～4 年级；第三学段：5～6 年级；第四学段：7～9 年级。学制分为“六三制”和“五四制”。

以上可以发现，我国小学数学课程的改革和发展历程具有以下四个特点：

（1）从教学大纲到课程标准的演变，反映出教育理念的变化，数学教学的课程目标逐步从“以知识为本”转变为“以人为本”，体现出小学数学课程改革从不成熟到成熟，正处于不断发展与完善之中。

（2）小学数学课程改革从全面借鉴国外发展到力求形成我国特色。如清末到解放初期学习美国，20 世纪 50 年代全面学习苏联，到现在借鉴美国和西欧等发达国家的课程改革经验，我国小学数学课程改革处于不断探索的过程中。

（3）小学数学课程从一纲一本，到一纲多本，直至多纲多本，体现出我国教育从微观的教学改革到宏观的课程改革的发展态势。而目前施行的“新课标”则是国家、地方、学校三级课程体系下的国家数学课程标准。

（4）从算术到数学，学生的学习内容、学习方式等都有了较大的拓展。

（三）小学数学课程目标的演变

小学数学课程目标的演变过程如下：

① 中华人民共和国教育部．义务教育数学课程标准（2022 年版）．北京：北京师范大学出版社，2022：2.

清末的“算学”：其要义在使知日用之计算，与以自谋生计必需之知识，兼使精细其心思。

民国初年的“算术”：其要义在使儿童熟习日常之计算，增长生活必需之知识，兼使思虑精确。

民国时期的“算术”：其要义在增进儿童日常生活中关于数量的常识和观念，培养儿童日常生活的计算能力，使儿童养成计算敏捷和准确的习惯。

它们都是以计算和实用作为课程的主要目标。

新中国成立后，国家首先于 1950 年颁布了《小学算术课程暂行标准（草案）》，规定数学课程目标为：增进儿童关于新社会日常生活中数量的正确观念和常识；指导儿童具有正确和敏捷的计算技术和能力；训练儿童善于运用思考、推理、分析、综合和钻研问题的方法和习惯；培养儿童爱国主义思想，并加强爱科学、爱护公共财物等国民公德。这四项目标显示了新旧社会在培养目标上截然不同。知识、能力、方法、习惯和思想教育等课程目标在这里或多或少都被提到了。之后学习苏联，把课程目标改称“教学大纲”，教学目标和内容也在不断地调整和变化，但基本上都可概括为知识、能力和思想品德三个方面。

1992 年颁布的义务教育试用大纲，虽然有人教社的《九年义务教育全日制小学数学教学大纲（试用）》、上海的《九年义务教育全日制小学数学课程标准（试行）》、浙江的《九年义务教育全日制小学数学指导纲要（试行）》，但课程目标（教学目标）基本相同，仍是知识、能力和思想品德三个方面。当然，课程目标的具体内涵在发生变化，从原来只注意传授知识、技能，转变为知识、能力并重，又进一步发展成为既重视知识、能力，又注重非认知因素的培养，四则运算要求有所降低，不再笼统提“正确、迅速”的要求，而是分层次提出要求，即“下保底，上不封顶”。

2001 版课标（实验稿）则把数学课程目标细化为“知识与技能、数学思考、解决问题、情感与态度”四个方面。2011 版新课标又对相关内容的表达方式进行了修改，注重了过程性目标和结果性目标的结合，把课程总目标改为“知识技能、数学思考、问题解决、情感态度”四个方面，并明确提出了“四基”“四能”的概念。所谓“四基”是指“基础知识、基本技能、基本思想和基本活动经验”，是在继承我国数学教育强调“双基”（基础知识和基本技能）的传统优势上，增加了为提高学生数学素养所需要的另两个重要指标：基本思想和基本活动经验；所谓“四能”，是指“发现问题、提出问题、分析问题与解决问题”，这里明确提出“四能”，以及把 2001 版课标（实验稿）总目标中的“解决问题”改为“问题解决”，都是为了更加重视学生数学问题意识的培养，强化培养学生解决问题的综合能力。数学教育的目的不再只是让学生掌握数学的基础知识、基本技能和方法，而是重视让学生了解数学、亲近数学、应用数学，学会用数学的眼光去认识自己所生活的环境和社会，培养学生的创新精神和实践能力，帮助学生建立自信心等。这些目标以往被认为是数学知识和技能学习的“副产品”，现在被并列作为义务教育阶段数学课程的整体目标。

在目标取向上，从原来的重视“双基”，到“新课标”中强调“四基”，即基础知识、基本技能、基本思想和基本活动经验。课程目标发生了明显的变化，不仅关注了结果性目标，也关注了过程性目标。原来的“双基”是看得到的、能测量的，而“四基”中“基本思想”和“基本活动经验”是“一种隐性的东西，但恰恰就是这种隐性的东西在一定程度上影响人的思想方法。因此，对学生，特别是对那些未来不从事数学工作的学生的重要性是不言而喻的，这是学生数学素养的集中体现，也是‘育人为本’教育理念在数学学科的具体体现”①。

2022 版新课标在此基础上，又增加了“三会”的概念，所谓“三会”是指“会用数学的眼光观察现实世界、会用数学的思维思考现实世界、会用数学的语言表达现实世界”，把培养学生的数学核心素养与课程总目标有机结合，确立了基于核心素养的数学课程目标体系。

二、《义务教育数学课程标准（2022 年版）》简介

数学课程标准是国家教育部颁发的关于数学学科教学的指导性文件，它不仅是教材编写、教学评估、考试命题的主要依据，也是教师设计小学数学课堂教学的基础，所以，每个小学数学教师都必须认真学习，领悟思想，把握要求，并以其指导教学设计和课堂教学行为。

《义务教育数学课程标准（2022 年版）》由六个主体部分和两个附录组成，其中六个主体部分分别为“课程性质、课程理念、课程目标、课程内容、学业质量、课程实施”；两个附录中，附录 1 是课程内容中的实例，按“数与代数、图形与几何、统计与概率、综合与实践”四个内容领域进行了实例示范，其中小学部分“数与代数”的实例有 23 个，“图形与几何”的实例有 13 个，“统计与概率”的实例有 10 个，“综合与实践”的实例有 17 个；初中部分“数与代数”的实例有 9 个，“图形与几何”的实例有 10 个，“统计与概率”的实例有 6 个，“综合与实践”的实例有 3 个。

与 2011 版新课标相比，最显著的变化在于“综合与实践”内容的调整，2022 版新课标加强了数学与其他学科、生活实际、传统文化的联系，设计了丰富多彩的主题活动，其中，将过去隶属于“数与代数”领域的“常见的量”的认识安排至“综合与实践”领域，体现出数学知识与日常生活的紧密联系，让学生能更好地体会学习数学知识的意义。

例如，2022 版新课标在“附录 1”中介绍的“欢乐购物街”这一主题活动，将“认识

---

① 教育部基础教育课程教材专家工作委员会．义务教育数学课程标准解读：2011 年版．北京：北京师范大学出版社，2012：2.

人民币”的相关知识自然融入“购物”活动中，分为“筹备购物街”和“货币小讲堂”两个项目展开。“筹备购物街”项目引导学生认识人民币的不同面值、掌握纸币之间的换算，为布置班级商铺自行准备商品并合理定价，与同伴一起经历商品买卖、付钱找钱的过程，体验货币交流的操作过程和不同个体的思考方式。“货币小讲堂”项目引导学生查阅货币的相关资料，了解货币的发展历史和现代流通的货币种类，进一步感悟货币在实际生活中的应用价值。

2022 版新课标针对“综合与实践”领域的每一个主题活动都有详细的意图说明和设计示范，有利于一线教师进行操作和应用。

附录 2 是对教学目标叙述中的行为动词进行了分类与解释，如用于描述结果性目标（基础知识和基本技能）可以用“了解、理解、掌握、运用”等术语，用于描述过程性目标的行为动词可以用“经历、体验、探索”等。2022 版新课标具体解释了每一个行为动词的含义，如“理解”是指“描述对象的由来、内涵和特征，阐述此对象与相关对象之间的区别和联系”，并对替代词也进行了说明和举例，如“理解”的替代词是“认识、会”等，表现为“结合实例认识线段、射线和直线；会计算同分母分数的加减法”等，这就规范了教学目标的叙述方式。

下面我们对 2022 版新课标的课程性质、课程理念、课程目标、学业质量这四个部分进行简要解读，至于课程内容、课程实施等我们在后面各章节中分别加以叙述。

（一）课程性质

2022 版新课标首先对数学进行了界定，仍沿用 1986 年版《全日制小学数学教学大纲》中关于数学的概念，即“数学是研究数量关系和空间形式的科学”，但笔者认为，如果在数、量、关系之间加上顿号，更能确切地反映小学数学的研究内容，因为小学数学主要研究数、量、形，以及数与数、数与量、常量与变量、数与形、形与形、个体与个体、个体与总体、总体与总体之间的基本关系，体现在教学设计中要及时揭示它们之间的内在联系，并上升到一般性意义，才是数学学习的核心之所在。

如教学方程，除了揭示方程概念的本质特征是：等式、含有未知数，更要说明方程式、算术式之间的关系是一般与特殊的关系，只有这样，才能打破行为主义“点对点”的教学弊端，帮助学生建立合理的数学认知结构。

在揭示数学教育的功能时，2022 版新课标强调了“数学在形成人的理性思维、科学精神和促进个人智力发展中发挥着不可替代的作用”。培根曾说“数学是思维的体操”，思维是数学的基本特点，更是数学教育的主要目标，为此，在教学设计中要关注整节课的逻辑框架。物理学家可以通过实验来证明自己的理论，而数学家则不能用实验的方法来证明定理，非得用逻辑推理和计算不可。为此，在小学数学教学设计中要关注数学知识的逻辑结构和推演过程，让学生学会数学的基本思维方式，那就是抽象、推理和建模，这是数学学科区别于其他学科的核心所在。同样是“阳光照进窗户”的情景，语文老师要让学生感受到“阳光‘敲打’着窗户”的浪漫，而数学老师则是让学生学会思考“怎样的形状才能使受光面积最大?”等问题，并通过测量、计算和推演解决实际问题。

(二) 课程理念

2022 版新课标从“确立核心素养导向的课程目标”、“设计体现结构化特征的课程内容”、“实施促进学生发展的教学活动”、“探索激励学习和改进教学的评价”和“促进信息技术与数学课程融合”五个方面阐述了数学学科的课程理念，特别指出本学科课程目标应以学生发展为本，以核心素养为导向。通过数学学习，学生应有数学基础知识、基本技能、基本思想和基本活动经验（简称“四基”）的获得和发展，学生在运用数学知识与方法发现、提出、分析和解决问题的能力（简称“四能”）方面有发展，逐步形成正确的情感、态度和价值观。

在数学课程理念方面，2022 版新课标强调“人人都能获得良好的数学教育，不同的人在数学上得到不同的发展”，体现在小学数学教学设计中，为了让学生“获得良好的数学教育”，要时刻关注“人的发展、数学的特征和儿童的年龄特征”。如在教学“10－1＝?”时，一位学生由于在课外阅读中接触过以下脑筋急转弯之类的题目：

“树上有 10 只鸟，打死一只，还剩几只?”

“鱼缸里有 10 条鱼，死了一条，还剩几条?”

所以，他对“10－1＝?”是这样解答的：“假如这个 10 是树上的鸟的数量，那么 10－1＝0；假如这个 10 是鱼缸里的鱼的数量，那么 10－1＝10”。作为他的老师该怎么办?

显然，从评价的激励性角度考虑，应鼓励学生的这种发散性思维，但从数学方法论的角度分析，这个学生还没有真正理解和掌握“问题本质”。对此，作为数学老师除了鼓励，还应把数学的基本思想告诉学生，让学生学会撇开事物的非本质属性，抓住“鸟”和“鱼”这两个问题共同的本质属性，建立数学模型，那就是“10 只（条）活的，死了一只（条），还剩几只（条）活的?”也就是 10－1＝9。显然，这种抽象方法是数学中最基本的方法，如果放弃对数学中基本内容的教学，只简单地鼓励学生发散思维，是不符合教育规律的，学生得到的教育也就不是“良好”的数学教育了。

笔者在新加坡进修时，曾就上述问题征求当地学生意见，有学生提出，“假如一枪把 10 只鸟都打死了，那么 10－1＝10 也是可能的”，“假如有一只鸟是聋的，那么，10－1＝1 也有可能”，他们的答案五花八门，但作为教师要让学生学会从数学的视角思考，也就是要让学生学会分清条件和问题，那就是已知 10 只活的，死的是 1 只，而不是 10 只；要求的是活的有几只，而不是树上还有几只鸟。让学生在充分展示自己思考过程的基础上，教师只有通过理性分析，让学生体会现实情境与数学情境之间的联系与区别，知道数学思考的一般性意义，才能让不同的学生在数学上得到不同的发展。

值得关注的是，2022 版新课标指出课程设计应“注重数学知识与方法的层次性和多样性，适当考虑跨学科主题学习；根据学生的年龄特征和认知规律，适当采用螺旋式的方式，适当体现选择性，逐渐拓展和加深课程内容，适应学生的发展需求”①，这就提醒我们在数学教学中，设计的学习内容不仅要关注学生的学习兴趣，引发学生积极思考，更要充分考虑学科本身的特点，体现出数学知识的实质。

（三）课程目标

义务教育数学课程标准修订组组长史宁中教授认为“数学发展所依赖的思想在本质上有三个：抽象、推理、模型，其中抽象是最核心的。通过抽象，在现实生活中得到数学的概念和运算法则，通过推理得到数学的发展，然后通过模型建立数学与外部世界的联系”。“抽象”、“推理”和“模型”显现于学生的数学学习过程中，即“会用数学的眼光观察现实世界”，“主要表现为：抽象能力（包括数感、量感、符号意识）、几何直观、空间观念与创新意识”；“会用数学的思维思考现实世界”，“主要表现为：运算能力、推理意识或推理能力”；“会用数学的语言表达现实世界”，“主要表现为：数据意识或数据观念、模型意识或模型观念、应用意识”②，这一数学核心素养的阐释体现出数学学科本身的特点和数学学习对学生素养发展的影响。

下面，我们将从“数感、量感、符号意识、运算能力、几何直观、空间观念、推理意识、数据意识、模型意识、应用意识、创新意识”这十一个核心词出发来分析 2022 版新课标所提出的数学核心素养在小学阶段中的具体表现：

（1）数感，主要是指“对于数与数量、数量关系及运算结果的直观感悟”③，它是人的一种基本数学素养，是学生建立明确的数概念、合理地进行计算等数学活动的基础。数感的培养有助于学生理解现实生活中数的意义，理解或表述具体情境中的数量关系，它是建立数学与现实问题之间联系的桥梁。

请看图 2－1 中左右两组图的异同④：

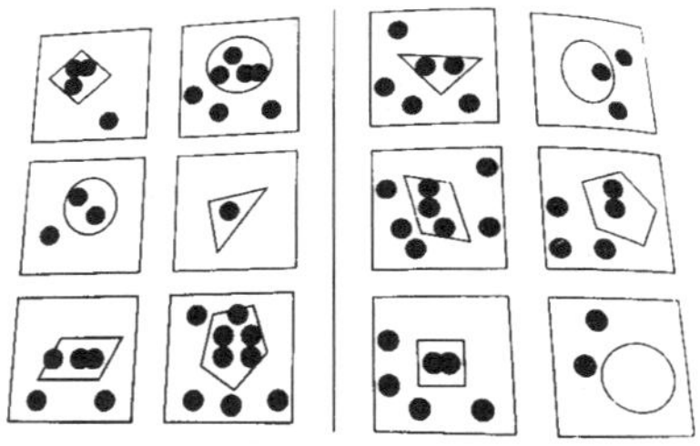

图 2－1

① 中华人民共和国教育部. 义务教育数学课程标准（2022 年版）. 北京：北京师范大学出版社，2022：3.

② 同①5－6.

③ 同①7.

④ 沈丹丹. 小学数学教例剖析与教案研制. 南宁：广西教育出版社，2004：102.

通过观察，可直接感知左边一组中图形内部的点比外部的多，而右边一组则相反。这就是数感。

体现在教学设计中，就是要给学生充分的时间感悟，积累有关数的大小、数的关系方面的经验。例如，在案例 1 中，崔老师让学生在讨论交流中慢慢感悟到 128＋364 大约等于多少，知道怎样估算比较合理等。

（2）量感，主要是指“对事物的可测量属性及大小关系的直观感知”①。

在小学阶段，量感体现为“知道度量的意义，能够理解统一度量单位的必要性；会针对真实情境选择合适的度量单位进行度量，会在同一度量方法下进行不同单位的换算；初步感知度量工具和方法引起的误差，能合理得到或估计度量的结果”②。可见，量感的培养关键在于量化思想的渗透、量化意识的形成，让学生从小养成用定量的方法去认识、分析和解决问题的习惯，逐步形成量化能力。

例如，在学习“长方体和正方体的体积”时，可先让学生回顾长方形面积公式的推导过程，明确当研究一个长方形究竟有多大时，我们是选用单位面积为 1 平方厘米的正方形作为标准来测量的，量出的结果正好可用“长×宽”的积来量化。

那么，这种“度量”的方法能否迁移到长方体体积公式的推导中呢？教学中，在学生回忆已学知识、调动原有经验的基础上，教师可引导学生类比猜想：研究长方形，我们是选用同样大小的正方形作为“尺子”来测量的，那么研究长方体，我们该用什么来作“尺子”呢？我们能不能试着用同样大小的正方体作为标准来进行测量呢？

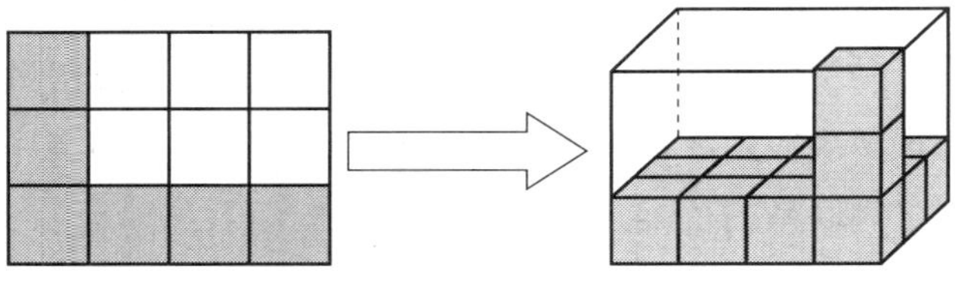

学生通过动手操作、验证猜想，发现用单位体积为 1 立方厘米的正方体测量一个长方体所占空间的大小，结果恰好是“长×宽×高”的积，由此可见，“面积和长度、体积都是几何度量领域的概念，它们都具有‘数’的基本属性，即找到一个合适的数对其数学属性进行描述”③，因而，面积和体积的计算从本质上说都是一种“测量”活动，这种“量化”思想的渗透就体现了“量感”的培养。

（3）符号意识，主要是指“能够感悟符号的数学功能。知道符号表达的现实意义；能够初步运用符号表示数量、关系和一般规律；知道用符号表达的运算规律和推理结论具有

①② 中华人民共和国教育部．义务教育数学课程标准（2022 年版）．北京：北京师范大学出版社，2022：7.

③ 张奠宙，巩子坤，任敏龙，等．小学数学教材中的大道理：核心概念的理解与呈现．上海：上海教育出版社，2018：3.

一般性；初步体会符号的使用是数学表达和数学思考的重要形式”①，符号意识是数学抽象在义务教育阶段的表现之一。

培养学生的符号意识，在教学中要让学生充分经历“具体—表象—抽象—符号化”的过程，不仅要把实际问题用数学符号表达出来，还要充分理解并把握每个数学符号所蕴含的丰富内涵和实际意义。例如，从一年级起，我们就开始有意识地引导学生用“□”或“（ ）”来代替具体的数乃至变量，让学生在 2＋（ ）＝9、15－□＝□的算式中填上合适的数，引导学生观察、比较、发现算式中量与量之间的关系，体会用符号表示数的作用。

到了中年级学习加法和乘法的运算定律时，启发学生在归纳比较、发现规律、举例验证的基础上，试着用更简洁的方式来表达自己的结论：

3＋4＝4＋3，50＋70＝70＋50，100＋36＝36＋100……

师：同学们，这样的例子能举完吗？

生：举不完。

师：你有什么好方法把自己发现的规律清楚地表示出来，让人一看就明白？

生：我可以用 a＋b＝b＋a，还可以用□＋△＝△＋□，甲＋乙＝乙＋甲……来表示。

师：你为什么要选两个不同的符号呢？

生：因为两个加数是不一样的，要用不同的符号，如果用相同的符号，就代表两个一样的数了。

从上述案例可以看出，学生已具备相当的符号意识，他们对符号的使用和解释都比较到位。

进入高年级，学生开始正式学习用字母表示数，从研究一个具体确定的数到用字母表示一般的变量，不仅要经历用字母表示数、表达出抽象的数量关系的概括过程，还要让学生试着将字母“还原”成具体的数，来求出含有字母的关系式所代表的具体结果，这样的解释、应用过程能让学生深刻理解代数式的含义，体会符号化的准确性，不仅为列方程解决实际问题做好准备，更为代数知识的学习做好铺垫。

（4）运算能力，主要是指“根据法则和运算律进行正确运算的能力”②，它是数学课程标准十分强调和重视的基本能力。培养学生的运算能力，既要让学生掌握口算、笔算、估算和简便算法的计算方法，也要让学生理解为什么这么算的道理，在尝试多种算法的基础上，形成算法最优化的思想。

学生具备相当的运算水平，将有助于提高数学学习的效率，面对复杂问题时，运算能力强的学生往往能够在深入分析题意的基础上，合理选择简洁的运算策略来灵活应对，从

①② 中华人民共和国教育部．义务教育数学课程标准（2022 年版）．北京：北京师范大学出版社，2022：8.

而有效地解决问题，因而，运算能力是学生从小学乃至初中都需要着重掌握的能力。

例如，三年级教学“一位数除两位数”的除法竖式，针对例题 42÷2，学生需要先动手操作：准备 42 根小棒，将小棒按 10 根一捆，扎成 4 大捆和分散的 2 根；再根据除法意义，独立将小棒平均分成 2 份。这时，教师要提出两个问题，引发学生思考：

①是怎么分的？把你分的过程说一说。

生 1：先分 2 根再分 4 捆，并将小棒分成 2 份，每一份是 21 根。

生 2：先分 4 捆再分 2 根，并将小棒分成 2 份，每一份也是 21 根。

师：两种分法都可以，得到的结果相同。

②你写的竖式能表示出刚才你分小棒的过程吗？

学生出现两种竖式（如图 2-2）：

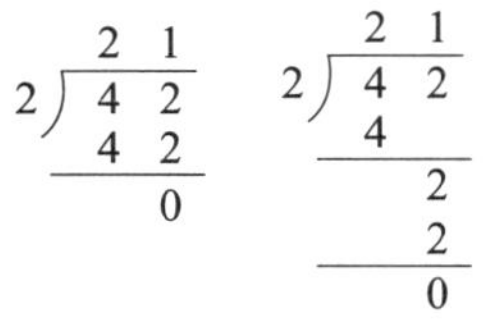

A　　B

图 2-2

竖式计算从高位到低位，先分 4 个十（4 捆），再分 2 个一（2 根）。竖式 A 只表达了分的结果，验证分的结果；竖式 B 可以清楚地看出先分什么再分什么。教师引导学生将竖式书写的过程与分小棒的过程一一结合起来，让学生理解每一次计算结果的含义。通过小棒操作，理解分步写的竖式更能反映分的过程，这便是算理与算法的充分融合。

（5）几何直观，主要是指“运用图表描述和分析问题的意识与习惯”①。利用几何直观能在“数与形”之间建立有机联系，把看不见的、抽象的数学具体化，它不仅充分体现了数形结合思想，而且为我们解决问题提供了思路。

例如，在认识“直线、射线和线段”时，教师通常会让学生举出生活中的例子，比如从射灯射出的一条光线可以看成一条射线，黑板上一条直直的边可以看成一条线段，但是“可以向两边无限延伸”的直线却无法在生活中找到“原型”。这时，教师可在黑板上出示数轴：

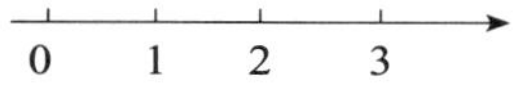

师：同学们，在“数轴”这位老朋友身上，你能找到线段和射线吗？

待学生找到之后，提问：为什么我们分别从 0、1、2、3……出发，能向右边找到

① 中华人民共和国教育部．义务教育数学课程标准（2022 年版）．北京：北京师范大学出版社，2022：8.

无数条射线呢？

生：因为数轴可以一直延长下去，后面还有4、5、6……这些点是数不完的。

师：想一想，数轴从0出发，一定得是向右延伸，得到1、2、3……这些点吗？

生：那不一定，也可以从0出发，向左边延伸，我知道后面会有－1、－2……

教师根据学生的回答，动态呈现出：

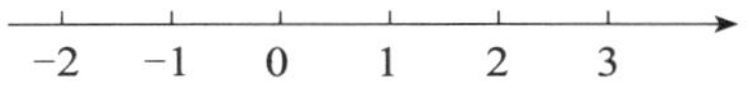

师：那在这条数轴上，假如是从－1出发，你现在能找到几条射线？

生：能找到两条，－1向右是一条，向左也是一条。

在学生回答之后，教师用课件演示从－1出发，分别向左、向右延伸所形成的两条射线。

师：数轴上，像这样的射线你还能找到吗？请指给你的同桌看一看。

学生之间互相示范，对数轴上从任意一点出发，向两边可无限延伸的特点有了直观的感知。

师：除了射线和线段，你在这条数轴上能发现“直线”的影子吗？

生：这整条数轴就是一条直线。

师：为什么？

生：因为这条数轴可以向两边无限地延伸，和直线是一样的……

师：是啊，同学们，虽然我们在生活中很难找到直线，但是借助数轴，我们通过想象，发现它是向两端无限延伸的，这不就是直线的样子吗？

从以上教学片段中可以看出，教师巧妙地借助“数轴”这一体现几何直观的手段来帮助学生认识数学概念，让原本抽象的几何概念在学生的头脑中变得具象化，从而降低了数学概念理解的难度。

（6）空间观念，主要是指“对空间物体或图形的形状、大小及位置关系的认识”①，具体表现为根据物体特征抽象出几何图形，根据几何图形想象出所描述的实际物体；想象并表达物体的空间方位和相互之间的位置关系；感知并描述图形的运动和变化规律；依据语言的描述画出图形等。

儿童几何思维水平的发展需要经历前认知、直观化、描述/分析和描述/关联四个阶段。在前认知阶段，儿童能感觉几何形态，但只能凭借形状直观特征的某一部分来感知“形状相同”。在直观化阶段，儿童能按外观识别图形，但不关心图形的几何性质或一类图形的本质特征，如能区分长方形和三角形，但不能区分长方形和长方体。在描述/分析阶

① 中华人民共和国教育部．义务教育数学课程标准（2022年版）．北京：北京师范大学出版社，2022：9．

段，儿童能通过图形的性质来识别图形并确定图形的特征，但不能理解正方形是特殊的长方形。只有到了描述/关联阶段，儿童才能注意到不同图形性质之间的关联，因而能分层次地将图形进行分类，并能依据图形的性质将图形进行组合或分解。

例如，图 2 - 3 中的三个图哪两个最像？学生有三种答案。

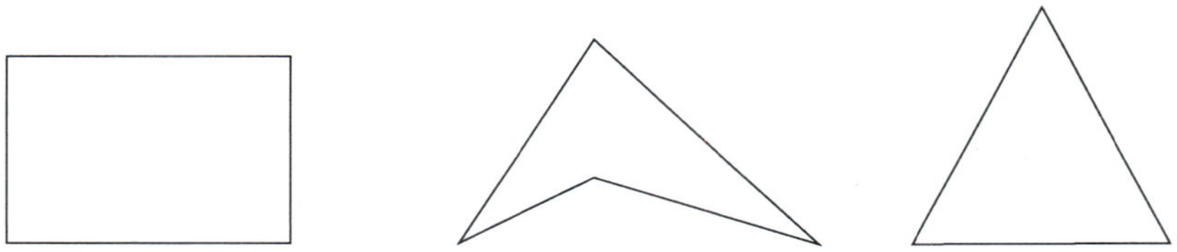

(1)　　(2)　　(3)

图 2 - 3

有说（2）和（3）最像的，说明该生还停留在直观化阶段，只看外观，不看实质；有说（1）和（3）最像的，因为它们都是凸多边形，说明该生已关注到图形的特征，但没有用数量来刻画；也有说（1）和（2）最像的，说明该生已关注到两个图形在边的数量上的共同特征。由此可见，儿童空间观念的建立是一个长期的过程，而且空间观念的发展是不平衡的。因此在教学设计中要让学生经历从不同实物中撇开非本质特征，抽象出图形，从图形中发现它们共同的本质特征的过程。

为了让学生掌握概念的本质特征，我们常常利用“变式”揭示概念的外延和内涵，并帮助学生形成空间观念。我们以“角的初步认识”为例：要让学生掌握角的概念，可以通过图 2 - 4 中的变式，让学生体会到“角是由一个顶点，两条直直的边组成的”。

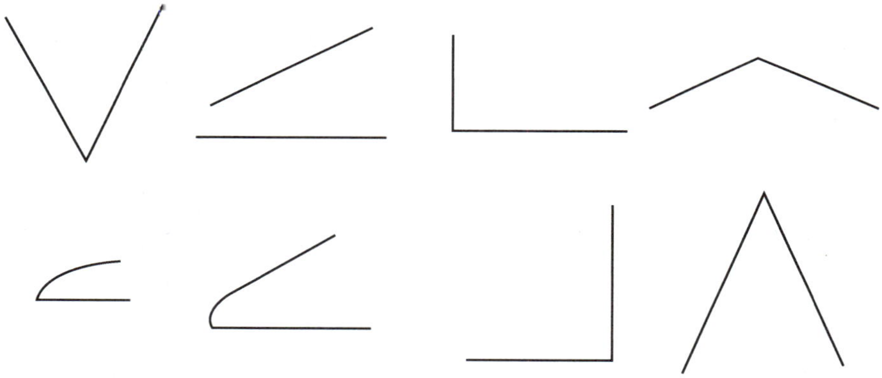

图 2 - 4

（7）推理意识，主要是指“对逻辑推理过程及其意义的初步感悟”①，它是数学的基本思维方式，也是人们学习和生活中经常使用的思维方式。推理主要有三种：演绎推理、

① 中华人民共和国教育部．义务教育数学课程标准（2022 年版）．北京：北京师范大学出版社，2022：9.

归纳推理、类比推理。其中归纳推理与类比推理又被称为合情推理，在小学数学里应用得非常广泛。例如，案例 4 中沈百军老师通过让学生举例，建立猜想——“交换两个加数的位置，和不变”，这是归纳推理；通过让学生举正例和反例验证，最后得出结论“任何两个数相加，交换加数的位置，和不变”，这是数学证明；从加法交换律猜想乘法、减法、除法有没有交换律，这是类比推理；应用加法交换律进行简便计算，这是演绎推理。显然，合情推理用于探索思路，发现结论；演绎推理用于证明结论，这是数学学习的两个方面。

在小学教学中，需要将推理意识的培养有机融合于观察、实验、猜想、证明等数学学习活动中，引导学生慢慢“悟”出其中的数学道理、运算规律和思考方法。

例如，教师在四年级教学“两位数乘两位数”时，当学生正确理解算理、掌握计算方法后，可出示如下的问题：

①仔细计算下面的乘法算式，然后比较一下：你能发现什么？

12×11，15×11，17×11，14×11

②根据刚才的发现，先猜一猜 54×11 的结果，然后列竖式计算来验证你的猜想是否正确；接下来，请你试着举出更多的例子来验证你的猜想，例如 35×11，27×11 等

③你能说说自己发现的规律吗？想一想，为什么会有这样的规律？请你试着结合乘法竖式来分析一下吧。

从上述教学过程中可以看出，学生从 12×11＝132，15×11＝165，17×11＝187，14×11＝154 中，初步发现了“1□×11，积是三位数，百位上的数字都是‘1’，个位上的数字是‘□’，十位上的数字是‘1＋□’”的规律；接着，通过 27×11、35×11、54×11 等算式来进一步验证自己的猜想，逐步归纳出“两边一拉、中间一加”的计算窍门；最后，借助对竖式的观察与分析，学生可深入理解规律背后的算理，明白了“其中一个因数是 11，另一个因数与它相乘，两次乘得的结果还是原来的因数，但分别表示几个一、几个十与几个百，要把两次乘得的结果分别写在个位、十位和百位上，然后再相加”，这样，就形成了一个两位数与 11 相乘，其结果就是“这个两位数的十位和个位上的两个数字一拉，中间放上这两个数字之和”的巧算规律。可见，让学生经历观察、猜想和验证的学习过程，从而获得一般的结论，这就是对归纳推理活动的体验和感悟。

（8）数据意识，主要是指“对数据的意义和随机性的感悟”①。教学“统计与概率”领域的内容，教师需要让学生经历收集数据、整理数据、描述数据和分析数据的全过程，感悟数据背后的信息，帮助学生理解生活中的随机现象，感知判断与决策的意义，掌握统计与概率独特的思维方式和表达方式，积累进一步形成数据观念的经验。统计学不仅是一门科学，也是一门艺术②，在当前信息化社会背景下，数据分析观念应成为每个人必须具

① 中华人民共和国教育部．义务教育数学课程标准（2022 年版）．北京：北京师范大学出版社，2022：9.

② 史宁中．数学思想概论．长春：东北师范大学出版社，2008：143.

备的数学素养。

作为教师，要清楚数据分析观念的具体表现。1）要有数据观念，即首先是相信数据分析能够帮助解决很多实际问题；其次遇到问题的时候，能够想到去调查研究、收集、整理和分析数据以帮助解决问题；最后愿意运用数据，例如运用数据解决一班同学是否比二班同学高的问题。2）要体会数据是蕴含着信息的，知道信息来自对数据背景的解读，例如公交车儿童购票线由 1.1 米提高到 1.2 米，蕴含着现在儿童平均身高较以前有很大的增长。3）知道数据整理、分析的方法多种多样，并且这些方法无所谓的对与错，只有好方法与不够好的方法之分，好方法的主要判别标准就是能否更充分地反映客观事实，解决实际问题，例如今年夏天比去年夏天热吗？是用温度的平均数来刻画，还是用众数来刻画呢？4）知道用来分析的数据的随机性质，一方面每次收集到的数据可能不同，即每个数据是不确定的；另一方面，大量的随机数据聚集在一起又呈现出某种稳定性，从而可以从中探寻规律，例如正常情况下，人每天掉的头发数目是不确定的，但经过一长段时间的观察发现掉发数目总是稳定在某个范围内，据此可推断正常的掉发不会成为秃子。5）知道数据分析推断而得的结论具有或然性，实际上根据数据分析推断结论是由许多个别来推断一般，可以认为是一种归纳推理，是不完全可靠的，但是它为推断、预测提供了一定程度上的可靠性，例如某地区从未有过连续 30 天不下雨的历史，今天就是第 30 天，由此推断明天一定会下雨。这个结论就不完全可靠①。

（9）模型意识，主要是指“对数学模型普适性的初步感悟”②，数学模型是学生体会和理解数学与外部世界联系的基本途径，也是数学的基本思维方式之一。建立模型思想，让学生亲身经历“将实际问题抽象出数学模型并进行解释与应用的过程”，不仅能让学生获得对数学的理解，而且能让学生在思维能力、情感态度等多方面得到进步和发展。体现在教学设计中，就是要创设现实生活或具体的情境，让学生经历发现并抽象出数学问题、尝试用数学符号表示数学问题中的数量关系和变化规律的过程，再应用已学的数学知识求出结果，最终能用自己的语言表述结果的意义。

“从问题情境出发—建立数学模型—寻求解决办法—进行解释与应用—拓展与推广（举一反三）”是 2022 版新课标理念下数学教学的基本过程。这就是说，要为学生提供现实的、有趣的或与学生已有知识密切相关的情境，引导学生从数学的角度去观察和思考，自己提出问题，展开讨论。或在教师提出的学习任务中，引导学生发现新的知识点以及有待于形成的技能，产生认知冲突，让学生自己主动地学习新知、形成新的技能、思考新的解决办法，从而解决原来的问题。如此，学生在解决问题的过程中便能体会数学的整体性，体验策略的多样化，接受数学思想方法的熏陶，形成评价和反思意识，自觉地把学到

① 李红梅．数据分析观念的认识及调查分析：以七年级学生为例．数学教育学报，2014（4）．

② 中华人民共和国教育部．义务教育数学课程标准（2022 年版）．北京：北京师范大学出版社，2022：10.

的数学知识应用于新的问题情境之中，把数学知识和技能转化为数学能力，从而为自身的学习和可持续发展奠定基础。

请看程红老师的课堂实录“常见数量关系”（见案例5）。

案例5　　**常见数量关系（课堂实录）**

一、创设情境，激发学习兴趣

（1）录像展示学生居住地的各大商场，说明今天老师要带学生一起去购物。（板书：购物）

（2）把录像定格在文具柜台上，展示各种笔和标价牌。

师：我们来到了文具柜。请问，你想买笔吗？买几支？共花多少钱？

生1：我想买3支水彩笔，每支4元，共花12元钱。

师：你是怎么算出来的？能把算式告诉大家吗？（学生讲，教师板书：4×3=12）

生2：我想买圆珠笔，每支6元，买10支，共花：6×10=60（元）

…………

（教师把这些算式依次写成一列）

二、及时抽象，建立模型

师：观察这些算式，谁能用同一个式子来表示？

[第一次抽象过程的展示，帮助学生在各种表象模式之间进行转换。开始时学生不知如何抽象概括，教师提示：乘号前面是每支笔的价钱，乘号后面是笔的支数……]

生：每支笔的价钱×支数=总的价钱

师：概括得真好！我们到其他柜台去看看吧？（电脑展示商场中的其他柜台。因为是学生熟悉的情境，所以，每到一个地方，学生都情不自禁地喊了出来：“童装店”“电器商店”）

师：说一说买其他什么物品时也能用这样的一个关系式来表示。

[这个问题提得好，帮助学生逐级提高抽象水平，避免因重复过多而浪费时间。]

生3：每件童装的价钱×件数=总的价钱。

生4：每台冰箱的价钱×台数=总的价钱。

…………

学生说，教师依次写在黑板上。

师：这里每支笔的价钱，每件童装的价钱，每台冰箱的价钱都是——

生1：物体的价钱。

生2：一个物体的价钱。

师：一个物体的价格也就是单个物体的价格，谁能用一个更简单的词来表示。

生3：单价钱。

生4：单价（注：学生如果不熟悉这个名词，就由教师直接说）。

师：支数，件数，台数又可以说成——

生 5 喊道：双价。

师笑道：是两个物体的价钱吗？

生 6：是物体的件数。

师：也就是物体的——数量（学生附和着说）。

师：等号后面的是——

生 5 又喊道：双价。（师故意不语）

其他同学说总的价钱，总价。

师：这么多的关系式我们是不是也可以用同一个式子来表示？

[帮助学生进行第二次抽象，领悟抽象过程。]

师与生：单价×数量＝总价。

师：什么叫单价？

生：单个物体的价格叫单价。

[通过“回问”加深学生的认识，这是数学教学中常用的方法。]

三、解释与应用

师：商场里常用单价来明码标价一个物体要卖多少钱。（出示商店里各种物品的标价牌）

师：这是多用三角尺，它的单价是多少？

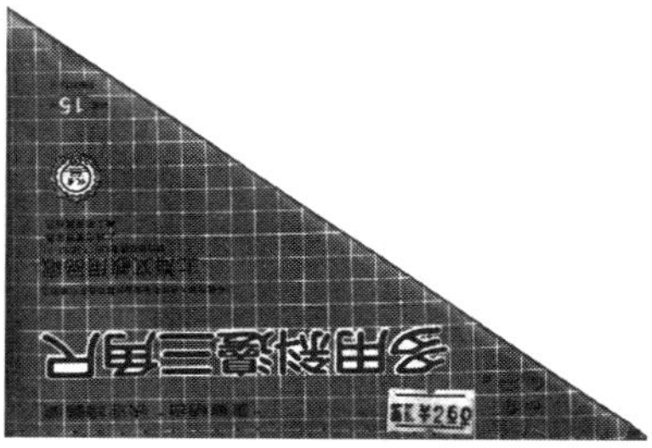

[注意这里要用“单价”这个新名词，下面也同样。如果学生说的是“买一个是多少”，教师也要继续追问：“也就是单价是——”]

生：2 元 6 角。（教师板书人民币符号：¥）

[充分利用课程资源！展示商场中各种各样的标价牌，既能帮助学生理解掌握单价的概念，突破了难点，又能让学生学习许多生活常识，真正体会到数学在生活中的应用。]

师：这是物价局统一核制的标价牌，溪口千层饼的单价又是多少呢？

生：3 元 9 角。

师：也就是说每袋“溪口千层饼”卖——3 元 9 角。

师：这里还有一张标价牌（展示），强力儿童拉力器的单价是多少？

学生有的说是 14 元 8 角，有的说是 14 元零 6 分，争议一会儿后有学生站起来。

生 1：我在三江购物俱乐部见到过，“强力儿童拉力器”的单价是 14 元 8 角，如果是三江会员，单价就是 14 元零 6 分。

师：对，14 元零 6 分是会员享受的单价。

师：老师昨天买了一条裙子（出示标价牌），你们知道我花了多少钱吗？

学生思考了一会儿后，一生站起来（显得不太有把握）：老师，是 252 元吗？

师：对，你是怎么知道的？

生很自豪地说：因为我想 RMB 大概是人民币的意思吧。

师：对，你观察得很仔细（教师把 RMB 写在黑板上），RMB 是“人民币”汉语拼音中的首字母缩写。

[注意让学生分享经验，而且每个标价牌出现的指导语也是不同的，既抓住了数学语言的规范性，又通过不同表述方式，使语言丰富起来，防止因重复过多而失去生动性。出示实际的标价牌与电脑扫描进去的标价牌也是有区别的，前者容易吸引学生的注意力，增强兴趣和真实感，而后者易使学生认为这离他们的生活比较遥远，是在学习纯粹的数学知识，可见充分利用现实教学资源非常重要。]

师：大家学得很好，下面我们到水果店去看看，好吗？看（出示标价牌），红富士精品苹果的单价是多少？

学生有的说是18元2角1分，有的说是5元7角8分。

生1：不是写得很清楚吗？红富士精品苹果的单价是5元7角8分。

师：火眼金睛！

生2：那18元2角1分是什么？

许多学生都说：是总价。

师：对！在“5.78元/千克”中，这“元/千克”读作什么？表示什么意思？

生1：表示买一千克要用5元7角8分。

师：你的知识真丰富！“元/千克”读作——元千克或元每千克。这里的净含量：3.15千克，表示——

生：苹果的重量。

师：从上面的讨论中，你发现了什么？

生1：我知道5.78×3.15=18.21。

生2纠正：是“约等于”。

师（赞许的目光）：真聪明！

四、基本练习

师：刚才大家认识了一些标价牌，知道了单价×数量 = 总价，现在请大家用学到的知识解决一些实际问题，好吗？

生：好！（用幻灯片展示）

（1）端午节的时候，同学们要去慰问烈军属，买了100个咸鸭蛋，每个1元，共需多少钱？

（2）校服的单价是50元，买2套校服要花多少钱？

（3）购买我们全班同学的数学书共用了多少钱？

[必要的基本训练是需要的，我们不能误认为“新课标”就是让学生光说不动手。教师的任务是把题目选择好、设计好，既让学生有模仿的机会，也让学生经历变式训练，减少重复题型的练习。程红老师让学生做的虽然都是基本训练题，但每道题都有一些新的变化，如第（3）题，单价和数量都需要学生自己去找。]

五、联系与拓展

师出示两个大小不同的西瓜说：老师还在这家水果店里买了两个品质一样的西瓜，我说花的钱是相同的，大家信吗？为什么？

生1：西瓜的单价是一样的，重量不同，所以买这两个西瓜的价格也是不同的。

师：你怎么知道“单价是一样的”？

生1：因为老师说：在同一家店里，买了品质一样的两个西瓜。

师：听得真认真！我买大西瓜花了12元钱，小西瓜花了8元钱，西瓜的单价是2元/千克，谁能知道这两个西瓜各有多重？可在小组中先讨论一下。

（小组合作交流后，教师叫学生派代表发言）

生：大西瓜 6 千克，小西瓜 4 千克。

师：能向其他同学介绍你们组是怎么算的吗？（示意学生在黑板上列式）

生：12÷2=6（千克），8÷2=4（千克）。

师：通过西瓜问题，谁能告诉大家，已知总价和单价，怎么求数量？如果告诉我们总价和数量，又怎么求单价呢？先同桌商量，再填到书上。

[从具体问题出发引导学生进行抽象思考，是数学教学的基本要求。小组或同桌合作后要派代表发言既是数学课堂组织中要引起注意的，也是合作教学的目的，既然已经在组内交流过了，学生的回答就集中了全组的智慧，代表该组的水平，教师要注意利用“派代表发言”引导发言的学生树立这种责任感。]

生：单价=总价÷数量，数量=总价÷单价。

师小结：今天我们讨论了什么问题？学到了什么知识？

生 1：今天老师带我们去逛了商场。

生 2：今天我们学习了购物时常见的几个数量关系式，知道了“单价×数量 = 总价”，“总价÷数量=单价”，“总价÷单价= 数量”。

教师在“购物”这两个字的后面写上“常见数量关系”，并说：我们还知道了这些数量关系式是怎么来的。生活中这样的数量关系式还有很多。这些关系式，能给我们解决生活中的实际问题带来许多方便。

[教师的总结能帮助学生理清思路，及时把所学的知识纳入认知结构，有画龙点睛之功效。]

六、综合分层练习，让不同的学生得到不同的发展

（1）填表（公式的简单应用）

	单价	数量	总价
故事书	6 元	7 本	？元
水彩笔	8 元	？支	72 元
铅笔盒	？元	5 盒	10 元

（2）学校用 9 000 元钱购买了 3 台 34 寸长虹彩电，这些彩电的单价是多少？[有其他信息的干扰，如 34 寸。]

（3）小刚同学要买 4 千克草莓，草莓的单价是 6 元，他带了一张 20 元的人民币，够不够？

[同一问题有不同表达方式，这里需要学生选择算法，可以估算，也可以精确计算。对于这样的基本题要求学生人人掌握，所以，要留足够的时间让学生做题，考虑学生学习的差异性，建议与下一题同时出示，以节约时间。]

七、解决问题

（1）教师出示“娃哈哈”酸奶，问：

①每组 8 元，买 2 组要多少钱？

生 1：8×2＝16（元）。

②每组有 4 瓶，每瓶多少钱？

思考一会儿后有几个学生举手，生 2：8÷4＝2（元）。

师：为什么解决第 1 个问题是用乘法，解决第 2 个问题却用除法？

生 3：“每组 8 元”在第 1 个问题里是单价，（教师提示：“已知……”）已知单价和数量求总价，用乘法。

生 4：“每组 8 元”在第 2 个问题里表示总价，已知总价和数量求单价，用除法。

[这组练习题设计得很好，让学生明白单价和总价是一个相对的概念，在具体应用时要灵活处理。]

师：同学们学得真好，谢谢你们！母亲节快到了，如果老师给你们 50 元钱，你们能用今天学到的知识买一束鲜花送给你们的妈妈吗？

（2）幻灯片出示鲜花店的照片和花的价格：有 1 元一枝的菊花，有 1 元三枝的康乃馨，有 10 元一枝的香水百合，也有 5 元两枝的玫瑰，学生热烈讨论，认真计算，课堂气氛十分活跃。下课前教师出示一束鲜花，并出示发票，让学生根据发票分析老师共花了多少钱、买了哪些鲜花、各买了几枝，把课堂教学推向了高潮。下课了，学生还围着老师久久不肯离去。

对于“常见数量关系”，过去的教材都以应用为主，重点放在如何让学生理解和记住单价、数量和总价之间的关系，并应用这些数量关系式解题，如已知其中的两个量求另一个量，所以教学时间安排较少。但根据数学的发展体系以及从培养学生数学素养这个理念出发，教师还是有必要花时间和精力让学生通过这个内容的学习，经历“数学建模”的全过程，即从学生身边的具体素材出发，适时上升到抽象的理论，使学生通过观察、比较、分析、综合、抽象、概括和必要的逻辑推理，得出数学概念（单价）和规律（单价×数量＝总价），让学生自己体会数学知识的形成过程及其作用，使学生既学习到如何由实际问题抽象成数学问题，又领悟到数学的基本思维方式，从而提高他们学习和应用数学的兴趣和意识，提高他们的数学素养。

（10）应用意识，主要是指“有意识地利用数学的概念、原理和方法解释现实世界中的现象与规律，解决现实世界中的问题”①。

学生具备了数学的应用意识，会自觉将数学与生活联系起来，主动探求生活中蕴含着

① 中华人民共和国教育部．义务教育数学课程标准（2022 年版）．北京：北京师范大学出版社，2022：10.

的大量与数学有关的信息和问题，并将其逐步抽象成有关数量和图形的数学问题，从而能够联系、运用数学课中学到的知识和方法来分析、解决问题。

例如，在“鸡兔同笼”的教学中，要让学生尝试寻找生活中的实例，像“乘船问题”“体育比赛计分问题”等。

> 全班一共有 38 人，共租了 8 条船，每条船都坐满了。大、小船各租了几条？
> 大船乘 6 人——兔
> 小船乘 4 人——鸡
> 篮球比赛中，3 分线外投中一球记 3 分，3 分线内投中一球记 2 分。张鹏一共投进 9 个球，共得了 21 分。请问他投进了几个 3 分球和 2 分球？
> 3 分球——兔
> 2 分球——鸡

教师在学生解答这些实际问题后可提问“你能在这些题目中找到‘鸡’和‘兔’的影子吗”，引导学生通过联系、比较，发现“在‘乘船问题’中，乘 6 人的大船相当于 4 条腿的兔子，乘 4 人的小船相当于 2 条腿的鸡，一共 38 人乘船相当于鸡兔的总腿数，共租 8 条船相当于鸡兔的总头数”，同样在篮球比赛的不同投篮得分中，也存在与“鸡兔同笼”类似的数量关系。

这样，就帮助学生找到了运用“假设法”解决这类问题时相对应的已知量、未知量及数量关系，学生自然能感悟到不同的问题情境实则蕴含着相同的数学模型，抽象的模型思想因问题情境、信息素材的不同，可以呈现出直观形象、丰富多样的问题表征，逐步积累“用数学的语言表达现实世界”、应用数学知识解决生活问题的经验。

此外，在教学中，教师还应主动打破学科的界限，通过跨学科的综合实践活动，让学生感知不同学科之间的联系，提高综合运用各学科的知识和方法来全面深入分析、灵活解决实际问题的水平。

（11）创新意识，主要是指“主动尝试从日常生活、自然现象或科学情境中发现和提出有意义的数学问题。初步学会通过具体的实例，运用归纳和类比发现数学关系与规律，提出数学命题与猜想，并加以验证；勇于探索一些开放性的、非常规的实际问题与数学问题”①，学生的创新意识要从小培养，从义务教育阶段抓起，贯穿数学教育的始终。

例如，在四年级上册《角的度量》的学习中，学生会用一副三角板来拼角，并根据三角板中各个角的度数（30°、60°、90°；45°、45°、90°）计算出所拼得的角的度数，这是一

① 中华人民共和国教育部．义务教育数学课程标准（2022 年版）．北京：北京师范大学出版社，2022：11.

种常规拼组的思路。

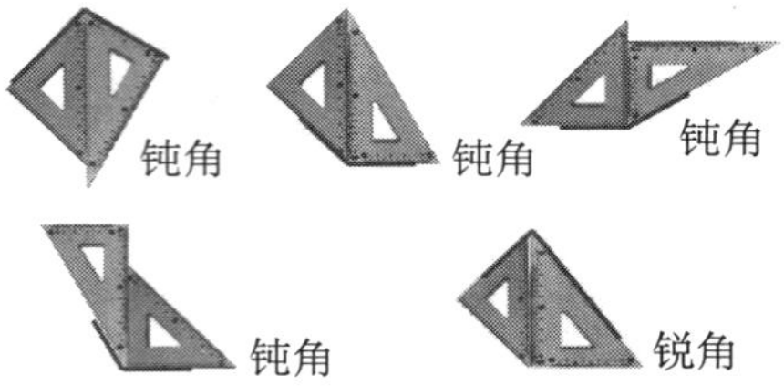

此时，教师可提问：运用一副三角尺，一定得两个角并起来吗？我们还能想办法创造出其他度数的角吗？这样，学生的思路就被打开，有助于学生想到如下的“另类”拼法，体现出学生对三角形中三个角关系的创新理解和应用。

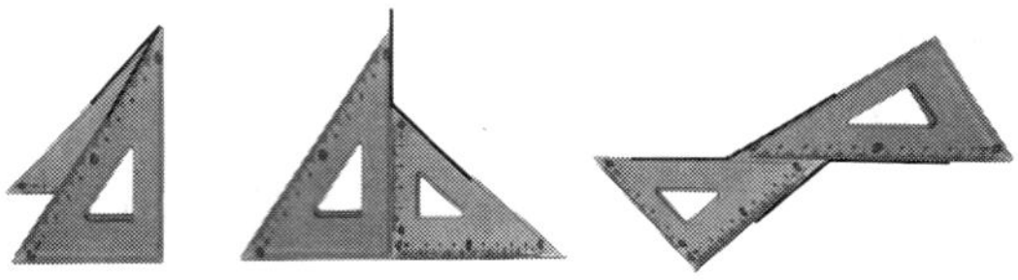

15°的锐角　　135°的钝角　　分别为 135°、150°的钝角

综上，数学核心素养是基础教育阶段数学教育的终极追求，它体现并落实在“课程目标”之中。2022 版新课标中的“课程目标”分为总目标和学段目标，总目标是义务教育阶段结束时学生应达到的要求；学段目标是总目标在各学段的具体表现，是每个学段结束时学生应达到的要求。

下面，我们主要来认识在义务教育阶段，学生数学学习的总目标①：

通过数学学习，学生逐步会用数学的眼光观察现实世界，会用数学的思维思考现实世界，会用数学的语言表达现实世界，也就是说要做到“三会”。

1）获得适应未来生活和进一步发展所必需的数学基础知识、基本技能、基本思想、基本活动经验。

2）体会数学知识之间、数学与其他学科之间、数学与生活之间的联系，在探索真实情境所蕴含的关系中，发现问题和提出问题，运用数学和其他学科的知识与方法分析问题和解决问题。

3）对数学具有好奇心和求知欲，了解数学的价值，欣赏数学美，提高学习数学的兴趣，建立学好数学的信心，养成良好的学习习惯，形成质疑问难、自我反思和勇于探索的科学精神。

总目标是在数学核心素养引领下分知识性目标（简称“四基”），能力性目标（简称“四能”）以及情感、态度和价值观这三个方面来阐述的，但是我们要注意，这三个方面并

① 中华人民共和国教育部．义务教育数学课程标准（2022 年版）．北京：北京师范大学出版社，2022：11.

不是相互独立和割裂的，它们是一个密切联系、相互交融的有机整体。在课程设计和教学活动组织中，教师要坚持素养导向，充分关注数学核心素养在教学中的达成情况，这样能同时兼顾各目标的整体实现。

比如，针对“四基”，教师在考虑“基础知识、基本技能”这些显性目标如何落实的同时，还要考虑“基本思想方法和基本活动经验”这些隐性目标如何落实的问题。平时我们说数学教材有两条线：一条是明的线，即数学知识体系；一条是暗的线，即数学思想方法。教师只有读懂读通教材的这两条线，才能准确把握教学目标。

根据2022版新课标的课程理念，数学课程内容的选择不是固定不变的，而是不断“生成”的，数学学习应是师生共同参与探求知识的过程，具有开放性和灵活性，因而，课程目标不再是完全预定的，而是可以随着教育活动的具体情况而改变，因为目标的最终指向是人，而不是教学内容本身。

课程目标的动态生成过程可以表示如下：

（课前）学习课程标准—制定课程目标（“四基”、“四能”、核心素养、情感态度）—（课中）揭示课程目标（预习告知、课前揭示、课中说明、课后归纳）—落实课程目标（确定起点目标、生成中间目标、把握基本要求、展示发展目标）—反馈矫正中间目标（课堂观察、口头提问、书面解答、合作交流、专项练习）—检测评价终点目标（随堂诊断、学生互评、达标检测）—分层发展（自我调整、助达目标、综合应用）—（课后）提出新的课程目标。

在具体的教学设计中，课程目标的落实体现在教学目标的达成度上。教学目标有以下三种基本的表述方式：

一是从知识与技能，过程与方法，情感、态度、价值观三维目标来思考；

二是用数学课程的具体目标来引领，把“四基”“四能”“情感态度”这三个方面的目标有机结合，全面反映出教学活动对学生数学核心素养发展的具体要求；

三是从“四基”的角度来定位，也就是不仅要把本堂课需要学生了解、理解或掌握的基础知识说清楚，把本节课需要学生达到的技能要求列出来，还要把隐含的数学思想方法点明白，设计好教学活动。

如案例5“常见数量关系”的教学目标，通过“四基”来描述就是：

1）理解单价、数量、总价的概念及其关系，知道总价＝单价×数量。（基础知识）

2）能根据三个量中的两个量求出另一个量。（基础技能）

3）在具体的购物价格计算过程中，逐步发现不同事物的共同特征，建立“单价、数量、总价”之间关系的数学模型，感悟数学建模的基本思想方法。（基本思想）

4）在识别商品标价和解决购物问题的过程中，体会数学应用的广泛性。（基本活动经验）

显然，教师上好课的关键在于正确把握教学目标。

下面我们尝试根据图 2－5 确定教学目标。

把长方体和正方体的 6 个面分别展开，如下图。

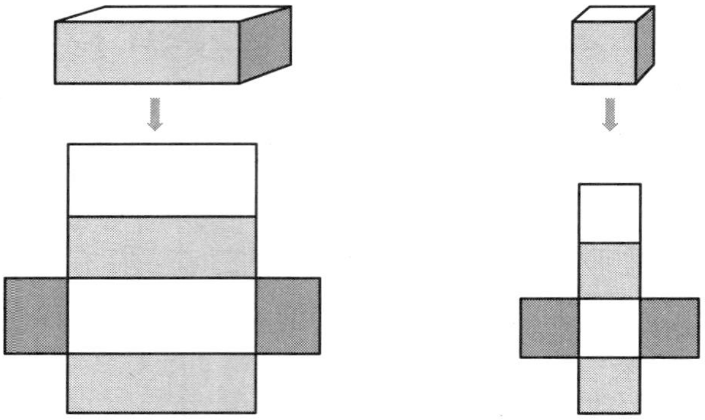

请在上面的展开图中，分别用“上”“下”“前”“后”“左”“右”标明 6 个面。

观察长方体展开图，回答下面的问题。

（1）哪些面的面积相等？

（2）每个面的长和宽与长方体的长、宽、高有什么关系？

长方体或正方体 6 个面的总面积，叫作它的**表面积**。

日常生活和生产中，经常需要计算一些长方体或正方体的表面积。

基本要求：

1. 试讲时间约 10 分钟；
2. 引导学生联系已有生活经验，初步感知长方体和正方体的表面与表面积；
3. 组织学生通过展开、平铺等操作，寻找展开图与立体图形各部分的对应关系，恰当板书；
4. 引导学生体会转换、对应等数学思想方法。

图 2－5

这是教师资格考试中的一道面试题，许多考生在面试时，只把教学目标定位在如何求长方体和正方体的表面积上，试讲时反复说明相对面的面积相等，所以长方体的表面积是

$$2ab+2bc+2ac=2(ab+bc+ac)$$

事实上，要求中写得明明白白，先要了解什么叫表面和表面积，然后寻找立体图形和平面图形之间的关系，再观察长方体和正方体的表面积是怎样的，最后根据求组合图形表面积的方法，推导出长方体和正方体的表面积计算公式。同时还要让学生体会“转换、对应”等数学思想方法。

由此可见，教师要上好课，首先应明确教学目标，而教学目标的确定要从阅读和理解小学数学教材开始。

（四）学业质量

学业质量是学生完成相应学段数学课程的学习任务后，在数学核心素养方面应该达到

的水平及其表现。2022 版新课标依据义务教育各阶段学生的数学核心素养及表现、课程总目标、各学段具体的课程内容和不同学段学生的学业要求，制定出了分学段的学业质量标准，并以具体描述的方式明确要求。

其中，义务教育小学阶段的数学学业质量标准如下①：

学段	学业质量描述
第一学段（1～2 年级）	能结合具体情境，认识万以内的数及其大小关系，描述四则运算的含义，能进行简单的整数四则运算，形成初步的数感、运算能力和符号意识；能结合现实生活中的事物，认识并描述常见的立体图形和平面图形特征，会对常见物体的长度进行测量，形成初步的空间观念和量感；能对物体、图形或数据按照一定的标准分类，形成初步的数据意识。认识货币单位、时间单位和基本方向，尝试用数学方法解决问题，积累数学活动经验，形成初步的量感和应用意识。 结合现实生活情境，尝试用数学语言描述生活中的实际问题，运用所学的数学知识和方法解决问题，形成初步的数感、量感和应用意识。 通过操作、游戏、制作等丰富多彩的活动，对数学产生一定的好奇心，形成学习数学的兴趣和初步的合作交流意识与独立思考的学习习惯。
第二学段（3～4 年级）	认识自然数，能结合具体情境初步认识小数和分数，能进行整数四则运算和简单的小数、分数加减运算，形成数感、运算能力和初步的推理意识；能认识常见的三角形和四边形，会测量、计算长方形与正方形的周长和面积，了解图形的平移、旋转和轴对称，形成空间观念、量感和初步的几何直观；能分析与表达数据中蕴含的信息，能绘制简单的数据统计表和统计图，形成初步的数据意识。进一步认识时间单位和方向，认识质量单位，尝试应用数学和其他学科知识与方法解决问题，积累数学活动经验，形成量感、推理意识和应用意识。 结合现实生活，能尝试运用所学的数学知识和方法描述、表达、分析、解释实际问题，运用常见的数量关系解决问题，形成量感和初步的应用意识，以及分析问题与解决问题的能力。 经历数学学习的过程，通过操作、游戏等丰富多彩的活动，对数学形成一定的求知欲，具有学习数学的兴趣，初步养成独立思考、合作探究等良好的学习习惯。
第三学段（5～6 年级）	认识自然数的一些特征，理解小数和分数，能进行简单的小数和分数四则运算和混合运算，感悟运算的一致性，形成数感和运算能力；能用字母表示数量关系和规律，理解常见的数量关系，形成符号意识；能认识常见的立体图形和平面图形，计算图形的周长、面积（或表面积）、体积，能描述图形的位置和运动，形成量感、空间观念和几何直观；知道数据的统计意义，能对一些随机现象发生的可能性大小作定性描述，形成数据意识和推理意识。了解负数，应用数学和其他学科知识与方法解决问题，形成数感、量感、模型意识、应用意识和创新意识。 能从数学与生活情境中，在教师的指导下，初步学会用数学的眼光观察，尝试、探索发现并提出问题，将所学的数学知识应用于解决现实生活中的问题，形成初步的模型意识和应用意识。 对数学形成一定的好奇心与求知欲，具有学习数学的兴趣，初步养成良好的学习态度和习惯。初步建立学好数学的自信心，体会数学的价值，在解决问题的过程中逐步克服困难，初步形成一定的应用意识和创新意识。

注：“五四”学制学段学业质量标准参照“五四”学制学段目标确定原则研制。

① 中华人民共和国教育部．义务教育数学课程标准（2022 年版）．北京：北京师范大学出版社，2022：81-82.

第二节　小学数学教材研读

2022版新课标指出："数学教材为学生的数学学习活动提供了学习主题、知识结构和基本线索，是实现数学课程目标、实施数学教学的重要资源"，它要求教材的编写需"深刻理解课程理念，细致分析课程性质、目标、内容等，着力在教材的内容结构、内容组织、内容呈现、栏目设置、习题编排等方面有所突破"①。

在教材的编排上，一是要体现科学性，即要符合数学的学科特征和小学生的认知规律；二是要体现整体性，不仅要体现数学知识的整体性，更要突出数学思想和方法的整体性和逻辑性，遵循"由浅入深、由易到难、循序渐进、螺旋上升"的编排原则。

在教材内容的呈现上，要求呈现的不仅是结论性的知识，更要体现"重要的数学知识和方法的产生、发展和应用过程"，即能够反映"过程性"的要求。同时，呈现的内容要有一定的弹性和可读性，易于被小学生接受，以激发小学生的学习兴趣。

在教材素材的选择上，要能够贴近学生的生活实际，充分考虑学生的认知水平和活动经验。教师要从学生熟悉的生活现实、数学现实和其他学科现实中提取数学学习的素材，让学生在现实生活中发现数学、学习数学，这对小学生而言尤其重要。

2001版课标（实验稿）与2011版新课标颁布后，教育行政部门和一些高校都组织编写了相应的小学数学教材，如与2011版新课标相配套的、经过审核批准的教材，主要有以下几个版本：人民教育出版社出版的义务教育教科书《数学》一至六年级上下册、北京师范大学出版社出版的教材、江苏教育出版社出版的教材，此外还有沪教版、浙教版、西南师大版、冀教版、青岛版（六三制、五四制）、北京版的教材等。2022版新课标颁布后，新的教材也在陆续编写之中。本节主要以与2011版新课标配套的小学数学教材为例，与大家讨论小学数学教材的研读方法。

一、研读教材的作用

小学数学教材是编考根据数学课程标准的要求，在对各学段教学内容进行系统分析以后，按学生的身心发展规律，在周密考虑和精心加工的基础上编制而成的，是学生学习数学的重要资源，其重要性不言而喻。

数学课程标准规定的各内容领域，在小学数学教材中都以文字、符号、图形的形式用情境、例题、习题和活动栏目等形式展示出来。教材具有简明、概括、图示为主、语言精

① 中华人民共和国教育部．义务教育数学课程标准（2022年版）．北京：北京师范大学出版社，2022：92，95.

练等特点，但由于受多种因素的限制（如学生识字量的限制、语言和篇幅的限制等），许多数学知识的产生、发展和科学严密的数学表达在小学数学教材中不易被体现，需要教师深入钻研、仔细分析，以了解教材编写者的意图，正确把握教学目标和内容。

教师要上好课，就必须研读教材。研读教材是备课的基础，是教学设计的主要依据。

下面以小学数学教师考编面试题中的题目为例（见图 2－6）来说明研读教材的重要性。

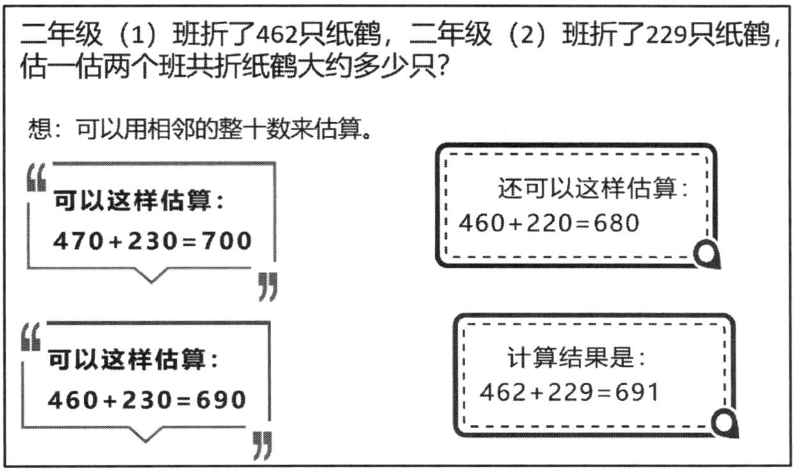

图 2－6

图 2－6 中既有明的知识线，也有暗的思想线。通过这种学习，不仅要让小学生知道什么叫估算，如何通过“凑整十数”的方法估算，还要从图示对话中的三个“可以这样估算”，让学生学习“进一”“去尾”“四舍五入”这三种基本的估算方法，更要让学生从估算与准确计算的联系和区别中体会“优化”的数学思想方法，学会用不同的估算方法解决实际问题。

读懂了教材，试讲时的流程就会清晰明了。

首先，可在学生读题的基础上，说一说“什么叫估一估”，然后抽同学随便估算，只要说出估算的依据就可以了。例如，肯定不到 800 只、肯定多于 600 只，等等，这些都是用整百数来估算，比较简单明了，学生容易想到。在打开学生的话题后，进一步提出要求：“小组讨论：如果用相邻的整十数来估算，可以怎样估呢?”

其次，在学生反馈汇报时，教师要及时总结提炼，并加以点拨。例如：当学生说“可以用 470＋230＝700”来估算时，教师通过“哦，你是用个位都向十位进一的方法来估算的”，同时板书“进一法”；当学生说“可以用 460＋220＝680”来估算时，教师强调“用去掉个位上的数，直接看成整十数”进行估算，同时板书“去尾法”。这样当学生把小组讨论的结果汇报完毕时，教师也就顺势把三种估算方法板书出来了，起到了画龙点睛的作用。

最后，让学生用笔算准确计算，对比估算结果和精算结果，让学生体会“优化”的思想，知道在通常情况下，用“四舍五入法”会比较接近准确数。

可见，教材中的内容不仅告诉了我们“教什么”，还通过文字、图示和呈现的先后顺序体现了“怎么教”。教师如果不认真研读教材，就可能只关注显性的知识内容，而不能把握教材中蕴含的隐性的思想方法，也就不能合理地组织教学内容，科学地安排教学流程，落实数学课程要求达到的三维目标。

二、小学数学教材的编排体系和特点

下面以人教版教材（与 2011 版新课标配套，以下简称人教版）为例，分析教材的编写体系和特点，以便读者从宏观的角度理解和领会教材的编写意图，为小学数学教学设计奠定基础。

（一）人教版教材的编排体系

首先把人教版小学数学全部 12 册教材的内容分布整理成下表（见表 2－1），以方便读者了解全貌，总体把握小学数学教材的编排体系和基本结构，并方便查阅。

显然，在人教版教材中，数与代数、图形与几何、统计与概率、综合与实践四个领域的内容几乎在每个年级、每个学期都有安排，这样能同步推进学生对各部分内容的学习，使学生全方位学习数学各类知识。同时，教材也兼顾了学生成长的阶段性特征，让数学知识的学习与学生的思维发展同步进行。

表 2－1

年级 \ 内容		数与代数	图形与几何	统计与概率	综合与实践	数学广角
一年级	上册	1. 准备课 3. 1～5 各数的认识和加减法 5. 6～10 各数的认识和加减法 6. 11～20 各数的认识 7. 认识钟表（认识整点） 8. 20 以内的进位加法	2. 位置（上下左右） 4. 认识图形（长方体、正方体、圆柱体、球）		＊数学乐园（通过游戏综合运用计算、位置、大小等知识）	
	下册	2. 20 以内的退位减法 4. 100 以内数的认识 5. 认识人民币 6. 100 以内的加法和减法（口算、小括号） 7. 找规律（图与数的规律）	1. 认识图形（长方形、正方形、平行四边形、三角形、圆、图形拼组）	3. 分类与整理	＊摆一摆，想一想（数的组成，位值思想）	

续前表

年级		数与代数	图形与几何	统计与概率	综合与实践	数学广角
二年级	上册	2. 100以内的加法和减法（竖式、笔算、连加、连减） 4. 表内乘法（2～6口诀） 6. 表内乘法（7～9口诀） 7. 认识时间（认识分）	1. 长度单位（厘米、米，线段的长） 3. 角的初步认识（直角、锐角、钝角） 5. 观察物体（从不同角度观察）		＊量一量，比一比（测量和估计）	搭配（简单的排列）
	下册	2. 表内除法（2～6口诀求商） 4. 表内除法（7～9口诀求商） 5. 混合运算（加减乘除混合） 6. 有余数的除法 7. 万以内数的认识 8. 克和千克	3. 图形的运动（认识轴对称图形、平移、旋转）	1. 数据收集与整理	＊小小设计师（手工，平移和轴对称图形）	推理
三年级	上册	1. 时·分·秒；测量（吨） 2. 万以内的加法和减法（两位数加减口算，三位数笔算） 4. 万以内的加法和减法（两位数、三位数加减混合运算） 5. 倍的认识 6. 多位数乘一位数（两位数乘一位数口算、笔算、估算） 8. 分数的初步认识	3. 测量（毫米、分米、千米的认识与测量） 7. 认识长方形和正方形（周长计算）		＊数字编码	集合
	下册	2. 除数是一位数的除法（口算、笔算、验算） 4. 两位数乘两位数 6. 年·月·日 7. 小数的初步认识	1. 位置与方向（东南西北，西北、东北、西南、东南） 5. 面积（面积单位，长方形、正方形面积计算）	3. 复式统计表	＊制作活动日历 ＊我们的校园（区域、价格、时间等安排）	搭配（排列、组合）
四年级	上册	1. 大数的认识（亿以内、十进制计数法，亿以上、计算器） 4. 三位数乘两位数 6. 除数是两位数的除法（口算、笔算试商、验算）	2. 公顷和平方千米 3. 角的度量（直线、射线，角，量角器） 5. 平行四边形和梯形（平行、垂直，认识与分类）	7. 条形统计图	＊1亿有多大（方案、调查、数感）	优化（烧水问题、烙饼问题、田忌赛马）
	下册	1. 四则运算（含各部分关系） 3. 运算定律（五大运算定律） 4. 小数的意义和性质 6. 小数的加法和减法（意义、计算、混合，运算定律推广）	2. 观察物体（三视图） 5. 三角形（特征、性质、分类） 7. 图形的运动（轴对称、平移，不规则图形面积计算）	8. 平均数和条形统计图	＊营养午餐（搭配方案）	鸡兔同笼

续前表

年级 \ 内容		数与代数	图形与几何	统计与概率	综合与实践	数学广角
五年级	上册	1. 小数乘法（意义、计算、运算定律推广） 3. 小数除法（意义、计算、商的近似值、循环小数） 5. 简易方程（用字母表示数、简易方程、列方程解决问题）	2. 位置（用直角坐标表示） 6. 多边形的面积（平行四边形、三角形、梯形，组合图形的面积计算）	4. 可能性	*掷一掷（可能性，抽奖活动）	植树问题
	下册	2. 因数与倍数（数的整除特征，质数、合数） 4. 分数的意义与性质（意义、分类、基本性质、公因数、公倍数） 6. 分数的加法和减法（同分母、异分母、加减混合）	1. 观察物体（根据三视图摆物体） 3. 长方形和正方形（特征、体积单位、体积和表面积计算、容积和容积单位） 5. 图形的运动（旋转）	7. 折线统计图	*探索图形（立体图形、空间观念） *打电话（时间安排，优化思想）	找次品
六年级	上册	1. 分数乘法（意义、计算、运算定律推广） 3. 分数除法（倒数、意义、性质） 4. 比（意义、比的基本性质） 6. 百分数（意义、读写）	2. 位置与方向（用极坐标表示） 5. 圆（认识，圆周率，圆规，周长、面积计算）	7. 扇形统计图	*确定起跑线（圆的知识） *节约用水（统计观念、数据分析与处理）	数与形
	下册	1. 负数 2. 百分数（折扣、成数、税率、利率） 4. 比例（意义、基本性质、正反比例、比例尺）	3. 圆柱与圆锥（认识、体积和表面积计算）		*生活与百分数 *自行车里的数学（比和比例）	鸽巢问题

（二）人教版教材的编排特点

人教版教材在继承前期教材优势基础上，根据 2011 版新课标的新要求，有以下几个编排特点：

1. 各领域内容穿插编排，互相搭配

鉴于小学生的思维是逐步发展的，以及同步学习数和形的知识的需要，人教版教材与其他小学数学教材一样，采用四大内容领域穿插编排、螺旋上升的编排方法。

从小学数学一年级下册（简称“一下”，其余类推）的目录（见图 2-7）中可以知道，第一单元是图形与几何的内容，第二、四、五、六、七单元是数与代数的内容，第三单元是统计与概率的内容，第八单元是总复习。带“★”号的“摆一摆，想一想”则属于综合与实践内容领域。通览其余十一册均是如此安排。

目　录

图 2-7

2. 加强了知识的整理

在认知主义学习理论的指导下，人教版小学数学教材中大的单元都会安排“整理和复习”部分，以帮助学生在各个学习阶段结束后自己整理、总结学习内容，学会如何把知识“打包”，形成比较完整的知识结构。这样的编排不仅有助于提高学生的学习效率，更能让学生体会数学的逻辑结构。

如一上数学教材中，通过第三、五、六、八四个单元的整理和复习，让学生自己整理出小学数学的加法基本题（见图 2-8），这是今后学习加减法的基础，相当于加法口诀表，是需要每个学生熟练掌握的“知识块”。

事实上，加法的基本题是“一位数加一位数”，以及“与 0 相关”的加法题，合计有 100 题，有兴趣的读者可以从图 5-2 中找到这 100 道基本题，同时也可试着去整理减法的 100 道基本题。加法和减法的 200 道基本题是今后加减笔算及其他计算的基础，学生如果掌握不牢就会犯很多错误，需要小学数学教师加以重视，并在小学一年级时就应让学生熟练掌握。

3. 增加了数学的背景知识

教师不仅要教结论性的知识，更要体现重要的数学知识和方法的产生、发展和应用过程。如图 2-9 所示，通过“你知道吗?”让学生了解数字符号和减法算式的产生和发展过程，这不仅能激发学生的学习兴趣，更能让学生了解数学发展的历史，感悟数学符号的魅力。

1—5 的加减法

0+0					
1+0	0+1				
2+0	1+1	0+2			
3+0	2+1	1+2	0+3		
4+0	3+1	2+2	1+3	0+4	
5+0	4+1	3+2	2+3	1+4	0+5

0-0					
1-0	1-1				
2-0	2-1	2-2			
3-0	3-1	3-2	3-3		
4-0	4-1	4-2	4-3	4-4	
5-0	5-1	5-2	5-3	5-4	5-6

10 以内的加减法

0-0										
1-0	1-1									
2-0	2-1	2-2								
3-0	3-1	3-2	3-3							
4-0	4-1	4-2	4-3	4-4						
5-0	5-1	5-2	6-3	5-4	5-5					
6-0	6-1	6-2	6-3	6-4	6-5	6-6				
7-0	7-1	7-2	7-3	7-4	7-5	7-6	7-7			
8-0	8-1	8-2	8-3	8-4	8-5	8-6	8-7	8-8		
9-0	9-1	9-2	9-3	9-4	9-5	9-6	9-7	9-8	9-9	
10-0	10-1	10-2	10-3	10-4	10-5	10-6	10-7	10-8	10-9	10-10

20 以内的进位加

9+2	8+3	7+4	6+5	5+6	4+7	3+8	2+9
9+3	8+4	7+5	6+5	5+7	4+8	3+9	
9+4	8+5	7+6	6+7	5+8	4+9		
9+5	8+6	7+7	6+3	5+9			
9+6	8+7	7+8	6+9				
9+7	8+8	7+9					
9+8	8+9						
9+9							

20 以内的加减法

+	0	1	2	3	4	5	6	7	8	9	10
0	0+0	0+1								0+9	
1							1+6				
2								2+7		2+9	
3			3+2							3+9	
4	4+0		4+2			4+5		4+7			
5					5+4						
6		6+1					6+6		6+8		
7			7+2		7+4			7+7		7+9	
8				8+3					8+8		
9			9+2			9+5					
10	10+0				10+4			10+7			10+10

图 2-8

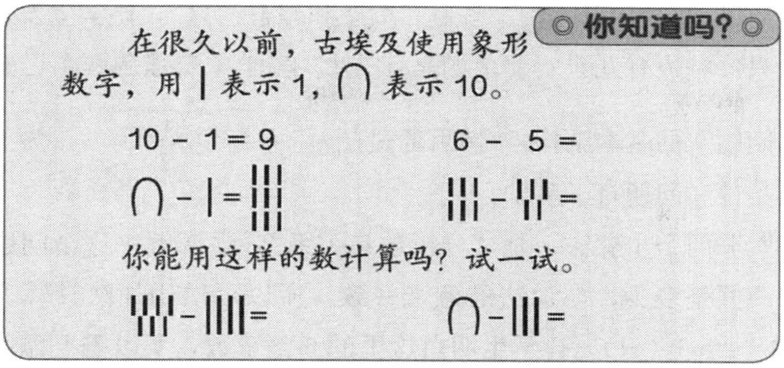

图 2－9

4. 体现了解决问题的完整过程

解决问题的教学，在课程改革初期走过一段弯路。原来的“应用题”教学中只关注解题套路、解题技巧，2022 版新课标要求通过“解决问题”强调数学与生活的联系，重视培养学生发现问题和提出问题的能力，按严士健教授的说法，就是从原来的“鱼烧中段”，到现在提倡的“烧全鱼”。这本是数学教育的回归，但在改革初期，却变成只“烧鱼头”，不烧“中段”，把传统“应用题”教学中通过线段图帮助理解题意、利用思路图帮助分析数量关系等比较有效的解题策略都舍弃了，导致学生两极分化严重，解决问题的能力整体下降，这引起了有关专家的重视和反思。

2011 版人教版小学数学教材，不仅关注到了学生发现问题和提出问题的能力，也强调了分析问题和解决问题的能力；不仅把解决问题的完整过程展示出来了，还强化了传统的利用图形（如线段图、实物图等）帮助理解题意、用综合法和分析法分析数量关系等行之有效的解题策略。图 2－10 中是小学数学一上的内容，通过“图里有什么？怎样解答？解答正确吗？”给学生以示范，这说明现行教材从一年级开始就关注到了“解决问题”的基本过程。

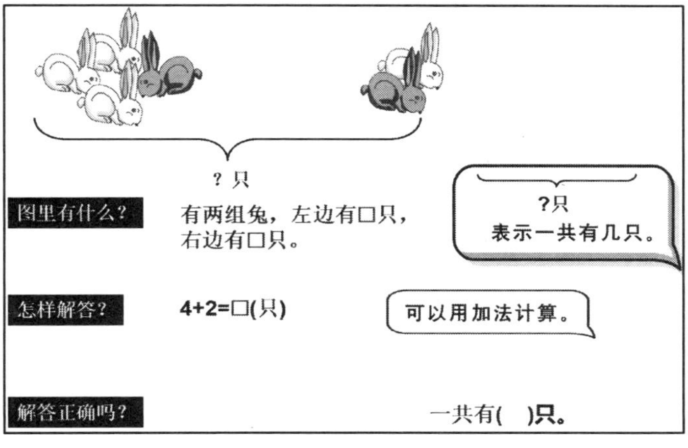

图 2－10

教材中首先通过“图里有什么?”学习“读题和理解题意”，让学生发现本题的条件和问题：左边有几只？右边有几只？要求的是什么？（教学中要强调两个已知条件和一个问题，这是“数学问题”的基本结构），然后通过图示“?只”，为下面学习用图示或用线段来表示条件和问题打下基础。

“怎样解答?”分两个步骤：一是“分析数量关系”，强调解决这个问题的实质就是求左右两边合起来一共是多少，与加法的意义一致，所以可以用加法计算。二是“列式计算”，通过算式 4＋2＝6（只），让学生明白这里的 6 是量数，所以需要添上计量单位名称“只”，但为了等式成立，同时兼顾数学简洁性的特点，不写成 4 只＋2 只＝6 只，而是写成 4＋2＝6（只）。

问“解答正确吗?”实质上就是让学生“检验和回答”，以培养学生验算的思维习惯，这里可以让学生数一数，也可以用右边加左边的方法计算，让学生体会到解题策略的多样性。

5. 练习注意前后知识的联系

如图 2-11 所示，通过在例 5 的下面配一道“做一做”，让学生模仿练习。例 5 与“做一做”所不同的只是第一问的基本结构，例 5 是“求比一个数少几的数”，“做一做”是“求比一个数多几的数”，其他的解题策略都是相同的。这样安排是考虑到了学习的最基本形式是“模仿”。

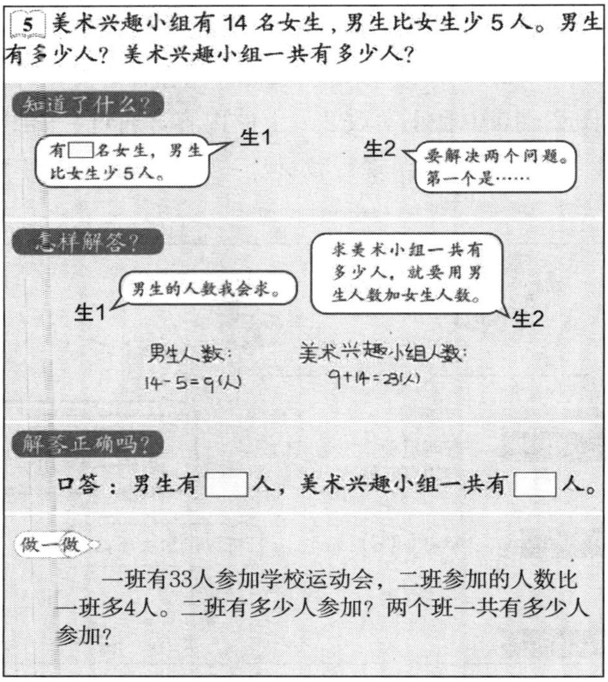

图 2-11

6. 注重数学知识和思想方法的渗透

图 2－12 是让学生在学习平移和旋转有关知识的基础上初步感知平移的特点，以及平移的方法，同时了解平移中“变”与“不变”的数学思想。学生从中可以认识到，通过平移，图形的大小和形状不变，对应点之间的距离和移动的方向不变，而图形的位置发生了变化。

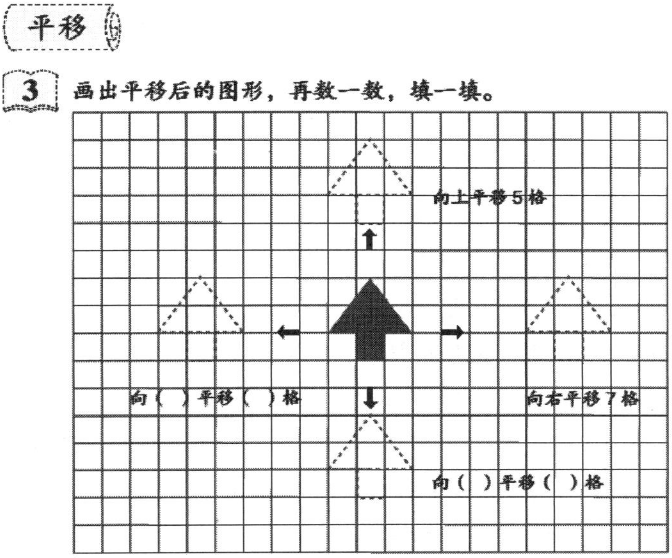

图 2－12

7. 为教学评价提供线索

二上第一单元“长度单位”（见图 2－13）中，在单元练习后面，通过“本单元结束了，你想说些什么?”以及成长小档案等，为教学评价提供线索。

图 2－13

了解教材的上述编排体系和编排特点，将有助于教师研读教材、理解教材编写者的意图。

这里特别要提醒大家的是，只有在学习数学课程标准的基础上，紧紧抓住课程标准的理念和要求，才能将教材理解到位。

三、研读教材的一般过程

研读教材一般要分如下四个层次：

一是了解全套教材的内容安排、整体框架和编写特点，做到通览全貌。

二是分析本册教材中各章各节的教学内容、编排体系和教学时间分配，以了解所教内容在该单元的地位和作用。

三是仔细分析本单元知识内容框架，如：共分几小节，安排了多少例题、多少习题；单元的主题是什么；如何确定单元教学目标；需要几课时完成；例题和习题如何搭配；需要使用和开发哪些课程资源；等等。

四是深入钻研本课时教学内容，包括每个例题的编写意图、每幅画的用意、每个习题的目的，有时连一个符号都不能忽视。因为这关系到数学知识的规范表达以及数学语言和思维的示范引导。

钻研教材一般应从大范围到小范围，从粗到细，由浅入深。只有这样，才能把握教材意图，合理设计教学过程。

下面以“两位数减一位数的退位减法”为例说明研读教材的一般过程。

（1）通览全貌。作为教师，一般应知道所教教材把哪些内容安排在哪几个年级学习，以了解知识的来龙去脉、四大内容领域的整体分布及相互关系，明确哪些是前期知识、哪些是后期知识。例如，读者从表 2-1 的内容安排中可知人教版教材全貌，其他版本教材也可通过类似的图表进行整理，以便在备课时查阅。

（2）学期计划。学期初每个数学教师都要制定学期教学计划，在分析教材的教学内容、教学要求、编排体系和前后联系的基础上，对各单元的教学时间进行统筹规划。如人教版教材一下（见表 2-1 和图 2-7）共有 8 个单元与 1 个综合实践活动，其中第一单元约 4 课时，第二单元约 17 课时，第 3 单元约 2 课时，第四单元约 10 课时，第五单元约 4 课时，第六单元约 14 课时，第七、第八单元各 5 课时，综合实践活动 1～2 课时。

同时，教师要对教学内容的深浅度有一个整体把握。读者不妨试一试，看看你对小学数学教材的了解程度。

根据表 2-1、图 2-7 判断：学完一下第四单元“100 以内数的认识”以后，学生已能计算哪些算式？

（1）20＋10　　（2）20－8　　（3）18－5　　（4）18－8

（5）18－9　　（6）18－10　　（7）20＋8　　（8）80－30

（9）80＋30　　（10）40＋6　　（11）44＋6　　（12）46－6

（13）25＋4　　（14）18－10－4　　（15）13－9＋6　　（16）50－5

显然，（1）（4）（5）（6）（7）（10）（12）（14）（15）已能计算，（2）（3）（8）（11）（13）和（16）属于“100 以内的加法和减法（一）”的学习内容，要到学了这单元以后才能计算，而（9）则超出了“100 以内的加法和减法（一）”的范围。

读者如果对上述问题的判断有误，说明你对教材还不够熟悉，这里就有教材深浅度的把握问题。

曾有一位新教师在教学二下“表内除法”时，让学生计算 3×8÷2，造成了课堂纪律的混乱，因为学生大喊“没学过！不会做!”那位教师很困惑，为什么学生能计算 6×3÷9，但却不会计算 3×8÷2 呢？那位教师到下课才清楚，原来 3×8=24，而 24÷2，不能用乘法口诀直接计算，要到三年级上学期才学习。这就是典型的教材分析不到位所引起的教学失误。

（3）单元分析。教师需要对本单元的内容进行分析和整体设计，包括本单元的目的要求、编排顺序、重点、难点、关键点以及例题和习题的搭配等。这里所谓的“重点”是指教材的主要部分，“难点”是指学生理解最困难或容易出错的内容，“关键点”是指对掌握这部分知识起决定作用的内容。

如人教版小学数学教材一下的第六单元为“100 以内的加法和减法（一）”，这部分内容是在学生学习 20 以内的加减法、100 以内数的认识的基础上学习的。该单元主要学习两位数加减整十数、一位数的口算，并为下面学习多位数加减法的口算、笔算和估算做准备。

该单元共分三个小节，第 1 节是整十数加减整十数，由一个例题和一个习题（练习十四）组成，目的是引导学生把以个为单位的数相加减迁移到以十为单位的数相加减，一般要上 1～2 节课，重点是让学生掌握计算方法，难点是理解整十数加减整十数的算理，关键点在于理解几个十就是几十。第 2 节是两位数加整十数、一位数，由两个例题和一个习题（练习十五）组成，重点是让学生初步理解相同单位的数才能相加的道理，并能用多种方法正确口算，一般要上 3 节课，分为“不进位加法口算”“进位加法口算”“混合练习”。第 3 节共有 5 个例题，分两个部分：第一部分是两位数减整十数、一位数，由两个例题和一个习题（练习十六）组成，重点是让学生初步理解相同单位的数才能相减的道理，并能用多种方法正确口算两位数减一位数、整十数，要上 2～3 节课。第二部分中，例 3 是小括号，学习含有小括号的连减、连加口算，重点可放在小括号的作用上，即让学生理解“改变顺序用括号”的道理，以渗透符号化思想；例 4、例 5 是“解决问题”，至少要上 5 节课；最后是整理和复习，也需要 2～3 节课。可见，本单元共需 13～16 节课。

（4）课时教学设计。设计课时计划，是在学期计划和单元计划的基础上，深入钻研本节课的内容，包括本节课的知识点分析、教学目的要求、重点、难点、关键点、例题、习题、示图、旁注等，制定教学计划。研读教材时，我们不仅要知道每个图形、每个例题、每个对话、每道习题的意图，就连一个符号、一个标记也应仔细观察研读。如上述数学教材一下第六单元，用图示表示加减口算的计算过程时，加法用的是连线，而减法用的是箭头。这些符号常常容易为新教师在教学时所忽视，而教材中的符号事实上是一种规范化的“约定”，需要教师加以关注并规范书写。

当然，教材仅是一种素材或资源，不同教材有不同的符号体系，唯有课程标准才是教学的主要依据，是学生学习的最低标准。

下面以“两位数减一位数的退位减法”为例说明如何通过研读教材，进行教学设计。教学的重点是让学生掌握口算方法，难点是让学生理解这样计算的道理。

教材中利用小棒的操作图（见图 2－14）展示了两种计算方法：一是“破十法”，其算理是：要从 6 根小棒中拿出 8 根，不够了，可从 3 捆小棒中拿出 1 捆小棒，打开后得 10 根小棒，从 10 根小棒中拿出 8 根，剩下 2 根，与原来的 6 根合起来是 8 根，所以 36 减 8 得 2 捆零 8 根，体现在算法上就是：个位上的 6－8 不够减，直接从十位退一作十，10－8＝2，26＋2＝28。二是“做减想加法”，其算理是：要从 6 根小棒中拿出 8 根，不够拿，可从 3 捆中拿出 1 捆与原来的 6 根合起来是 16 根，从 16 根小棒中拿出 8 根，剩下 2 捆零 8 根，体现在算法上就是：个位上的 6－8 不够减，从十位退一作十，与原个位上的 6 合起来是 16，16－8＝8，20＋8＝28。后一种计算方法虽然看起来复杂，但对今后提高笔算减法的速度有帮助，因为列竖式笔算减法时，小学低段是采用在减法竖式题中记上退位点进行计算。例如，$\begin{array}{r} \dot{4}6 \\ -28 \\ \hline \end{array}$，实质就是先算 16－8＝8，再算 4－1－2＝1。当然，如果有学生先算 10－8＝2，也是可以的，比较起来这样计算速度会慢一点。

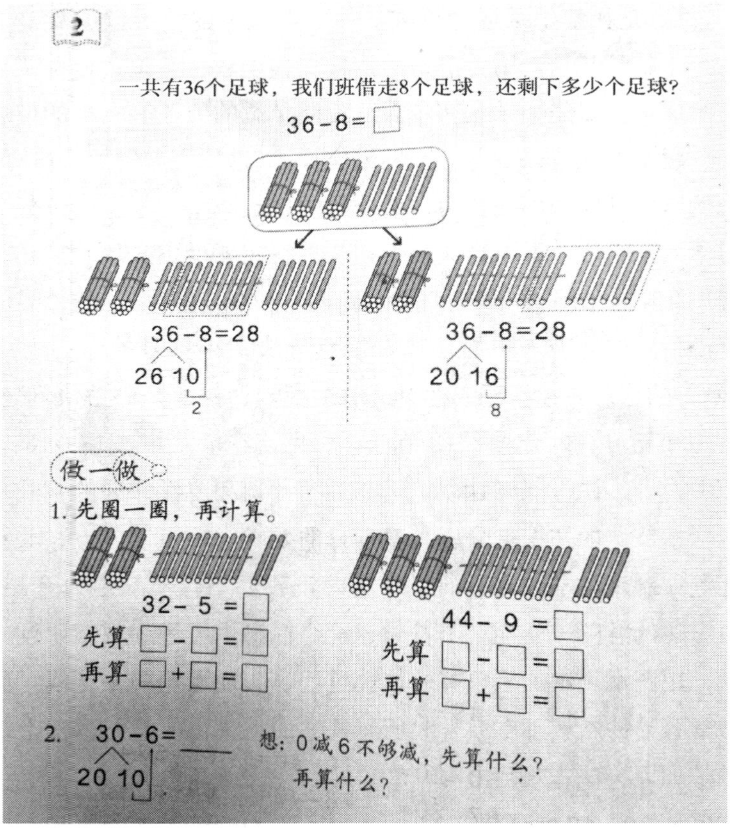

图 2－14

从整体目标来分析，如果学生已经熟练掌握了 100 道加法基本口算题，那么笔算时用“做减想加法”比较好。也正因为考虑到后续学习的计算速度，所以，教学本课时教师一般会推荐用“做减想加法”，这涉及算法多样化与最优化的问题。

如何让学生愿意用“做减想加法”呢？一位特级教师 20 多年前的教学设计，至今仍值得我们学习。请看她的教学设计（见案例 6）：

案例 6　　两位数减一位数的退位减法（教学设计）

（1）提出问题：教师出示 36 根铅笔，是以 3 捆加 6 根的形式摆放的（3 个 10 和 6 个 1 是 36），让学生思考：如何从这些铅笔中拿出 8 根？

（2）反馈交流：学生基于生活经验，讨论后各组选两个学生上台操作，共有 3 种方法。

组 1：甲先给乙 6 根，再把 1 捆拆开，从 1 捆中抽出 2 根给乙，把剩下的 8 根放回去。

组 2：甲直接把 1 捆铅笔打开，给乙 8 根，然后把多余的 2 根放回去，与原来的 6 根合起来。

组 3：甲把 1 捆打开与 6 根合起来是 16 根，从 16 根中拿出 8 根给乙。

（3）优化：教师把学生的操作过程画成以下算法思路图，让学生比较，达成共识。

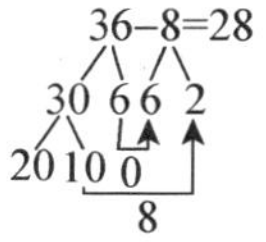

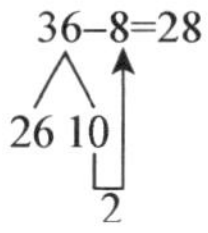

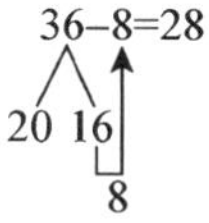

组 1 拆了 1 次，给了 2 次，放了 1 次；

组 2 拆了 1 次，给了 1 次，放了 1 次；

组 3 拆了 1 次，给了 1 次。

提示学生：从数学简洁性考虑，选择组 3 的方法比较好，那就是“做减想加法”。

（4）模仿练习：完成图 2－14“做一做”的第 1 题。基础比较差的学生还可以在“做一做”第 1 题和第 2 题中间补充以下几个层次的练习题：

第一层次是没有实物图的算法思路图，让学生填空，强化退位的过程。

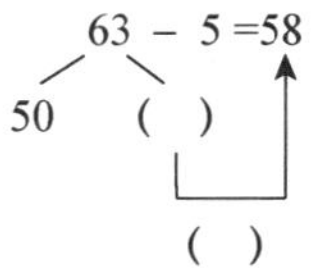

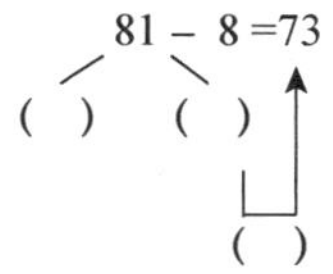

第二层次是三式联合题：如“12－7＝？　30＋5＝？　42－7＝?”，把算法思路图转化为有关联的几个算式。

第三层次是二式联合题：如“11－9＝？　71－9＝？”，不仅把 20 以内减法和 100 以内减法联系起来，而且能发现学生口算错误的原因，教学时即可对症下药，帮助学生掌握本课的关键点，那就是“退一作十”后，十位上的数要减一。

第四层次可让学生直接计算，做“45－9”之类的练习，这时学生的计算过程简化了，计算的速度和准确率就会相应提高。

（5）变式训练：完成“做一做”第 2 题，强调 0 减 6 不够减，可先算什么？再算什么？还可补充 55－4 与 55－5 等题组，强调相同单位的数才能相加减。

（6）小结：让学生自己总结“两位数减一位数的退位减法”的计算方法。

从上述教学设计中可知，教师只有读懂了教材的编写意图，包括读懂例题、习题、操作、旁注、符号等的目的和意义，教学活动的设计才能突出重点。

作为新教师，为了能够深刻领会课程标准的精神实质和教材的编写意图，可以借助各教材配套的教学参考书（或教学指导手册），将其作为教学设计的指导书，通过教学参考书了解教材的特征，了解教材如何体现和落实课程标准的理念和精神，进而了解教材编排的缘由和每个例题、重要习题的编写意图。教师从中可以知晓教材体系，了解知识的来龙去脉，把握教学的知识点和教学内容的深浅度；同时，还能获得教学方法和策略方面的建议和指导。

如果把课程标准比作编写提纲和创作思想，那么教材就相当于剧本，而教学参考资料恰如导演的实务手册，教师和学生则是课堂这场演出活动的演员。显然，在 2022 版新课标指导下，学生是主角，教师的作用是配合学生演出，学生能说的让学生说，学生能做的教师绝不插手，教师甘愿做配角，并了解学生的个性特点和需求，只有这样才能让学生在课堂中大放异彩。

此外，优秀教师的教学设计案例、课堂教学实录等，都会给新教师带来许多启示。但需要说明的是，这些教学参考资料并不能代替教师自己的独立思考，因为学生的情况不同，教学的环境也不一样。同样，许多考编辅导书、真题训练等也不能代替教师的系统学习，因为这些只是知识点，不是知识块；只是树木，不是森林。正因为如此，许多有经验的教师总是在分析自己班学生情况的基础上，根据课程标准和教材独立备课，再借鉴教学参考资料，进行修改和完善，并用教学理论说明修改的依据，以提高自己的教学设计能力。

综上所述，教师在使用教材时要注意以下几个方面：

一是尊重教材的编写意图，注重科学性和思想性。这是教学设计的前提。一般情况下，不要轻易改变教材的例题。

二是充分考虑学生的实际情况和生活经验。教师作为课程的开发者，要有自己的独立思考。必要时可以修改教材中的习题等素材，使之更贴近学生的社会生活和身心发展的特点，以激发学生的探索欲望。例如，教师可采用编故事或学生感兴趣的话题来预设教学情况。

三是明确教材的知识要点以及蕴含的思想方法。同时要找准教学的起点，合理确定教学内容的深度和广度，以适合不同学生的学习需要。

四是关注学生的数学阅读能力，帮助学生读懂教材。

第三节 小学数学教学方法

小学数学教学活动是学生在教师的指导下，对已有的数学知识进行认识的活动，是一种特殊的实践活动。其特殊性主要表现在以下几个方面：首先是认识的对象具有特殊性，因为小学数学教学活动是对已有的数学知识的理解和建构，而不是创造；其次是认识的条件具有特殊性，小学数学教学活动是经过精心设计的数学学习过程，需要还原知识创造过程；最后是认识的目的具有特殊性，通过小学数学教学活动，不仅要让学生掌握基础知识、形成基本技能，更要让其经历学习过程，积累活动经验，感悟数学思想方法，发展情感、态度、价值观。为此，在小学数学教学中要重视教学方法和手段的合理使用。

下面介绍几种教学设计中常用的教学方法。

（1）讲解法。

讲解法是传统的教学方法之一，是教师按照数学知识的逻辑顺序系统地把知识传授给学生的方法。讲解法的优点是知识结构完整，节约时间，效率高，课堂节奏可以由讲课者控制，如果教师能深入浅出、风趣幽默、吸引学生，那么运用讲解法对提高学生的学习效率有很大的促进作用；但讲解法不适宜小学低段学生，这不仅因为他们不习惯长时间坐着听课，更因为小学低段学生知识储备少、理解能力欠缺。同时，由于讲解法的信息输入手段单一，学生参与度低，对学生积累活动经验、提高思维能力没有太大帮助，对知识的长时记忆也十分不利，所以，讲解法一般适用于陈述性知识或程序性知识的学习，适用于年龄较大的学生。

（2）谈话法。

谈话法也是传统的教学方法之一，是教师按照一定的程序，在与学生的交谈中让学生逐步理解掌握知识的方法。谈话法能促使学生参与知识的学习，吸引学生的注意力，提高学生的语言表达能力和思考能力。在谈话过程中，教师还能及时了解学生的学习情况，及时获得反馈，这不仅能帮助学生加深对知识的理解，更能帮助学生增强学习自信心。使用谈话法还可根据学生的反馈情况及时调整课堂教学节奏，以适应大多数学生的学习需要。谈话法在低年级教学中比较常用。

但是，由于小学生的回答常常具有不可预测性，且有时学生会出现词不达意、表达不清的情况，因而需要教师及时做出反应，这就容易打乱课堂教学的逻辑结构，造成教学时间上的浪费，课堂效率相对会低一些。

（3）练习法。

练习法也是数学教学中常用的方法之一，数学概念的掌握、数学规则的应用、数学问题的解决都离不开练习。数学教育家波利亚曾说过，“解题是数学的心脏”。通过练习，不仅能把数学知识内化到学生自己的认知结构中，而且有助于学生逐步理解和掌握数学思想和方法。但练什么、怎么练，则是需要长期研究的问题。我国传统的“变式”是十分有效的方法。例如，要让学生理解半径的概念，就不仅要讲解什么叫半径，更要通过判断下面五个图形（见图 2－15）中哪些是半径，让学生在判断和辨别中掌握半径的概念。图 2－15 中的五个图形就是我们数学教学中常用的“变式”。

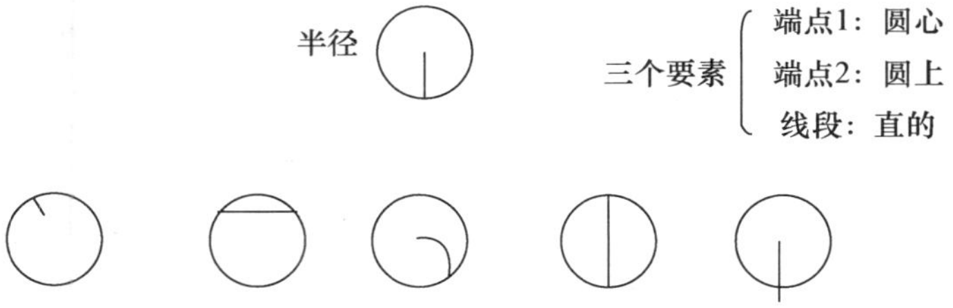

图 2－15

数学教学中的练习与其他学科一样，既要重视练习的设计，也要关注练习的节奏，遵循练习的基本规律。

如特级教师朱乐平在教学两位数乘两位数笔算乘法时，出了以下四道题目：21×24＝504，42×12＝504，36×42＝1 512，24×63＝1 512；让学生发现“规律”：21×24＝42×12，36×42＝24×63。接着让沉浸在发现规律喜悦中的学生继续探究，找出满足这样的等式的其他算式。经过探究虽然知道了这不是规律，类似的等式很难再被找到，但学生自觉自愿地做了很多两位数乘法的练习，学生的计算能力在不知不觉中提高了。这就是教学方法的作用，通过练习法让学生掌握计算技能。

（4）发现法。

发现法是美国认知主义心理学家杰罗姆·S. 布鲁纳在《教育过程》一书中提出的。这种方法要求学生在教师的认真指导下，像科学家发现真理那样，通过自己的探索和学习发现事物变化的因果关系及其内在联系，形成概念，获得原理，是与传统的讲解法截然不同的一种教学方法。

教学时，教师只给学生一些事实（实例）和问题，让学生积极思考、独立探究、自行发现并掌握相应的原理和结论。通过发现法，学生能够同时获得发现知识的兴奋感和完成任务的自信心，这种兴奋感和自信心是激发学生学习的内在动力。

它的指导思想是以学生为主体，让其独立完成认识过程，即在教师的启发下，学生在自觉、主动的探索中，实施科学认识和解决问题的方法及步骤，形成自己的观念和方法。图 2－16 中的板书设计，就是让学生在分数化小数的过程中自己发现：“方法一：把分数改写成十进分数后再化成小数”仅适用于一部分分数，而“方法二：分子除以分母”才是通用方法。学生在自主探究中完成了小数外延的第一次拓展，为下面学习循环小数做铺垫。而小数化分数的方法则可让学生自己概括。

方法一　$\frac{1}{20}=\frac{5}{100}$

$=0.05$

先写成分母是 10，100，1 000，…的分数，再化简

方法二　$\frac{1}{20}=1\div 20$

$=0.05$

一般方法：分子÷分母

图 2-16

（5）部分探究法（简称探究法）。

探究法是 2022 版新课标实施后使用较多的一种方法，介于发现法与讲解法之间。教师根据课堂教学的实际需要可选择部分内容让学生自主探究、合作交流、发现规律。如案例 4 沈百军老师通过谈话法让学生在“举例—猜想—验证—符号化”的过程中，学习加法交换律，接着让学生自主探究乘法、减法、除法是否具有交换律，这里就用到了部分探究法。学生不仅很快发现乘法具有交换律，更能在举例 3－3＝3－3、6－6＝6－6 的过程中思考减法是否满足交换律，从而反思所谓的加法交换律是对“任何一个数”都成立，而不仅仅是“无数个”成立，这反过来又加深了学生对加法交换律的理解。显然，探究法对培养学生的深层次思考有至关重要的作用。

如果把课堂教学中教师与学生的活动时间作为参考量，那么，上述五种教学方法可用图 2-17 表示它们之间的联系和区别。

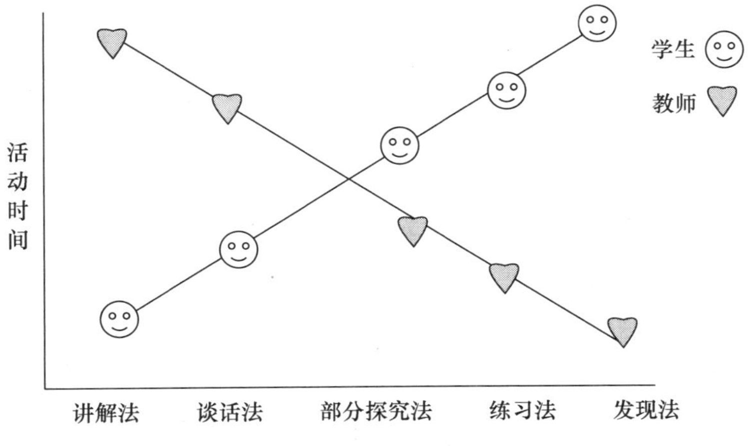

图 2-17

显然，从课堂活动量分析，学生的活动时间从讲解法、谈话法、部分探究法、练习法、发现法依次增加，而教师的活动时间则逐渐减少。

常用的教学方法，除了上述五种，还有演示法、实验法、自学指导法、尝试教学法等，这里不再详细介绍。不管采用什么教学方法，在“新课标”指导下要明确以下几个方面的发展态势：

一是学生的学习活动要从原来的“被动接受”向“主动建构”发展，如何让学生“主动建构”是教学设计中需要重点思考的问题。

二是从大量的“机械学习”到关注学生的“意义学习”，让学生在理解的基础上进行有意义的学习和活动。即使采用讲解法，教师也要让学生理解知识的来龙去脉，把知识的发生和发展过程讲清楚。

三是合作方式的变化，原来的谈话法更多的是师与生的对话，属于“个体间活动”，现在更强调“群体互动”。也就是说，不仅有师生互动，还有生生互动，这个从前面所述的吴正宪老师的课堂实录中可见一斑。

这里特别要指出，讲解法和练习法不一定就是“机械学习”，发现法如果设计不好有时也会陷入“机械学习”的泥潭。所以，采用什么教学方法需要从教学目标、教学内容、学生年龄特点、设备条件和教师自身特点等多方面考虑，但是否有效最终还取决于教师的教学设计。

同时，要明确一节课中通常都是以一种教学方法为主，同时配合使用其他教学方法，这样的课堂教学才会更加丰富多彩、充满活力。

第四节　小学数学课堂教学结构和类型

小学数学课堂教学一般都要经历以下三个阶段，分四个主要环节。这三个阶段是开始阶段、中间阶段和结束阶段；四个主要环节是导入环节、重点环节、练习环节、结课环节。由于学习的内容不同、教学的目标不同，课堂结构和环节也会有比较大的差异。通常情况下，小学数学课堂教学可分成以下几种类型：

（1）新授课。

新授课顾名思义就是以学习新知识、新技能为主的课型，教材中常常通过例题或活动设计来展示。小学数学中的新授课一般只学习一到两个知识点，其课堂教学有五个主要环节，即引入—新授—巩固练习—总结—作业，这种课堂结构由苏联教育家凯洛夫提出，是我国目前通用的判定一节课是否完整的标准之一。第一环节“引入”主要目的是激发学生的学习兴趣，引发思考，为下一环节做好心理和知识上的准备。第二环节是本节课的重点部分，学生知识和技能的掌握、思想方法的领悟、活动经验的积累都始于此。第三环节一般会有三个层次，即模仿练习、变式训练和综合应用，至于是否每节课都需要完成这三个练习环节，则要看课堂教学时间的多少，有时后面两个层次的练习会安排到与此配套的练习课中完成，但“当堂内容当堂练习、当堂批改”是提高数学教育质量的宝贵经验，值得借鉴和学习。第四个环节“总结”是必不可少的，可以起到画龙点睛的作用。教师要把每节课的学习内容纳入学生的认知结构，需要让学生知道学到了什么，让学生养成总结、提炼和反思的习惯。课堂教学在完成上述四个环节后，还会布置一些课外作业。作业并非都是书面作业，从“减负”理念出发，一般一二年级不留课外的书面作业，只留一些口头作业，如观察、游戏、向家长复述等，让学生逐步学会从数学的视角进行思考。

（2）练习课。

练习课是小学数学中常见的一种课型，在小学数学课堂教学中的比重不亚于新授课，如果把新授课比作一颗颗珍珠，那么练习课相当于把珍珠穿成串，而复习课则好似编织一件珍珠衫。练习课是一种课型，有其独特的结构和要求，在练习课中也要运用练习法。

练习课的目的是帮助学生把知识转变成能力，其课堂教学也有五个主要环节：基本练习—变式训练—综合应用—总结与推广—作业。教师需要根据学生的前期学习情况确定练习的内容和深度。新教师常常会把练习课上成“让学生按教材中的练习题一题一题做，再一一校对答案”的形式，使练习的质量大打折扣。

练习课的第一环节“基本练习”起“下保底”的作用，加减 200 道基本题、乘法口诀等数学最基本的内容需要经常练习，与新授课例题同一类的问题需要通过这个环节承上启下，同时也是教师检查新授课效果或反馈作业批改情况的必要环节。第二环节是重点环节，变式题的设计至关重要，它是提高学生数学学习能力的关键环节，也是考验教师教学水平和衡量这节课是否有效的重要标志。第三环节是把近期学习的或与此相关的知识点联合应用的过程。如学习两位数减一位数的退位减法后，学生对此类计算题可能会达到“计算全部正确”，但如果把两位数加一位数、两位数减整十数、两位数减一位数的不退位减法等混合在一起计算，学生可能会出现许多错误，这些错误我们平时都以“粗心”两字解释，但事实上是学生对各知识点以及各知识点的关系还不够清楚，或受思维定式的影响，产生了负迁移，因此教师对此需要加以关注。第四环节“总结”与新授课的“总结”环节也有区别，需要把知识串点成线，揭示知识关系，以帮助学生建立良好的认知结构。

练习课的设计要注意以下几点：

1）目标清晰，针对性强。在教学设计中教师就应明白通过本节课的学习，需要学生巩固哪些知识、形成哪些技能、沟通哪些联系，以便在教学中“查漏补缺，串点成线”。

2）创设情境，激发兴趣。练习课更要注意激发学生的学习兴趣。如在练习长方形周长时，下面两道练习题由于导入方式不同，产生的效果也不同。

“爷爷打算用22米长的篱笆围一块长方形的地种菜。请帮爷爷想一想：有几种围法？怎么围面积最大？”

“一个农民伯伯把两块同样大小的地分给了他的两个儿子。有一天，哥哥把自己的地围上了篱笆，弟弟用同样长的篱笆去围，结果发现弟弟的篱笆不够围一圈。这时，两兄弟就发生了争执，都认为对方的地比自己的地大，认为父亲不公平。同学们讨论一下，给出自己的意见。”由此，导入长方形周长和面积之间的关系。

显然，对小学生而言，后一种导入方式更能激发他们的学习兴趣。

3）层次分明，有梯度。为达到循序渐进、螺旋上升的目的，练习题有合理的梯度，才能让学生产生拾级而上、步步登高的愉悦感。

4）形式多样，有新意。由于练习课是对新知的巩固，容易让学生产生“无聊”的感觉，所以练习题，特别是主要的变式题，要有新的形式、新的题材、新的思路、新的方法，让学生有新的体验，学生才会乐于参与其中。

5）突出本质，重变式。如“含有未知数的等式叫方程”，这里有两个本质特征，那就是等式（有等号），含有未知数。教师常通过让学生判断“$X+3=X$，$8Y+a$，$3X>Y$，是不是方程”来凸显方程的本质特征。显然，按方程的定义，$X+3=X$ 是方程，只不过是无解方程，这里的“$X+3=X$，$8Y+a$”等就是变式。

6）举一反三，促思考。通过练习，学生能学会一种方法、掌握一种思路、发现一种规律，达到以例及类、举一反三的目的。

（3）复习课。

复习课是以使学生系统掌握知识、培养学生综合应用能力为主要任务的一种课型。小学数学中的复习课，有单元复习和总复习之分，一般安排在学期初、各单元结束后、期中和期末等不同时间段。单元复习目的是把本单元的知识连线成网，期初、期中、期末复习则需要把上学期、期中前、整册内容分块进行复习。这两类复习课的教学目标虽有差异，但课堂教学环节基本相同，需要经历“旧知再现—形成网络—灵活应用—总结与提高—作业”五个主要环节。

复习课教学设计时要抓住以下几个要点：一是教什么？要明确复习的目标。二是怎样教？要选择复习的策略。三是教得怎么样？要在了解学生的基础上，构建知识网络图。四是怎样用？要给学生分类指导，让不同程度的学生都有所提高。

此外，还有综合实践活动课、检查课（或考试课）、试卷分析课等，这里不再赘述。一般说数学课的课型是指以上六种课型，其中新授课、练习课、复习课是常见的课型，本书第五章中将就各种课型的设计要点进行专题讨论。

随着课程改革的不断深入，课堂教学的方法和形式发生了比较大的变化，如新授课原来强调课前铺垫，现在更关注创设情境，这是因为教学设计的理论依据发生了变化。新课标强调建构主义学习理论指导下的教学设计，重在让学生学会用数学的“眼光”观察事物，提出问题，用数学的“语言”进行对话，用数学的“思维”进行思考。因此，相应的课堂教学形式也发生了变化，从过去的“静态呈现”到现在的“动态生成”，从过去的“听数学”到现在的“做数学”，数学从“象牙塔”又回到了现实生活。这些变化对教师的课堂教学提出了更高的要求，对教师的教学设计能力也带来了前所未有的挑战。但我们必须明白，这些挑战并非让我们放弃传统的教学方法和基本规范，而是要在学习传统的教学方法和基本规范的基础上进行改革和创新。

第五节　小学数学教学设计的基本步骤和文本规范

备课、上课、评课、说课、试讲是传统的小学教师五项基本功。备课在《辞海》中是这样定义的：教师上课前的教学准备。它主要分为：学年（或学期）备课、单元备课、课时备课等。备课通常有以下环节：研究教材，了解学生，制订教学进度计划和编制教案。教学设计是在传统备课基础上发展起来的，也有学期设计、单元设计和课时设计，并遵循备课的基本步骤：学习国家课程标准—钻研教材—了解学生—确定教学目标—设计教学进程—撰写学期（单元、课时）计划。

备课的书面形式是教案。教案是教师以课时或课题为单位编制的教学具体方案，是上课的重要依据。教案又称教学方案或课时计划。

在教学设计理论体系中，“以课时为单位的教学设计”，其书面形式称为“教学设计活动方案”。

先来看传统教案与教学设计活动方案之间的联系和区别（见表 2-2）。

表 2-2

传统教案	教学设计活动方案
基本信息（上课班级、地点、教师、教材分析）	教学分析（包括环境、学习者特征、学习内容）
教学目标（重点、难点）	教学目标（重点、难点）
教学准备（教具、学具、多媒体准备）	教学资源（含教具、学具设计，学习资源）
设计意图（针对本节课）	设计思路（宏观与微观）
教学过程	教学流程及说明
板书设计	板书设计
课后反思（关注教后感）	评价（关注学习效果）
每节课的教学方案	宏观设计下的微观活动方案
关注点：细节、操作、行为、语言、设问等具体操作过程，具有实用性	关注点：分析、依据、理由、策略、流程等整体思考过程，具有时代性

显然，教学设计活动方案与传统教案的最大区别在于增加了学习环境分析和对教学设计的自我评价，更多地关注对学习者的分析和教学设计的宏观分析。也就是说，教学设计的视野更开阔，设计一节课考虑的是整个教学场景，这里不仅有教师、学生和教材，还有外部环境和学习氛围等。

教师日常备课时所书写的教案相当于我们日常穿的衣服，而本书强调的教学设计活动方案则像时装，它不仅要有服装的基本要素，更要有设计理念和时尚元素，需要教师在新课程理念的指导下，遵循教育教学规律，并在传统教案基本规范的基础上体现创新性和价值追求。

新教师先要学习教学的基本规范，学会写规范教案，待基本技能扎实后就应学习探索新的方法和技能。而那些追求高教学质量的教师则会在不断创新的过程中挑战自己，寻求更大的突破。

传统教案分详案和简案，新教师一般要求写详案。因为小学教师要学习如何与儿童交流、如何组织语言、如何设计环节之间的过渡语言、如何有效使用评价语等，因此，教师需要通过详案，一字一句地推敲，以掌握儿童的语言体系。如同样是课后总结，在中学、大学可以直接说“我们一起来总结这节课的内容”，而在小学就要说：“在这节课中你学到了什么呀？有什么需要提醒大家的吗？”这就是儿童的语言体系，需要教师，特别是新教师不断观摩、学习、模仿和应用，这样才能融入儿童中间，形成良好的“课感”。

不论是详案还是简案，其逻辑框架和基本规范都是相同的。从表 2 - 2 可知，传统教案的格式一般包括以下几个方面：

（1）课题。课题是一节课的主要内容的概括，犹如文章中的标题，说明所要学习的对象是什么、重点是什么。课堂教学中怎么揭题、何时出示课题等都是需要研究和思考的。在板书设计中也必须写课题，不论时间多么紧张，课题是必不可少的。

数学课的课题不能太笼统，也不能用比喻，要一语中的、直截了当，以免误读，如口算两位数减一位数的不退位减法、两位数减一位数的退位减法等，要让人一看课题就能知道要学什么。又如把课题设计成“小括号”与设计成“含有小括号的加减混合运算”，它们的目标定位是不一样的。前一个课题是把“创造”小括号作为教学重点来学习，后一个课题则关注的是“按什么顺序算，如何计算正确”等问题。

（2）教学目标。教学目标包括教学重点和难点的确定，可从“知识技能、数学思考、问题解决、情感态度”四个方面来书写，也可从“知识与技能、过程与方法、情感态度与价值观”三个维度来书写，或者从“基础知识、基本技能、基本思想、基本活动经验”四个方面来书写。有的教案不标注哪个维度，直接用几个小点来书写也可。但仔细分析还是可以知道每个小点所涉及的目标维度。教学目标的书写形式虽然不受限，但准确定位目标非常重要，这是一堂好课的基础。

（3）教学准备。为了提醒教师课前需要准备好的材料，包括多媒体课件和教师示范、学生操作的材料等，在教案中一般会写上教学准备。

（4）教学过程。教学过程是教学的核心部分，需要根据不同的教学目标和学习内容，按照新授课、练习课、复习课等不同课型，安排不同的教学环节。

（5）板书设计。板书设计是一节课的核心框架和主要内容，好的板书设计不仅要有知识性，更要有艺术性。如何设计板书将在第五章中详细分析。

（6）课后反思。课后反思是教师上完课后的思考和改进策略，不仅有成功经验的总结、学生情况的记录，还有对教学中不尽如人意的地方提出的改进意见，这是促进教师职业发展的有效环节。

以上六个方面是一个教案必须具有的基本部分。当然，如果是上公开观摩课，还需写一些其他信息，这里不再赘述。

那么，在备课基础上发展起来的教学设计活动方案，其基本规范又是怎样的呢？

以李静老师的《植树问题》（人教版教材五年级下册）一课为样例，看看小学数学教学设计活动方案的基本规范。

案例 7 **植树问题（教学设计）**

1. 同学们在全长 100 m 的小路一边植树，每隔 5 m 栽一棵（两端要栽）。一共要栽多少棵树？

2. 大象馆和猩猩馆相距 60 m。绿化队要在两馆间的小路两旁栽树（两端不栽），相邻两棵树之间的距离是 3 m。一共要栽多少棵树？

3. 张伯伯准备在圆形池塘周围栽树。池塘的周长是120 m，如果每隔 10 m 栽 1 棵，一共要栽多少棵树？

一、教学任务分析

1. 教材分析

“植树问题”通常是指沿着一定的路线植树，这条路线的总长度被树平均分成若干段（间隔），由于路线的不同、植树要求的不同，路线被分成的段数（间隔数）和植树的棵数之间的关系也就不同。教材中介绍的“植树问题”主要有三种情况：两端都种、一端种一端不种（含环形植树）、两端都不种，不论是哪种情况，教材都通过突出线段图的教学，帮助学生把分割点数和植树的棵数一一对应起来，直观地理解不同情况下植树棵数、分割点和间隔数之间的关系，由此理解和建立起“植树问题”的数学模型。

再者，“植树问题”的模型思想在生活中的应用也十分广泛，比如公路两旁安装路灯、花坛外围摆盆花、锯木头、整时敲钟用时、公交车设置站台等等，这些问题中都隐含着物体总数和间隔数之间的关系，因而，教材编排这一“数学广角”的内容意在渗透一些数学思想，通过现实生活中一些常见实际问题的解决来发现一些规律，抽取出其中的数学模型，再尝试利用发现的规律来解决生活中的简单实际问题。

2. 学习者特征分析

五年级的学生正处于直观形象思维向抽象逻辑思维发展的关键期，他们已经具备画线段图分析数量关系、解决数学问题的学习经验，并且不少学生在课外的学习中或多或少已了解到“植树问题”三种类型的解答方法，学生对“植树问题”并非一无所知，因而，学习这一内容的方式将有别于全新领域数学问题的探究活动，需更加关注学生已有学习经验和知识经验的调动。

3. 教学目标分析

（1）通过观察、操作、试验、推理等活动，经历“植树问题”模型思想的建构过程，正确理解不同情况下间隔数与植树棵数之间的数量关系。

（2）尝试运用“植树问题”的方法来解决实际生活中的简单问题，感受生活与数学的密切联系，培养问题解决的能力。

4. 教学重点和难点分析

教学重点：联系已学的除法意义，借助线段图分析、发现并理解“植树问题”中间隔数与棵数之间的数量关系。

教学难点：能运用“植树问题”的模型思想解决生活中的实际问题，辨析出不同问题情境中相同的数量关系。

二、策略设计

1. 让学生充分经历和体验知识的形成过程

人教版教材编写“数学广角”的目的有别于传统意义上的“奥数”学习，它的目的不在于教会学生解答难题，而是为了有机地渗透数学思想，让学生在体验知识的形成过程中自然而然地感悟到一些重要的数学思想方法。如何将抽象的数学思想具象为直观的数量分析呢？教学中需突出线段图的教学，借助线段图这一几何直观的手段帮助学生沟通“一端种一端不种”“只种一端”“两端都不种”这三种问题类型之间的联系，提炼出相同的分析方法，即都可利用一一对应的数学思想来分析出植树棵数、分割点和间隔数之间的数量关系，这样，学生建构数学模型的过程才是完整的、深入的、有意义的。

2. 引导学生有效地解决生活中的“植树问题”

学生通过“植树问题”的学习，再次感受到线段图在解决问题中的重要辅助作用，那么在新知学习的巩固阶段，教师更应重视教学方法的应用，引导学生去解决生活中的“植树问题”，如公共汽车站、架设电线杆、摆放盆花、锯木头、设置饮水点等，让学生不仅能列式解答，更能通过画线段图或示意图来分析数量关系，解释算式中每一步的具体含义。

三、教学流程

（一）复习除法铺垫问题

师：前两天请同学们编了能用 20÷5=4 解决的数学问题，大家判断一下，看看他们编得对吗？读一读。

出示学生编的两道问题。

师：想一想，为什么讲的事情不一样，却都可以用 20÷5=4 来解决？

引导学生说出 20 里面包含了 4 个 5。

课件出示线段图，引导学生理解：总量都是 20，每份都是 5，都是求 20 里面有几个 5，一起来数一数，1 个 5、2 个 5，……有这样的 4 段。

【设计意图】课堂伊始，出示了同学们用 20÷5=4 编写的数学问题，在这里有意识地选择了包含除法，目的是唤醒学生的认知，同时也为后续与“植树问题”的比较备好素材。

（二）初步感知引出问题

1. 情境呈现

师：在一条长 20 米的小路一边植树，每隔 5 米种一棵，需要种几棵？请你在练习纸上画一画，再列式算一算。

2. 反馈汇报，整理验证三种情况

（1）两端都种：用学具验证，突出间隔 5 米。

（2）只种一端。

师：生活中什么情况下这一头就不种了呢？（有障碍物）

障碍物还可能在哪里？（突出首尾）

能不能中间不种？（排除非间隔问题）

（3）两端不种。

3. 小结

师：看来在同样的条件下，生活中会出现这样三种情况。

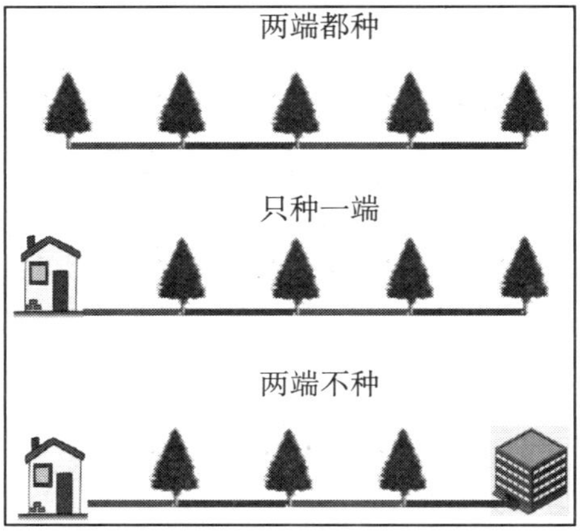

【设计意图】通过画一画算一算，整体感知植树问题的三种情况，了解到生活中由于实际情况的不同，植树的结果也会不同。这三种情况中，只种一端的情况需深入解读。“可以头不种，可以尾不种”，那学生自然会想到能不能中间不种，但中间不种的情况恰恰不是正解，从表面上看，不符合“每隔 5 米”的条件，从本质上说，就不属于间隔问题了，看似随口一问、顺手一解，其实是对今天所研究问题的概念界定。

（三）联系比较沟通旧知

师：刚才我们研究了植树中的数学问题，一起来回顾一下，明明是同样的信息，为什么会出现不同的结果？

生：考虑生活实际，情况不同，答案也不相同。

师：答案不一样，那有什么一样的地方吗？想一想，都是先求什么？

生：都是求段数，用除法。

师：为什么要用除法来算？

生：都是求 20 里面有几个 5。20 米，5 米一段，有这样的 4 段。

师：4 段要种几棵数呢？

生：要根据生活实际来考虑棵树。如果是两端都种，一棵一段，多出 1 棵要加 1，如果只种一端，一一对应，不加不减，如果两端不种，少了一棵要减 1。

师：植树问题和以前学过的除法有什么不同呢？

小结：“植树问题”本质上就是除法问题，要根据实际情况对答案进行调整。

【设计意图】对比提升环节通过问题串的形式引发学生深入思考：“同样的信息，为何结果不同？”指向“植树问题”的现实背景，“答案不同，有相同的吗？”意在发现它们的共通之处，“为什么用除法做？”揭示它的除法本质，“4 段要种几棵？”关注了对商的处理。层层递进，串珠成链，引导学生将今日新知纳入原有的知识体系，求同存异。

（四）图式结合深入理解

1. 两端都种

（1）理解算式的含义。

师：种了几棵，你能用算式来表示吗？

生：20÷5＝4　　4＋1＝5

师：20÷5＝4，这个 4 表示什么？

生：有 4 段，也就是 20 里面有 4 个 5。

师：为什么要加 1？结合图给我们解释解释。

生：一棵树对应一段，右边多出一棵要加 1。

结合学具进行操作：

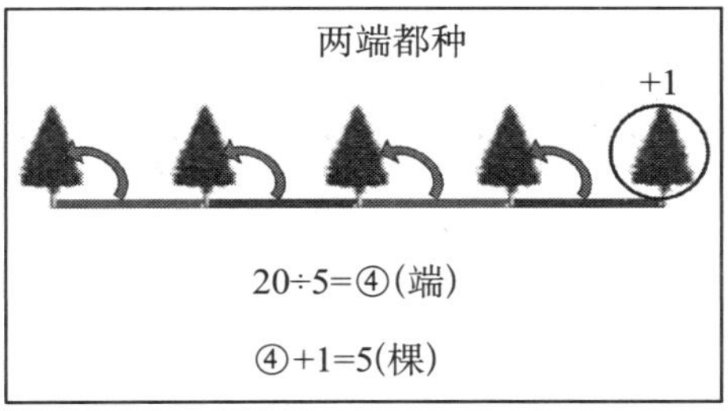

师：这两个 4 一样吗？

生讨论后得出结论：不一样，第一个 4 表示 4 段，第二个 4 表示和 4 段一一对应的 4 棵。

（2）探寻解决方法。

师：（课件呈现）如果接着往下种，25 米要种几棵？

生：和 5 段一一对应的 5 棵，和一一对应后多出来的 1 棵，一共 6 棵。

师：（课件呈现）100 米呢？

师：看着屏幕和黑板，如果两端都种，怎么求棵树？

生：棵树＝段数＋1

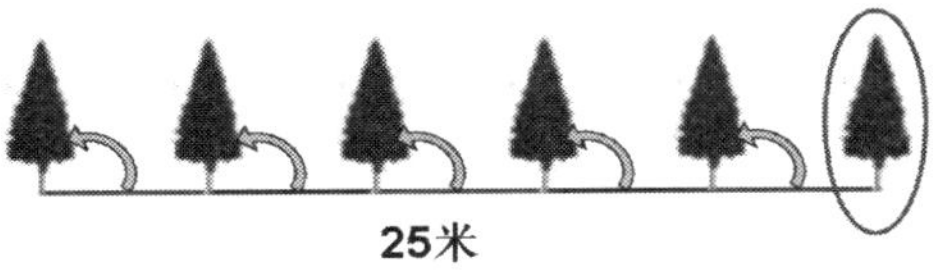

25÷5＝5（段）　5＋1＝6（棵）

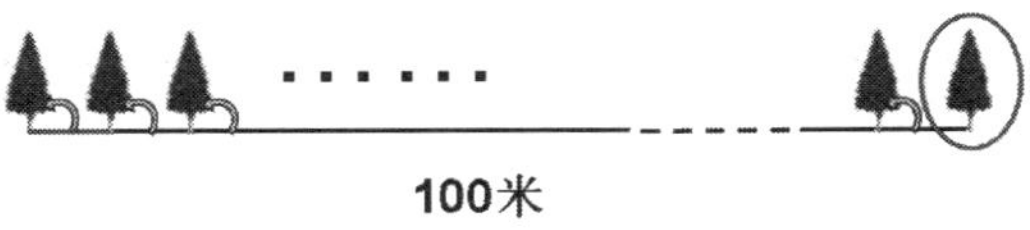

100÷5＝20（段）　20＋1＝21（棵）

2. 只种一端与两端不种

师：只种一端和两端不种的情况下，棵树和段数又有怎样的关系？选择一种，和同桌一起画画图，讨论讨论。

【设计意图】20÷5=4，4+1=5，这两个“4”是同样的意思吗？一开始，学生可能会疑惑，但很快就会有所顿悟，在对比中发现第一个“4”作为除法的商，求的是“一个数里面有几个另一个数”，是“段数”，而第2个“4”则是“棵树”，进而思考“段数”如何与“棵树”建立联系。通过学具的操作摆放，深刻体会“一一对应”正是解决这个转化的关键所在。因此，关注到两个“4”的区别，就关注到了两个量之间的关系，就找到了体验“植树问题”背后数学思想的抓手。

（五）学以致用拓展思路

1. 基础练习

师：先判断各例分别属于哪种情况，再列式计算。

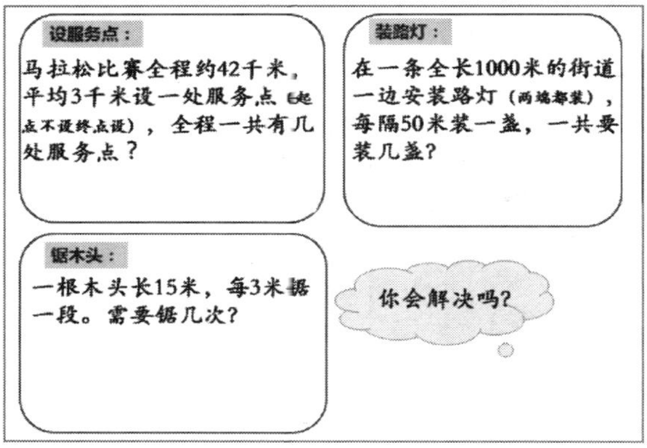

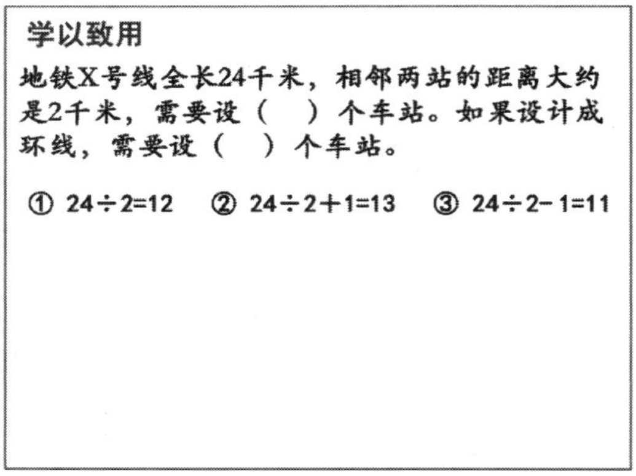

2. 提高练习

师：请你当当小小设计师，为规划中的地铁线路设计站点。

（1）直线。

师：为什么是两端都种？

（2）环线。

师：环线是什么意思？其实就是哪种情况？你能证明吗？

课件播放从环线到一端不种的变化过程。

3. 拓展练习

（1）101班正在进行优秀年画展示，展出了6幅作品（如图2-18固定），一共需要多少个磁铁？(3+1)×(2+1)=12（个）

（2）依然照这种方法固定，要展出12幅，最多需要（　　）个磁铁？

图 2－18

【设计意图】基础练习涉及的都是比较典型的“植树问题”，重在根据实际情况进行判断，对商进行调整。提高练习要结合社会热点，渗透环形的情况并通过课件演示与“只种一端”之间的关联，既突出学以致用，也再次突出“一一对应”。无论是直线还是环线，都是一维平面上的“植树问题”。拓展练习将这一问题推向二维，学生需要从长、宽两个角度进行思考，颠覆了学生的惯性思考，那能不能推广到三维呢？想必思考的种子会就此在学生的心中生根发芽。

四、教学评价

本节课基于对“植树问题”本质属性的判断，根据它的教材定位，结合它的教学现状，从除法入手，把“植树问题”这个新问题与学生以前学过的用除法解决问题联系起来，引导学生分析出间隔数就相当于“段数”，是除法运算得到的商，而“植树问题”求的是“棵数”，不能直接把商作为结果，还需要根据实际情况对商进行微调，就像有余数除法要根据实际情况对余数进行“进一”“去尾”的处理一样，“植树问题”的结果会出现商＋1、商－1、不加不减的 3 种情况，这样就将“植树问题”纳入学生原有的知识体系，拓宽了学生解决问题的思路。学生借助已有的知识来分析新的问题，会对数学产生亲近感。

从上述案例中可知，小学数学教学设计包括以下五部分内容：

(1) 教学任务分析。教学任务分析主要从学习内容、学习者特征和学习环境三个维度进行，在此基础上确定教学内容（课题）、教学目标、教学重点和难点。这里与传统的教案相比增加了对学习者特征和学习环境的分析。

1) 小学数学教学内容的分析，是为了从数学本身的角度确定学习的范围（教什么）、学习的顺序（怎么教）和学习的深度（教到什么程度），需要从“学习数学课程标准，钻研小学数学教材，借鉴小学数学教学参考资料”这三个方面入手。

我们以案例 7 为例进行说明。人教版教材把“植树问题”作为数学广角进行编排，“数学广角”是义务教育课程标准实验教科书从二年级上册开始新增设的单元，是新教材在向学生渗透数学思想方法方面做出的新的尝试。

“植树问题”与“路灯问题”、“楼梯问题”、“敲钟问题”、“锯木问题”等都可归于同一种数学模型——间隔问题，即间隔长度不变，点和间隔依次重复出现的问题，最关键的一步就是求出间隔数。间隔数＝总长度÷间隔长度，其本质是包含除意义的一种生活应用，是求“一个数里面有几个另一个数”。“植树问题”背后的数学思想是对应思想，在教学过程中应该充分发挥学具、图示的作用，深入理解算式的意义，将学习目标牢牢定位在对应思想的体验与感悟上，真正建立“棵数”与“段数”之间的一一对应关系，那么，学生哪怕日后遗忘了解法，也能凭借对除法的意义理解，应用对应思想重新找回解决问题的路径与手段。因而，本节课的教学定位要放在借助对某一数学问题的探究，让学生充分经历数学方法的发现过程，感悟其中蕴含的数学规律和数学思想，这便是“数学广角”学习的意义与价值所在。

2）学习者特征分析。学习者特征分析一般可从学习理论视角分析该年龄段学生的学习特征，但就一节课而言，最主要的是了解学生的基本情况，所以，教学设计时常常采用前测或课前谈话代替过去凭经验的主观判断，以了解学生的认知基础。

通过前测，教师知道不少学生已经能够解答较简单的“植树问题”，对三种类型的公式都有所了解，但是学生对列式解决不同类型的“植树问题”的算理却不甚清楚，表现为搞不清“为什么要加 1 或是减 1”“到底这道题是要‘加 1’还是‘减 1’”“环形植树到底属于哪一种类型”……这说明学生对“植树问题”只是“会算”，不是“会想”，更谈不上“会解”。

3）学习环境分析。这是建构主义学习理论指导下的教学设计中所特别强调的，需要教师引起注意。例如，在家常课与观摩课中，教师和学生的心态是不一样的，学习环境也不一样，因而教学设计肯定也是不一样的，这是不可回避的事实。此外，在新授课与练习课、课堂内与课堂外的学习活动中，学生的情绪也是有区别的。对小学生来讲，学习环境的创设特别重要，教师既要营造宽松的学习氛围，也要注重培养学生的学习习惯。

（2）教学策略分析。从宏观的视角分析本节课的设计理念和理论基础，目的是让教学设计的意图清晰起来，不仅知道怎么教，还要知道为什么这么教。

比如，“植树问题”这节课，教材为什么要花那么大的力气让学生通过画线段图来分析数量关系呢？目的就是要充分调动学生已有的学习经验和知识基础，为问题的分析、算理的理解以及方法的提炼服务，让学生能尝试通过对一类问题的探究自行演变出其他类问题，并试着自己辨析出不同问题之间的相同数量关系，从数学思想层面去掌握数学问题的解决方法。

（3）教学流程。教师要根据新授课、练习课等不同的课型安排不同的教学流程，相对于传统教案的教学过程，教学设计要把主要环节的设计意图标注出来，明确为什么这么设计，这是教师们特别是新教师的备课难点。但让听课者了解设计者的目的和原因，有利于教师本人在课堂实施过程中的宏观把握。教师的设计意图越明确，课堂实施中时间分配和动态生成就越有效。

（4）板书设计。虽然现在通过多媒体可以让学生运用多种感官参与学习活动，帮助学生感知和抽象，但板书能完整地呈现本课的学习内容，不仅能帮助学生掌握本节课的知识要点，还能让学生看到本课的知识形式、格式规范和思想框架，帮助学生形成完整的数学认知结构。板书设计是教师教学水平的集中展示，更是学生学习的重要载体。板书设计是促进学生形成良好的数学认知结构、提高学习效果的基本设计策略。为此，笔者把它作为小学数学教学设计的一个组成部分加以要求和强调，并且将在第五章中进行研究与讨论。

（5）教学评价。教学评价是教师对教学设计的自我评估，从史密斯-拉根模型中可知，教学评价贯穿整个教学设计过程，既是教师教学自我调控的需要，也是预设与生成之间的辩证关系的体现。

小学数学教学设计的上述五部分内容是史密斯-拉根模型中“教学分析、策略设计、教学评价”这三大板块的具体化，每部分内容之间都有一定的逻辑关系。一般情况下，一线教师在撰写常规课教学设计的文本资料时，也会省略一些内容，如学习者特征分析、学习环境分析，教学内容的地位、作用，以及教学目标设定的依据等。因为这些内容的思考过程往往可以从教学目标、教学流程和板书设计中看出，如果全都写出来，那对工作繁忙的一线教师而言有时会成为负担。

教学设计功夫在课外、效果在课堂，如果过分追求教学设计书写形式的完美，则会迫使教师把精力放在抄教案、搞形式上，反而对促进教师的专业发展不利。

教学设计活动方案有简案和详案两种，范例中展示的是详案。新教师刚参加工作至少一个单元有一节课需要写一写详案、悟一悟自己的教学效果，以积累教学经验，提高课堂教学语言的规范性，促进专业成长。但对有一定教学经验的教师来说，写简案反而有利于他们理清设计思路，明确课堂教学结构，抓住教学重点，在课堂中灵活运用，动态生成。

事实上，教案与教学设计活动方案的区别不只在于书写格式，更在于教学理念。教案更多地会关注“教什么”“怎么教”，教学设计活动方案除了关注“教什么”“怎么教”，还关注“为什么这么教”以及“教得怎么样”。文本形式方面的主要差别就在于是否标注设计意图。如果教案的每个环节目标清晰、连接自然、符合逻辑，那么其设计意图不言自明。所以，在具体的教学实践和许多文献中，有时也把教学设计活动方案通称为教案。

教师资格考试的数学教学设计题中如果要求按照题目规定或教材呈现的内容确定课堂教学目标及某一教学环节（譬如课堂导入、讲授新知等），就需要根据数学课程标准，做到“目标明确，重难点突出，教学方法恰当，且具有可操作性”。如果要求写一个片段，就需要写成详案的形式，把设计的创新点、教学的每个步骤和语言都写清楚，让人有身临其境之感，以凸显该设计与他设计的区别。如果只要求按传统教案的格式写一个完整的教学过程，就要凸显课堂教学结构，并按不同的课型把教学各环节书写完整，最好附上板书。有时限于篇幅，会有字数限制，如要求不超过 800 字等，这时就需要把每个环节的设计意图提炼出来。如案例 7 中，用“复习除法铺垫问题”“初步感知引出问题”“联系比较沟通旧知”“图式结合深入理解”“学以致用拓展思路”就很好地把每个教学环节的设计意图阐述清楚了。

有时，还会要求在简案中标注设计意图，也就是要说出为什么这么设计，这就是教学设计活动方案了，这时考生除了要注意格式规范，更要注意凸显自己独特的教学思考，把重点环节写具体，把设计意图说明白。

考生对于创新之处只有具体描述，才能凸显教学设计的亮点。如案例 5 中如果没有程老师的引导语：“一个物体的价格也就是单个物体的价格，谁能用一个更简单的词来表示?”就不能引出学生的思考：“单价钱”“单价”等，那么课堂教学就会逊色很多。同样，教案中写上“这么多的关系式我们是不是也可以用同一个式子来表示?”就能让阅读者知道你关注了学生抽象思维能力的培养。由此可见，教学设计中既要处理好宏观的课堂结构，又要处理好微观的课堂语言，精心设计每个环节的内容，并按一定的逻辑关系把各环节巧妙地联系起来，以收到良好的教学效果。

教师资格考试中有这样一道小学数学教学设计题：

①简要说明“分数的基本性质”。

②如指导高年级小学生学习“分数的基本性质”，试拟订教学目标。

③根据拟订的教学目标，设计一个简案，并说明设计意图。

这里首先要求教师能正确叙述分数的基本性质，特别要强调“同乘或除以”“同一个数”“0 除外”这三个要素；其次所设计的教学目标应体现知识与技能、过程与方法、情感态度与价值观三个维度，明确恰当，具有可操作性。

如果要求的是设计简案，可关注以下几个方面：

1）要根据拟订的教学目标设计教学活动。

2）要揭示新旧知识的联结点。

3）要联系学生的生活实际，在学生充分感知的基础上再抽象概括。

4）要有激发学生学习兴趣的方法和具体措施。

值得我们注意的是，写简案并非越简单越好，应该按照文本规范化要求，书写清楚教学设计的主要内容，按不同课型把各环节的内容概括提炼并标注清楚。如案例5中，教师通过“创设情境，激发学习兴趣”“及时抽象，建立模型”“解释与应用”“基本练习”“联系与拓展”这五个环节展示了“常见数量关系”这节课的基本结构。只有标注清楚，才能让读者理解你的设计意图，在实际的课堂教学中也才能思路清晰，宏观把握课堂教学结构。

第六节 小学数学教学的实施和评价

小学数学教学的实施是把教学设计转化为教学行为的过程。建构主义学习理论研究的不断深入，要求教师把自己的角色定位为学生学习的“组织者、引导者、合作者”。“新课标”中对教师的这个角色是这样描述的：

教师的“组织”作用主要体现在两个方面：第一，教师应当准确把握教学内容的实质和学生的实际情况，确定合理的教学目标，设计一个好的教学方案；第二，在教学活动中，教师要选择适当的教学方式，因势利导、适时调控，努力营造师生互动、生生互动、生动活泼的课堂氛围，形成有效的学习活动。

教师的“引导”作用主要体现在：通过恰当的问题，或者准确、清晰、富有启发性的讲授，引导学生积极思考、求知求真、激发学生的好奇心；通过恰当的归纳和示范，使学生理解知识、掌握技能、积累经验、感悟思想；能关注学生的差异，用多样化的教学手段，引导每一个学生都积极参与学习活动，提高教学活动的针对性和有效性。

教师与学生的“合作”主要体现在：教师以平等、尊重的态度鼓励学生积极参与教学活动，启发学生共同探索，与学生一起感受成功和挫折、分享发现和成果。

小学数学教学的实施和评价，也就是我们平常说的上课和评课，是教学设计成果的展示和检验。郑金洲指出，如果说备课是对课程的二次开发，那么上课则是课堂“对话”基础上的动态生成。

一、小学数学课堂教学的实施——上课

小学数学课堂教学的实施是把“预设”转化为实际的教学活动的过程，也就是上课的过程，需要师生、生生之间的互动和交流。上课是在教师精心设计教学活动方案的基础上展开的，通过教师的组织和引导，学生成为教学活动的主角，于是会生成一些预设以外的东西，这些意外是作为新的教学资源还是忽略不管？这与教师的教学理念密切相关。显然，“新课标”指导下的上课已不再是对教案的忠实执行，而是需要教师及时把握课堂动

态，因势利导，适时调整预案，使教学活动收到更好的效果。

为此，教师在上课时应注意处理好以下几个关系：

（1）师与生之间的关系。师与生是教育过程中的一对主要矛盾，有什么样的教学理念，就会有什么样的师生关系。所以，上课时首先要树立新的教学理念，摆正师生的位置关系，学生永远是课堂教学的主角，尽管教师也是“演员”，事实上是“导演”加“演员”，但仅仅是配角，其作用是引导学生学习而不是代替学生学习。所以，小学数学教师应成为学生进入数学天地的引路人。小学数学教师不仅是“教数学的老师”，而且是“教学生学数学的老师”。

教师的作用是唤醒和激发，即唤醒学生的内在需求，激发学生学习数学的兴趣。小学生的学习兴趣，特别是低段小学生的学习兴趣可从激发学生的直接兴趣入手。如同样是连线题，如果改成“小猪找不到妈妈了（把答案放在小猪的图片中），谁能帮帮它”，学生就会很乐意参与其中，因为这时学生是主角，是在“帮小猪找妈妈”。又如为了让学生熟练掌握“数的组成”，可以将其编写成儿歌的形式——“你拍 1，我拍 2，1 和 2 合成 3”，学生就会在课外边玩边练，乐在其中。这些都需要教师站在学生的角度组织教学活动。

从这个意义上说，教师更像是“导演”。作为“导演”，教师还要分配好各个角色的表演任务。教师既要注意面向全体，又要注意关注学生的个体差异，让每个学生都有表演的机会，并在原有的基础上有所发展。

对于学习有困难的学生，教师要及时给予关注与帮助，鼓励他们主动参与数学学习活动，增强他们学习数学的兴趣和信心；对于学有余力的学生，教师要为他们提供更多的学习素材，让他们有展示数学才能的机会。

（2）预设与生成之间的关系。在以学生为主角的师生关系下，课堂上出现教学设计以外的情况是非常正常的，这就需要教师处理好预设与生成之间的关系。如沈百军老师在教授交换律时，当学生在验证减法是否具有交换律时，发现 $3-3=3-3$、$6-6=6-6$，类似的例子有无数个、举不完，所以认为减法也有交换律。这是老师预设之外的问题，实际上说明了学生对什么叫交换律没有理解透彻，认为“无数个、举不完”就是交换律了，教师如果利用学生的质疑，强调交换律“对任何算式成立”，就不仅能回答学生的疑问，而且还能对交换律的本质特征做更进一步的阐释。

可见，教师要上好课，就必须备好课，也就是要按照教育教学规律设计好教学活动方案。但由于课堂教学的开放性日益增强，所以教师即使备好课，也不一定能上好课。同一个设计应用到不同教师的课堂中也会产生不同的教学效果。即使是同一位教师、同一个教案，在不同的班级中施教也会产生不同的效果。如何处理好预设和生成这对矛盾，是考量教师教学水平的重要标准，也是教学评价的主要依据。

有一位特级教师在介绍经验时说，提高教师的课堂生成能力，除了理念要正确之外，还可以通过提出“谁能再说一遍？”“谁能理解刚才这位同学说的是什么？”这样的问题来实现。听其他学生解释，不仅给教师自己留出思考的时间，决定如何“生成”，更能让其他学生有倾听和思考的机会。如果像案例1中的蒋老师那样，对学生的回答急于表态，不仅容易把课堂带入教师全权控制或把课堂的逻辑结构打乱的极端，也会影响学生独立思考能力和良好课堂习惯的培养。

（3）温故与知新之间的关系。数学具有很强的逻辑性，知识之间的联系非常紧密，先学知识会直接影响后续知识的理解和学习，这就决定了小学数学学习需要温故而知新。同时由于小学生的注意力一般要在上课5分钟后才开始集中，所以上课后的5～20分钟，才是他们的最佳学习时间。前5分钟的“温故”能够帮助学生集中注意力，提高新知学习的效率和效果。教师处理好温故和知新的关系，就能合理安排各环节的课堂教学时间，把本课的教学重点放在最佳的教学时间来讲授，以提高课堂教学的效率。

（4）知识性目标与过程性目标之间的关系。教师在“温故”时有时会遇到学生对旧知的理解和掌握不到位，或者“知其然，不知其所以然”的情况，这时教师是应该停下来以解决旧问题为主，还是应该直接告知旧知，以解决新问题为主？在组织探究时，学生没有在预设的时间里完成探究的任务，教师是应该直接告知结果还是应该耐心等待学生的完成？这些是上课时教师常常纠结的问题，这个问题事实上就是知识性目标与过程性目标的关系处理问题。在这个问题上，新加坡教师更多地会考虑改变预设，以适应学生的学习进度，也就是强调“以学定教”，所以他们有时甚至会花30分钟时间解决旧问题，而只留10～15分钟时间学习新知，导致新知教学时间少。而我国教师更多的是以课堂结构的完整性为标准，强调的是“以教导学”①，所以，教师常常会因“赶时间”而忽略探究的过程。

对此如何取舍，值得大家共同探讨。关键内容的教学属于“种子课”②，专家学者普遍认为应以过程性目标为主，以便留出充裕的时间在学生的心灵中播下知识生长和思维发展的“种子”。如除法竖式是学习所有除法运算的“种子”，所以教师在备课时要花时间与学生一起探究除法竖式书写格式规定的合理性。当发现学生在学习除数是一位数除法时，对除法竖式的符号表达方式有疑惑时，教师要停下来解决先学知识中的问题，即让学生理解除法竖式$\begin{array}{r} 5 \\ 3\overline{)15} \\ \underline{15} \\ 0 \end{array}$这样书写的合理性，并在此基础上探究学习45÷3。教师要让学生明白，在计算45÷3时，若用竖式$\begin{array}{r} 15 \\ 3\overline{)45} \\ \underline{45} \\ 0 \end{array}$不能展示多位数“平均分”的过程，而只有用竖式$\begin{array}{r} 15 \\ 3\overline{)45} \\ \underline{3} \\ 15 \\ \underline{15} \\ 0 \end{array}$才

① 沈丹丹，郭芳莉．新加坡小学数学教材的发展过程、特色及启示．课程·教材·教法，2010（7）．

② 俞正强．种子课：一个数学特级教师的思与行．北京：教育科学出版社，2013：33．

能把多位数除以一位数的过程表达清楚。这是因为学完万以内数的认识后，学生头脑中的45，应是4个10和5个1，也就是4盒“苹果”（10个装的）加5个“苹果”，而不是散装的45个“苹果”。因此，平均分时要先分整盒的，然后把分剩下的一盒拆开与5个合起来是15个“苹果”，再继续平均分。可见，让学生经历竖式$3\overline{)15}$（商5，15，余0）的“创造”过程是何等重要！只有理解15÷3的算理和算法，学生才能感悟45÷3的算理和算法，并为系统学习多位数除以一位数打下基础。这就是“种子课”要更重视过程性目标的原因。

（5）讲与练之间的关系。数学知识的特点决定了练习是数学必不可少的环节，在有限的时间中，合理分配好教师讲和学生练的时间，也是课堂教学中需要教师注意的。既然学生是学习的主角，那么学生能讲的、能做的，教师绝不能插手，精讲多练是提高数学课堂教学效率的有效手段。当然，学生的练习不能是消极被动的，教师要注意调动学生练习的积极性。

二、小学数学课堂教学的评价——评课

评课是教师专业发展的基础，教师要上好课首先应学会欣赏和评价一节课，就像学习音乐只有先学习欣赏音乐，才能提高自己的乐感一样。为此，本书在各章节中都安排了一些经典课例供大家学习、欣赏和借鉴。有兴趣的教师还可通过笔者推荐的网站观看这些经典课例的录像，反复模仿和学习，慢慢提高自己的“课感”和驾驭课堂教学的能力。

小学课堂教学中的评课一般要经历“听，看，想，记，评”的过程。

“听”。它就是要求听课者全身心投入课堂之中，听教师是怎么讲的，是不是讲到点子上了，重点是否突出，详略是否得当，教学语言如何，有没有引导学生主动学习，有没有及时处理学生回答问题时暴露出来的问题，有没有正确把握预设与生成之间的关系，等等。

“看”。评课时不仅要看教师教态、教学手段、教师的主导作用发挥得如何，还要看学生的学习环境和学习状态，必要时还要看学生的练习效果等。

“想”。它是对课堂教学效果的深层思考。对课堂教学水平的分析不能仅停留在对表面现象的观察上，不能简单地看课堂上有没有提问和回答，也不能简单地看举手的人数多少，而要边听边想，做出正确的判断，有时需要透过现象去分析它的实质。例如：问题有没有问到点子上？有没有启发学生的思维？老师的作用就在于学生答错时能加以引导，学生答得不完整时能加以启发。当然还要思考学生的问题是怎么产生的等，以判定课堂生成的方向是否正确。

“记”。它有两种方法：一是课堂实录；二是按教学环节记录。不管采用什么记录方

法，都要写上教学评点。在记录本上，一般左边是实录，右边是即时点评，最后写总评。

“评”。小学数学教学设计或课堂教学是否优秀，从宏观角度主要是看该设计是否符合数学教育的核心理念。用本书中的观点来分析，那就是看教师有没有关注到学生的个人发展，从“人的发展”的角度来思考；数学课中有没有凸显数学的特征，上出“数学味”；有没有关注到小学生的年龄特征，学会用孩子的思维和语言体系来思考和交流。从微观角度主要是看本课的教学目标定位是否正确，教学结构是否完整，对教材的理解和处理是否有自己的独特见解，教学策略的应用是否有其理论依据，等等。

最终，评价教学设计的优劣还要看实施后的教学效果。所以评价一节课既要考虑宏观目标，也要考虑微观效果。一般地，评价一堂课，主要可参考以下几个方面：

(1) 教学目标定位是否正确？这不仅要看教学设计的目标指向是否明确，还要看在具体的教学过程中，教师有没有目标意识，并把教学目标贯穿于教学过程始终，有没有既重视基础知识和基本技能的教授，又关注数学思想方法的引导和数学活动经验的积累。

(2) 教材处理和内容安排是否合理？是否关注到了教学创新和课堂中生成的资源？这要求教师教学思路清晰，课堂结构严谨，符合逻辑；同时能突出重点，抓住关键，并能根据学生的实际情况，开发适合自己学生的教学资料。

(3) 教学方法选择是否恰当？课堂氛围如何？有没有调动学生的学习积极性？这主要是看教师选择的教学方法是否符合教材、学生和教师自身的实际，并能否从实际出发，灵活多样地运用现代教学手段，处理好预设与生成之间的关系，做到动静结合、活而不乱。

(4) 师生双边活动的时间安排是否合理？有没有体现“以生为本”的教育思想？这不仅要看有没有让学生成为课堂的主角，学生学得是否主动，还要看学生是否轻松愉快地进行数学思考。

(5) 是否处理好面向全体与因材施教的关系？学生的参与率、参与面如何？教学效率如何？这里不仅要求教学效率高、成本低，还要求学生均能受益，不同接受能力的学生在原有基础上都有进步。

(6) 教学效果如何？这就是看通过本节课的学习，学生的“基础知识、基本技能、基本思想和基本活动经验”有没有真正提高，要从学生学的角度来看教师教的成效。

(7) 教师素质如何？如教师的语言、教态、书写、画图是否符合规范？能与学生融为一体吗？一般要求教师语言规范简洁、生动形象；教态亲切、自然、大方；板书工整、美观，层次清楚；能熟练运用现代化教学手段；等等。

评课时最重要的是看教师的课堂结构和“生成”能力，也就是教师的教学设计和课堂应变与调控能力。

评课主要有以下六种方法：一是按上述课堂教学的评价标准逐项点评；二是按教育理念概括性地点评，这种评课注重的是实效，可以从现象到本质，丢开枝节，抓住主要的实质问题，概括出教师上课的突出特点或主要问题；三是从课堂创新点或问题着手点评，可从自己观察中体会最深、感触最大、认识最明显的地方，选择一个角度或侧面来进行评课；四是按课堂环节逐一点评；五是按不同课堂教学的特色进行比较点评，如案例1中对崔老师的课堂评价，就是在对比蒋老师课堂教学的基础上展开的；六是通过课堂观察用数据说话，目前流行的“课堂观察”就是行之有效的促进教师专业发展的重要举措，“定量的记录方式与定性的记录方式可以互相补充使用”①，以客观地反映课堂教学的实际效果，有兴趣的老师可系统学习《课堂观察——走向专业的听评课》，学习量化方法进行课堂评价。

评课一般都是先说课堂教学的成功之处，然后对存在的问题提出自己的观点，并用一定的理论或结合发现的情况进行论证或分析，再针对问题提出自己的独特见解和改进意见。

评课应避免敷衍了事，如个别教师听了一节课后，看不出什么问题，只是笼统地认为“这节课教得不错（很差）”。有的虽提了不少意见，但多半是枝节问题，如教师板书的字写得如何、声音大小、教态如何、图表悬挂高低等等。

评课也应避免泛泛而谈，如“本节课教学目标定位准确，思路清晰，结构严谨，环节紧凑，方法灵活多变，教学手段运用恰当。教学模式充分体现了素质教育的要求，教学效果好、效率高”。这样的评价可套用到任何地方。评课必须结合教学实际，讲清楚好在何处、问题在哪里，要有的放矢，并能结合具体内容进行分析，如：说目标定位准确，最好把目标简要表述出来；说教学方法、教学效果好，要举例说明或通过后测来验证；对提出的问题也要有一个解决的方案。

评课是对一个教师的职业水平的认定，也是教师专业发展的重要途径。

对于评课，除了听课和分析教学设计，在国家教师资格考试中，有时还会通过展示一个案例或者一个教学片段，让考生谈谈自己的观点。如在笔试题中，有这样一道材料题：

一个服装厂计划做660套衣服，已经做了5天，平均每天做75套，剩下的要3天做完，平均每天要做多少套？

为了让学生积极参与，孙老师把题目改为：六一儿童节到了，我们学校合唱队要参加表演，需要演出服装160套，爱心服装厂已经做了5天，平均每天做20套，离六一儿童节还有2天，请你帮忙算算每天需要完成多少套。

巧妙的设计激发了学生浓厚的学习兴趣……

问题：

（1）对孙老师的教学情境创设进行评析。

（2）阐述教师处理教材内容时的基本要求。

① 沈毅，崔允漷．课堂观察：走向专业的听评课．上海：华东师范大学出版社，2008：89.

答题时需要考生从教材处理与使用的要求以及儿童心理特点两方面进行阐述和评析。

又如面试中有这样一个问题：“数学老师给班上一名成绩差的学生家长发短信，希望家长能够带孩子参加校外数学辅导班，以提高成绩。对此你有何认识?”这是为了考查考生的教师观和对学生的关爱程度、分析问题能力以及语言表达能力等。答题时，要以学生为本，从学生发展的角度进行分析，既要肯定这体现了这位教师对学生的关爱，又要指出仅为提高学生学习成绩而要求家长带孩子参加校外数学辅导班的做法不妥。

最后，简要介绍一下说课和试讲。关于说课，教师资格考试政策解读资料中是这样描述的：“说课是教师通过对教育目标本身的分析，表述具体课题的教学设想及其理论依据。通俗地讲就是要说清：教什么、怎么教、为什么这么教。”显然，这也是教学设计的基本要求，教学设计学会了，说课“说什么”也就知道了。

但说课有其独特的要求与格式规范。说课以说为主，是教师对教案本身的分析和说明，是一种以口头叙述为主的教案分析。

说课，第一是“说教材”，说清本课教学内容的地位及作用，以及教学目标、重点难点、教具准备等。这些可以简单地说，目的是让听的人了解你对课程的内容和教材的熟悉度。第二是“说教法和学法”，要求说出准备采用怎样的教学方法和教学手段，让学生爱学、会学，并讲清采用这些方法的依据。第三是“说教学流程”，这是说课的重点。它就是你要说说准备怎样安排教学环节、为什么要这样安排等，要让别人接受、信服。一般来说，教师要把教学中的几个主要环节如课堂导入或情境创设、例题分析、教学探究、练习设计等说清楚，并把教学设计的依据说清楚，特别是当你变换教材中的主题图和例题时，要把你变换的依据和创新点尽可能说出来，也可借此说明你的教学理念和教学原则等。第四是“说板书”，可以边说边板书，也可以先板书，再对着板书说明为什么这样设计，以及这样设计的好处。板书应体现程序性、概括性、结构性和艺术性。如果时间紧张，说课时不需要把全部板书都写在黑板上，只要写标题即可，然后告诉面试老师，你在黑板上的每一个区域准备写什么。有时间的话，也可说说自己对教学效果的预测，这就是“说教学评价”了，可参照评课的相关要求说。

关于“试讲”，试讲实质上就是上课，只是面对的是评委，教的是片段，你要把评委当作学生，并想象学生的回答，必要时还可配以恰当的评价语如“这位同学说的是……，说得很清楚!”“其他同学还有不同的想法吗?”等等。由于试讲的是片段，要选择自己最有把握的内容讲，同时注意控制教学时间，使试讲的片段具有一定的完整性。切忌在试讲的 10～15 分钟把整节课的内容都讲完。

无论是说课还是试讲都要富有激情，注意语言、语速，最重要的一点是要和在座的专家老师有目光的交流，不要低头盯着教案或教材。此外，仪表、教态、礼貌等都会影响试讲效果。

上课、评课、说课、试讲是对教师教学理念、教学水平、教师素养的综合考验，这也是教师资格考试或招聘考试中，为什么把它们作为录取的重要参考依据的原因。读者可学习一下杨宏老师关于“百分数的意义”一课的说课稿，并参照国家教师资格考试面试中的评定标准（见表2-3），进行必要的训练：

“百分数的意义”是在学生充分理解分数意义，能解决一些简单分数问题的基础上进行教学的，它是以后解决百分数问题的基础。百分数是分数意义的延伸，它是表示一个数是另一个数的百分之几的数，同表示倍比关系的分数含义一致，但同表示具体量的分数含义又有所区别。百分数在人们的日常生活、生活实际中广泛应用，学习百分数有助于学生更好地理解生活中利率、利润、折扣等实际问题。

教材是分三个层次安排学习内容的：第一层次，联系生活实际引出百分数，通过学生课前的调查活动为新课学习搜集充分的百分数信息；第二层次，理解百分数的意义，教材提倡让学生结合自己的学习材料、用自己的语言阐述对百分数的个性化理解，在学生体验大量生活实例的基础上来讨论、概括出百分数的意义；第三层次，教学百分数的读写法：教材先教写法再教读法，在读写法中让学生感受百分数和分数的区别。

可以看出，教材是按照实例引入（这样的分数叫作百分数）——百分数实例解读（调动学生已有经验）——定义（百分数表示一个数是另一个数的百分之几）——同化（通常不写作分数的形式）——强化（读写百分数）的顺序来进行新知学习的。

但是课前，通过学情调查我了解到学生对于“百分数”已经具备相当的感性认识基础，班上超过一半以上的学生都在生活中见到过并能准确地读写出百分数；但对百分数的认识，他们还局限于从“平均分”的角度来理解，例如说出商品标签上含棉95%的意义时，许多学生就说道“把一件衣服平均分成100份，棉占了其中的95份”，这样的解释虽然有其合理性，但是从百分数实际表示两个量的倍比关系的数学意义上来说仍不够准确，如果不予纠正，将对后面正确区别百分数和分数的含义产生负迁移。因此，根据学生的实际情况，我认为利用教材，在组织学生进行百分数实例解读前，教师还有必要增加一个实际问题的解决活动来帮助学生经历百分数的产生过程，因而我将教材中例1求命中率的实际问题进行改编，通过问题解决的模式来正确理解百分数的意义。

本节课，根据课程标准要求，结合教材内容和学生实际，我将教学目标设置如下：

(1) 在解决实际问题中经历百分数的产生过程，理解百分数的意义，能正确地解释生活中的百分数。

(2) 借助实例分析，正确区别百分数与分数的不同含义，体会百分数的合理应用。

(3) 掌握百分数的读写法，熟练地读写各种百分数，并从外形上了解百分数的特点。

(4) 通过百分数信息的交流，体会数学与生活的密切联系。

教学重点：经历百分数产生的过程，正确理解百分数的意义。

教学难点：百分数与分数的联系与区别。

本节课的教学分新知教学和巩固应用两个大块：

在新知教学阶段，我采取“实际问题引入（谁的投篮更准）——数学问题（怎样表达更方便，分母是100的分数过渡到百分数）——解释（这些百分数表示什么）——归类（生活中的百分数实例解读）——抽象概念（表示一个数是另一个数的百分之几）”的顺序组织教学。

先来谈谈问题引入：

这是一次训练赛上，三人的投篮情况，根据现有的数据你能看出谁的投篮更准确吗？

	投中个数
甲	17
乙	19
丙	7

学生会说：不行，我们还不知道他们到底投了几个球。

教师相机引导：是啊，仅仅根据投中个数，我们无法判断谁的投篮更准确，还要知道投篮的个数。

再出示：

	投中个数	投篮个数
甲	17	20
乙	19	25
丙	7	10

现在根据这两组数据，你能比较了吗？好，把你的想法写在练习纸上。

接下去，引导学生就自己的表示方法进行分享交流。下面哪些方法比较合理？你更欣赏谁的方法？

(1) 17∶20＝0.85　19∶25＝0.76　7∶10＝0.7

(2) $17\div20=\frac{17}{20}=\frac{85}{100}$　$19\div25=\frac{19}{25}=\frac{76}{100}$　$7\div10=\frac{7}{10}=\frac{70}{100}$

(3) 20－17＝3　25－19＝6　10－7＝3

…………

思考：$\frac{17}{20}$，$\frac{19}{25}$，$\frac{7}{10}$，分别表示什么？为什么要通分成分母是100的分数？

这一环节就将结果的表示方法抽象成数学问题：

	投中个数	投篮个数	投中个数是投篮个数的几分之几
甲	17	20	$\frac{17}{20}=\frac{85}{100}$
乙	19	25	$\frac{19}{25}=\frac{76}{100}$
丙	7	10	$\frac{7}{10}=\frac{70}{100}$

学生发现将这些分数化成分母为100的分数就更容易比较了。

接下去教师进一步提问：你知道这些分数还能怎样表示，让学生自己尝试读写出百分数并解释这些百分数表示什么。

	投中个数	投篮个数	投中个数是投篮个数的几分之几	投中个数是投篮个数的百分之几
甲	17	20	$\frac{17}{20}=\frac{85}{100}$	85%
乙	19	25	$\frac{19}{25}=\frac{76}{100}$	76%
丙	7	10	$\frac{7}{10}=\frac{70}{100}$	70%

【设计意图】在解决问题、寻求比较方法的过程中，学生体验了百分数产生的必要性，同时也对百分数的含义有了初步的认识。

同时，为了让学生进一步体会百分数的意义和价值，我又将篮球场上的情境拓展，设计了“技术统计中的百分数”解读环节：

中国			美国		
投篮	3分球	罚球	投篮	3分球	罚球
38—70	7—24	18—25	23—68	10—27	14—15
54.3%	59.2%	72.0%	33.8%	37.0%	93.3%

读读这些百分数，它们同刚才的百分数比较有什么特点？（让学生认识分子是小数的百分数）你知道它们的意义吗？

（让学生通过百分数的解读来感受它的实际应用优势。）

接下去按照教材的编排，进行归类（生活中的百分数实例解读），我让学生小组间交流自己课前搜集的百分数信息，围绕以下两个问题进行讨论。

这个百分数表示什么？ 从这个百分数中，你了解了什么？

最后，在学生理解的基础上抽象概念（表示一个数是另一个数的百分之几）。

这一过程设计，丰富了学生认知的感性材料，有利于学生对数学概念的正确理解和掌握。

在新知教学后的巩固应用环节中，我们设计了三个层次：第一层次是概念的应用，通过百分数的合理解释，进一步理解百分数的概念；第二层次是概念的联系，通过修改数学日记中的百分数，比较百分数与分数的联系和区别；第三层次是概念的发展，通过介绍生活中十分数、千分数，激发学生进一步学习的兴趣。具体请看以下三组题：

第一组：考察学生对百分数的合理应用能力，综合性较强

1. 看方格图写出百分数：1%　10%　62.5%　100%　120%　200%

2. 这些百分数中，你最喜欢哪一个？能用你最喜欢的百分数说一句话吗？

第二组：修改数学日记

10月25日　　星期一　　晴 **“书签制作”是本次“小太阳读书节”的重要活动之一，美术课上，王老师来教我们做书签。** **她让我们先把彩色的卡纸裁成长12%米、宽5%米的小长方形，然后画上图案、写上名人名言，并系上一条漂亮的丝带，这样，一张精致的书签就做好了。** **一节课，我们全班共做了45张书签，王老师带来的卡纸我们用去了90%，剩下10%我们还做了一些游园会的头饰，这样一点也没浪费。**

通过趣味化的纠错练习让学生辨析百分数和分数的区别与联系，学生通过比较明确：百分数只能表示两个数比较的关系，不能表示具体的数量，要用$\frac{3}{25}$米、$\frac{1}{20}$米来表示长度。

百分数与分数有什么区别和联系，是本课时的教学难点，而且有些抽象，为了突出难点及便于学生理解，采用生活中的实例引入，组织学生进行讨论和思考，让学生借助生活经验和尝试来顺利解决问题，正确区分概念，要比老师单纯讲解的效果要好。

第三组：介绍折扣、成数等十分数与千分数

这样通过新旧知识的联系与沟通，把书本知识和生活应用结合起来，激发学生继续探究的兴趣，为学生提供课外学习的方向与素材。

上述练习中所包含的学习材料真实亲切、生动活泼，着眼于学生的生活实际以及现代社会的发展，具有丰富的现实背景。借助练习，可以将教材中静态的知识过程化，让学生在综合应用中真实展现自己对百分数的理解和应用水平；同时，由于学习材料所具有的开放性，还给学生创造了自由发挥的空间，例如在“用最喜欢的百分数说一句话”的练习中，学生就有用股票指数、考试合格率、物体运动速度比较等材料来阐述自己的认识，这样原本按部就班的练习反馈环节就变得更生动而又个性了。

附：国家教师资格考试面试中的评定标准

表 2-3

测试项目	测评要素
职业认知	从教愿望，对教师工作的内容和职责的了解程度
	具备从事教师职业应有的责任心和爱心
心理素质	积极、开朗、自信
	情绪调节和控制能力，自然、放松
	应变能力，处理问题冷静，应对得当
仪表仪态	行为举止自然大方，教态自然，有亲和力
	衣饰得体，仪表符合教师的职业特点
言语表达	教学语言规范，口齿清楚，语速适宜
	表达准确、简洁、流畅，语言具有感染力，符合小学生的年龄特征
	善于倾听，交流顺畅并能做到恰当的回应
思维品质	思维严密，条理清晰，逻辑性强
	能正确地理解和分析问题，抓住要点，并做出及时反应
	具有一定的创新意识
教学设计	教学材料把握恰当，教学目标明确，重难点突出
	教学活动设计适合小学生的知识基础和生活经验
	引导学生通过自主参与、合作探究的方式达成学习目标
教学实施	教学结构合理，能控制教学节奏
	知识讲授准确，注意能力培养，完成教学任务
	根据学生认知特点和学科教学规律，选择合适的教学方法
	根据教学需要运用教具、学具和现代教育技术辅助教学
	板书工整、布局合理
教学评价	能够采用合理的评价方式对学生的学习活动做出反馈
	具有自我反思意识，客观评价教学效果

思考与练习

1. 《义务教育数学课程标准（2022 年版）》中提出的核心素养落实在哪些核心词中？选择一个核心词谈谈自己对它的理解。

2. 选择一套教材，按《义务教育数学课程标准（2011 年版）》提出的四大内容领域整理一张教材内容体系表，并与表 2-1 进行对比，分析异同。

3. 小学数学常用的教学方法有哪些？说出各种教学方法的特点。

4. 确定“长方体和正方体的表面积”这节课的教学目标，设计新授环节的教学片段，并进行试讲。

5. 根据教学设计理论，请分析评价“植树问题”（见案例 7）的教学设计，并把它的教学流程改写成 800 字左右的简案。

6. 如何评价小学数学课堂教学？请观摩一节录像课，写出课堂实录并进行点评。

7. 根据说课的基本要求写一个说课稿，在自己的教学团队中进行说课。

阅读导航

1. 经典阅读

（1）中华人民共和国教育部．义务教育数学课程标准（2011 年版）．北京：北京师范大学出版社，2012.

（2）张晓天，张丹．义务教育数学课程标准（2022 年版）课例式解读：小学数学．北京：教育科学出版社，2022.

（3）多尔．后现代课程观．北京：教育科学出版社，2000.

（4）范良火．教师教学知识发展研究．2 版．上海：华东师范大学出版社，2013.

（5）曹一鸣．十三国数学课程标准评介：小学初中卷．北京：北京师范大学出版社，2012.

（6）沈毅，崔允漷．课堂观察：走向专业的听评课．上海：华东师范大学出版社，2008.

（7）芬斯特马赫，索尔蒂斯．教学的方法．北京：教育科学出版社，2008.

（8）俞正强．种子课：一个数学特级教师的思与行．北京：教育科学出版社，2013.

（9）吴正宪，刘劲苓，刘克臣．小学数学教学基本概念解读．北京：教育科学出版社，2014.

（10）王永春．小学数学与数学思想方法．上海：华东师范大学出版社，2014.

（11）魏光明，王俊亮，刘正松，等．小学数学核心知识教学的理论与实践．南京：江苏凤凰教育出版社，2020.

2. 网络资源

（1）人民教育出版社官方网站，http://www.pep.com.cn

（2）幼儿学习网，http://www.jy135.com

第三章

基于小学数学内容领域的教学设计

本章导读

本章研究小学数学课程中四大内容领域——数与代数、图形与几何、统计与概率、综合与实践的结构体系和编排特点，研究了不同内容领域的教学设计要点。需要说明的是，因2022版新课标刚刚颁布，与之配套的教材还在陆续编写之中，故本章案例中的部分教材，仍采用2011版新课标公布后所编的小学数学教材。通过本章的学习，读者能了解小学数学教学的内容体系，知道“数与代数”有七个知识块，即数的认识、数的计算、解决问题、量与计量、式与方程、比和比例、探索规律；“图形与几何”有四个知识块，即图形的认识、图形的测量与计算、图形的运动、图形与位置；了解“统计与概率”不同于上述两大内容领域的学科特点和“综合与实践”的特殊功能。

首先我们简要介绍小学数学的总体内容结构及其变化。原来的小学数学课程内容可以概括为“五条线、两个点”。这“五条线”是指“数与计算、量与计量、应用题、几何初步知识、统计初步知识”；“两个点”是指集中学习的两块内容，即“代数初步知识、比和比例”。

“数与计算”从一年级学到六年级，主要包括整数、小数、分数的认识和四则运算。在计算方法上又有口算或心算、珠算、笔算、估算以及在此基础上的简便运算和估算。

“量与计量”在小学主要包括“长（度）、重（量）、时（间）、面（积）、体（积）”的国际标准计量单位以及单位间的进率和换算率，简单的测量方法等。

“应用题”是原教材中的重要内容，也是学习的难点之一，主要学习不同类型“应用题”的不同解题策略，从简单应用题到复合应用题，以算术解法为主。

“几何初步知识”可概括为“五线、六角、七形、四体”八个字。所谓“五线”，就是直线、射线、线段、平行线和垂线。前“三线”是单一性的，后“两线”指两线之间的关系。

所谓“六角”，就是锐角、直角、钝角、平角、周角和圆心角，其中前“五角”都是以角的度数来定义的，另外还有一个“优角”（大于 180°小于 360°的角）在小学数学里暂不出现。圆心角是在学习扇形和扇形统计图时出现的。所谓“七形”，就是长方形、正方形、三角形、平行四边形、梯形、圆形和扇形。此外，还有一些组合图形。所谓“四体”，是指长方体、正方体、圆柱体、圆锥体。过去教材的编排体系基本上都是按数学的逻辑顺序，即按“点、线、面、体”的顺序学习，这符合欧氏几何体系：“一维—二维—三维”，但由于学生在现实生活中接触“体”比较多，因此对小学生而言，面、线、点更抽象，所以，新教材按“体、面、线、点”的体系来编排，比较符合学生的认知规律，事实证明这也是可行的。

“统计初步知识”主要学习统计的一般方法：求平均数，认识简单的统计表和统计图（条形统计图、折线统计图和扇形统计图），以计算、制表、画图为主要内容。

“代数初步知识”主要学习用字母表示数和简易方程。

“比和比例”主要学习一些传统的教学内容，如比和比例的意义、比和比例的基本性质、比例尺、按比例分配以及正反比例的意义和应用等。

《全日制义务教育数学课程标准（实验稿）》把上述“五条线、两个点”的课程内容进行了整合，形成了“数与代数、空间与图形、统计与概率、实践与综合应用”四大内容领域。“新课标”又把小学数学课程内容领域表述为“数与代数、图形与几何、统计与概率、综合与实践”。下面对“新课标”四大内容领域的教学设计分别进行分析与研究。

第一节　数与代数的教学

“数与代数”内容领域在小学中主要包括以下几个方面：数的认识，数的表示，数的大小，数的运算，数量的估计，常见的量，用字母表示数、式与方程，以及利用数与代数的知识“解决问题”等。“数与代数”是由原课程体系中“数与计算、量与计量、应用题”这三条“线”和“代数初步知识、比和比例”这两个集中学习的“点”整合而成的，同时增加了“探索规律”的内容。“数与代数”内容领域在义务教育阶段的数学课程中占有重要的地位。表面上看，不同版本的教学大纲和课程标准对这块内容的选择似乎没有多大的变化，但在对各部分的要求和处理方式上有了许多实质性的变化。如对“数的认识”，提出“经历从日常生活中抽象出数的过程”，“通过对现实情境中大数的感知，了解数的意义和大数的表示方法，增强数感”，等等。此外，降低了计算方面的要求，留出足够的时间和空间让学生感受用数来表达和交流的便利，使学生有更多的精力投入现实的、探索性的学习活动中去。

从 2001 版课标（实验稿）开始，把原来的“应用题”改名为“解决问题”，整合在“数与代数”这个内容领域之中，并强化了“解决问题”的思考过程和一般步骤。2011 版新课标恢复了“解决问题”的基本方法——综合法和分析法，同时改变了 2001 年课标（实验稿）对“应用题”的“歧视”，强调了“十一类基本问题”的作用，并在学习四则运算的概念时，与“解决问题”相结合，这既帮助学生理解四则运算的意义，又让学生全面掌握和熟练地应用“十一类基本问题”。

从新旧内容的对比中可知，小学数学的内容改革有以下几个特点：

（1）整合。把数与计算、量与计量、比和比例等内容整合在一起，形成一个大的内容领域——数与代数，并贯穿于小学六年的数学教育之中。为了发展学生的思维，还增加了探索规律等内容。这样，数与代数内容领域在 2022 版新课标中分三个学段学习，并将学习内容归结为“数与运算”和“数量关系”两个主题。

1）数与运算。包括整数、小数和分数的认识及其四则运算。让学生经历从数量到数的形成过程，算理与算法的探索过程，体会数的概念与运算在本质上的一致性。

2）数量关系。包括量与计量、式与方程、比和比例、探索规律，以及解决问题的内容，让学生经历从具体问题中运用数量关系解决问题的过程，提高学生发现和提出问题、分析与解决问题的能力，形成模型意识与应用意识。

（2）增加。在数的认识方面，强调了认识和感受大数；在计算上，提出了“重视口算，加强估算，提倡算法多样化”的总体要求，引进了计算器；重视在现实情境中学习数与计算，重点培养学生的数感和对算法的选择。

（3）删减。删去了大数目的计算，取消了带分数的四则运算，对运算的技巧性和熟练程度也降低了要求。如笔算乘除法从过去乘除数是“三位数”改到“两位数”，计算步数从“不超过四步”改到“不超过三步”。

通过对“数与代数”内容领域中的基础知识进行全面梳理，我们可以发现，20 以内整数加减法口算、表内乘除法、五大运算定律、三个基本性质、量和计量单位的认识与进率、常见数量关系等内容是本领域内容的基础之基础，需要学生人人掌握，个个达到要求。教师甚至要通过“个别化矫正”措施，使学生的“错误和失误”得到及时改正。教学时教师要舍得花时间让学生充分体验从具体情境中抽象出数的过程，“掌握适应现代生活及进一步学习必备的基础知识和基本技能、基本思想和基本活动经验”①。

一、数的认识与运算

（一）数的认识

1. 整数的认识

小学教材中整数的认识，一般分四个阶段学习：20 以内、100 以内、万以内和万以

① 中华人民共和国教育部．义务教育数学课程标准（2022 年版）．北京：北京师范大学出版社，2022：1.

上。因为小学教材是把认数和计算结合起来学习的，而最基本的“一位数加一位数及相应的减法”正好在 20 以内，所以把“20 以内数的认识”确定为第一阶段。当然，如果仅从“数的认识”角度来思考，把“10 以内数的认识”定为第一阶段也未尝不可，因为 0～9 这 10 个数字是十进制计数法的基础，所以，许多小学教材常常把“20 以内数的认识和计算”分为两个部分：10 以内和 11～20 各数的认识。

在第二阶段“100 以内数的认识和计算”中，引进了十进制的位值原则。这一阶段的内容不仅包括了 100 以内加减法，也包含了乘法口诀表中的所有内容，是乘除法运算的基础。乘法口诀表中最大数是 81，正好在 100 以内。

把第三阶段确定为“万以内数的认识”，是因为我国采用四位一级、按级读写数的方法。万以内数，实际上就是个级上的数，掌握个级的读数、写数规则能够为后续学习“大数”打下基础。

第四阶段是“万以上数的认识”，有的教材为了降低难度又会将其分为“亿以内”和“亿以上”两个阶段学习。也就是说，“数的认识”这部分内容，在小学阶级一般分为四个或五个阶段学习。

了解了“数的认识”的编排体系和特点，就能把握以下几方面的教学重点：

(1) 学习“10 以内数的认识”。儿童学习数，一般要经历以下四个阶段：一是“唱数”(一般在 1～3 岁)，这时孩子虽然能说 1，2，3，4，…，9，但你让他边说边数手指，他无法做到一一对应。二是“一一对应”阶段。三是“说出总数（基数）”阶段，此时学生可能会数出 9 个人或物，若问他一共有多少，他不一定知道。四是符号化阶段，学生不仅能用一一对应的方法数出多少，还知道用符号来表示一共是多少，知道数与数之间的大小关系、数的顺序、数的分与合（数的组成)、数的读写，以及序数的意义等。到这时才能说学生已经建立了“数的概念”，这就是“1～5 的认识”这部分内容要上一节课的原因。在过去学前教育不普及的情况下，仅仅是“1 的认识”也要上一节课，这就是为了让学生经历“创造数”的整个过程。

由此可见，学习“10 以内数的认识”，是学习数数（单位是 1)、数的大小、数的顺序、数的符号、数的读写、数的组成等，并把具体的数抽象成“一般意义”上的数的过程。这是人类创造数的“缩写版”，学生只有经历了这一过程才能掌握数的概念，理解数的产生过程，逐步形成数感。其中学习“10 以内数的组成”更能为下面学习 20 以内进位加法和退位减法打好基础。

如在人教版教材一上第三单元中，1～5 的认识与加减法共要花 12 课时左右才能完成。其中数的认识就要花 5～6 课时，包括 4 节新授课：第 1 节是 1～5 的认识，第 2 节是比多少，第 3 节是序数——第几，第 4 节是数的分与合（数的组成)，另外再配 1～2 节练习课。

下面我们以袁文程老师对“10的认识”的讲解为例说明“数的认识”的教学设计。

案例8 **10的认识（教学设计）**

一、教学目标

1. 能够通过多元的方法正确数出数量是10的物体，能正确读写10，掌握10的基数和序数含义，掌握10以内数的顺序，正确比大小。

2. 通过操作、想象，有序地罗列10的组成，能够通过一对数的组成想出对应的另一对数的组成。

3. 初步感知计数单位“十”，感受10与生活的密切联系。

二、教学重难点

教学重点：掌握10的数数、读写、基数、序数、大小、组成。

教学难点：熟练掌握10的组成，并有序进行分与合；初步感知计数单位“十”。

三、教学过程

（一）游戏引入，感知数数

师：今天小精灵要和我们一起上数学课，她给我们带来了一个游戏，名为火眼金睛。先来看一看游戏要求。

（童声音频播放要求）：我会变出不同的东西，然后马上消失，不要眨眼睛，猜一猜它们的数量是多少？

（1）9根小棒（1根1根依次出现并迅速消失）

师：刚才出现了几根小棒？

生：9根。

师：我们来验证一下（屏幕再次出现小棒），一起数一数（跟着老师的手点数，屏幕依次出现数）。刚才我们1个1个数，数出这里有9根小棒。（板书：1个1个数）

（2）10朵花（2朵2朵依次出现并迅速消失）

师：刚才有几朵花？

生1：8朵。

生2：10朵。

生3：10朵。

师：(屏幕再次出现小花) 现在你是怎么数的?

生：两个两个数。

师：说说你的理由。

生：它是两朵花摆在一起，然后空了一点。

师：你的意思是花朵是一对一对出现的，2 个 2 个数更方便。你真会观察。你能数给大家听吗? 一起来数一数 (屏幕在出现数的同时，用阴影依次覆盖小花)。刚才我们 2 个 2 个数，数出了 10 朵小花。(板书：2 个 2 个数)

(3) 两串枇杷 (每串 5 个，依次出现两串并迅速消失)

师：一共有几个枇杷? 现在你又是怎么数的? 说说你的理由。

生：5 个 5 个数。因为每串有 5 个。

师：谁来数给大家听。一起数一数。我们 5 个 5 个数，也数出了 10 个。(板书：5 个 5 个数)

师：为什么小棒我们是 1 个 1 个数的，小花是 2 朵 2 朵数，枇杷又是 5 个 5 个数了呢?

生：小棒是 1 根 1 根摆的，小花是 2 朵 2 朵摆的，枇杷是 5 个一串的。

师：我们发现根据物体摆放的特点，可以选择不同的方法。

【设计意图】通过游戏，以猜一猜的形式激发学生的学习兴趣。在游戏的过程中变换物体的摆放特点，在短时间内学生会有意识地用不同的方法以求更快地数出物体的数量。通过游戏帮助学生感悟生活中根据物体不同的摆放特点，我们可以选择不同的方法数数。

（二）深入探究，全面认数

1. 数的含义

师：现在小精灵要把这 9 根小棒请到黑板上（板贴 9 根红色小棒），如果也想得到 10 根，可以怎么办呢？

生：再添 1 根。

师：现在一共有几根？我们一起来数一数（板书：10 根），那你能介绍这根小棒的位置吗（黄色小棒）？

生：这根小棒是最后 1 根。

师：最后 1 根可以说是从右数的？第 1 根。还可以怎么说？

生：从左数的第 10 根。

师：是呀，我们既可以说成从右数的第 1 根，也可以说从左数的第 10 根。（板书：第 10 根）这两个 10 表示的意思一样吗？谁来介绍一下。

生：不一样。这个 10 表示一共有 10 根小棒，这个 10 表示第 10 根小棒。

师：是呀，这个 10 表示一共有 10 根小棒，这个 10 表示从左数第 10 根的那 1 根小棒。（教师边指边引领全班同学说）。

2. 数的写法

师：老师把这根小棒请回到屏幕上，现在它们的数量都是（10），虽然三种物体不同，但都能用哪个数来表示（10）。会写吗？它和我们学过的 0～9 有什么不一样？

生：10 有两个数字。

师：请同学们仔细看老师把 10 写在田字格上。先写 1，再写 0。0 起笔后朝哪个方向？从左边往下右边往上头尾相连。请你把练习纸上的课题补充完整，在田字格上写一写 10。

（学生自己写数，抽取学生作品反馈分析。）

3. 数的顺序和大小比较

师：其实我们的学习好帮手尺子上就有 10，你能把 10 送回家吗？（尺子图）

生：10 在 9 的后面。

师：也就是越往尺子的后面，数就越？（大）

小结：在这以前，9 是这个大家庭里的老大，现在呢？你能比较一下 9 和 10 的大小吗？9 比 10 小，10 比 9 大。数学中我们就可以用符号来记录。（板书：9<10，10>9）

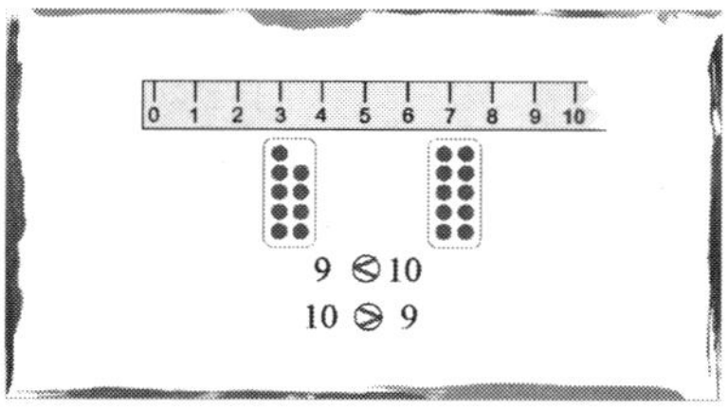

【设计意图】在上个游戏环节中，第一组小棒特地设置了 9 根，一是为了让游戏结果不固化，学生的兴趣更加浓厚，二是为数的基数和序数的含义以及数的顺序的讲解做铺垫。学生经历了从 9 根小棒再添 1 根就是 10 根的过程，明白了“9 添 1 就是 10”，从而体会数的顺序。利用尺子图，进一步达成这一目标。用不同的颜色再添一根，又很好地产生了比较“10 根”和“第 10 根”这两种含义的素材，深化学生对“基数”和“序数”的理解。在写 10 的过程中，通过老师示范、学生尝试、学生评价，再次修改这几个步骤，面向全体学生，关注学生的书写习惯。

4. 数的组成

师：我们已经和 10 成为好朋友了，小精灵带着刚才的 10 根小棒和我们继续做游戏。仔细听要求。

（童声音频播放要求）：如果要把这 10 根小棒分成两堆，每堆都要有，你有几种分法？你能有序地写出来吗？你可以直接写，有困难的同学也可以借助手中的小棒边摆边写。

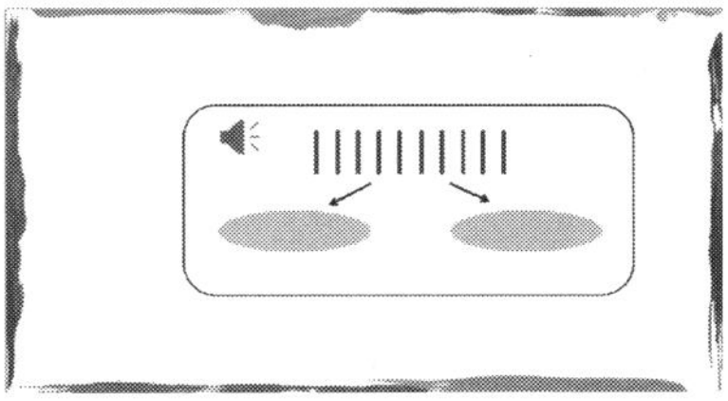

师：谁听明白了老师的要求，再给小朋友介绍一下？（通过学生介绍再次强调三个要求——要点 1：每堆都要有；要点 2：有序地写；要点 3：可以直接想，可以摆小棒）

反馈：(1)

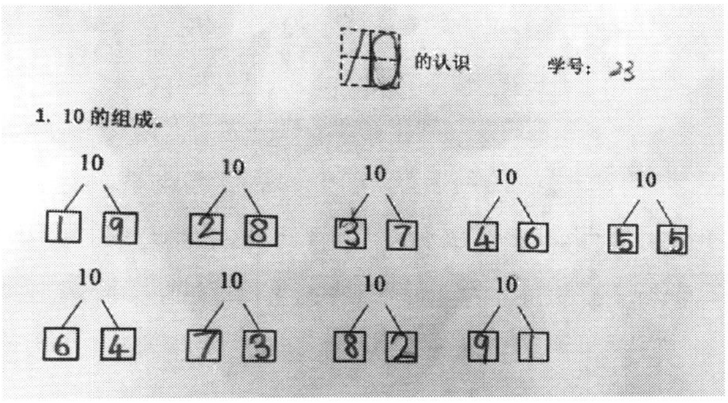

师：（先请按顺序找到 9 种的同学）请你来边摆边介绍。同学们跟着他一起说：10 可以分成 1 和 9；10 可以分成 2 和 8……（学生边说教师边板书）。这位同学是按什么规律来摆的？第一组依次增大，第二组依次减少。

（2）

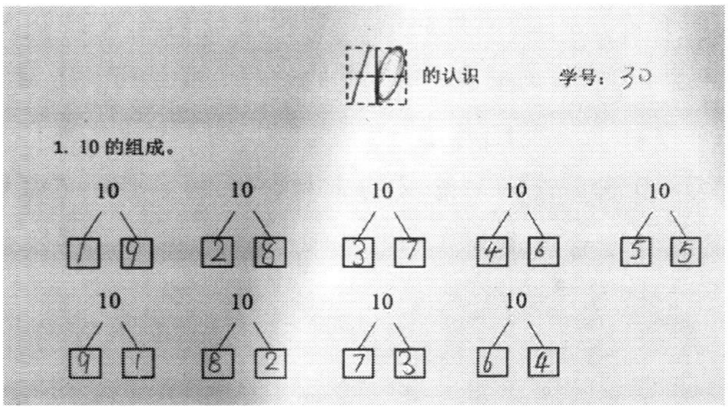

师：还有不同的方法吗？这位同学又是怎么想的呢？

生：他是 1 和 9，9 和 1 这样反过来的。

师：他是一对一对找的。看这一组，除了想到 1 和 9，还能想到什么？（在原有的板书上连线：看到 2 和 8，想到？看到 3 和 7，想到？……）5 和 5 为什么没有好朋友了？当我们数比较大的时候，这种方法可以方便我们记忆。我们一对一对读一读。这里一共有 9 组，我们只要想几组就够了？（擦掉 4 组）

小结：刚才我们找到了 10 的组成：可以按照其中一部分依次增加的规律，也可以通过交换位置的规律。

师：请你选择你喜欢的方法记一记 10 的组成吧。（学生自由记忆）现在 10 的组成你记在脑海里了吗？我们一起玩对口令的游戏吧。“我说（2），我说（8），2 和 8 组成 10”。现在我们闭着眼睛再用这样的方法试一试。

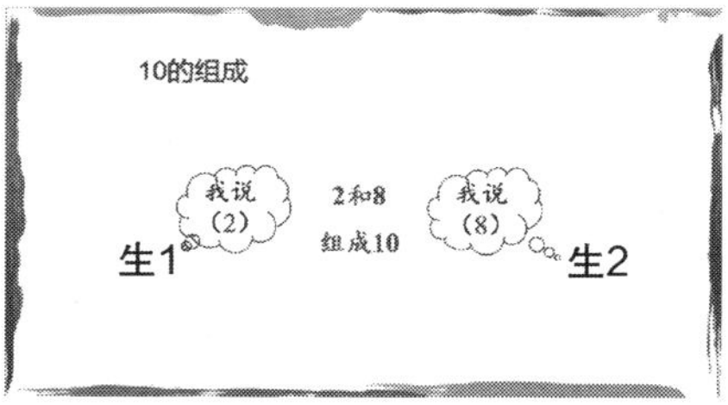

师：敢不敢接受更大的挑战，我们来玩我问你答的游戏哦。老师随机走动和学生快速对口令（多种形式，例：10 可以分成 9 和几；10 可以分成几和 6；几和 5 组成 10）。

【设计意图】本环节涵盖了“10 的组成”的新授与练习。通过小精灵提出要求，避免一年级学生阅读过长的要求而产生困难，富有童趣。“每堆都要有”这一要求避免了学生分出 0 的情况；因为已经有了 9 以内数的组成的学习经验，所以这里要求“有序地写”；“可以直接写，也可以边摆边写”这一选择为不同起点的孩子给予不同的台阶。在反馈中通过两种同学的思路，结合板书，有效地优化组成的记忆方式。在后半节课，一年级学生已经趋于疲劳，“对口令”和“快速问答”的练习方式不仅激发学生的注意力，调动学生的积极性，创造生动活泼的学习氛围，也巩固和检测了学生对10的组成的掌握情况。

（三）联系生活，巩固应用

1. 初步认识“1个十”

师：生活中你在哪里见到过10呢？展示序数和基数两种10。

师：为什么我们都经常习惯把10个物体包装在一起呢？

生：这样很方便。

2. 微课认识计数单位——“十”

师：其实我们的祖先就已经有了这样的习惯，我们一起来看一看吧。

（播放微课）：原始的人还没有数字宝宝，想了许多办法来记物体的数量，比如一只野兔打1个结，又1只野兔再打一个结。可是他们只会数到手指头那么多的数量，只能数到10个，再多他们就记不清楚了，怎么办呀？既然打到了10个，就不打下去了，再换一根绳子，又满10个了，再换一根。你们看这就是10，这就是20，这样表示是不是很方便？还有其他办法，比如：摆树枝。和手指头一样多了，要是还有怎么办呢？是呀，他们就先把10根树枝堆成一堆。为了不散开来，就拿绳子把它们捆起来。1捆就是1个十，拆开来就是10个一，10个一就是1个十。

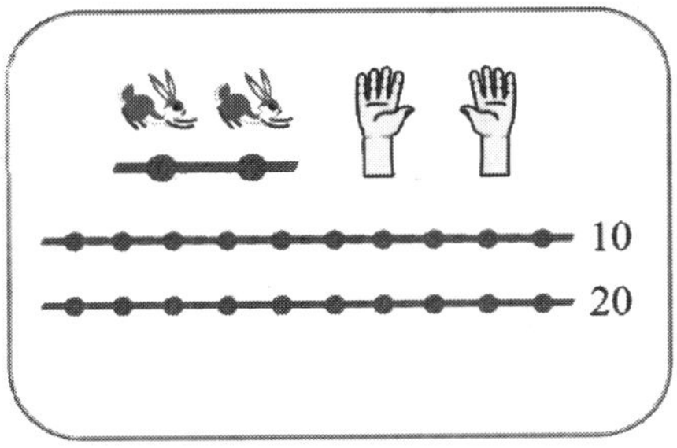

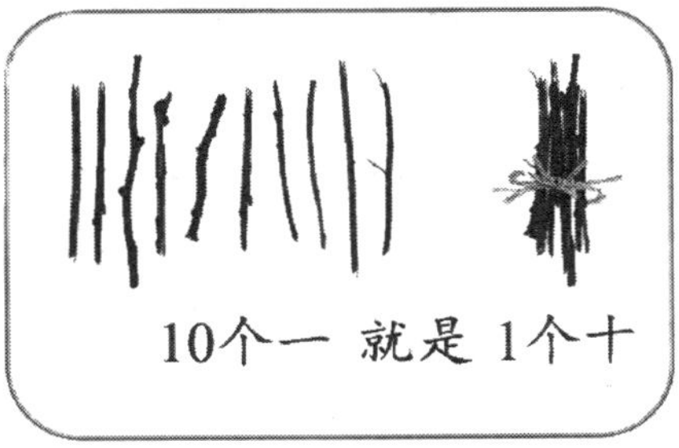

师：在数学上，我们也有这样的习惯。我们把每10根小棒捆起来变成1捆。10根小棒就是10个一，1捆小棒就是1个十，1个一就是1个十。刚才每个小朋友都分到了1捆小棒，现在你知道，在数学中，标准的捆小棒有几根？以后你们看到数学中的一捆小棒，就知道它代表（10）。以后学习 11～20 的时候我们也会遇到这个小帮手。

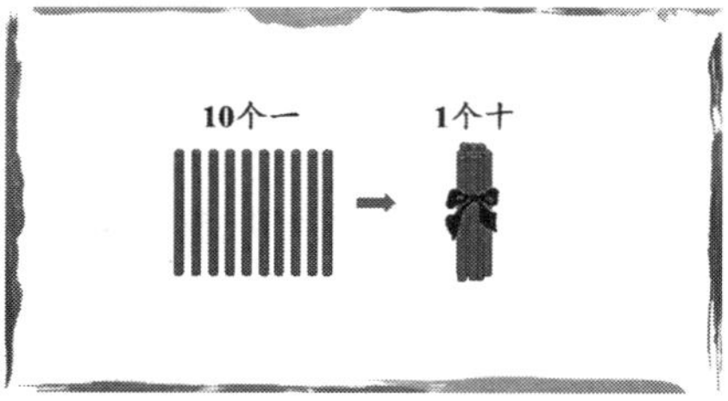

【设计意图】“10 的认识”不同于“0～9 的认识”，是第一次满十进一，是学习“11～20 的认识”的基础。所以，本节课除了基本的数的认识之外，还联系生活实际，并通过简短有趣的微课，初步渗透了“1 个十”的概念，为今后学习“11～20 的认识”、更大的数的认识，以及数系的建立做好铺垫。

3. 数轴上找数

师：同学们，到现在为止，我们已经认识了 0～10，我们去它们家看看吧。好多数宝宝都出去玩儿了，这几个数宝宝找不到家了，你能帮它们找到它们的家吗？

生：我给数字 1 找家，它在 0 的后面……

师：现在，还有哪些数宝宝没回家？请帮助它们吧。练习纸填一填。快速校对。顺读倒读。我们发现越往左这个数就越？（小）越往右这个数就越？（大）。

对了，这些数宝宝都按照从左往右、从小到大的顺序排在这条线上，我们把它叫作数轴。

师：现在小精灵要给数轴施魔法了，你瞧，这几个数宝宝有什么规律呢？现在我们把

其他数宝宝请回来，这些又有什么规律呢？（揭示：双数、单数）

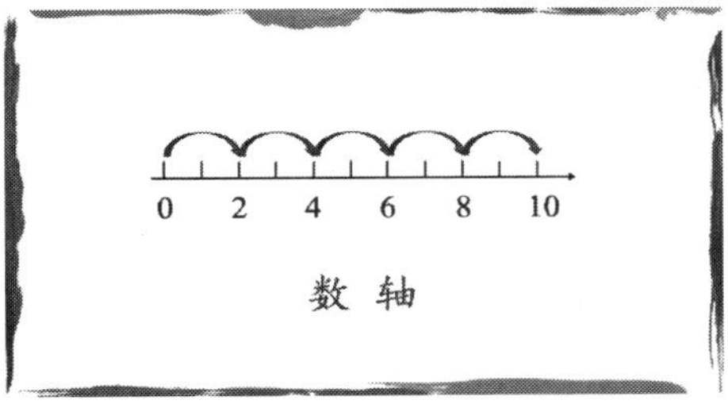

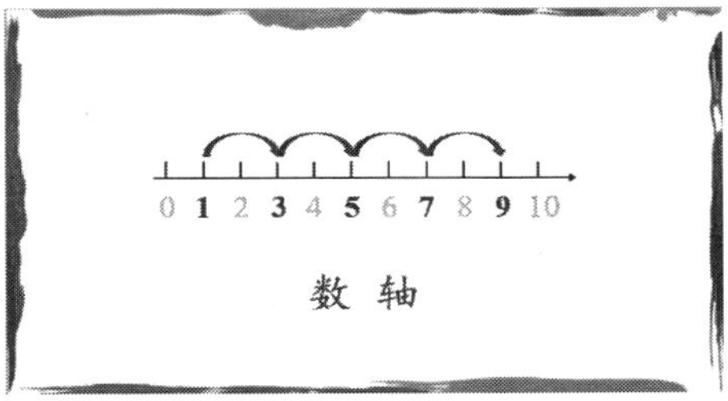

师：有时候数轴上不一定要把所有的数宝宝放上去，根据其中几个就能推断出其他数的位置，之后我们还有更多的数宝宝加入到数轴中。

【设计意图】本环节通过“给数宝宝找家”这一有趣的活动，让学生先说一说，再填一填，巩固了“数的顺序”。在汇报过程中，给予学生一些回答的提示语，引导学生规范地进行数学表达。在活动中帮助学生感知这些数都是有顺序地排列的，从而引出数轴。通过“小精灵变魔法”以及“小精灵飞一飞”，再次巩固了两个两个数，生动地引出了双数和单数的概念，让学生感受到数轴的无穷无尽。

从这个案例中可知，教学“数的认识”要抓住以下几个要点：一是在数数的过程中要把一类具体的量数用一个抽象的数来表示；二是教授数的符号表示，使学生知道数的顺序和大小；三是教授读数和写数；四是教授数的组成；五是使学生形成数的概念。最后，学生在理解基数与序数之间的关系、数的符号的“创造”和数之间关系后逐步形成数的认知结构。

这几个教学要点并不一定要在一节课内完成，教学目标的达成有时需要几节课，也体现了单元备课的重要性。

（2）学习“20 以内与 100 以内数的认识”。这部分重点是让学生理解十进制计数法的原理（二进制、十六进制的原理相同），那就是 0～9 这十个数字符号加上位值原则就能把所有的自然数都构建起来。从认识一位数到认识两位数是学生认识数的飞跃，在这个过程中，学生通过 11～20 的认识和 100 以内数的认识惊奇地发现原来同一个数字放在不同的位置，所表示的数的大小是不一样的，因为它们的计数单位不同，知道了计数单位除了“个”还有“十”。可见，引进位值原则是从“20 以内与 100 以内数的认识”开始的。

（3）学习“万以内数的认识”，是为学生掌握读数规则打基础的。我国采用“四位一级、按级读数”的读数规则。教学时教师要清楚地知道万以内的个、十、百、千这四个计数单位构成了“个级”。以后学生学习更大的计数单位可通过不同的级名四个四个地扩展，如从个级的个、十、百、千可扩展到万级的万、十万、百万、千万，以及亿级的亿、十亿、百亿、千亿等。在这个知识体系中，可以按计数单位读数，也可以按级读数。请看

80 206 201 001，如果按计数单位读数，就要读成八百亿零二亿零六百万二十万零一千零一；如果按级读数，则先按四位一级分级——802 0620 1001，就相当于读三个万以内的数，802 亿、620 万和 1 001 个，此时就只要读成八百零二亿零六百二十万一千零一。显然，按级读数或写数不仅简便而且不容易出错。这就是我国小学数学教材普遍都把“万以内数”作为一个学习阶段的主要原因。教学时要把重点放在让学生理解个、十、百、千这四个计数单位以及计数单位间的关系上，以为学生学习十进制计数法以及按级读数和写数做准备。

（4）学习“万以上数的认识”。其重点是让学生建立大数的概念。从万以内数的认识到万以上亿以内、亿以上数的认识，学生对数的概念进行了又一次的知识扩充。学生在读、写大数时常常出现错误，这往往与其对数的概念不清楚、对数的感受不丰富有关。基于这样的认识，教学时教师不仅要让学生理解掌握数位顺序表以及计数单位之间的逻辑关系，具备一定的估计能力，更要让学生体会到按级读数、写数的简洁性，体会到“求简”是数学知识的价值追求。为此教学大数时要注意以下几点：

1）充分利用教材提供的素材，让学生获得有关大数的丰富的感受。教学读写数时，教师应注意放手让学生探索，在学生理解并掌握了读写数的方法后，再通过布置一定的练习，让学生达到熟练的程度。为了让学生熟练掌握读数法则，有经验的教师还编写了以下“顺口溜”——“四位一级从个起，级名就是个、万、亿，按级读数高到低，数和级名连一起，中间有零读一个，零在级尾不必提”，以帮助学生正确快速地读出大数。

2）重视数的知识体系。对于数位、数级、十进制等知识，应让学生在复习“万以内数”的基础上自己去发现、去体会，通过自己的独立思考理解并牢固掌握这些知识。

3）注重培养学生收集、运用大数的习惯和能力。利用学生生活中的大数，教师让学生逐步认识到数的产生与发展都是实践的需要，认识数是为了用它来交流和解决生活中的实际问题。

2. 小数的认识

小数概念的形成是一个逐步扩展的过程。在小学，小数的学习一般经历三个阶段：一是在小学低段，小数是作为分数的特例出现的，这时小数只表示分母为 10、100、1 000 的分数，也就是十进分数的另一种表示形式；二是到了小学高段，在学习分数与小数互化时出现了循环小数，小数的外延扩展了，小数实质上就是有理数，它与广义的分数是等价的；三是到圆的周长计算中出现圆周率时，小数实质上已包括有理数和无理数，指的是实数。

小数作为十进分数的另一种表示形式，按数学知识的逻辑顺序应该安排在分数的认识之后学习，但考虑到学生在实际生活中接触小数比较多，而且小数的四则运算与整数比较接近，所以采用先教小数，再教分数的教学顺序，这样更符合学生实际。为了解决上述知识体系与学生认知特点之间的矛盾，小学教材通常采用“分数初步认识—小数初步认识—小数的意义和性质—分数的意义和性质”，或者采用“分数初步认识—小数的意义和性质—分数的意义和性质”的编排形式，把小数与分数交叉安排，为小学生的成长和思维的发展留出时间和空间。

“小数的认识”一共包括以下几方面内容：一是小数的意义；二是小数的性质和大小比较；三是小数点位置移动的变化规律；四是名数的化聚；五是小数的近似数。

教学小数的意义时，首先要关注学生的知识基础，特别要把握好“初步认识”与“意义学习”的难度和深度。有教师做过前测，学生在学习“小数初步认识”前已从商场的标价中认识了小数，许多学生会读也会写小数，但是让学生说出如“3.15 表示什么”时，绝大多数学生认为是 3 元 1 角 5 分或 3 元 15 角，也就是说，学生头脑中的 3.15 仅是一个量数，而不是一般意义上的数（见图 3－1）。从前测中可知，如何让学生把具体的量数转化成一般意义上的数，是教学“小数初步认识”的重点和难点。

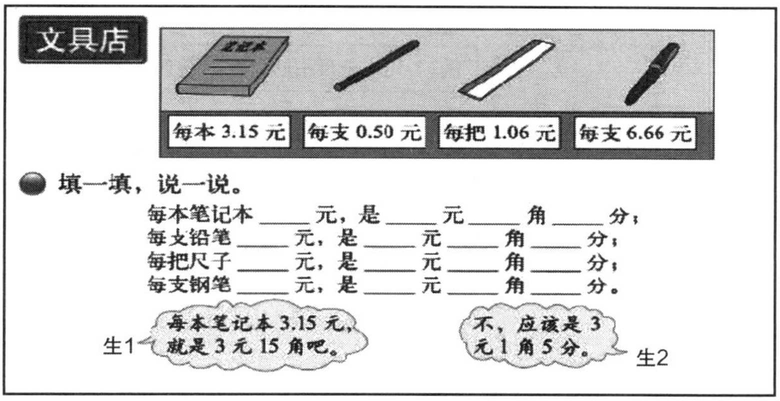

图 3－1

为此“小数初步认识”的教学应把教学目标定位在以下几个方面：

（1）联系学生已有的生活经验，让学生知道如何运用元角分的关系，通过“单位转换”将价格改写成小数的形式，认识小数点，初步了解小数的含义及其与商品标价的联系和区别。

（2）会认、读、写小数部分不超过两位的小数。

（3）能正确读出小数形式的商品标价，知道这是小数的具体运用，感受小数与日常生活的紧密联系。

3. 分数的认识

掌握分数的概念对小学生而言有一定的难度，所以，小学教材一般安排两个阶段进行学习：一是分数的初步认识（见案例 2）；二是分数的意义和性质。下面是人教版教材中“分数的意义和性质”的单元安排（见图 3－2）。

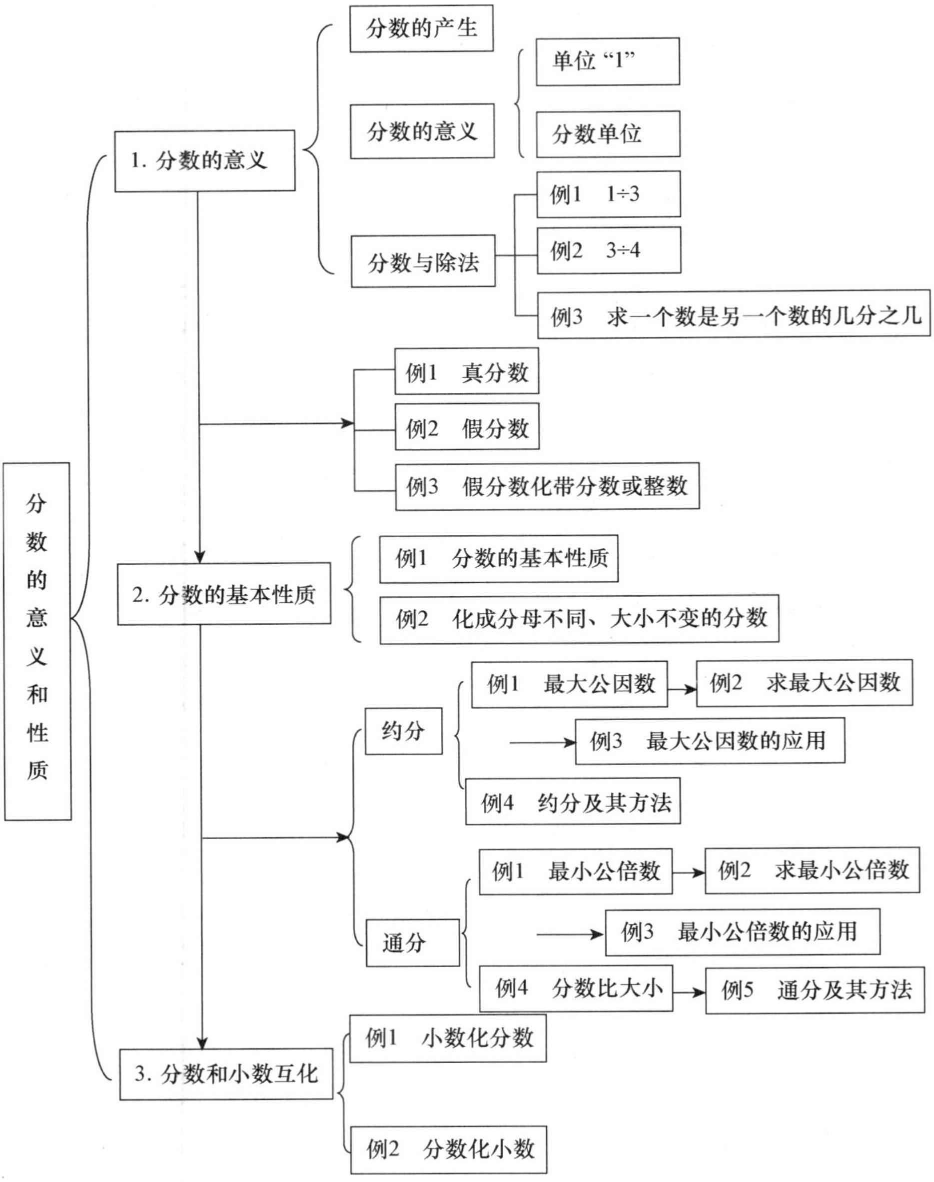

图 3-2

“分数的意义和性质”这个单元，可分为以下三部分内容：

（1）分数的意义。它是在“分数初步认识”课程基础上学习的，教学的重点是从具体分数抽象到分数的一般意义。也就是说，在初步认识中渗透的是“把一个物体平均分成若干份，取这样一份或几份的数叫分数”，在意义学习中要推广到“把单位 1 平均分成若干份，表示这样一份或几份的数叫分数”。这里的单位“1”是从 1 个、1 堆等拓展出来的，而将初步认识中的“取”推广到“表示”，这不仅是分数内涵的不断丰富，也是外延的不断拓展。

“取”最多只能取到分子与分母相同，而“表示”则把假分数也包括在内了。教师如果理解了关于分数表达方式的这些区别，就可以有重点地引导学生：在学习“分数初步认识”时分数的分子只能小于或等于分母，而学习“分数的意义”时，分数的分子可以大于分母。

（2）分数的基本性质。主要内容有：分数的基本性质、最大公约（因）数与约分、最小公倍数与通分。请看图 3-3，读者可先找一找教材中的知识要点，同时思考$\frac{24}{36}=\frac{8}{12}$是不是约分。

4　把$\frac{24}{30}$化成分子和分母比较小且分数大小不变的分数。

可以用分子和分母的公因数（1 除外）去除。

$$\frac{24}{30}=\frac{24\div2}{30\div2}=\frac{12}{15}\qquad\frac{12}{15}=\frac{12\div3}{15\div3}=\frac{4}{5}$$

想一想：有没有更简便的方法？

$$\frac{24}{30}=\frac{24\bigcirc(\ \ )}{30\bigcirc(\ \ )}=\frac{(\ \ )}{(\ \ )}$$

像这样，把一个分数化成和它相等，但分子和分母都比较小的分数，叫作**约分**。

约分时也可以这样写：

$$\frac{\overset{\overset{4}{\cancel{12}}}{\cancel{24}}}{\underset{\underset{5}{\cancel{15}}}{\cancel{30}}}=\frac{4}{5}\qquad\text{或者}\qquad\frac{\overset{4}{\cancel{24}}}{\underset{5}{\cancel{30}}}=\frac{4}{5}$$

每一步中都是用分子、分母的哪个公因数去除的？

$\frac{4}{5}$的分子和分母只有公因数 1，像这样的分数叫作**最简分数**。

约分时，通常要约成最简分数。

图 3-3

上述教材中主要包含以下四个知识要点：一是约分的概念、二是约分的方法、三是约分的书写格式、四是最简分数的概念。由于小学生作业都要求“约分约到最简分数”，所以学生形成了思维定式，常常认为约分一定要约到最简分数才称为约分。教学时要突出约分的本质特征：只要分数相等，但分子和分母比原来小，都叫约分，即$\frac{24}{36}=\frac{8}{12}$是约分。图中最后一句话加上“通常”两个字，就是为了说明约分并非一定要约到最简分数。教学时教师可以出一些类似“$\frac{24}{36}=\frac{8}{12}$是不是约分”这样的练习题让学生判断，以加深学生的印象。

（3）分数和小数互化。对于分数和小数的互化，小学里仅限学习有限小数化成分数。分数化成小数有两种方法：一是把分数改写成十进分数后再化成小数；二是用分子除以分母的方法，这是通用方法。新教材对什么样的分数能化成有限小数，什么样的分数不能化成有限小数的规律不做要求，而是让有兴趣的学生课外自己去研究和探索；对除不尽的分数只要求保留两位小数，减少了学生的计算负担。

4. 百分数的认识

百分数与分数既有联系又有区别，如表 3－1 所示。

虽然小学六年级学生的思维水平已从具体思维向抽象思维过渡，而且具有一定的知识迁移能力，他们通过自学已能把分数的读写法迁移到百分数的读写法，但如表 3－1 所示，百分数与分数有复杂的交叉关系，学生很难真正理解百分数的本质属性。因此，教师教学时应把教学“百分数的意义”的时间拉长，通过丰富多彩的实际情境引导学生理解、领悟百分数的意义。

表 3－1

	百分数	分数
意义	一个数是另一个数的百分之几，百分数也叫百分率	可以表示一个具体数量，也可以说一个数是另一个数的几分之几
单位	1%	$\frac{1}{n}$ ($n\neq0$)
分子	小数、整数均可以	一般是整数
分母	100	任意的非零自然数
读法	百分之几	几分之几
写法	$a\%$	$\frac{a}{b}$

下面，来看看李静老师是怎样引导学生在初步了解百分数含义的基础上，通过一组阅读材料的解读活动，启发学生进一步辨析百分数同分数的联系与区别的。

案例 9　　认识百分数（教学片段）

师：学到这里，回头看看我们课前提出的问题，哪些已经解决了？你又产生什么新的问题吗？老师为大家准备了学习材料，请大家在解决问题的过程中自己去寻找答案。

一、认识百分数

（1）独立解决，同桌交流。

完成的同学可以和同桌交流一下想法。

问题一：学校调查 3～6 年级学生的视力情况，聪聪和明明帮老师计算了近视率：

年级	总人数	近视人数	近视率	
			聪聪	明明
三年级	176	58	$\frac{29}{88}$	33.0%
四年级	162	56	$\frac{28}{81}$	34.6%
五年级	168	78	$\frac{13}{28}$	46.4%
六年级	153	81	$\frac{9}{17}$	52.9%

我会采用（　　）提供的数据，理由：________________

问题二：下面这些分数都能用百分数表示吗？可以的改写在（　　）里，不可以的简述理由。

①小红的身高是$\frac{98}{100}$米，小红的身高是姐姐的$\frac{98}{100}$。

（　　）　　　　　　　　（　　）

②一个面包重$\frac{1}{2}$千克，吃掉了它的$\frac{1}{2}$。

（　　）　　　　　（　　）

想一想：百分数和分数有什么区别？

（2）组织汇报，突破难点。

1）请你来介绍一下问题一。

重点：百分数有什么优势？为什么有这样的优势？

师：百分数都表示百分之几，它们的计数单位是相同的，可以直接比出大小，正因如此，百分数经常用于比较、分析和统计。

师：快来比较一下这组百分数，发现什么了？

六年级的近视率比五年级高，近视的人数一定比五年级多吗？

重点：百分数表示的是近视人数和总人数之间的关系。

2）再来看问题二。

师：这两个例子中的分数能不能改写成百分数呢？

重点：为什么后面有单位就不能用百分数表示？（关系）

小结：分数既可以表示数量也可以表示关系。和分数比，百分数只能表示两个数量之间的比率关系，不能表示具体的数量。

【设计意图】在画说百分数、解读生活中的百分数之后，学生会对百分数的含义有较为清晰的认识，并会顺势发现百分数和分数密不可分，进而产生新的疑问，为什么有了分数还要学百分数，百分数和分数有什么关联？这是学生在学习过程中自然而然的生长与思考，能提出上述的问题就代表着对百分数有了更本质的认识与理解。学生有了继续思考的方向与动力之后，教师要做的就是给予材料上的支持、讨论中的点拨，帮助学生掌握重点、突破难点。

二、理解超过100%的百分数

（1）写百分数。

师：交流了这么多关于百分数的知识，让我们静下心来阅读一份销售报告，找找其中隐藏的百分数。

> 今年双十一，本店推出了全场八折的优惠活动，前 2 小时付款的顾客还可以参加抽奖活动，中奖率高达百分之九十九点九。
>
> 据统计，今年的销售量比去年增长了百分之四十，女装销量是男装的 1.5 倍。所有品类中，羽绒服最受欢迎，占到总销量的百分之三十三。截至今日 8 时，约百分之七十五的顾客已确认收货。

（2）沟通百分数和倍的关系。

重点：1.5 倍和 150%

师：哪个是你原来没有想到的？你是怎么想到把 1.5 倍改成 150%的？（同样多的基础上多出 50%）

师：再来读读这句话，还可以怎么表达今年销量和去年销量之间的关系？

小结：百分数和倍一样，都能表示两个数量之间的关系，可以互通。我们还可以联想到，倍后不跟单位，百分数呢，也没有单位。

（3）超 100%。

师：像 140%、150%这样超 100%的百分数，你在生活中遇到过吗？在刚刚提到的这些情境中，有没有可能超 100%？那这里为什么能超过 100%？

小结：部分占总体不超过 100%；两个独立部分可以大于 100%。

【设计意图】知识求联不求多，我们需要将百分数这一新知识纳入原有的知识结构中去，引导学生多点联通、触类旁通。百分数在本质上是一种比率关系，与二年级学习的倍具有类似的含义，通过创设学生比较熟悉的生活情境沟通百分数和倍的关系，一来找到知识同化的切入点，二来也是突破对超 100%百分数的理解与感悟。

从上述教学设计中可以看出，如何让学生真正理解百分数的意义是教学的重点，第一课时“百分数的意义和读写”的教学目标应确定为：

（1）知识与技能：理解百分数的意义，学会正确读、写百分数；掌握百分数与分数的区别，感受百分数的作用，理解分子大于 100 的百分数的适用范围。

（2）过程与方法：在比较、讨论中体会引入百分数的必要性；在用百分数表示的过程中，理解百分数在具体情境中的意义，理解百分数可以表示部分与整体的关系，也可以表示两个数量之间的比较关系。

（3）情感态度与价值观：培养抽象、归纳、比较、分析能力，学会把分数的有关知识迁移到百分数，体会类比的数学思想；体验百分数与日常生活的密切联系，激发学生学习数学的兴趣。

（二）数的运算

数的运算包括四部分内容：一是运算的意义；二是运算的顺序、算理和算法；三是运算的性质；四是用运算解决问题。

数的运算主要有整数、分数、小数的四则运算，既有口算和笔算，也有估算和简便运算。对各种算式的笔算，特别是繁复的多位数和分数、小数四则运算以及四则混合运算等，从2001版课标（实验稿）开始，都只要求掌握算法，不必进行大量的练习，所以许多内容可以整合起来学习。如万以内整数加法，完成“从口算到笔算”“不进位——一次进位—两次进位—连续进位”的教学任务，需要花十节课左右的时间，现在随着计算器的普遍使用以及学生信息量的丰富，只用四节课左右就能完成教学任务。

又如，整数四则混合运算的教学时间也大量缩减，教学的关键是让学生知道运算顺序的有关规定及其规定的合理性。对于运算顺序也有教师编了一个顺口溜，以帮助学生记忆：“二级先算一级后，同级运算左向右，改变顺序用括号，先算小号后中号，号里号外都一样，顺序还是老一套。”这样，只要学生掌握运算法则，记住运算顺序，即使计算的步数超过学生掌握的步数，多数学生也会分成几个算式进行计算，同样可以得出正确的结果。

教师在教学用运算解决实际问题时，首先应让学生了解为什么要进行计算，选择什么方法进行计算，如可选择口算、笔算或估算，也可选择运用计算器、计算机等工具，让学生知道实际生活中有些问题需要进行精确计算，有些问题只需要估算就可以了。例如，原题为“公园的门票每张8元，某校组织97名同学去公园玩，共需多少钱”，如果将问题变为“带800元钱够不够”，就存在一个算法选择的问题，而且这样的问题更贴近生活，能让学生体会到估算的重要性。

又如，“一个正常人心跳100万次大约是____小时”的问题就没有必要，也不可能进行精确计算，因为正常人的心跳为每分钟60～100次，平均心跳大约75次/分。但许多人解答此题时还是习惯于精确计算。我们应该教会学生根据实际需要合理选择计算策略。

因此，“数的运算”的教学要注重培养学生的计算能力和良好的数感。

此外，需重视学生对运算意义的理解。如在学习整数加法时，首先要让学生了解加法的两个含义：一是“合并”（两个集合的并集）；二是“添加”（在一个集合中增加元素）。与此相对应的减法就有“求另一个加数”和“求剩余”这两个含义。

在学习整数乘法时，要让学生理解乘法是“同数连加的简便运算”。与此相对应，就可以让学生理解除法是“同数连减的简便运算”。这样，通过理解减法是加法的逆运算，也可以理解除法是乘法的逆运算。

综上所述，“数的运算”的教学设计要注意以下几点：

(1) 运算的意义是基础。没有学生对运算意义的理解，所谓的运算方法也就成了无源之水。这是新教师特别要注意的。

如学习小数乘法时，许多人会忽略小数乘法的意义，而直接讲算理和算法。但事实上在教授小数乘法时，教师应该引导学生把整数乘法的意义迁移到小数乘法，这是非常重要的。

同样，在教授小数加减法、小数除法，以及分数四则运算的第一节课时，教师首先应确立的教学目标就是使学生理解运算的意义。

（2）掌握运算的方法是重点。在宏观的教学设计中，要重视口算，加强估算，提倡算法多样化；在微观的教学设计中，要花时间让学生在探索多样化算法的基础上学会选择最优化的算法。

如学习 3＋2，学生可以用数数的方法：一个一个地数；也可以在 3 的基础上数 2 个：4，5；还可以利用数的组成：因为 3 和 2 合成 5，所以 3＋2＝5。对于和超过 10 的数，可以用“凑十法”，如 7＋6：因为 7＋3＝10，所以可先把 6 分成 3 和 3，7＋3＝10，10＋3＝13。有经验的教师还通过“顺口溜”帮助学生掌握计算方法：“看大数，拆小数，先凑十，再加几。”

又如整数减法：5－2，可以用逐一减；也可以利用数的组成：因为 5 可以分成 2 和 3，所以 5－2＝3；还可以用逆算法（又称作减想加法）：因为 2＋3＝5，所以 5－2＝3。对于 36－8 等被减数超过 10 的，可以用破十法（又称退十加补法）：10－8＝2，26＋2＝28；或者连减法（又称平十法）：36－6＝30，30－2＝28。

教学时，教师要花时间让学生感悟哪种方法最优，但不能强制学生按教师推荐的方法进行计算。

为了提高学生计算的准确率，小学教材中常常会分几个层次让学生逐步掌握计算方法，这时教师对每个例题或习题的理解就显得十分重要，请看图 3－4。

例 1：口算 86－34＝ 8 600－3 400＝	例 2：口算 73－28＝ 7 300－2 800＝
例 3：748－536	例 4：$\begin{array}{r} 3\,896 \\ -\ \ 615 \\ \hline \end{array}$ $\begin{array}{r} 3\,281 \\ +\ \ 615 \\ \hline \end{array}$
例 5：927－654	例 6：2 370－456
例 7：1 423－378	例 8：6 247－3 258
例 9：905－346	例 10：3 008－2 369

图 3－4

图 3－4 的例 1 是口算两位数减两位数不退位减法，重点是让学生掌握相同单位数才能相加减，从高位减起，引导学生掌握口算减法；例 2 是口算两位数减两位数的退位减法，并推广到 7 300－2 800 等整百、整十数的退位减法；例 3 是数位相同的多位数笔算减法，重点是帮助学生把笔算减法从两位数迁移到三位数；例 4 是数位不同的多位数减法，

除了强调相同单位的数才能相减，还要让学生学习减法的验算方法；例 5 是从个位不够减迁移到十位不够减；例 6 是两次退位减法；例 7 是连续两次退位减法；例 8 是连续三次退位减法；例 9 是中间有零时的退位减法；例 10 是中间有零的连续退位减法。这十个例题层层递进，对提高学生的计算能力十分有帮助。现行教材已缩减了许多例题，但设计练习时还是应该层层递进，把计算的各种情况展示出来，这也体现了教师的教学设计水平。教师只有理解了每个例题或习题的编写意图，才能把握教学的重点。

从 2001 版开始，新课标都十分重视知识间的联系和整合，所以教学时要让学生理解运算法则的实质，如整数加法的“相同数位对齐，从个位加起，满十进一”与小数加法的“小数点对齐，从末位加起，满十进一”，其实质都是“相同数位上的数才能相加”，更进一步就是“相同单位的数才能相加”，这样就把分数加法的法则也包括在内了，甚至可以把它推广到名数的计算。它们的实质都是“相同单位的数才能相加”。

（3）理解算理是难点。所谓算理就是“这么算的道理”。这是教学难点而非重点。从 2001 版开始，课标都强调让学生领悟计算的思维过程，而非让所有学生都能说出“为什么”。如教学 3＋2＝？时，允许学生有多种算法，并非要求每个学生都说“因为 3 和 2 合成 5，所以 3＋2＝5”这样所谓的“算理”。

（4）练习设计是关键。运算教学重在练习，所以要根据教学目标和学生的实际情况设计练习，主要目的不是“解题”，而是让学生理解概念、掌握基础知识和基本技能，促进学生数学认知结构的形成和完善。

（5）培养学生的数学核心素养是任务。对于学生的数学核心素养，过去只强调逻辑思维能力。但其实，人的思维能力除了逻辑思维能力之外，还有观察、实验、猜想等合情推理能力，更有想象能力和数学直觉。法国学者彭加勒强调了直觉与逻辑的对立性，他指出，逻辑不是充分的，证明的科学并非全部科学，直觉作为补充物必然保持它的作用。按照彭加勒的观点，数学直觉是对于抽象的数学对象的一种“非同寻常的洞察力”，它需要把想象和合理的思考结合起来。

2022 版新课标要求在“数与代数”的教学中重视数学核心素养的培养，提倡解题策略与计算方法的多样化，这里的“多样化”不是形式上的多样化，而是学生的数学思维能力的多样化。例如：教师在讲授运算的意义时需要注意培养学生的数学抽象能力和建模思想；在讲授运算法则和运算性质时，除了关注学生的计算能力还要注意培养学生的推理能力等。

二、数量关系

（一）解决问题

“解决问题”是在传统的“应用题”的基础上发展而来的，从 2001 版开始，课标把它整合在“数与代数”领域中，与“数的运算”合在一起教学。但由于“解决问题”在培养学生的理性思维能力方面有其独特的作用，教学的基本过程与重难点也与“数的运算”有明显的差别，为了解答新教师教学设计时的困惑，本书把它单列出来，以便系统研究。

传统的“应用题”教学是原来小学数学教学的重头戏，分简单应用题和复合应用题两类。其中简单应用题是基础，包括整数和分数的简单应用题，实质可归结为“部总关系、份总关系、差比关系、倍比关系”四种基本数量关系（见图 3－5）。

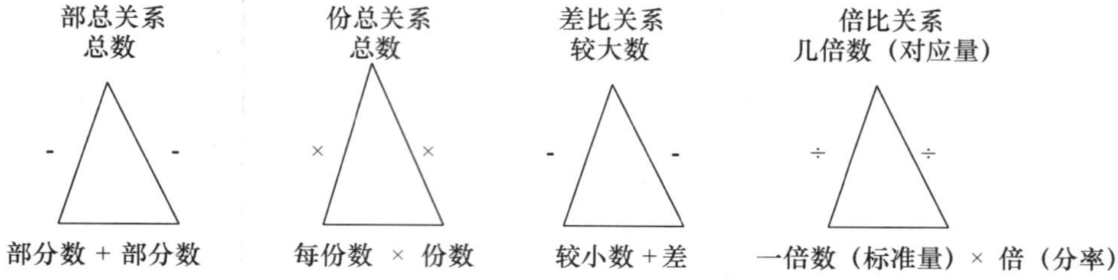

图 3－5

把上述基本数量关系具体化就是“十一类基本问题”，分别是“部分数＋部分数＝总数”“总数－部分数＝另一部分数”“每份数×份数＝总数”“总数÷份数＝每份数”“总数÷每份数＝份数”“求比一个数多几的数是多少”“求两数相差多少”“求比一个数少几的数是多少”“求一个数的几倍（或几分之几）是多少”“求一个数是另一个数的几倍（或几分之几）”“已知一个数的几倍（或几分之几）是多少，求这个数”。其中，前五类基本问题是与四则运算直接相联系的，后六类则要通过“同样多”来转化计算。画线段图时，前五类是部总关系，只需要画一条线段；后六类是比较关系，需要画两条线段进行分析和对比。

复合应用题，又分为一般复合应用题与典型应用题，其中两步计算应用题是学习的关键。因为从两步计算应用题开始，条件与问题分离，需要先找“中间问题”，这就要用到解题的基本方法——综合法和分析法。

综合法就是从题目的某些条件出发，由因导果，逐步顺推得出所求问题。分析法则是从题目的问题出发，执果索因，逐步逆推至条件的方法。在具体解题过程中有时还要把这两种方法结合起来，或“两面夹击”，或“中间突破”。总之，要化“复杂”为“简单”，最终使问题得到解决。

过去小学中的典型应用题一般有三类：“归一问题”“相遇问题”“求平均数问题”。

典型应用题有其特殊的解题策略。如下题：“甲、乙两个人从相距 24 千米的 A、B 两地同时出发，相向而行，狗来回跑，甲的速度是每小时 5 千米，乙的速度是每小时 7 千米，狗的速度是每小时 10 千米，问当两人相遇时，狗一共跑了多少路?”

如果仅从狗的行走路程着手是找不到解决问题的思路的，但从甲、乙两人“同时”“相向而行”“相遇”这三个关键要素可知，这个问题的解题基础就是“相遇问题”。从相遇问题的基本数量关系式“路程＝速度和×时间”可知，甲、乙两人相遇的时间是 24÷（5＋7）＝2（小时）。所以，狗的跑动时间也是 2 小时，又已知狗的速度是每小时 10 千米，所以可求出狗所跑的路程是 20 千米。

这里特别要提醒的是速度也是量，属于复合量，一般要用复合计量单位“千米/小时”来表示。上述计算中得到的“2”的后面一定要加上单位“小时”，因为这里的“2”是量数，而不是一般意义上的数，同时单位需要加上小括号，否则等式左右两边就不相等了。左边是数的计算，右边是量，肯定不能画等号。这些细节问题虽然仅是数学符号的“约定”，但将其清晰地点出来也体现了教师扎实的专业基础。

与“新课标”配套的数学教材中，典型应用题的内容越来越丰富，但都安排在“数学广角”中，如植树问题、鸡兔同笼问题等。原来的“求平均数问题”被纳入“统计与概率”内容领域中，教学的重点被定位在培养学生的统计观念上。

在传统“应用题”基础上发展起来的“解决问题”，是培养学生解决问题能力的重要载体，是为了让学生“初步学会从数学的角度发现问题和提出问题；综合运用数学知识解决简单的实际问题，增强应用意识，提高实践能力。获得分析问题和解决问题的一些基本方法，体验解决问题方法的多样性，发展创新意识。学会与他人合作、交流。初步形成评价与反思的意识”①。显然，教学目标定位与以往相比有了明显的差异，以前是通过分类解题，重在提高学生的解题技能和技巧，现在是重在引导学生掌握数学思想方法和增强学生的应用意识。

由于“解决问题”是小学生学习数学的难点之一，所以，“十一类基本问题”以及分析法和综合法的解题思路这两个“传统”法宝是不可或缺的，有了这两个法宝，培养学生解决问题的能力就有了抓手。

“十一类基本问题”是学生思考和解决问题的基础，要让学生像学习乘法口诀表那样做到“熟练掌握”。教学时需注意以下几个方面：

（1）结合四则运算的意义，使学生学会说三句话，如树上有 3 只鸟，又来了 2 只，一共有几只，即两个信息（条件）、一个问题。而且要让学生灵活运用知识，使学生不仅能通过看到信息想到与此相关的问题，还能从问题出发找到相关的信息。

（2）通过日常语言和数学语言的转化，密切数学与学生生活经验之间的联系。使学生学会从图画、文字中发现信息之间的逻辑关系，并能进行相互之间的转换。如日常语言“妈妈原来有 3 个苹果，又买来 2 个，一共有几个苹果”，用图形表达就如图 3－6 所示。

---

① 中华人民共和国教育部．义务教育数学课程标准（2011 年版）．北京：北京师范大学出版社，2012：9.

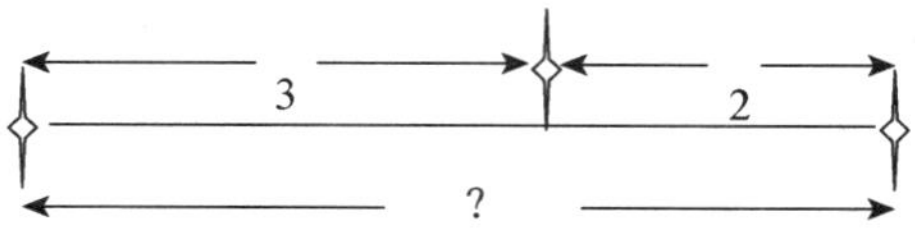

图 3－6

用数学语言表达就是“3 和 2 合起来是多少”，用数学符号表达就是“3＋2＝?”。显然，把日常语言转化为数学语言，是学生进入数学知识大厦的基础，而能把数学语言转化成日常语言则是学生理解所学数学知识的标志。

（3）概括数量关系时应从具体到抽象、从感性到理性，让学生经历数学建模的过程。如案例 5 中，教师只有在学生充分感知的基础上，才能抽象出“总价＝单价×数量”这个总量模型。

下面以教师资格考试中的一道教学设计题（见图 3－7）为例进行说明：

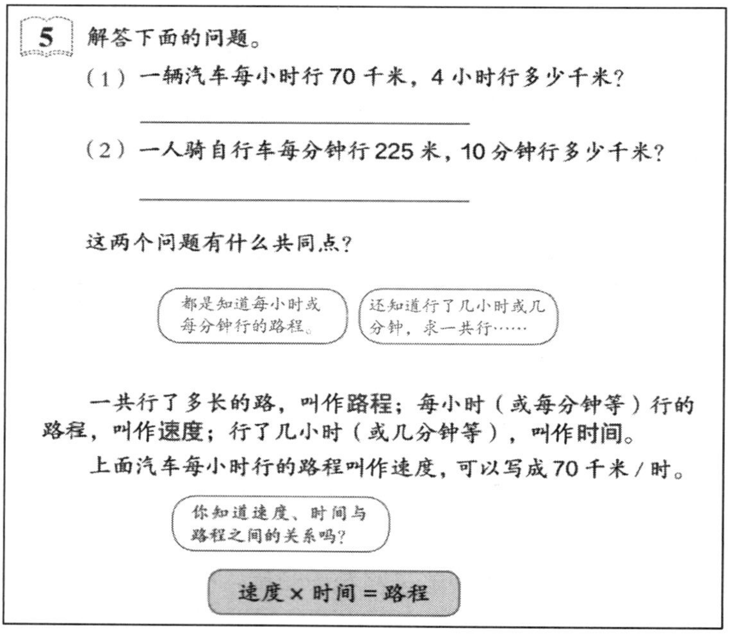
5 解答下面的问题。

（1）一辆汽车每小时行 70 千米，4 小时行多少千米？

（2）一人骑自行车每分钟行 225 米，10 分钟行多少千米？

这两个问题有什么共同点？

都是知道每小时或每分钟行的路程。

还知道行了几小时或几分钟，求一共行……

一共行了多长的路，叫作路程；每小时（或每分钟等）行的路程，叫作速度；行了几小时（或几分钟等），叫作时间。

上面汽车每小时行的路程叫作速度，可以写成 70 千米/时。

你知道速度、时间与路程之间的关系吗？

速度×时间＝路程

图 3－7

请根据上述材料中的例 5 完成下列任务：

（1）什么是模型思想？指出本节课的模型，并列举小学数学中的模型。

（2）若指导中年级小学生学习，试拟订教学目标。

（3）依据拟订的教学目标，设计课堂教学的主要环节，并简要说明理由。

答题时，首先，要把模型思想解释清楚。“新课标”指出，模型思想是从现实生活或具体情境中抽象出数学问题，用数学符号表示数学问题中的数量关系和变化规律，求出结果并讨论结果的意义。

其次，要点明本节课的模型是“路程模型”，是“速度、时间和路程”的关系模型。小学数学中的模型除了路程模型，还有总量模型、植树模型、工程模型、方程模型，以及正反比例等函数模型。

再次，要体现“三会”“四基”“四能”的课程总目标，且教学目标要明确恰当，具有可操作性。本课的教学目标可这样定位：

1）通过分析各种交通工具的行驶路程等，使学生理解速度的概念，学会速度的表示方法；

2）探索速度、时间和路程之间的关系，使学生经历路程模型的建模过程，向学生渗透模型思想；

3）在应用路程模型解决实际问题和小组间合作交流的过程中，提高学生分析问题和解决问题的能力；

4）使学生感受人类创造交通工具的智慧和自然界的多姿多彩，体验数学与生活的密切联系，提高学习数学的兴趣。

最后，要突出数学建模的过程，让学生体会模型思想。课堂教学设计可参照案例 5。

（4）从简单问题开始，让学生学会根据“解决问题”的步骤进行思考和分析。如图 2-10、图 2-11 中的“图里有什么?”或“知道了什么?”“怎样解答?”“解答正确吗?”以及图 3-9 中的“阅读与理解”“分析与解答”“回顾与反思”等，通过类似的步骤帮助学生有条理地思考。这继承了传统应用题教学中强调的四个解题步骤：审题—分析数量关系—列式计算—检验作答。教学时要把重点放在分析数量关系与检验作答上。

较复杂的“解决问题”一般是由两个或两个以上的简单问题复合而成，教学的关键是找出“中间问题”。如小学三年级的连乘问题（见图 3-8），关键是让学生理解已知“一箱有 12 个”和“一个卖 45 元”，就可求出“一箱卖多少钱”。这里的“一箱卖多少钱”就是“中间问题”，学生能找到这个“中间问题”就能找到解决问题的策略。因为从这两个信息中可以求出“一箱卖多少钱”，又已知“一共有 5 箱”，因而能求出“一共卖了多少钱”，这种由因导果的方法叫综合法。我们也可以这样思考，要求 5 箱卖多少钱，只要知道“5 箱一共有多少个保温壶”，这里的“5 箱一共有多少个保温壶”就是“中间问题”。知道了“5 箱有 60 个保温壶”和“每个保温壶卖 45 元”这两个条件就能求出 5 箱一共能卖多少钱，这种从问题出发，执果索因的方法叫分析法。

显然无论是综合法还是分析法，只有学生熟练掌握了“十一类基本问题”，才能进行思考和推理。这里还有一个关键点，那就是要让学生理解“12 个保温壶的总价格”就是“一箱保温壶的价格”，所以教学时要让学生说一说：“45×12 表示什么?”只有学生理解了“12 个保温壶的总价格”是“一箱保温壶的价格”，学生才能真正理解算式。同样，通过列式让学生解释“12×5”表示什么，也可以帮助学生理解“12×5×45”就是一共卖了多少钱。

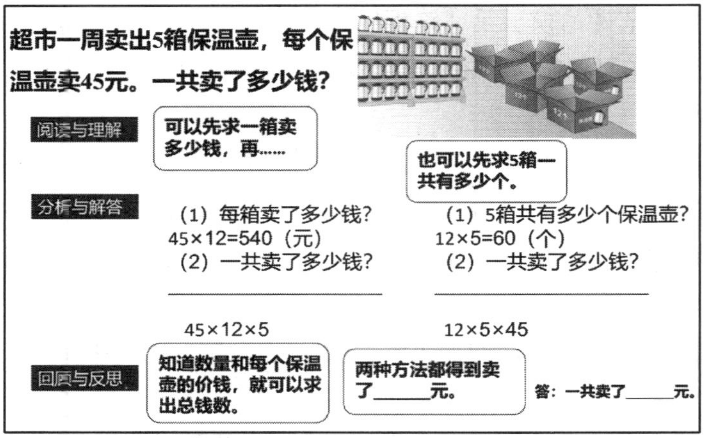

图 3－8

因此，在教学过程中，教师只有通过并题、扩题、缩题来设置包含多余条件、可用多种方法解答的开放题让学生练习，才能让学生掌握“解决问题”的基本策略和步骤，学会找“中间问题”。必要时，教师还可通过下列分析思路图帮助学生进行分析和推理（见图 3－9）。图 3－9 中，第一组图是综合法的思路图，第二组图是分析法的思路图，通过思路图可展示综合法和分析法的思考过程。

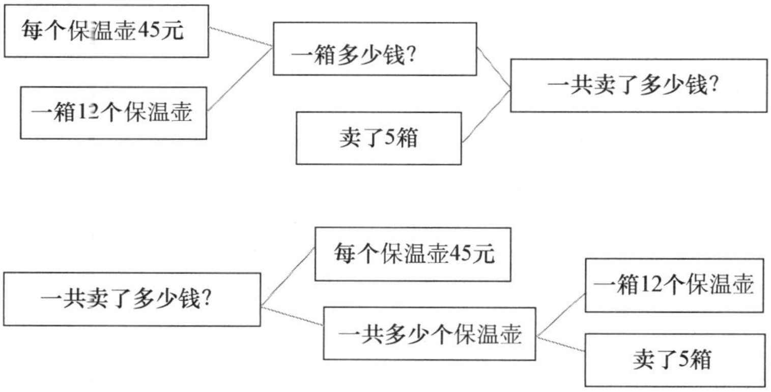

图 3－9

可见，在“解决问题”的教学中，要引导学生“获取相关信息，分析数量关系，掌握解题策略”。如果说后两部分是传统“应用题”教学中反复强调的，那么“培养学生的问题意识和信息获取能力”则是“新课标”“解决问题”与传统“应用题”的最大区别，体现在教学设计上就是从原来“重视算式结果的获得”转向“过程的探究与反思”。

“解决问题”与“数的运算”的教学重点是不同的，在教材中的呈现方式也是不同的。同样一个生活情节，如果属于“解决问题”的内容，教学时的重点是分析数量关系；但如果是“数的运算”的内容，如小数乘法，那么列式只是过渡环节，使学生理解算理、掌握算法才是教学的重点。教师教学或试讲时要把时间花到重点内容上，防止本末倒置。

（二）量与计量

量是指可以比较或测定的事物的性质。量按是否有方向可分为标量（数量）和向量（矢量）。如长度、质量、时间、面积、体积等只有大小没有方向的，叫标量，既有大小又有方向的量如力、速度、电场强度、加速度等叫向量。小学阶段只学习标量。

量还可分为连续量和不连续量，时间、长度、重量等是连续量，计量时需要用计量工具。可以数数的，如树的棵数、货币单位等都属于不连续量。

计量就是把一个未知量同一个作为标准的同类量进行比较的过程。这个用来作为计量的标准量叫计量单位。如国际上通用的长度单位有米、分米、厘米、毫米等。用计量单位计量某一个量，比较后得到这个量含有计量单位的若干倍，这个倍数叫作这个量的量数。如 3 米中的 3 是量数，与平时说的一般意义上的 3 是有差别的。

在同类的计量单位中，一个较大的计量单位含有较小的计量单位的若干倍，这个数值叫作这两个单位间的进率。

把计量的结果（量数）与这些计量单位名称合起来叫名数，如 3 米、1 米 20 厘米等。名数可分为单名数与复名数，例如，3 米、1.2 米是单名数，1 米 20 厘米是复名数。

对于“量与计量”的教学，小学生除了学习货币单位等不连续量，还要学习长度单位、重量单位、时间单位、面积单位和体积单位等连续量，其中长度、面积、体积在“新课标”中属于“图形与几何”内容领域。所以，这里只讨论货币等不连续量和时间、重量等连续量的学习。

考虑到学生的接受水平，“量与计量”的教学一般分两到三个时间段，如重量单位分克、千克的认识，吨的认识等，时间单位分整点、半点的认识，时、分、秒的认识等。

教授时间单位时，特别要注意时间和时刻的联系与区别，如 3 小时 20 分是时间。如“参加数学竞赛，从 8：50 开始”这里的 8：50 就是时刻，读作 8 点 50 分或 8 时 50 分，但不能读作 8 小时 50 分。

图 3－10 显示了时间和时刻的联系和区别。

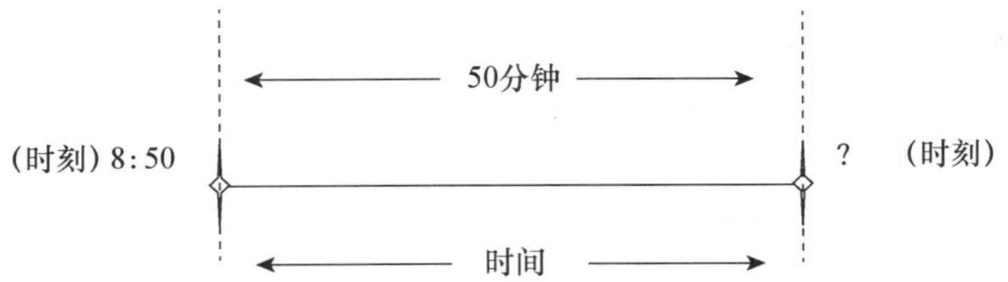

图 3－10

如图 3－10 所示，如果问“经过 50 分钟到几点结束”就是求时刻。有学生答“9 小时 40 分”则混淆了时间和时刻的概念。更有学生列式计算得“8:50＋50＝8:100＝9（时）”，不仅把时间与时刻混淆在一起，还把时间的进率误认为是100。事实上，时间与时刻相当于基数与序数，只有把时刻转化成时间才能进行运算。

“量与计量”的教学重点是建立计量单位的观念，掌握单位间的进率。教师要创造条件让学生进行一些实际观察、测量等活动，如看一看、比一比、量一量、掂一掂，让学生具体地感知一些抽象的计量单位，从而获得较为深刻的印象。教学时再从计量单位的具体的或物质的表现形式过渡到抽象的概念，使学生具有一定的估测能力，建立正确的计量单位观念。

在一次学业水平测试中，有这样一题：“测得黑板面的面积是400平方分米，相当于____平方米”，该题的正确率只有61.5%。究其原因在于学生没有建立起计量单位的观念，没有掌握单位间的进率，对平方分米与平方米之间的进率是100不清楚。

由此可见，“量与计量”的教学重点是使学生建立计量单位的观念。

我们来看看吴蓓蕾老师是如何帮助学生建立起“千米”这一长度单位观念的（见案例10）。

案例10　　**千米的认识（详案）**

一、教学内容

人教版小学数学三年级上册

二、教学目标

1. 联系已有的长度单位观念（100米、400米等）来合理推算并认识“千米”，知道1千米=1 000米。

2. 在具体生活情境中经历探究1千米的过程，体验1千米的长度，感受“千米”这个长度单位在生活中的广泛应用，体验数学学习的乐趣。

三、教学重点

利用学习经验的迁移经历“千米”的探究过程，建立起长度单位的观念。

四、教学过程

（一）情境导入，激发兴趣

师：同学们，你知道吗？咱们国家曾经举行了一次盛大的夏季奥运会，至今世界各国的运动员们都对此记忆犹新！

生：是2008年的北京奥运会。

师：对，当时全国上下都沉浸在喜迎奥运的气氛中，来自奥运会的起源地——希腊雅典的圣火火炬在全国各地接力。据报道，每个火炬手要跑400米，那么两个火炬手一共跑多少米呢？（800米）

如果是10个火炬手呢？（屏幕上依次出现火炬手的图片）你能把这个结果记录下来

吗？请你写在练习纸上。

小结：4 000 米和 4 千米都可以表示 10 个火炬手总共跑的距离，它们是相等的。（板书：4 000 米＝4 千米）

（二）走进生活，探究“千米”

1. 初步认识“千米”

（1）“千米”的应用。

师：生活中，你见到过“千米”这个单位吗？

依据学生回答，出示高速公路路牌、旅游区指示牌、出租车计价器等。

生 1：我知道“km”就是千米。

生 2：“每公里”也是千米。

师：对，“千米”在生活中随处可见。

（2）活动感受交流。

师：那 1 千米到底有多长呢？老师在课前请同学们跟着家长去走了走，并用手机上的计步器进行了测量，谁来说说你是怎么走的，感觉怎样？

学生七嘴八舌，纷纷表示太累了。

生：我是从家里出发，走到鼓楼，妈妈说差不多是 1 千米了，我感觉很累。

教师播放录像，并让学生边看边说：老师从学校出发，也走了 1 千米，请你来看看！仔细观察，屏幕上显示老师走到了哪里，此时走了多少米？

生：老师走到灵桥，正好是 1 千米。

师：闭上眼睛，请你在心里从学校出发，再把这 1 千米的路走一走，你能回忆起我们走到灵桥，都经过哪些地方了吗？

2. 借助推算认识

师：1 千米到底有多长呢？你们看，这是咱们学校的直跑道（出示百米跑道图），它的长是 100 米，想一想，我们跑几次才是 1 千米？

生：跑 10 次，因为 10 个 100 米是 1 000 米。

师：那么如果是跑全场呢？（出示 400 米跑道图）

生：要跑两圈半。

师：为什么是两圈半呢？

生：因为两圈是 800 米，还要加上 200 米，才是 1 000 米。

师：你们谁跑过 1 000 米，感觉如何？

生：我上次田径队训练的时候跑过，非常累。

3. “千米”的广泛应用

师：是啊，因为 1 千米是比较长的，所以生活中在这些地方常常要用它作单位。（出

示标注长江长度的长江图等图片，让学生读出其中的数据）

读一读这些数据，现在，你知道为什么它们都要用“千米”作单位了吗？

小结：当需要计量比较长的路程时，我们就需要用“千米”作单位。

（三）练习拓展，巩固应用

1. 选择合适的单位名称

冰箱高 140（　　）。

A. 厘米　　　　B. 米　　　　C. 千米

世界上最大的跨海大桥——宁波杭州湾大桥建成后将使宁波到上海的路程缩短 200 多（　　）。

A. 千米　　　　B. 厘米　　　　C. 米

2. 出行方式选择

小玲爸：暑假我们去**北京**吧，到北京大约有 937 千米。

小玲：我们去**老虎滩极地海洋馆**吧，离市区大约50千米。

小玲妈：还是去**儿童公园**吧，离我们家只有 3 千米。

飞机：每小时 800 千米

汽车：每小时 80 千米

骑自行车：每小时 15 千米

走路：每小时 4 千米

小玲家会去哪儿玩？怎么样去最合适，为什么？

五、教学分析

“千米的认识”这节课，教师以学生熟悉的奥运火炬传递引入，组织学生开展了一系列的体验探究活动，围绕学生的生活经验，教师充分地交流、主动地建构，深入认识并建立起有关“千米”的表象。整堂课的设计有两个突出的亮点：

1. 充分利用学生的生活经验来建立单位观念

“千米”对学生而言并不陌生，本节课从学生已有的生活经验和知识起点出发，通过让学生自主交流，将课堂教学拓展到生活空间，实现知识与经验的合理同化。在课堂上的交流讨论中，每个学生的个体经验得到了共享，都切身体会到了千米在生活中的广泛应用。

同时，借助百米跑道、400 米运动场，让学生比较精确地推算出 1 000 米的长度，厘清了千米和米之间的进率关系，并通过课前试走 1 千米、课中回顾 1 千米、认识校园附近的 1 千米这一系列探究活动来充分感知、体验，达成了对“千米”这一长度单位观念的建立。

2. 重视培养学生的应用意识来夯实知识理解

在学生充分认识“千米”的基础上，教师在练习环节设计了两个应用问题：第一，为冰箱高度、跨海大桥的长度选择合适的单位，通过联系生活实际来辨析不同长度单位之间的联系和区别，增强运用所学知识解决生活中常识问题的自觉性；第二，创设暑假出游的情境，要求学生根据不同的路程，利用已知的物体运动速度来为小玲一家选择合适的出游方式，让学生充分经历如何运用知识去合理解决生活中的实际问题，在头脑中建立起正确的速度与路程之间的对应关系，为后续的数量关系学习打下基础。

总之，“千米的认识”这节课以丰富的体验活动、深入的感受应用让学生认识了长度单位，并建立了单位观念。

（三）式与方程

“式与方程”被安排在小学高段集中学习，是在学生掌握了一定的算术知识和初步接触了一些代数知识之后才学习的内容。“式与方程”主要包括以下三部分内容：“用字母表示数”、“简易方程”以及“列方程解决问题”。这是小学生系统学习代数知识的开始。字母、方程的引入，使学生进入了数学学习的新领域，同时为学生分析问题、解决问题提供了全新的方法和策略。

什么叫简易方程？小学里学习哪些简易方程？对此各版本教材没有明确界定，教师可在阅读教材的基础上自行判断。如下列各题哪些是小学学习的“简易方程”呢？

（1）$11-X=8$　　（2）$3(25-X)+6=51$

（3）$3X+4=7X-16$　　（4）$\frac{18}{X}=6$

（5）$\frac{X}{15}=\frac{36}{5}$　　（6）$3X+7X=36.5$

（1）（2）（4）（5）（6）都是，而（3）不是。所谓的“简易方程”，既包括一元一次方程，又包括分式方程“$\frac{18}{X}=6$”。而 $3X+4=7X-16$ 由于未知数在等式两边，不属于“简易方程”。简易方程有两个特点：一是只含有一个未知数，且未知数在等式的一边；二是能用四则运算的关系式求解。

“式与方程”对小学生来说，比较抽象、难懂，初学时学生会有强烈的“不适应感”。由具体的、确定的数过渡到用字母表示抽象的、可变的数，对于学生来说是认识上的一次飞跃。在用字母表示未知数的基础上，从列算术式求解发展到列方程求解，这也是数学思想方法上的一次飞跃，进一步提高了学生运用数学知识解决实际问题的能力。为了加强中小学数学的联系，人教版教材引入等式的基本性质，并以此为基础引出解方程的方法，克服了算术思维方法中的一些局限性，为进一步学习代数知识做好了前期的准备。

教学时要让学生感受符号化的思想，探索、体验、经历用字母表示数的过程，发展学生的抽象思维能力，渗透函数思想。同时要把解方程的教学与解决实际问题的教学有机地整合起来，灵活运用算术解法与方程解法，以加强计算与应用的联系，致力于培养学生的数学应用意识。为此，教学设计时要注意以下几点：

（1）结合实例，让学生充分经历代数概念的形成过程。由于“式与方程”的概念大多比较抽象，所以教学时教师要充分利用原有的认知基础，通过多举实例、多联系生活实际问题，从具体情境中抽象出相关概念，使学生经历由具体实例到一般意义的抽象过程。

（2）重视代数思想的渗透，强化比较，突破难点。由于方程解法与算术解法在思考方法与计算解法上有很大的区别，学生会难以接受。教学时，教师应充分利用教材提供的资源，适当引入、补充生动的富有意义的现实素材；采用线段图等直观手段帮助学生理解方程中的数量关系，通过对比练习、专项练习等形式强化方程解法。

算术解法与方程解法有以下两个共同点：

1）都以四则运算和常见数量关系为基础。

2）都要分析已知量与未知量之间的数量关系。

算术解法是把未知量始终作为一个目标，通过“由因导果”或“执果索因”的方法求出未知量，而方程解法是把未知量与已知量放在同等地位，解决问题的关键是找出等量关系，所以逆向思考的问题用方程解法会比较简单。请看下面例题“刁藩都的墓碑”（见表 3－2）。

表 3－2

墓碑上的文字	用字母表示数
过路人，这里埋着刁藩都的墓碑，下面的数目可以告诉你，他的寿命有多长	X
他生命的六分之一是幸福的童年	$\frac{1}{6}X$
再活了十二分之一，颊上长出了细细的胡子	$\frac{1}{12}X$
刁藩都结了婚，还没有孩子，这样又度过了一生的七分之一	$\frac{1}{7}X$
再过五年，他感到很幸福，得了头胎儿子	5
可是命运给这孩子在这世界上光辉灿烂的生命只有他父亲的一半	$\frac{1}{2}X$
打从儿子死了以后，这老头儿在深深的悲痛中活了四年，也结束了尘世的生活	4

要从墓碑的文字中算出刁藩都的寿命是多少，若用算术解法会比较复杂。但用代数方法就显得非常便利。

设刁藩都的寿命为 X 岁（见表 3－2 的右栏）。

从表 3－2 的右栏中可找到等量关系：

$$X=\frac{1}{6}X+\frac{1}{12}X+\frac{1}{7}X+5+\frac{1}{2}X+4$$

解得 $X=84$，即这位著名的数学家的寿命是 84 岁。

此题虽不属于小学教学的内容，但教师只有选择类似逆向思考的实际问题让学生感受到方程解法的优越性，学生才会愿意接受这种思维方式上的变化。有趣的是，在学习了中学知识后，学生一般都喜欢用方程来解决问题。可见，虽然让初学方程的小学生接受方程的思想是困难的，但用方程解决问题的优越性是明显的。

（3）重视基本规范和良好学习习惯的养成。解方程是重要的计算技能，习得这一技能需要学生掌握一定的方法。教学时，要结合具体实例为学生讲解解方程的一般步骤，帮助学生理解方程的基本性质，掌握解方程的方法。同时要注意，教师从一开始就要强调解方程过程的书写要规范，使学生养成良好的书写习惯。

在教学“列方程解决问题”时，也要重视解决问题的一般步骤——阅读和理解、分析与解答、回顾与反思，增强学生的步骤意识，培养学生规范书写和自觉检验的习惯。

（四）比和比例

“比和比例”是传统的数学内容，主要包括以下四个部分：一是比和比例的概念、二是比和比例的基本性质、三是正反比例、四是比和比例的应用。

“新课标”实施后，人教版教材把“比和比例”分成两个时间段学习。第一时间段安排在六年级上学期，相关内容安排在分数四则运算之后，通过同类量的比以及不同类量的比，引出比的意义——两个数的比是表示两数相除，明确比与除法以及与分数之间的关系，并把比的基本性质与分数的基本性质、商的不变性结合起来，帮助学生形成知识体系。

表 3－3 揭示了除法、分数和比之间的关系。

表 3－3

除法	被除数	÷（除号）	除数	商
分数	分子	—（分数线）	分母	分数值
比	前项	：（比号）	后项	比值

它们的关系可用“相当于”来概括，因为除法是运算，分数是一个数，而比是两个数或量之间的关系，所以，不能用分子“是”或“等于”比的前项来表述。

这里特别要提醒注意的是：化简比和求比值的区别，如“4：2”的化简比是 2：1，而其比值是 2。

第二时间段安排在六年级下，学生在理解并掌握了比以及一些常见数量关系的基础上，学习比例的有关知识及其应用。主要内容包括：比例的意义和基本性质、解比例、成正比例的量和成反比例的量、比例尺及图形的放大与缩小、用比例解决问题等等（见图 3 - 11）①。

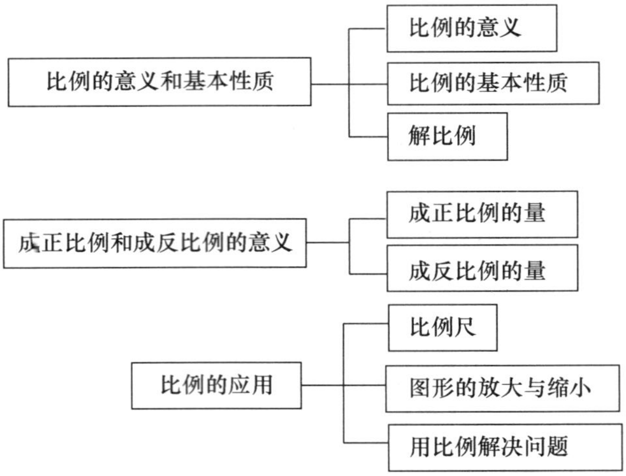

图 3 - 11

比例在生活和生产中有着广泛的应用，如绘制地图、开车导航等都需要应用比例的知识。比例的知识还是进一步学习中学数学、物理、化学等学科知识的基础。通过对正比例与反比例知识的教学，可以加深学生对数量之间关系的认识，向学生渗透函数思想，进行辩证唯物主义观点的启蒙教育。事实上，正反比例是小学生学习函数的基础课，正反比例的教材内容在函数的列表法、图像法、解析法三种表达方法中都有所涉及。为此，在教学中要注意以下几个方面：

（1）体现比例在生产和生活中的广泛应用。首先，在知识的导入中要从实际问题出发，例如，可从大小不同的国旗引入比例的意义，从埃菲尔铁塔模型引入解比例，从生活中的放大、缩小现象引入图形的放大和缩小，等等。其次，在练习中要增加一些解比例的实际问题，使学生能够应用所学知识解决实际问题。

（2）渗透函数思想。函数是近代数学的重要概念之一，在现代科学技术中有广泛的应用，是中学数学的重要内容。函数关系反映的是变量之间的对应规律，成正比例的量和成反比例的量实际上反映的是两个变量之间的函数关系，所以在教学正比例和反比例的意义时要渗透函数的思想。

（3）厘清比和比例之间的联系和区别。比是两个数或量之间的关系，而比例是表示两个比之间的关系，是表示两个比相等的式子，所以比例是一个等式，但日常生活中说“按比例分配”实质上是指按比分配。同样，“比例尺”实质上是图上距离和实际距离的比。

---

① 刘松．小学数学常规课和创新课教学设计：六年级下．宁波：宁波出版社，2011：57.

(五)探索规律

探索规律是2001版课标(实验稿)实施后新增加的内容,主要是一些图形和数的简单排列规律,分两个阶段教学,第一阶段是学习最简单的图形变化规律和稍复杂的图形变化规律,第二阶段是学习循环、旋转图形的规律和数列的规律(如等差数列)。教学中要注意以下几点:

(1)为学生提供现实的、有意义的、富有挑战性的素材,以学生动手实践、自主探索寻找规律为主,让学生经历观察、猜测、推理、操作、交流等数学活动。

(2)尊重学生个性化的思维方式,注重渗透多角度探索规律的数学思想方法,引导学生在探索中感悟、理解数学的规律美。

(3)注重找规律的策略与数形结合的思想,并把实践活动和理论思考相结合,努力提升学生思维的多向性与推理能力。

综合上面七部分内容可知,教学"数与代数"要处理好以下几方面的关系:

(1)处理好"知识块"与"知识点"之间的关系。"数与代数"历来是小学数学教学的主体内容,在小学数学教学中占有重要的地位。由于科技和社会的发展,许多教学内容需要教师根据新的课程观做一些调整安排,使学生既能掌握今后学习和生活必需的基础知识和基本技能,又能有足够的时间进行探究与尝试,学习更有意义的其他内容。教学时要及时总结,处理好"知识块"与"知识点"之间的关系,取消不必要的课时,提高教学效率。

(2)处理好数学抽象与现实背景之间的关系。这实际上是数学抽象性与学生思维具体性之间的矛盾,由于小学生抽象思维能力的发展有一个过程,所以,教学中要重视应用数与代数知识的现实背景,让学生感受数学就在身边,数学能帮助他们解决许多实际问题。如17÷4,在没有实际背景的情况下,问题的解决对学生来说是没有什么意义的计算结果:17÷4=4……1;如果改成17个小朋友租船游湖,学生就要思考商4和余下的1是什么意思,并且要考虑合理的租船方案。所以教师要注意从具体的素材出发,并适时地上升到抽象理论,然后把它应用于更广泛的具体情境中去,使学生既受到把实际问题抽象成数学问题的训练,又能深切地感受到数学的作用,领悟到数学的抽象性实质。

(3)处理好数学意识与数学知识之间的辩证关系。数学意识是指人对客观事物的数量关系和空间形式的自觉能动反映。例如,看到一个杯子,研究美学的人会对杯子的色调及造型感兴趣,从事生产、商业的人则会考虑它的制作材料、成本、利润和销售,而具有一定数学意识的人会侧重于观察杯子的几何形状、大小以及它与其他物体之间的位置关系等。有了数学意识,才会更有动力去学习数学知识,去解决"数"和"形"的有关问题。

又如甲、乙两个人20岁时都有1万元钱,甲存银行,年利率是2%,乙搞投资,年收益率平均约为 20%，一般人认为 0.02 与 0.2 的小数点的位置只差一位，到 40 年后退休时，相差不大。事实上到那时甲的资产只有两万多元，而乙已是一个拥有 1 400 多万元资产的“千万”富翁了。知道乙 40 年后的资产是 1 400 多万元需要一定的数学知识，而感觉甲乙两人的资产差距很大，则是数感问题。数感是对数量、数量关系、运算结果估计等方面的感悟，属于数学意识。在数学教学中要重视培养学生的数感，让学生学会“数学地”思考，“乐于计算，乐于从事数量分析”①，不断提高运用数学工具解决现实问题的意识和能力。

（4）处理好解题策略和计算方法的多样化与最优化之间的关系。首先，“新课标”提倡解题策略和计算方法的多样化是针对以往数学教学中过分强调解题方法的唯一性和计算方法的单一化，使学生的数学学习变成套题型、背公式，造成思维僵化的弊端而提出的。“新课标”认为在具体的实际活动中应允许学生有自己的思考，其结果对成人来说可能比较幼稚，但至少是学生自己的想法，而不是别人强加灌输的想法。其次，“新课标”提倡解题策略和计算方法的多样化，教师要积极调动学生的参与热情，拓宽学生的思维空间，促进学生的个性化发展。但由于课堂教学是集体行为，不能为了少数几个人的“个性化”而影响别人的学习，所以教学中不能花太多的时间让全班学生去“刻意”寻找“多样化”，也不要求每个人都掌握多种方法，对于有数学潜能的学生可以鼓励其尝试用不同的思路和方法来解决问题。重要的是，由于“求简”和“最优化”是数学的基本特点，所以教学中教师还是应该把“最优”的方法介绍或推荐给学生，至于是不是接受则由学生自己来决定。

第二节　图形与几何的教学

“图形与几何”在小学主要包括以下四个部分内容：一是图形的认识，包括空间和平面图形的认识，图形的性质、分类等。二是图形的测量与计算，包括长度、面积、体积、容积等量和计量的知识，以及图形的周长、面积、体积等。教学中要把计算与测量结合起来，在测量的过程中让学生感受建立统一计量单位的重要性。三是图形的运动，包括平移、旋转、轴对称图形。四是图形与位置，包括认识方向和路线图，认识物体的相对位置，这部分涉及直角坐标和极坐标的概念以及数形结合的思想。这四个部分既相对独立又密切联系，内容交叉安排，难度螺旋上升。

“图形与几何”的教学，不仅有助于学生认识和理解人类的生存空间，认识数学与现实世界的密切联系，更能增强学生学习数学的兴趣和理解力。它在构建直观的、形象化的数学模型方面有独特作用。通过对图形与几何的学习，学生对数学的理解将更加全面和透彻。

① 郑毓信．新数学教育哲学．上海：华东师范大学出版社，2015：450.

一、图形的认识

小学里学习的几何图形可概括为“五线、六角、七形、四体”，分布在小学各年级之中。直线、线段、射线、平行线和垂线这“五线”以及直角、锐角、钝角、平角、周角和圆心角这“六角”，是几何知识的基本元素。教学时要让学生形成正确的认识，并在此基础上理解其概念。

学生最初认识角的概念时，往往将角理解为桌角。事实上，角是一个平面图形，是从同一个点引出的两条射线之间的那部分图形。小学教材里一般都是采用“从一点引出的两条射线所组成的图形”来静态定义角，若通过“用一条射线绕着它的端点旋转而成的图形”来动态定义角则更正确，教学时需要教师指明角到底是图形的哪些部分。此外，在角的概念表述中，往往会说“角的大小与边的长短无关”。角的边是射线，而射线是“无限长”的，用“长短”来表述显得不够妥当，改为“角的大小与边画得长短无关”更直观和科学。

“七形”是指长方形、正方形、三角形、平行四边形、梯形、圆形和扇形这七个基本图形。它们都是由封闭的线围成的平面图形，例如：圆是“到定点的距离等于定长的点的轨迹”，所以圆是封闭曲线，而不是一个面；正方形是“特殊的长方形”。这些概念学生经常容易混淆，教学或答题时要引起注意。

可用图 3－12 表示小学学习的平面图形之间的逻辑关系（圆形与扇形是曲线图形，这里没有列入）。

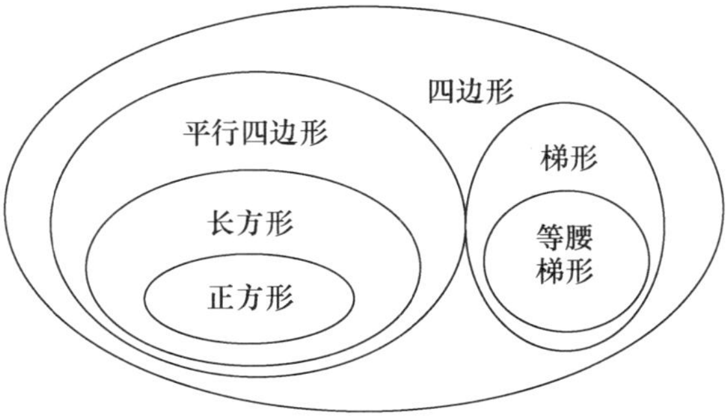

图 3－12

“四体”是指长方体、正方体、圆柱体和圆锥体。关于球、圆台、菱形和环形等的知识，在小学阶段学生只学习“初步认识”，没有研究图形的特征。

“图形与几何”的教学要注意以下几个方面：

（1）充分利用学生原有的知识经验。学生的生活中有许多几何图形，这是学习“图形与几何”的宝贵资源。教学中要联系生活中熟悉的实际事例，让学生在回忆和再现过程中抽象出几何图形。例如，撇开热水瓶表面的图案、把手等非本质特征，凸出其本质特征，形成圆柱体的表象。这个抽象的过程也是数学建模的过程，教学中要延长时间，让学生充分想象和感悟。

（2）引导学生进行观察。学生既要观察标准图形和标准位置的特征，又要观察一些“变式”，在观察中辨认和思考，还要观察不同情境下的空间图形和位置关系，通过各种各样的观察和辨别活动，在头脑中形成更为清晰的图形与几何概念。

（3）帮助学生形成和巩固空间观念。如通过让学生摆一摆、比一比、折一折、剪一剪、画一画、拼一拼等，让其视觉、触觉、听觉等多种感官参与活动，使学生在充分感知和体验的基础上掌握图形与几何概念及其之间的逻辑关系，形成空间观念。

我们看案例11杨宏老师是如何借助“搭—拆—想”的系列化操作活动，引导学生经历对长方体的认识探究过程的①。

案例11　　长方体的认识（片段设计）

一、“搭”中感悟，初建空间观念

课始，教师通过师生谈话引导学生初步认识长方体的构成元素——面、棱、顶点，提出了“搭”长方体模型的任务。

制作要求：

1. 仔细观察长方体盒子，填写领料单

	顶点（接头）	棱（小棒） 9cm 7cm 4cm			是否做成
		蓝	黄	绿	
第一次					
第二次					

2. 观察长方体模型，讨论并记录自己的发现

师：同学们，请你仔细观察这张“领料单”，老师在其中暗藏玄机，你有没有发现？

生：这里有一个“第二次”，是不是要我们做两个长方体？

师：你观察得真仔细，发现了这个秘密，但是老师要求你们只做一个长方体，想想为什么要加上“第二次”？

生：我明白了，表格中还有“是否做成”这个提醒，如果没有成功，老师会让我们做第二次。

师：你真是太厉害了！把老师的意图都看出来了，的确是这样，当我们在做一个全新的任务时，能保证一次就成功吗？（学生摇头）所以，同学们在制作长方体模型的过程中，如果第一次就成功了，可以接下去完成“观察并记录自己对长方体模型的研究”任务；如

① 杨宏．搭—拆—想，在系列活动中推进空间观念的培养：“长方体的认识”教学实践与思考．小学数学教师，2020（12）．

果不成功，请把你没搭成的作品拿给老师，然后重新领材料再制作，直到你做成一个长方体为止！

明确活动要求后，学生自主搭建，教师在巡视过程中发现的确有一些学生第一次未成功，需要调整材料，重新搭建，教师搜集了这些“不成功”的作品。

	顶点（接头）	棱（小棒）			是否做成
		蓝	黄	绿	
第一次	8个	4个	2个	0个	否
第二次	8个	8个	4个	0个	是

	顶点（接头）	棱（小棒）			是否做成
		蓝	黄	绿	
第一次	8个	2	3	5	否
第二次	8个	4	4	4	是

经过尝试，学生都能成功搭建起长方体模型，借助自己搭建的模型，学生通过讨论、交流，顺利地概括出长方体面、棱、顶点的特征。这时，教师展示出“不成功”的作品，提出新的“改装任务”。

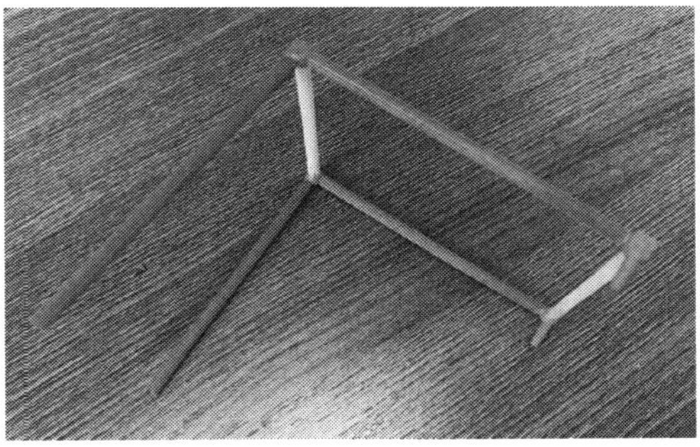

师：观察这些不成功的作品，运用你们刚才对长方体的研究成果，能否试着改装一下，重新搭成一个长方体呢？

生：第一个图形，把横着放的两根绿色小棒换成两根蓝色的，然后再竖着放一根黄色的，最后再放一根绿色的，这样就搭成了。（教师请该生边说明边示范）

师：为什么要这样更换小棒呢？

生：因为长方体相对的棱长度一样，每种颜色的棱都是4根，刚才蓝色小棒只有2根，肯定不够，要增加2根，绿色的小棒有5根，太多了，而且位置也放得不对，黄色的小棒少了1根。

师：你真厉害！那么对于第二个图形，大家猜一猜，会搭成一个什么样的长方体？

生：第二个图形可以搭成两个面是正方形的长方体，再加上4条蓝色的、2条黄色的小棒就可以了。

师：是吗？我们请一个同学来亲自验证一下吧。（教师抽一个学生上来操作）果然像同学们想的一样！那么绿色的小棒，大家为什么不用呢？

生：因为长方体如果有一组相对的面是正方形，那么就意味有8条棱是相等的，所以只要用两种颜色的小棒就可以了。

【设计意图】“搭”长方体的任务分层展开，第一层次：观察自己的长方体实物，填写领料单，领取材料、尝试搭建；第二层次：根据搭建的结果进行材料调整，再次领料搭建，并探究图形的特征；第三层次，运用自己的搭建经验和探究结论对“不成功”的作品进行改造，搭建出图形的同时验证自己对图形结构和特征的认识。从“不成功——成功”的搭建活动引导学生经历了观察——猜想——验证——建立的图形构建过程，更深入地探究、发现和理解了长方体各元素的特征及其相互之间的关系。

二、“拆”中辨析，再建空间观念

师：同学们，下面我们要对这些长方体实施一个“破坏行动”！

拆一拆：

把长方体框架中的棱拆除一些，根据剩下的棱，你还能想象出原来的长方体吗？

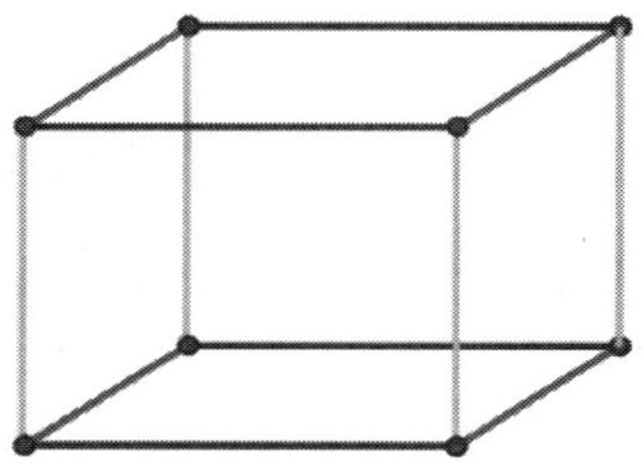

生：拆？

师：对！要来拆一拆长方体。（教师依次呈现长方体拆去一根、两根棱后的样子，学生均回答能想象出原来的长方体）

师：那么，最少要保留几根，你还能想象出它原来的样子呢？请你试着来拆一拆。

学生同桌合作，一人拆，一人试着“还原”成原来的图形，大都发现只要留下三根棱就可以了。

师：那么如果老师给你三条棱，你就一定能够确定长方体原来的样子吗？请你随意拿出三条棱，自己再搭一搭，想一想。

生：我觉得不能确定，如果三条棱是平着放，像这样，（如下图）那么长方体的高就无法确定了，有可能这么高，也有可能矮一点。（学生边操作边解释）

师：就像你们想的那样，仔细观察屏幕上的三条棱，你能想象出什么？

生：一个底面。

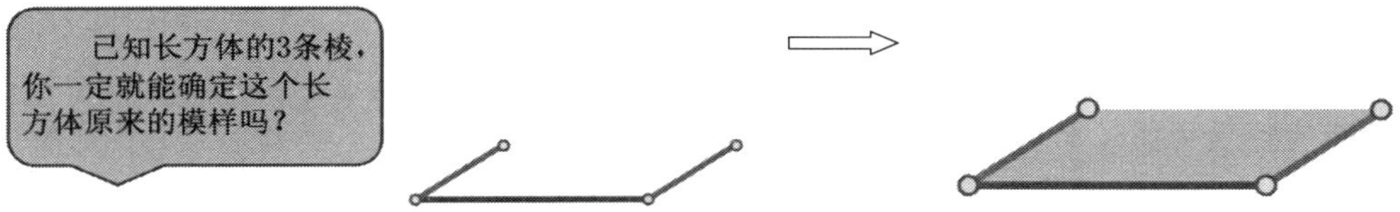

师：那么这个长方体会有多高呢？仔细看，这样高，可以吗？

生：可以。

师：这样高呢？

生：也可以。

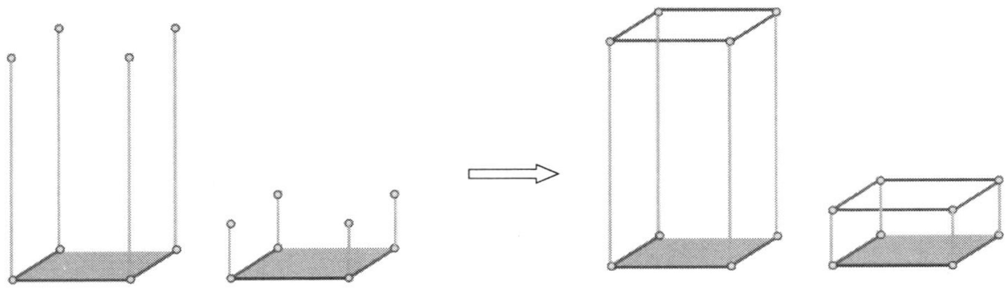

师：看来，光有三条棱还不能确定长方体的样子，动脑筋，这三条棱怎么放就可以了呢？

生：把一根竖起来放就可以了。（学生边操作边解释）

师：观察你们刚才留下的、能确定的三条棱，它们有什么共同的特点？

生：它们都有一个共同的顶点。

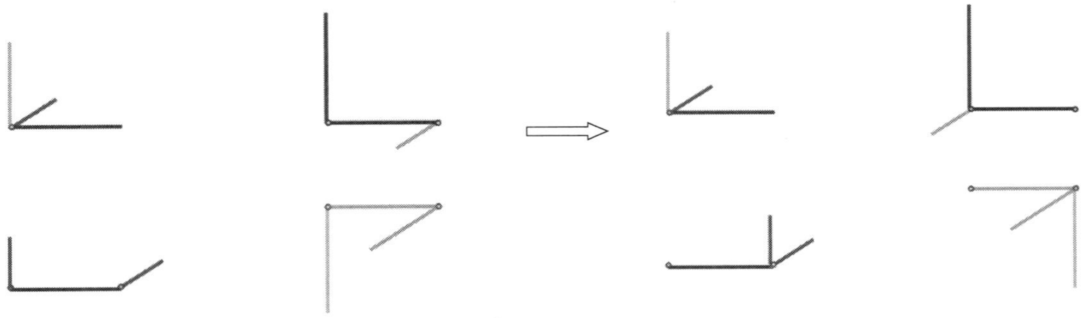

师：同学们，像这样从一个顶点出发的三条棱，就叫作长方体的长、宽、高。

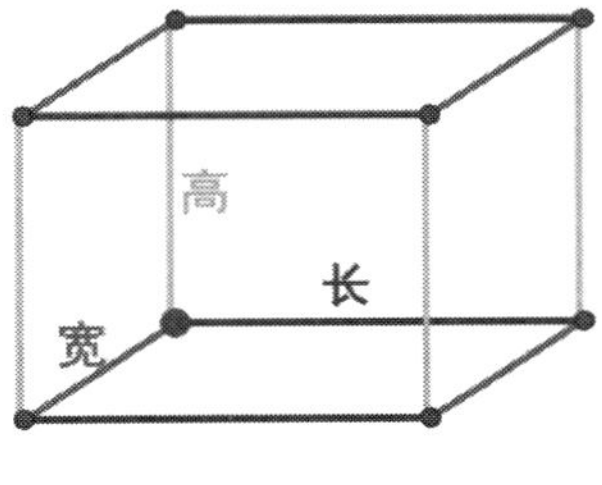

【设计意图】借助“拆”，教师将静态的结论转化为动态的生成，通过不断的追问引领学生的思考走向深入，让学生逐步感悟到要确定长方体的唯一性，不仅要考虑棱的数量，更要考虑到棱的位置关系，学生经历了把图形再一次“立”起来的过程，不破不立，“破坏”长方体是让学生深入到图形的内部结构，能在头脑中依靠想象来“立”出图形、“立”出概念。

三、“想”中应用，形成空间观念

在课的最后，教师设计了一个“猜一猜”的练习，让学生按照如下的顺序进行空间想象：

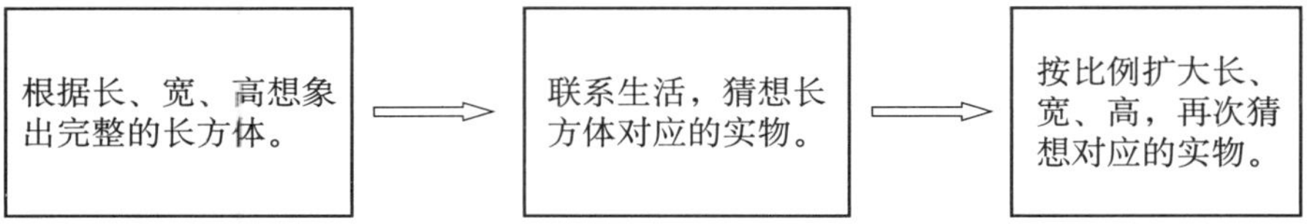

师：根据这三条棱，你能想象出这个长方体的模样吗？它的长、宽、高各是多少？

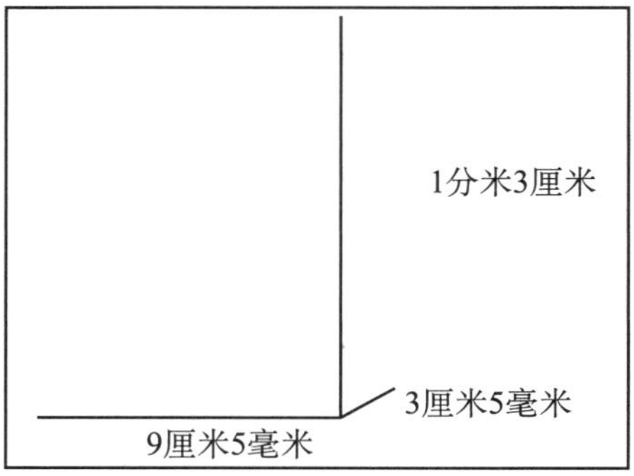

生：可以。

学生尝试在自己的练习纸上画出了完整的长方体草图，并进行了展示。

师：你们知道吗，这个长方体可是咱们生活中常见的一样物品，请你猜猜它会是什么呢？

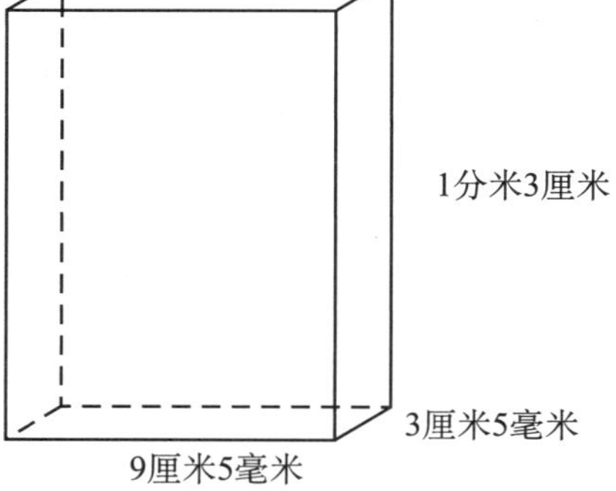

生：橡皮；铅笔盒；牙膏盒……

师：老师给你们一点小提示，你们可以用尺子量一量自己身边的长方体，长、宽、高各是多少呢？

学生测量后很快有了想法。

生：我量过数学书了，数学书长是 25 厘米，宽是 18 厘米，高是 6 毫米，这个长方体比数学书要小，但比数学书厚，我猜是字典。

师：对啊，借助数学书我们就能想象出这个长方体物品的大概样子了。下面，还是这个长方体，它的长、宽、高发生了什么变化，现在又会是生活中的什么呢？

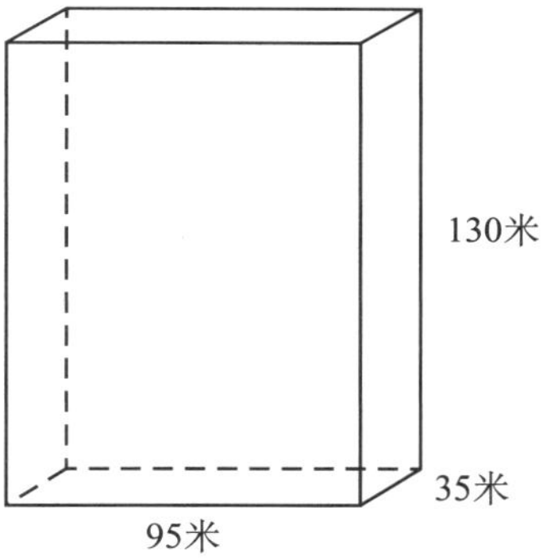

生：高楼大厦，因为它的高有 130 米，比我们的教学楼要高。

师：是啊，如果一层楼高 3 米，那么这座大厦大约有几层啊？

生：有四十多层，摩天大楼！

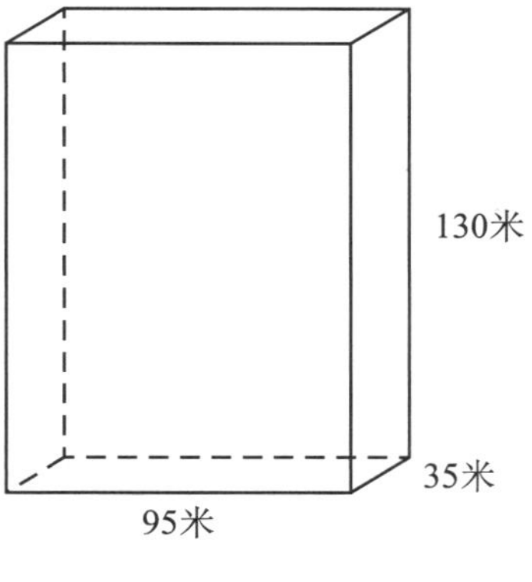

师：看，你们估得真准啊！同样的长方体，为什么同学们猜出来的东西却是不一样的呢？

生：因为它们的长、宽、高是不一样的。

师：对，长、宽、高的长度对长方体来说非常重要。今天我们研究了长方体的结构，认识了面、棱、顶点和它们之间的关系，以后我们还会继续测量长方体的长、宽、高，进一步从度量的角度来认识长方体。

【设计意图】“猜”长方体实物的应用练习，引导学生走近所处的现实世界，充分运用自己在前面探究活动中积累起的对图形结构和元素关系的认知经验，联系生活来实现图形与实物的转换，让学生的思维在一维的线、二维的面和三维的体中不断转换，从无根据的乱猜——测量实物提供参照——利用经验推理想象，空间知觉和空间想象交替使用，学生头脑中有关长方体的形象渐渐丰满，图形的正确表象也随之慢慢建立起来了。

二、图形的测量与计算

图形的测量与计算在小学主要是学习长度、面积、体积和角的计量，包括与此相关的计量单位和单位间的进率，主要有长方形、正方形和圆的周长计算，长方形、正方形、平行四边形、三角形、梯形和圆形的面积计算，长方体、正方体、圆柱体的表面积计算，长方体、正方体、圆柱和圆锥的体积（容积）计算，以及与此相关的测量和计算等问题。

（一）图形的测量

图形的测量包括长度、面积、体积和角的测量，以及与此相关的计量单位。小学里学习的长度单位主要有米、分米、厘米、毫米和千米，考虑到学生的年龄特征，一般先学厘米、米，再学分米、毫米和千米（公里）；小学里学习的面积单位有平方厘米、平方分米、平方米；地积单位有公顷（平方百米）和平方公里（平方千米）；体积单位有立方厘米、立方分米和立方米；容积单位有升、毫升；等等。这些计量单位的教学重点也是让学生建立计量单位的观念，掌握计量单位间的进率。

例如，教学厘米、米的认识时要抓住以下三个要点：

(1) 让学生经历长度单位形成的过程。通过让学生以不同的物品为标准去测量物体的长度，学生能够发现两种情况：一是虽然测量的是同一长度，但由于所用的标准不同，所量得的数量不同；二是虽然测量的是不同长度，但由于所用的标准不同，量得的数量可能相同。由此引起认知冲突，让学生感受到统一长度单位的必要性。

(2) 通过多种活动，帮助学生形成厘米和米的长度认识。认识长度单位，不仅要让学生知道一些单位的名称和单位之间的进率，更重要的是让学生了解每一个长度单位的实际长度，以及能够将其应用到实际中。因此，教学时应注意让学生通过看一看、比一比、量一量等实践活动，了解 1 厘米、1 米大致有多长，从而初步建立起厘米和米的长度表象。

（3）让学生比较估测与实际测量所得结果的差异，提高估测能力。学生只有在头脑中形成计量单位的正确认识，才能在解决实际问题时正确估测。教师要充分认识建立计量单位观念的难度。如为了建立厘米的观念，俞正强老师让学生用笔画、举例，来说明厘米的大小是与时间和空间没有关系的。又如中国台湾地区的何凤珠老师，通过让学生玩 1 立方厘米的骰子，帮助学生建立 1 厘米、1 平方厘米和 1 立方厘米的表象。

教学图形的测量一般要按下列内容顺序进行：度量的必要性—度量的工具（包括度量工具的结构）—计量单位—度量的方法及要领—度量结果的比较。学生只有学习了上述知识才能掌握测量方法。

（二）图形的计算

图形的计算可分成三种类型。

1. 利用单位间的进率和换算率进行计算，主要是名数的化聚

一般地，把同一计量体系中较大单位与较小单位之间的比值叫作进率，如米和厘米之间的进率是 100，而不同计量体系下的计量单位之间的倍比叫作换算率，如 1 平方米＝0.001 5 亩，这里的 0.001 5 就是换算率。虽然现行教材已删除了换算率等概念和非公制计量单位的教学，但由于生活实际中仍存在像尺、亩这样的市制计量单位，所以需要教师补充说明。

把较大单位的名数转化成较小单位的名数叫作化法。把较小单位的名数转化成较大单位的名数叫聚法。名数的化聚要先找单位进率，再看是乘以进率还是除以进率。如果是把低级单位的名数改写成高级单位的名数则要用低级单位的量数除以进率（聚法），如果是把高级单位的名数改写成低级单位的名数则要用高级单位的量数乘以进率（化法）。可用图 3－13 来表示名数的化聚。

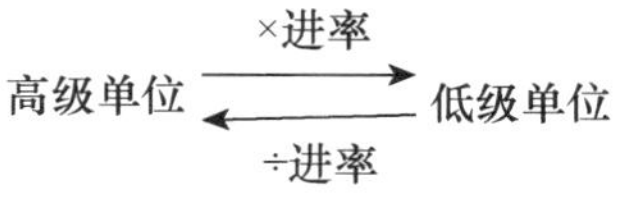

图 3－13

2. 基本图形的周长和面积的计算

教学基本图形的周长和面积的计算应抓住两个要点：一是公式的推导过程；二是公式的应用。教学时要把计算和计量单位的认识与实际的测量活动相结合。如教学长方形和正方形的周长计算公式时，可先让学生自己尝试探索。他们有的用线绕一圈再量，有的在尺子上滚一滚，有的先量边长再计算。在测量和探究过程中学生可以体验到周长这个量的实际意义。在公式的应用中，教师通过让学生设计班级的学习园地（见图 3－14）、配画框（见图 3－16）等，让其了解到可以把图 3－14 转化成图 3－15，直接用周长公式进行计算，而配画框需要考虑木框的宽度，因而不能直接应用公式计算。

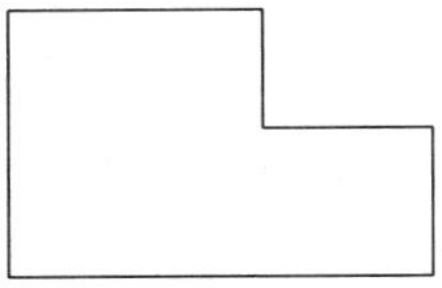

图 3－14

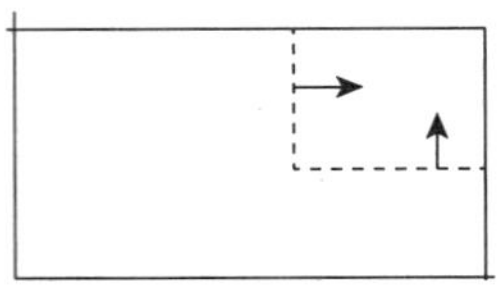

图 3－15

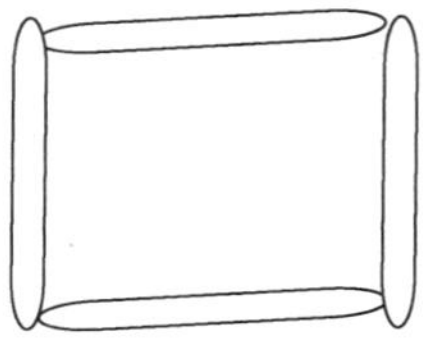

图 3－16

图 3－17 描述的是小学数学中平面图形面积计算公式的推导过程，以及各图形之间的联系。

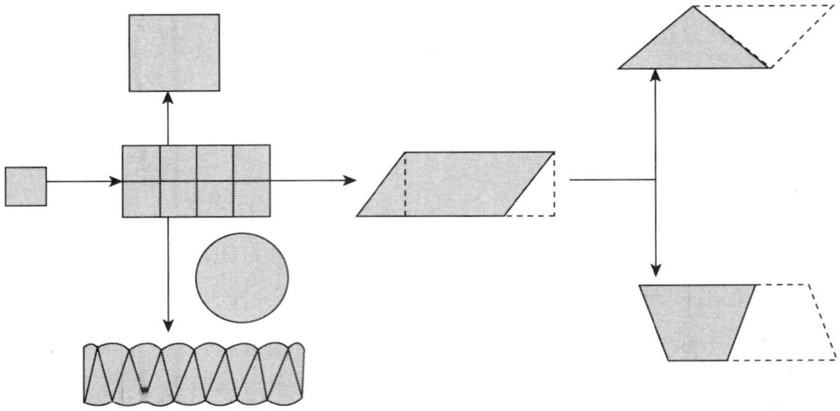

图 3－17

从下面这些面积计算公式（见图 3－18）的关系中还可体会到“量变到质变”的辩证思维。

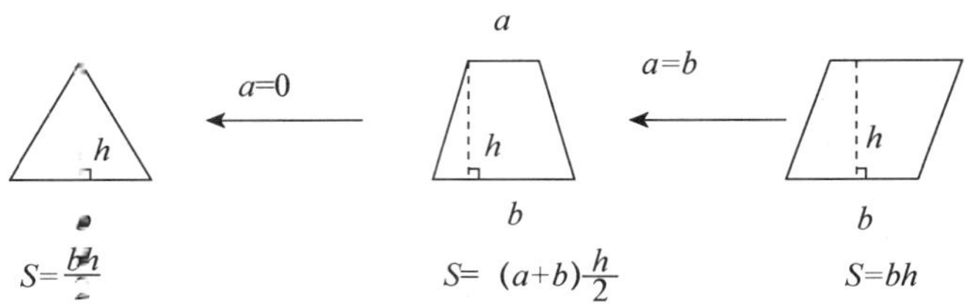

图 3－18

从图 3－17 中可知，通过思考单位面积“摆一摆，摆几排，每排摆几行”，可以推导出长方形的面积计算公式，而利用长方形面积计算公式和割补法可以推导出三角形、平行四边形的面积计算公式，进而可推导出梯形的面积计算公式：$S=(a+b)\ \dfrac{h}{2}$。这些公式之间是普遍联系和发展变化的，当 a 越来越小，梯形变得越来越“尖”，到达零时，量变发生了质变，梯形变成了三角形，这时就得到了三角形的面积计算公式 $S=\dfrac{bh}{2}$。同理，当 a 越来越大，大到$a=b$，量变发生了质变，这时有 $S=bh$，这就是平行四边形的面积计算公式（见图 3－18），这是辩证法思想的体现。

3. 立体图形的体积和表面积的计算

立体图形的表面积和体积计算公式如表 3－4 所示，而长方体、正方体和圆柱体都是柱体图形，其体积可以用同一个公式即底面积乘高来表示，那就是 $V=Sh$。

表 3－4

图形名称	图形	表面积	体积
长方体	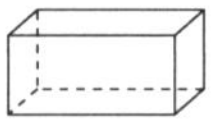	$S=(ah+ab+bh)\times 2$	$V=abh$
正方体		$S=6a^2$	$V=a^3$
圆柱体	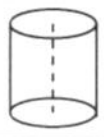	$S=2\pi r^2+2\pi rh$	$V=\pi r^2h$
圆锥体			$V=\frac{1}{3}\pi r^2h$

教学时，教师不仅要让学生掌握计算公式，更要让学生理解公式的推导过程，以及公式之间的联系和区别。

请看下面这道测试题。

借助下面的长方形，想一想长方形面积的计算方法是什么，为什么这样算。

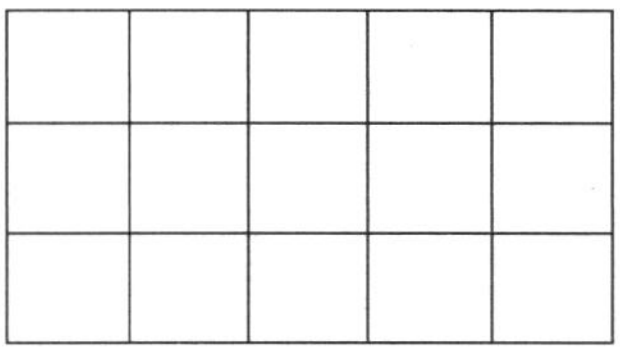

我是这样想的：长是 5，表示一行可以摆____个小方块，宽是 3，表示____。计算一共有多少个小方块，可以列式为____，所以，长方形的面积计算方法是____。

测试前，教师普遍认为学生应该都能填对，但事实上即使是发达地区的学生，错误率也高达 30%左右，甚至那些教师心目中的优等生，错误率也有 15%左右。可见，计算公式虽然是教学的重点，但只有学生理解了公式的推导过程，知道了公式之间的内在联系，才能在头脑中形成良好的认知结构，走出背公式、记题型的应试怪圈，灵活地解决问题。

4. 计算公式的应用

几何图形计算公式的应用，除了要关注公式的常规应用，还要关注公式的逆向应用，如已知面积，求长。

如图 3－19 所示，已知正方形的面积是 20 平方分米，求阴影部分的面积是多少平方分米。如果用常规思路，小学生的知识还无法解决，因为根据正方形的面积求边长要用到开方的知识，但如果能把圆面积公式和正方形面积公式综合起来考虑，设正方形的边长为

a，那么就可求出阴影部分的面积是$\frac{3}{4}\times\pi a^2=\frac{3}{4}\times\pi\times20=15\pi$。

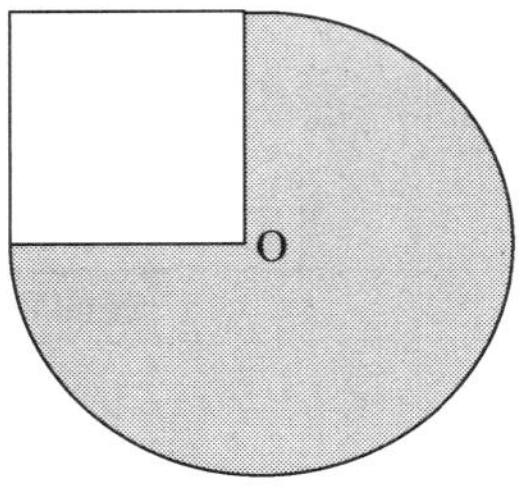

图 3－19

由此可见，教会学生用计算公式解决问题的最终目的是培养学生的灵活应用能力和创新能力。

总之，在“图形的测量与计算”的教学中，首先要重视建立长度、面积、体积等量的概念，使学生掌握这些量的常用计量单位及单位间的进率，提高估测能力；其次要重视计算公式的推导过程，使学生理解公式之间的逻辑关系；最后要重视培养学生灵活应用计算公式解决实际问题的能力。

三、图形的运动

图形的运动是新课标新增加的内容，小学里主要学习平移、旋转和轴对称图形，分几个阶段出现：首先是让学生会判定一个图形是不是轴对称图形，图形的变化是平移还是旋转；其次研究图形中的“变”与“不变”的规律，让学生知道轴对称图形是“原来点与对应点到对称轴的距离都相等”；平移是“移动的方向一致，所有的点与对应点之间的距离都相等”；而旋转则是“所有点与对应点到旋转中心的距离都相等，且夹角不变”。教师理解了图形变换的上述本质特征，可以在教学时帮助学生总结出“画轴对称图形、画平移与旋转后的图形”的一般操作步骤：一找关键点；二是根据变与不变的规律找出关键点的对应点；三把对应点依次相连（见图 3－20）。

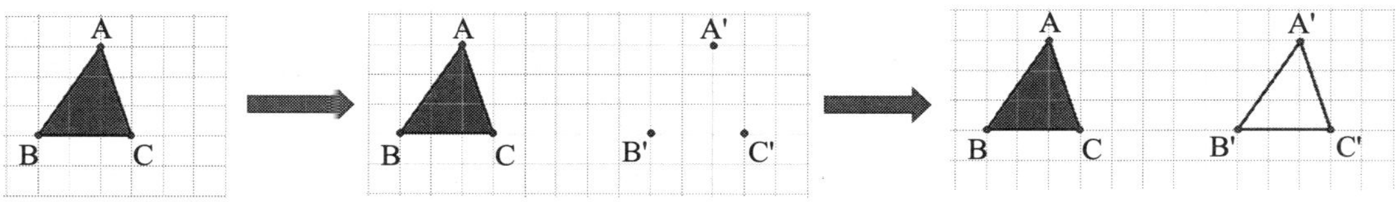

图 3－20

用上图所示的“三步法”解决图形的变换问题，能把学生头脑中的空间图形转化成具体的操作过程，反过来，学生又会在判断、画图的过程发展空间观念，提高几何直观能力。

四、图形与位置

图形与位置主要包括位置的描述、图形与坐标、图形与方向三部分内容。“位置的描述”部分，既有以学生自身为中心，对日常生活中空间方位的描述，如“上下”“前后”“左右”，也有以自然标志物为中心对空间方位的描述，如东南西北等。“图形与坐标”部分学习用数对表示位置。“图形与方向”部分除了学会辨认位置与方向，也包括学习用距离和角度这两个数据来确定位置。

学习“图形与位置”，需要用到数对、角、距离、比例尺等知识，并涉及直角坐标、极坐标等解析几何的知识，对小学生而言有一定的难度。教学时要注意以下几个方面：

（1）注意根据学生认识空间方位的特点安排教学。例如：针对“上下”“前后”这些学生比较熟悉的方位，可以尽量放手让学生独立辨别；而对“左右”等较难判断的方位，既要引导学生从以自身为中心过渡到以自然标志物为中心进行方位辨别，也要注意启发学生紧密联系自己熟悉的生活实际，用自己的语言正确表述物体的空间方位。

（2）适当把握教学要求。受小学生年龄特征的限制，“图形与位置”的内容安排有一个循序渐进的过程，即先学习描述，再学习数量表达。例如，学习用两个维度描述一个物体的位置，先是结合生活实际沟通日常语言和数学语言的联系，如小明坐在第 3 组第 2 行，可以让学生描述为“小明是第 3 组第 2 个”，到了中高段再学习用数量来表达，即用数对（3，2）来确定小明的位置。

（3）利用已有经验，鼓励自主探索、合作交流。学生在生活中其实已经积累了大量用数对确定物体位置的经验，例如看地图寻找景点的位置、在游戏中确定目标的位置等等。因此，教学时应充分利用学生的这些知识和经验，为学生提供探究的空间，使他们通过观察、分析、独立思考、合作交流等方式，用数学方法确定位置，发展数感和方位感，增强空间观念。

（4）注意渗透数形结合的思想。从“位置”的描述到“位置”的数量化，学生的认识有了重大飞跃。教学时要让学生认识到平面几何发展到解析几何在数学发展史上有重要意义。

法国数学家笛卡儿通过坐标法，创立了解析几何学。他把平面上的点与实数对（X，Y）建立了一一对应关系，使方程 $F(X，Y)=0$ 变成了一条曲线，这样，方程就可以用几何直观的方法去研究，反过来曲线的性质也可以离开几何直观用代数进行研究。它把代数和几何密切联系了起来，体现了数形结合的思想。为此，在教学中要重视知识的产生过程，让学生体会到用数对表示位置的优越性。

第三节　统计与概率的教学

统计学是研究统计原理和方法的科学。具体来说，它是研究如何收集、整理、分析反映事物总体信息的数据资料，并以此为依据，对总体特征进行推断和描述的原理和方法，主要目的是探索数据的内在数量规律性。

统计学研究的内容包括描述统计和推断统计。描述统计是对已获得的数据进行整理、概括，显现其分布特征的统计方法，主要是对样本数据进行处理和描述。推断统计是根据样本所提供的信息，运用概率的理论进行分析、论证，在一定程度上对总体分布特征进行估计、推测的统计方法。它的最大特征是在一定的风险下，通过样本推断总体，它包括统计估计和假设检验。

概率论是研究不确定性的数学。当今社会处在信息时代和市场经济时代，人们无时无刻不与各种数据和不确定现象（随机现象）打交道。面对纷繁复杂的数据和随机现象，人们必须学会收集、整理、描述和分析这些数据和现象，以便做出科学的判断和决策。因此，现代社会的每个公民都应该掌握一定的统计与概率知识，形成一定的数据分析观念。

“统计与概率”是在原来“统计初步知识”的基础上拓展而成的，是数学课程标准中变化最大的一个内容领域。

“统计与概率”也是思维方式变化最大的一个内容领域。这主要体现在以下几个方面：（1）关注的对象不同。其他领域主要关注的是个体以及个体与个体之间的关系，而本领域则更多地关注群体的状况。（2）研究的内容不同。其他领域主要研究确定性现象，而本领域需要研究不确定现象，通过对数据的收集、整理、描述和分析以及对事件发生的可能性的估计，来帮助人们做出合理的决策。（3）研究的方式不同。研究过程虽然都是“观察或实验—建立猜想—验证—得出结论”，但其他领域是确定现象，只要条件相同，这种现象必定会发生。而在随机现象的研究中，即使条件相同，重复同样的实验，所得的结果也是不确定的，只有大量重复实验，这种“规律”才会显示出来，而且它也只是一种发展的趋向，而不是准确的结果。如抛硬币，一般认为出现正面的概率是$\frac{1}{2}$，但在具体的实验过程中，不管你抛多少次，可能都得不到准确数$\frac{1}{2}$，而且从频率来讲，并不是抛 1 000 次一定会比抛 900 次更接近$\frac{1}{2}$。可见，统计与概率的思想方法与前面两个内容领域是有区别的。许多内容是全新的，可以学习和借鉴的资料比较少，这给教学设计增加了难度，需要教师有扎实的数学知识功底。

“统计与概率”在小学主要是学习收集、整理、描述和分析数据，了解简单的数据处理方法，并能用自己的方式（文字、图画、表格等）呈现数据处理的结果，读懂生活中简单的统计图表，掌握平均数的统计学意义，并能根据结果进行简单的判断和预测。

一、统计的教学

（一）“统计”的学习内容

“统计知识”在小学的学习内容包括简单统计图表的认识和制作、简单数据的统计过程、表示集中程度的特征数（平均数）、简单的推断与预测等，与过去的“统计初步知识”相比，从形式到内容都进行了全面改革。

首先，强化了统计的过程，重视统计思想方法的渗透，并对数据意识进行了明确定义，指出让学生“知道在现实生活中，有许多问题应当先做调查研究，收集数据，感悟数据蕴含的信息；知道同样的事情每次收集到的数据可能不同，而只要有足够的数据就可能从中发现规律；知道同一组数据可以用不同方式表达，需要根据问题的背景选择合适的方式”①。

从 2001 版开始，课标从第一学段开始就渗透了许多统计的知识，提出了“能对调查过程中获得的简单数据进行归类，体验数据中蕴涵着信息”等目标。在第二学段中又提出“经历数据的收集、整理和分析的过程，掌握一些简单的数据处理技能”。

其次，增加了统计分析和预测的内容，强调了平均数的统计学意义，重视让学生学会解释结果的实际意义，要求学生“设计统计活动，检验某些预测”，根据数据分析的结果做出简单的判断与预测，等等。

教师在教学中要避免让学生单纯地利用统计公式进行计算，单纯地画统计图表，把统计知识的学习变成“数与代数”中的“计算”，否则就违背了“新课标”的基本理念和要求。同时教师要注意对学生的统计方法进行科学性的引导。

（二）“统计”的案例分析

统计的意义和统计的方法属于基础知识，需要学生切实掌握。

下面，我们通过案例 12 杨重生老师的教学设计来体会统计教学的要求。

案例 12　　**平均数（教学设计）②**

【环节一：创设情境，引出平均数】

谈话：我的小侄子问我，《稻草人》这本书好看吗？老师没有读过，请你们来帮忙。课前大家都为这本书打了分，最高 10 分。我们来看看大家打的分。

呈现一位学生的打分：6 分。

提问：有的同学打了 6 分，他觉得这本书好看吗？

预设 1：他觉得这本书还可以。

预设 2：他觉得一般……

① 中华人民共和国教育部．义务教育数学课程标准（2022 年版）．北京：北京师范大学出版社，2022：9.

② 杨重生，张丹，孙京红．“平均数的认识”教学设计与说明．小学数学教育，2021（13）.

评价：你们真棒，读出了打分人心里的想法。

接着依次呈现更多学生的打分：9 分、9 分、7 分、9 分。

提问：看看这五位同学的打分，你有什么想法？

预设：打 9 分的人觉得这本书好看，打 6 分的人觉得一般，整体还是不错的。

提问：这五位同学的打分高高低低，意见不太一样。那我们能不能综合一下他们五个人的意见，用一个数来代表他们对这本书的喜爱程度？想一想，这个数会是多少呢？请把你的想法记录在“学习单”上。

【赏析】“数学来源于生活”，教师通过实际问题情境的创设，让学生对五个打分结果进行观察、分析，自然产生了寻找代表数据的需要。在解决问题的过程中，教师为每位学生都提供了学习思考的机会，鼓励他们自己尝试寻找一组数的特点并进行刻画，这就为全班学生之后能从不同角度分析数据、进行交流分析积累了素材。

【环节二：互动交流，认识平均数】

1. 分析比较，聚焦平均数

谈话：同学们都已经写完了，我们一起来交流一下吧！刚才老师看到大家面对数据时，都在认真地观察、仔细地分析，而且你们还能从不同的角度来思考。相信你们找到的每一个数都能给大家带来启发。我们一起来看看。

提问：有的同学用 9 分来代表大家的喜爱程度，他是怎么想的呢？

预设 1：这五位同学里有三个人打了 9 分，9 分代表了大多数人的意见。

预设 2：9 分只代表了三个人的意见，不能代表 6 分和 7 分这两个人的意见。

提问：有的同学用 40 分来代表大家的喜爱程度，谁读懂了他的想法了？

预设：40 分是这五个数据的总和，可以代表这五位同学的喜爱程度。不过它比最高分 10 分还多，容易产生误解。

谈话：刚才老师还看到许多同学都用 8 分来作代表，可这五个数据里明明没有 8 啊，这个 8 分是怎么来的呢？它能代表这五位同学的喜爱程度吗？同桌两个人互相说一说。

借助直观，体会平均数的意义。

呈现学生在“学习单”上“移多补少”的记录。

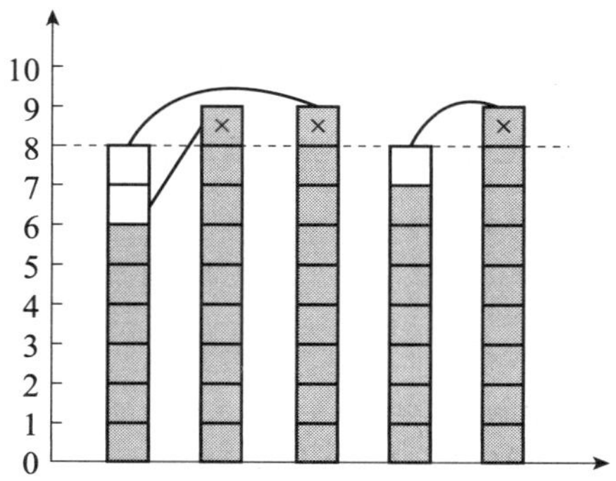

提问：我们来看看这位同学的想法，谁读懂了？

预设：解释“移多补少”得到平均数的思路和方法。

谈话：（出示可以移动磁扣的小黑板）谁愿意再给大家边摆边解释一下？

提问：开始的时候，五位同学的打分都不一样。不管大家是画一画，还是移一移，都是把多的移给了少的，这样多的就变少了，少的就变多了，最后打分就都一样了。为什么你们想把他们的打分“移多补少”呢？

预设 1：每一个都一样了，就方便看出大家的喜爱程度了。

预设 2：把他们的打分看成一样就能代表所有人的意见了。

提问：刚才还有同学是通过计算得到 8 的，这个算式里有没有体现“移多补少”呢？能借助这些磁扣来解释一下这个算式的意思吗？

预设：五个数求和就是一共有 40 个磁扣，除以 5 就是把这些磁扣平均分成 5 份，也就是把它们都想成一样多。

【赏析】通过对“移多补少”方法的追问，引导学生思考平均数的意义，即它是一组数据的代表，代表了这组数据的一个平均水平；再利用磁扣解释算式的意义，不仅帮助学生理解计算平均数的方法，更是对于平均数的意义的再次体会：加在一起代表整体，“除”代表平均。

提问：再来看一位同学的打分，他打了 8 分，把这个 8 分加进来，平均数会变吗？再增加一个打分呢，平均数又会发生什么样的变化？再加一个，它还会接着变吗？会变大，还是会变小呢？想一想，当我们每次加入一个数据，新产生的平均数和原来的相比，会不会有变化呢？会怎么变呢？

预设：有的学生会利用计算平均数的方法回答是否会变，也有的学生会借助条形统计图“移多补少”来说明变化情况和原因。

2. 回到情境，体会平均数的作用

课件演示 Excel 表格，体现从五个数据到全班数据的平均分的变化情况：

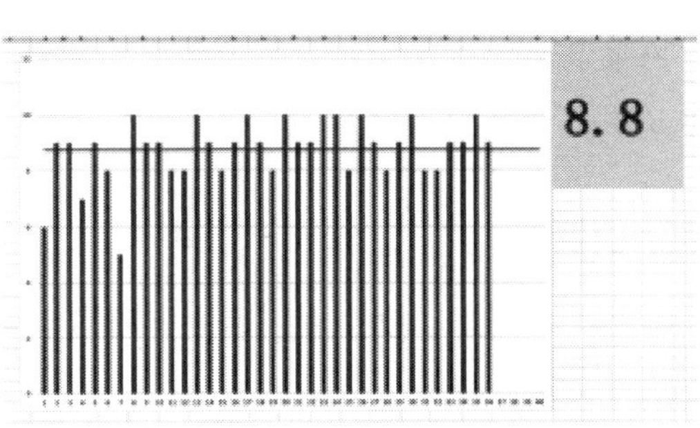

提问：全班同学打分的平均分是 8.8 分，这个 8.8 分是怎么计算出来的？（学生回答，教师板书算式。）

提问：看看同学们的打分，再看看平均数，要不要把这本书推荐给我的小侄子呢？

预设：平均分8.8分说明大家很喜欢这本书，可以推荐给小侄子读。

追问：可是打分里还有5分，说明不太喜欢啊？

预设：5分是一个同学的打分，只代表他个人的意见。8.8分是大家的平均分，更能说明我们的想法。

【赏析】教师再次通过追问帮助学生体会一组数据中的每一个数据都会对平均数产生影响，感受平均数的特点，并且引导学生进一步辨析平均数所代表的意义与一个数据所代表的意义的不同，感受用平均数分析数据的价值。

谈话：谢谢你们的评分和分析，帮我解决了这个问题。在解决问题的过程中，我们还一起认识了平均数，能说一说平均数给你留下的第一印象吗？

预设1：平均数代表了所有数据。

预设2：平均数是平均出来的。

预设3：平均数帮助我们解决了问题。

【环节三：游戏活动，感受平均数的价值】

1. 估计时长，生成数据

谈话：接下来我们玩个游戏放松一下。请两位同学给大家唱首歌，几句就可以。其他同学一边欣赏美妙的歌声，一边估计一下她们唱歌的时长，看看同学们谁估得最准。老师用秒表来计时。好，开始……停！请把你估计的时长按照整秒数写在纸条上。

谈话：你们估计的时长数据都在这里了，我们一起来看看。

出示学生估计的时长数据。

提问：有估计30秒的，有估计10秒的……这差距还挺大，肯定有的同学估得比较接近，有的同学差的有点远。秒表计时15秒，和你估得差的多吗？能不能借助大家的数据让我们估计得更准呢？

预设：计算平均数来估计时长。

提问：全班同学估计时长的平均数会接近秒表计时的数据吗？想一想，如果计算我们班所有同学估计时长的平均数，你觉得它会离15秒比较近，还是比较远呢？会差多少秒？你是怎么想的？

预设1：我觉得会离得比较远，差三四秒，因为有的同学都估20多秒了。

预设2：我觉得会离得比较近，差1秒左右，因为有的同学估得多，有的同学估得少。

预设3：我觉得会离得比较近，移多补少了。

谈话：我们把全班同学估计的时长数据都输入Excel表格，看看平均数会是多少。

追问：（输入十几个数据后）和你想的一样吗？

操作：将数据一一输入Excel表格，即时生成当前数据的平均数。学生发现每输入一个数据，平均数都会发生变化，开始的波动大一些，后来逐渐稳定，从而体会到平均数具有“敏感性”的特点。

2. 揭晓结果，体会平均数

提问：我们班估计时长的平均数是 16 秒，实际的时长是 15 秒，它们居然如此接近，你有什么感觉？刚才在观察平均数变化的过程中，你对平均数又有了什么新的认识呢？

预设 1：平均数很神奇，可以解决估计时长的问题。

预设 2：平均数和每一个数据都有关，要都算上才能确定。

预设 3：平均数把这么多数据变成了一个数，代表了这些数据。

【赏析】游戏活动让学生直观地感受到平均数和每一个数据都相关，同时感受到利用数据的平均数能减少估计的误差。

【环节四：走进生活，应用平均数】

提问：研究了一节课的平均数，你有没有想过平均数会在哪里用得到呢？

预设：考试平均分、平均气温等。

提问：此时此刻，就在我们的教室里会有用到平均数的地方吗？我们写字用的笔、电脑的数表、喝水的瓶子……这里面会有平均数吗？再看看教室的门，它会用到平均数吗？

课件出示相关的“平均数”应用图片。

预设 1：门把手的高度会和人的身高的平均数有关。

预设 2：写字用的笔会和手的大小的平均数有关。

谈话：生活中还有很多事情会运用到平均数，比如乘车免票线、科学实验、经济活动……这些都等着同学们去发现、去探索。就让我们带着这种好奇，继续研究神奇的平均数吧！

从上面的教学来分析，我们不难看出“平均数”是一节统计教学课：首先，应把发展学生的数据分析观念作为首要教学目标。本节课从对一本书的评价开始引出讨论的问题，让学生经历收集数据、整理数据、分析数据、获得结论的全过程。学生从自己的数据到他人的数据再到全班的数据，从原始的数据到综合的统计量再回到具体的问题，多个角度分析数据有助于发展数据分析观念。其次，这节课还特别关注平均数的统计背景。本节课在一开始给书评分的活动中就鼓励学生从多个角度分析数据，寻找统计量。统计量代表了一组数据在某一方面的特点。对一组数据来说可以有不同的统计量，在解决具体问题时要根据统计量的不同特点进行选择。学生对不同的统计量进行合理的分析，有助于在更广阔的统计背景中认识平均数。最后，这节课特别关注学生对平均数意义的正确理解。本节课为学生提供可操作的学习材料，利用画图、移动小磁扣等方式帮助学生建立理解平均数的意义的直观表象。通过问题引导让学生将得到平均数的操作活动与计算方法建立有意义的联系，使得计算平均数的公式不再是单纯的算法，更是理解平均数的载体。在此基础上，又通过解决问题以及大量的实例帮助学生体会平均数的价值。因而，杨老师的这节课很好地体现了“统计与概率”教学领域的目标定位和教学价值。

（三）“统计”的教学要点

从上述案例中受到启示，统计的教学设计要注意以下几个方面：

（1）重视学生对数据的收集、整理、描述和分析的过程体验。这是统计学习的首要目标。教学中要创设与学生生活实际密切相关的具体情境，让学生体验统计的实际意义，经历统计的过程，逐步掌握统计的一般方法。

（2）重视学生数据分析观念的培养，课堂上留出足够的时间让学生有独立分析和合作交流的机会。允许学生各抒己见，对同一组数据信息、同一张图表，从不同的角度分析，得出不同的结论，提出自己的独特见解，也可从不同数据或图表中发现共同的规律。

（3）帮助学生理解平均数的统计学意义，知道平均数是反映一组数据的典型水平或集中趋势。

我们知道，反映一组数据集中趋势或总体情况的有平均数、中位数和众数。平均数是一组数据的总和除以总个数所得的商，能较好地反映一组数据的总体情况。但当数据分布的极差（最大数与最小数的差）较大时，容易产生误差，如第一章中的表 1-1，该公司公布的工资情况是月平均工资 6 000 元，就是利用特征数在进行误导。而在许多比赛中要去掉一个最高分、去掉一个最低分后再算平均分，则是为了提高数据描述的客观性。

中位数是把一组数据按一定的顺序排好后，位于中间位置的那个数据。有时位于中间的数据有两个，这时需要求这两个数的平均数。中位数能比较准确地反映数据的集中程度，很少受极端数值的影响，但如果有一组数据偏差较大，就不能准确反映。

众数是一组数据出现次数最多的那个数值，在统计表中很容易就能看出，但如果数据变动较大，又分布均匀，就不易确定，所以众数只能粗略估计一组数据的集中趋势。

在小学数学中，新课程修改稿只要求学习平均数一个特征数，另两个特征数安排在第三学段（中学）学习，所以教学时要舍得花时间让学生理解平均数的统计学意义。

（4）在解释统计结果、进行简单的统计推断和预测的过程中培养学生的决策能力。如案例 13 中杨老师通过“走进生活，应用平均数”来提高学生的解决问题的能力，通过同伴的讨论交流让学生的思维发生碰撞。在争论中，孩子们深切地体会到在现实生活中，数学知识应用要灵活，在解决实际问题时，不仅要考虑数学因素，还要考虑其他的相关因素。

二、概率的教学

（一）概率的意义

（1）概率的统计意义：表示随机事件的统计性规律（经验推断）。当 n 很大时，事件A 的频率 $f_n(A)$ 接近一个常数，也就是说，频率→概率。

在实际应用时，往往是通过多次实验来估计概率的大小，且随着实验次数的增加，估计的精度会越来越高。

（2）古典概率：适用有限个等可能事件的概率。它有两个特征：①随机实验只有有限个可能的结果；②每一个结果发生的可能性大小相同。这时，有

$$P(A)=\frac{m}{n}$$

式中，m 为事件 A 发生的次数；n 为所有可能发生的次数。

如："同时投掷两个骰子，投掷 1 次，问和是几的概率（可能性）最大？和是几的概率最小？"

从表 3－5 知道，这里的 $n=36$，和是 7 的有 6 个，也就是 $m=6$。所以，和是 7 发生的可能性最大，它发生的概率为 $P=\frac{6}{36}$，而和为 2 与和为 12 的可能性最小，它们发生的概率都是 $\frac{1}{36}$。

表 3－5

骰 1 骰 2	骰 1 骰 2	骰 1 骰 2	骰 1 骰 2	骰 1 骰 2	骰 1 骰 2
1　1	2　1	3　1	4　1	5　1	6　1
1　2	2　2	3　2	4　2	5　2	6　2
1　3	2　3	3　3	4　3	5　3	6　3
1　4	2　4	3　4	4　4	5　4	6　4
1　5	2　5	3　5	4　5	5　5	6　5
1　6	2　6	3　6	4　6	5　6	6　6

人教版数学教材五上中的"综合与实践"——"掷一掷"应用了概率的统计定义。学生将每次掷得的结果画在统计图中后，发现"和为 7"出现的可能性最大。教学时，教师既可以应用概率的统计定义让学生进行实验，也可以应用概率的古典定义引导学生通过表3－5 进行计算，以沟通概率的两个不同定义方式之间的联系。

（3）几何概率：适合无穷等可能事件的概率。有

$$P(A)=\frac{D\text{的面积}}{\Omega\text{的面积}}$$

（二）概率的教学要点

教学概率时要注意以下几个要点：

（1）沟通概率的三个定义之间的联系，特别要厘清概率与频率的联系和区别。教学时要让学生体会到重复的次数越多，频率就越接近概率，这里渗透了极限的思想。

（2）帮助学生理解概率的基本思想。通过让学生观察各种现象和进行大量的重复实验，使其明白事件发生的结果可能是确定的（一定发生或一定不发生），也可能是不确定的，进而体会不确定性事件发生的可能性的大小问题，并且只有通过大量重复实验，才能发现其中的规律。当学生经历了"想当然—疑惑—恍然大悟"的过程，就会理解泊松等数学家为什么在实验时要抛这么多次硬币了。

（3）引导学生用统计和概率的知识解释生活中的现象。例如，通过等可能性概率知识让学生体会和理解游戏规则，通过可能性大小预测简单事件发生的概率，等等（见案例 19）。

以上都需要学生把概率和统计的知识与生活中的经验结合起来，在实践中领悟统计与概率的思想方法。

第四节　综合与实践的教学

综合与实践是小学数学学习领域中的重要内容之一，借助主题活动和项目学习等内容，"学生将在实际情境和真实问题中，运用数学和其他学科的知识与方法，经历发现问题、提出问题、分析问题、解决问题的过程，感悟数学知识之间、数学与其他学科知识之间、数学与科学技术和社会生活之间的联系，积累活动经验，感悟思想方法，形成和发展模型意识、创新意识，提高解决实际问题的能力，形成和发展核心素养"①。

一、学习"综合与实践"的意义

"综合与实践"是学生在教师的指导下，综合已有的知识和经验，经过自主探究和合作交流等学习方式，解决日常生活和社会实践中具有一定挑战性和综合性的实际问题的学习活动。其重要性可从以下几个方面来说明：

（1）从数学学科特点分析，数学具有广泛应用性，需要重视培养学生的综合实践能力，而"综合与实践"内容领域则是培养学生综合实践能力的重要载体。

（2）从小学生的认知过程分析，学生的思维是从具体的形象思维逐步过渡到抽象的逻

① 中华人民共和国教育部．义务教育数学课程标准（2022 年版）．北京：北京师范大学出版社，2022：42.

辑思维，“综合与实践”让学生经历从具体到抽象的完整过程，帮助学生积累数学活动经验。

（3）从小学数学的教学目标定位分析，培养学生的创新精神和实践能力，需要通过“综合与实践”让学生经历发现问题、提出问题、分析问题和解决问题的全过程，体会数学各部分之间、数学与生活实际之间以及与其他学科之间的联系，激发学生学习数学的兴趣，加深学生对数学内容的理解。

显然，“综合与实践”的教学设计要有别于前面三个内容领域。“综合与实践”更需要建立一种新型的师生关系。首先，它可以打破班级的界限，除了班级活动，还可以是年级活动、小组活动、个人活动。其次，它可以打破课堂的界限，除了课内活动，还可以是课外活动，如数学竞赛、数学游戏、数学调查、数学实验等，通过课内外活动，学生能真正成为学习的主人。

二、“综合与实践”的案例评析

请看案例 13 干翎老师的教学设计。

案例 13 自行车里的数学（详案）

一、教学目标

（1）学生能运用所学的圆、排列组合、比例等知识解决生活中关于自行车的数学问题；了解普通自行车和变速自行车的速度与其内在结构的关系；知道变速自行车能变化出多少种速度；了解数学与日常生活的联系。

（2）使学生经历“提出问题—分析问题—建立模型—解释与应用”的基本过程，获得运用数学知识解决实际问题的思考方法。

二、教学重点

探究普通自行车的速度与其内在结构的关系。

三、教学难点

发现自行车前后齿轮转动规律中的反比关系。

四、教学流程

（一）提出问题

（1）谈话引入：同学们一定觉得很奇怪，今天怎么干老师带着自行车来到了教室？因为我们要一起来研究“自行车里的数学”问题。（板书课题：自行车里的数学）

提问：回忆一下，你们知道自行车里藏着哪些数学知识吗？

学生自由交流，回顾自行车支架运用三角形的稳定性、车轮是圆形等。

引入：同学们知道的真多，其实自行车里还藏着很多有趣的数学问题呢，今天就让我们一起再次走近自行车，继续探寻其中的奥秘。

[通过师生之间的谈话，自然地让学生回忆自行车中蕴含的数学知识，激发学生进一步探究新问题的兴趣。]

(2) 创设情境：（课件出示）小明和妈妈在家门口进行自行车比赛，小明选择的是变速自行车，妈妈选择的是普通自行车，两辆自行车的车轮大小相同，并且她们约定每秒钟都蹬踏板一圈。比赛时间如果为 5 分钟的话，你们想一想，谁能骑得远呢？

学生有三种意见，认为比赛结果是“不一定”的人最多。

教师提问：要解决这个问题，我们必须了解哪些信息？

学生自由交流，教师引导小结：我们要知道自行车 5 分钟前进的路程必须先知道蹬踏板一圈时车子前进的路程。（板书：脚蹬一圈前进路程）

[教师将数学问题融入情境之中，以问题情境为依托。学生由浅入深地全程参与问题的讨论过程，把大问题分解成小问题，逐步建立起问题解决的数学模型。]

（二）分析问题

1. 感知自行车的运动原理

那自行车脚蹬一圈前进多少路程跟自行车的什么部件有关系呢？请大家一边观看自行车运动的录像，一边和你的同桌轻声说说自行车是怎样运动的。（课件播放）

观看后，学生交流：脚蹬踏板，踏板带动前齿轮，前齿轮通过链条带动后齿轮，后齿轮就带动轮子转动，自行车就前进了。

思考：同学们，脚蹬一圈咱们的前齿轮跟着转动，后齿轮转动的也是一圈吗？到底是几圈呢？

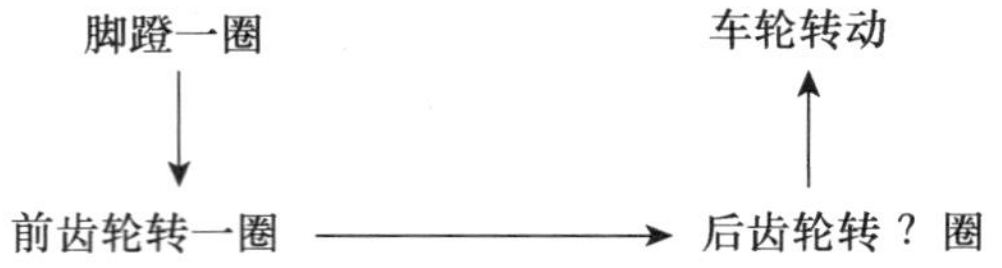

2. 探究齿轮的转动规律

操作实验：老师今天给同学们带来了微型的自行车齿轮模型。大家看，（出示齿轮模型）这个大的齿轮就相当于自行车的前齿轮，那这个小一点的齿轮就相当于自行车的后齿轮，用红色小棒代替脚踏板用力踏，前齿轮就带动后齿轮动起来了。下面，同桌之间就带着问题，一边操作，一边观察，一边思考。（点击课件，出示齿轮转动研究表）

齿轮转动研究表

观察内容：前齿轮转 1 圈，后齿轮转几圈？你们是怎么发现的？
结果：

学生操作后交流反馈，预设的方法有：

(1) 直接观察。在小齿轮上先插一根牙签做记号，然后数出大齿轮转了 1 圈时，小齿轮转了 3 圈。

(2) 数齿轮的齿数。先分别数大小齿轮的齿数，发现小齿轮一共有 10 个齿，而大齿轮一共有 30 个齿，因为大小齿轮转的路程是一样的，它们转的齿数和它的圈数成反比例，所以大齿轮转 1 圈时，小齿轮就转了 3 圈。

(3) 计算周长。通过测量得出，大齿轮的半径是 3 厘米，小齿轮的半径是 1 厘米，大齿轮周长就是小齿轮周长的 3 倍，因为它们转过的路程是一样的，所以小齿轮转动圈数就是大齿轮转动圈数的 3 倍。

3. 抽象前后齿轮的旋转关系

(教师边播放课件边引导学生理解知识点) 同学真了不起，通过测量、计算发现了大齿轮转 1 圈时，小齿轮转 3 圈。这是为什么呢？为了研究方便，老师把连接大小齿轮的链条去掉，你发现两个齿轮怎么样？(咬合在一起) 仔细观察，两个齿轮的运动有什么关系？(播放齿轮运动的动画，学生发现：两个齿轮转过的路程一样；总齿数相同；大齿轮转得慢，小齿轮转得快)

出示关系式：前齿轮的齿数×它的圈数＝后齿轮的齿数×它的圈数

[齿轮问题是本课的一个难点。学生只有实际操作简易的自行车齿轮模型，把操作、探究和解决问题有机地结合起来，才能更好地发现和理解齿轮的关系。同时学生采用多样化的探究方式和进行充分的交流也促使他们更深入地理解这一重要的知识点。]

(三) 建立模型

提问：刚才我们共同发现了自行车前后齿轮转动的规律，得到了“前齿轮的齿数×它的圈数＝后齿轮的齿数×它的圈数”这个重要的结论，现在你能根据这辆自行车中的信息解决刚才的问题吗？

(课件出示：前齿轮齿数 33 齿；后齿轮齿数 11 齿；脚蹬一圈，自行车能行多远？)

学生通过思考可以发现：这些信息只能求出前齿轮转一圈时，后齿轮转了几圈。

(板书：后齿轮转？圈$=\frac{\text{前齿轮齿数}}{\text{后齿轮齿数}}$) 要求自行车行驶的路程，还必须知道车轮的周长。引导学生进一步总结出：

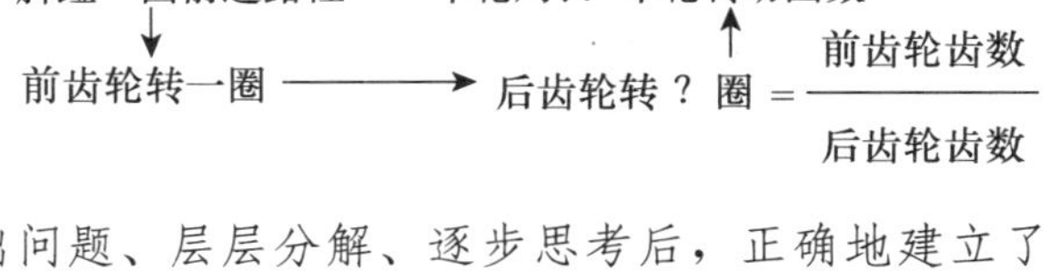

[学生在经过提出问题、层层分解、逐步思考后，正确地建立了各参数之间的数量关系，最终形成了解决问题的数学模型，充分感受了“提出问题—分析问题—建立模型”的

过程。]

（四）解释应用

1. 解决问题

现在老师提供妈妈和小明的自行车各自齿轮和周长的信息，你能计算一下他们脚蹬一圈自行车前进的路程吗？

学生自行计算，汇报结果如下：

车轮直径：1米

前齿轮：33齿　　前齿轮：42齿 32齿

后齿轮：11齿　　后齿轮：14齿 12齿 10齿

普通自行车：$3.14\times1\times\frac{33}{11}=9.42$（米）

变速自行车：

前齿轮齿数（个）	后齿轮齿数（个）	蹬一圈，自行车前进的路程（米）
42	14	$3.14\times1\times\frac{42}{14}=9.42$
42	12	$3.14\times1\times\frac{42}{12}=10.99$
42	10	$3.14\times1\times\frac{42}{10}=13.188$
32	14	$3.14\times1\times\frac{32}{14}\approx7.18$
32	12	$3.14\times1\times\frac{32}{12}\approx8.37$
32	10	$3.14\times1\times\frac{32}{10}=10.048$

提问：同学们，观察你们的计算结果，你发现了什么？

（预设学生的回答：变速自行车通过不同的前后齿轮组合，能变出多种不同的速度；前齿轮越大，后齿轮越小，比值越大，速度越快）

思考：同学们，刚才开始上课的时候，大家对小明和妈妈的比赛预测的结果是“不一定”，现在对于她俩比赛的结果你有新的想法了吗？

（预设学生的想法：妈妈赢的可能有两种，就是小明选择32齿的前齿轮和14齿或12齿的后齿轮；当小明选第一种，即前齿轮42齿、后齿轮14齿时，他们就会打平；其他的

选择都是小明赢。如果小明要以绝对的优势取得比赛的胜利，他就要选择前齿轮 42 齿、后齿轮 10 齿）

2. 拓展认识

教师：同学们，选择“前齿轮 42 齿、后齿轮 10 齿”这种组合速度虽然最快，但骑起来却是最费力的，其他几种组合虽然速度没有它快，但却没有它费力，同学们课后可以试一试。（课件表格出示各种组合力度情况）

变速自行车

前齿轮齿数（个）	后齿轮齿数（个）	蹬一圈，自行车前进的路程（米）	力度
42	14	$3.14\times1\times\frac{42}{14}=9.42$	
42	12	$3.14\times1\times\frac{42}{12}=10.99$	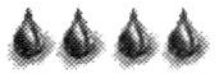
42	10	$3.14\times1\times\frac{42}{10}=13.188$	
32	14	$3.14\times1\times\frac{32}{14}\approx7.18$	
32	12	$3.14\times1\times\frac{32}{12}\approx8.37$	
32	10	$3.14\times1\times\frac{32}{10}=10.048$	

想一想：在这样的路面上该怎样合理地使用变速自行车呢？（课件出示坡面道路图）

[联系课程初始的问题，让学生运用模型去解释比赛的结果。通过呈现计算结果，学生真切地感受到一旦掌握了模型，思考问题和解决问题就会更加全面、更加准确。同时，联系生活实际对变速自行车的特性进行拓展介绍，学生从中客观地认识到了变速自行车在生活中的意义和使用情况，对数学的应用价值有了更深的体会。]

（五）总结延伸

今天我们一起研究了自行车，发现并解决了藏在自行车里的数学问题。实际上自自行车诞生以来，就不断有科学家像你们今天这样去研究它、探索它，让我们来看看自行车的演变过程吧！

欣赏自行车演变的图片。

思考：如果你作为一个自行车设计师，你还想对自行车做出哪些改进呢？

[通过对一张张精彩图片的欣赏，学生感受到的不仅是自行车的演变过程，更是科学创造美好生活的图景。]

三、教学“综合与实践”的基本步骤

一般来说，“综合与实践”的教学设计可采用以下几个步骤：

（1）确定研究主题。如上述案例的研究主题是“自行车里的数学”，教师推着真实的自行车进教室，把学生带入探究的情境中，激发学生探究的欲望。

（2）明确目的任务，建立数学模型。在探究较复杂的实际问题时，需要层层分解教学目的和教学任务。如上述案例中要比谁会赢，首先应探索普通自行车、变速自行车脚蹬一圈前进的路程及其内在结构的关系：

第一个任务是研究前后齿轮转圈的倍比关系。教师通过自行车齿轮模型，分小组让学生自主发现：后齿轮转？圈$=\frac{\text{前齿轮齿数}}{\text{后齿轮齿数}}$。

第二个任务是让学生学会从实际问题中发现数学问题并抽象出数学模型。上例中，教师通过让学生观察自行车的运动原理，抽象出如下数学模型：

脚蹬一圈前进路程 = 车轮周长×车轮转动圈数

↓　　　　　　　　　　　　　↑

前齿轮转一圈 ——→ 后齿轮转？圈 $=\frac{\text{前齿轮齿数}}{\text{后齿轮齿数}}$

第三个任务是研究怎样搭配前后齿轮数才能使车轮转动的圈数超过普通自行车。通过研究变速自行车的原理，发现前齿轮齿数与后齿轮齿数有多个倍比关系，说明后齿轮转动的圈数随着前后齿轮齿数的不同搭配而不同，所以要选择最优搭配。

第四个任务是教师让学生骑车进行体验，从中发现并非比值越大越好，还要考虑到用力问题。学生课下根据教师提供的用力程度表自主体验上下坡时应如何选择前后齿轮数，从而通过变速达到省时省力的目的。

（3）准备课程资源。“综合与实践”的课程资源可以让学生自己去找，也可以分组准备，或者教师创设资源。如上述案例13，教师用真实的自行车、自行车运动的录像和自行车齿轮模型这些课程资源让学生自主探究，其优点是探究的目标明确、任务比较集中，便于学生互动和交流，适合比较难的教学内容。而下面周静珠老师设计的“春游问题”，则是让学生分组调查后自己获得课程资源（见案例14）。

（4）活动。这是教学的重点，要舍得花时间让学生自主探究、合作交流。如果说教学“数与代数、图形与几何、统计与概率”这三个内容领域时，教师为了利用好课堂教学时间需要多加点拨以提高课堂教学效率，那么本内容领域的课堂教学应更重视学生对过程和活动的体验。所以教学时要创设开放的学习环境，鼓励学生创新或提出自己独特的见解，让学生积累更多的数学活动经验。

（5）交流与评价。这是教学“综合与实践”的难点所在。课堂的开放性决定了教师的课堂生成会有多变性，上好课的关键在于教师对课程内容的深刻理解和把握。在案例13中，如果教师能先让各小组选代表上台解释自己的观点，并在争议和讨论后，按学生的讲解板书任务分解图，则更利于学生从实际情境中抽象出数学问题，找到问题的关键在于前后齿轮数之比。

教师应放手让学生自己交流和评价，“综合与实践”内容领域的主要任务就是帮助学生积累活动经验。因此，组织好交流与评价是课堂教学成功的关键。

四、“综合与实践”的教学设计

鉴于“综合与实践”的目标定位与前面三个领域有比较大的区别，所以教学设计中要注意以下几点：

（1）明确活动的知识要点，加强数学内容之间的沟通与联系。教师首先要明确“综合与实践”的研究主题主要应用的是哪些知识，具体要求如何，有什么联系。教师在回答这些问题后，在活动组织过程中，要注重使知识脉络清晰、类别分明、规律明显。教师可通过一个具体的事例，结合学生已有的生活经验，引导学生自己提出问题、自己解决问题，使之既能对所学知识进行实质性的复习和巩固，又能体会到数学在生活中的应用。

（2）提出真实的学习任务，加强数学与外部世界的联系。这些学习任务，可以是教材中的内容，也可以是教师自己开发的课程资源。请看周静珠老师设计的“综合与实践”（见案例14）。

案例14　　**春游问题（中数分析）**

因为在学校组织的春游活动中，车辆的安排方案基本上每年相同，即从管理方便出发，不管班与班之间学生人数的差异，原则上都是一个班级一辆车（每辆车不超过45人），这样的车辆安排方案是不是最佳方案呢？为此，周老师让学生通过小组合作，在全面调查各班人数和租车费用的基础上，设计不同的租车方案，并让各组派代表说明理由，然后全班同学投票表决哪一组的方案好。这个“有价值的数学任务”激发了学生的学习热情和创造潜力，请看下面一组同学的车辆安排方案：

班级	学生（人）	老师（人）	车号
401	42	2	1
402	41	2	2
403	42	2	3
404	43	2	4

续前表

班级	学生（人）	老师（人）	车号
501	49	1	5
502	49	1	6
503	49	1	7
601	49	1	8
602	49	1	9
603	49	1	10
501、502、503、601、602、603的剩余学生和老师	24	6	11

优点：不会超载，人人有座位，方便管理，安全可靠。

缺点：共需 $500\times11=5\,500$（元），人均费用较高。

“钞票可以再挣，生命只有一回！请投我们一票！”

投票栏：

正　正　正　正　正　正　……

这样的车辆安排方案本身可能没有什么独特之处，但看了他们组的广告词，不得不惊叹这些学生的创意，不得不承认当把数学与现实生活密切结合，放手让学生用数学知识解决问题时，数学就会成为学生生活的一部分。

（3）及时整理，系统建构。教师要把学生在解决问题过程中运用的知识和方法及时分类整理，把单一知识变成综合知识，帮助学生建构系统的知识体系，将知识融会贯通、灵活应用。

（4）充分发挥小组合作的优势，通过“大问题”或“主题式”探究，给学生提供自主探究的空间和时间。既然是“综合与实践”活动，就应选择好活动的内容和载体，让学生真正“动”起来。教师让学生以类似科学研究的方式去获取知识和应用知识，学习如何收集、处理和提取信息，如何运用有关知识来解决实际问题，如何在研究过程中与人交流和合作，如何表述和展示研究成果，等等。教师的主要职责是创设一种有利于学生进行探究性学习的情境和途径。华盛顿儿童博物馆的墙上有一句醒目的格言“我听见了就忘记了，我看见了就记住了，我做了就理解了”是不是能对读者进行“综合与实践”的教学设计有所启示呢？

思考与练习

1. 你认为，“数与代数”“图形与几何”“统计与概率”“综合与实践”四大内容领域的教学设计在教学目标的定位上有什么相同和不同之处？

2. 以分数除以整数为例，说一说“数的运算”教学的一般规律。

3. 什么叫量感？你认为小学数学课堂教学中应如何培养学生的量感？

4. 谈一谈“新课标”下的“解决问题”与传统的“应用题”有什么联系和区别。

5. 举例说明如何在“图形与几何”内容领域的教学中培养学生的空间观念。

6.“统计与概率”与“数与代数”内容领域的思维方式有什么不同？请举例说明。

7. 在四年级下册学生学习了《复式条形统计图》后，设计一个主题式的“综合与实践”活动方案，写出不超过800字的简案。

阅读导航

1. 经典阅读

（1）克鲁捷茨基．中小学生数学能力心理学．上海：上海教育出版社，1983．

（2）弗赖登塔尔．作为教育任务的数学．上海：上海教育出版社，1995．

（3）伍尔福克．伍尔福克教育心理学．11版．北京：中国人民大学出版社，2012．

（4）张奠宙．中国数学双基教学．上海：上海教育出版社，2006．

（5）周玉仁．小学数学教学论．北京：中国人民大学出版社，1999．

（6）马云鹏．小学数学教学论．4版．北京：人民教育出版社，2013．

（7）马立平．小学数学的掌握和教学．上海：华东师范大学出版社，2011．

（8）吴正宪，刘延革．发展儿童数学关键能力．北京：教育科学出版社，2017．

（9）吴正宪，范存丽．让儿童在对话中学数学．北京：教育科学出版社，2017．

（10）吴正宪，张丹．让儿童在问题中学数学．北京：教育科学出版社，2017．

（11）吴正宪，贾福录．让儿童在涂画中学数学．北京：教育科学出版社，2017．

（12）陆虹．小学数学这样教：一名数学特级教师的修炼之路．上海：上海教育出版社，2019．

2. 网络资源

（1）国家教育资源公共服务平台，http://www.eduyun.cn/

（2）小学数学教学网，http://www.xxsx.cn/

第四章

基于数学知识类型的教学设计

本章导读

本章根据数学知识类型和学习理论，讨论小学数学中的概念学习、规则学习和问题解决的一般规律。概念学习有两种基本方式：概念的形成和概念的同化；规则学习有三种基本形式：上位学习、下位学习和并列学习；问题解决是数学知识的应用。所以教学设计应让学生经历“实际情境—数学问题—数学模型—解决问题—解释与应用”的过程；让学生在真实的情境中学会发现数学问题，增强自己解决问题的能力和信心；让学生学会把复杂问题纳入已有模式之中，使之成为构建新模式的工具，从而求得问题的解决。此外，本章还对小学中常用的数学思想方法进行了梳理，对首次出现的“数学广角”进行了教学设计策略研究。

第一节　数学概念的教学

概念是客观事物的本质属性在人脑中的反映。根据布鲁纳的研究，概念具有以下四个基本要素：概念的名称、概念的本质属性和非本质属性、概念的例证、概念的定义。

数学概念是客观事物在数、量、关系和空间形式方面的本质属性在人脑中的反映，其表现形式是数学语言中的名词、术语、符号。数学概念是数学知识和思维的基础，学生“听不懂数学”或者解题错误，大多是因为没有理解掌握概念。

学生是否掌握概念，通常需要从两个方面来衡量：一是是否理解概念的内涵；二是是否识别概念的外延。如“比例”这个概念，其本质特征是“两个比”和“比值相等”，也就是要知道比例是“一个等式，等式的两边都是比”，少了一个条件就不是比例了。如“$\frac{2}{4}=\frac{1}{2}$”是表示两个比相等的式子，是比例，而“2∶4=0.5”“x∶1=x”就不是比例了。

概念的内涵是概念的“质”的反映，概念的外延是概念的“量”的反映，两者相辅相成，密不可分。概念的内涵与外延是呈反向对应关系的。也就是说，概念的内涵扩大，其外延就缩小；反之，概念的内涵缩小，其外延就扩大。它们是概念不可分割的两个方面。

如长方形和正方形，由于正方形的内涵比长方形的内涵多了一个本质特征，那就是“邻边相等”，所以长方形的外延就比正方形的外延大。也就是说，正方形是长方形，但长方形不一定是正方形，它们是包含关系。

根据概念与概念之间的包含关系，我们可以区分出上位概念、下位概念和并列概念。如长方形概念，它的名称是“长方形”，本质属性是两条对边分别平行且相等，四个角是直角。黑板、教室的地面、电脑的屏幕等物体的轮廓所形成的图形，以及图 4－1 中的图形等都是长方形的外延。

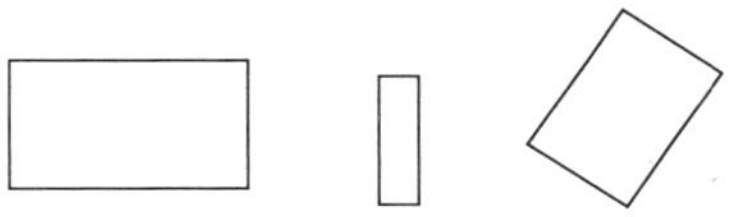

图 4－1

如果按四边形—平行四边形—长方形—正方形的概念系统学习，我们可对长方形下这样的定义：“有一个角是直角的平行四边形叫长方形。”这里的平行四边形就是长方形的上位概念，长方形的下位概念是正方形，而梯形是平行四边形的并列概念。

一、数学概念的学习内容

小学里的数学概念，总结起来大约有 400 个。

（一）“数与代数”领域的概念（包括 6 个方面，近 200 个概念）

（1）数的概念主要有自然数、整数、分数、小数、百分数、正数、负数及与此有关的数数、计数、计数单位（如个、十、百、千、万、亿）、数位（如个位、百位、十分位、百分位、千分位等）、位数、读数、记数、写数、基数（几个）、序数（第几）、奇数、偶数、质数、合数、分子、分母、分数线、真分数、假分数、带分数、分数单位、最简分数、循环小数、循环节、有限小数、无限小数、无限不循环小数、百分率、成数、利率、税率等概念。

（2）运算方面的概念主要有加、减、乘、除以及与此有关的加数、减数、被减数、因数、被除数、除数、和、差、积、商、倒数、算式以及加号、减号、乘号、除号、小括号、中括号、口算、笔算、珠算、估算、简算、退位、进位、四舍五入、进一、去尾、保留、有效数字、精确、准确数、近似数、改写、省略、尾数、增加、增加到、增加了、减少、减少到、减少了、扩大、缩小、约分、通分等概念。

（3）数的关系方面的概念主要有大于、小于、等于、同样多、比多、比少、差比、倍比、倍、除尽、除不尽、余数、整除、约数、倍数、公约数、公倍数、最大公约数、最小公倍数、互质数、质因数、规律、定律等。

（4）比和比例方面的概念主要有比、比值、比例、比例尺、解比例、按比分配、正比例、反比例及与此相关的比号、前项、后项、内项、外项等概念。

（5）量与计量方面的概念主要有量、量数、名数、计量、计量单位，货币单位如元、角、分，美元、日元、欧元等，重量及重量单位如吨、千克、克，时间单位如时（小时）、分、秒，还有路程、速度、单价、总价等。

（6）式与方程方面的概念主要有等式、等量、方程、解方程、方程的解及与此有关的未知数、已知数等。

（二）"图形与几何"领域的概念（包括近百个概念）

图形的概念主要有长、短、高、矮，点、线、面、体，曲线、直线、线段、射线、平行线、垂线，角、直角、锐角、钝角、周角、平角、圆心角，三角形、长方形、正方形、平行四边形、梯形、圆形，长方体、正方体、圆柱体、圆锥体等，此外，还有相交、垂直、距离、垂足、边、底、腰、长、宽、高、棱、内角、度、度数、直角三角形、锐角三角形、钝角三角形、等腰三角形、等边三角形、直角梯形、等腰梯形、组合图形、直径、半径、圆周率、周长、底面、侧面、表面积等。

图形的测量方面的概念有长度及长度单位如千米（公里）、米、分米、厘米、毫米，面积及面积单位如平方公里、平方米、平方分米、平方厘米，地积与地积单位公顷，体积及体积单位如立方米、立方分米、立方厘米，容积和容积单位如升、毫升等。

图形的运动与位置方面的概念有平移、旋转、对称、轴对称、数轴、数对、位置、方向、角度等。

（三）"统计与概率"领域的概念

"统计与概率"领域的概念主要有统计、统计表、统计图、条形统计图（单式条形统计图、复式条形统计图）、折线统计图（单式折线统计图和复式折线统计图）、扇形统计图和平均数等特征数以及确定、随机、可能、可能性、等可能性、必然现象、随机现象等近20个概念。

此外，还有数学思想方法方面的术语和符号，如优化、化归、排列、组合、集合、对应等，以及各种单位名称、符号和术语。这些概念有些仅是数学"规定"或"约定"的符号，如 π、+、−、%、（ ）等，教师教学时只要让学生感受到"规定"的合理性或让他们了解这些符号的发展历史就可以了，但有些术语没有统一"规定"，如质数，有的书上又叫素数，需要在教学时同步说明或标注。更多的概念需要学生在理解概念本质的基础上，识别概念的外延。

学好数学概念是学生学习数学知识、形成数学思维的先决条件。掌握小学里的数学概念，无论是对教师还是对学生都十分重要。笔者曾用以下六道判断题对一些小学数学教师和小学教育专业本科生做过测验。

(1) 因为所有的纯小数都小于1，所以0.999 999…小于1。

(2) 奇数和偶数各占自然数的二分之一。

(3) 在小数除法中，如果余数重复出现，则其商一定是循环小数。

(4) 因为$\frac{14}{8}=\frac{7}{4}$，所以$\frac{14}{8}$的分数单位是$\frac{1}{4}$。

(5) 平常说的“我家住房面积扩大1倍”，是指原来面积的2倍，而数学中扩大1倍则仍然指原数。

(6) 相邻两个数位间的进率都是10。

测验的结果是错误率很高，究其原因是概念模糊。如第（6）题，我们必须明确数位与计数单位这两个概念之间的联系和区别，正确的说法应是“在十进制计数法中，相邻两个计数单位之间的进率是10”。

不同时期，由于研究对象或范围不同，概念的外延会发生变化。如偶数的概念，在刚学习数的整除时，其外延是全体正偶数，所以最小的偶数是2；当概念外延扩展到非负整数，也就是自然数的范围时，最小的偶数是0；而在全体整数范围内研究偶数的概念时，就没有最小的偶数了。

小数的概念也有这种情况，从有限小数（学习小数的意义阶段）到无限循环小数（学习分数化成小数后）再到无限不循环小数（圆周率出现后），其外延不断拓展，内涵也在发生质的变化。所以，对于每一阶段的教学，教师都要注意揭示概念的本质属性，明确不同阶段同一术语的内涵与外延，帮助学生构建良好的数学认知结构。

二、数学概念的学习方式

学生学习数学概念，主要有概念的形成（顺应）和概念的同化（同化）两种方式。

(1) 概念的形成，是在对大量同类事物进行比较、分析、归纳的基础上概括出这类事物共同的本质特征，在扩展和改造原有认知结构的基础上形成新的认知结构的过程。这一过程一般要经过以下五个阶段：感知具体的事物，发现其数学特征（在归类的基础上建立表象），抽象出这类事物的本质特征，用语言或符号表征（在判断和应用的过程中明确概念的外延），强化此概念与彼概念的联系和区别。

这种学习方式的基础是直接经验，思维方式是从特殊到一般。小学里的绝大多数数学概念的学习是通过这种方式学习的。

(2) 概念的同化，是利用学生认知结构中的原有概念，以定义或描述的方式直接向学生揭示新概念的内涵和外延，进而形成新概念，并把新概念纳入学生原有认知结构的过程。这一过程一般要经历以下四个阶段：“唤起”原有认知结构中的相关概念，揭示新概念的内涵和外延，比较新旧概念之间的联系和区别，强化新概念并应用新概念。这种学习方式的基础一般都是间接经验，思维方式是从一般到特殊。

如学习等腰三角形的概念时，教师可以先“唤起”学生原有认知结构中三角形的概念，然后从三角形三条边之间的关系来揭示等腰三角形的本质特征：有两条边相等；是三角形。其外延是只要满足“有两条边相等”“是三角形”这两个条件的即是等腰三角形。之后，可以通过比较锐角等腰三角形、直角等腰三角形、钝角等腰三角形，让学生发现锐角三角形有三条边都相等的情况，引出等边三角形的概念。通过层层递进，学生学习到三角形按边分类可以分为等腰三角形和非等腰三角形两类，等腰三角形又可以分为“腰底不等的三角形”和“等边三角形”两类。

总之，不论学生采用什么方式学习概念，新概念的获得都会促进学生认知结构的发展与完善。

与概念学习相配套的概念教学在小学数学教学中占有十分重要的地位，是基础知识教学的重要组成部分，也是发展数学思维的基础。例如，学生之所以出现$\frac{1}{2}+\frac{2}{3}=\frac{(1+2)}{(2+3)}$的计算错误，就是因为在概念教学中没有厘清分数概念和分数单位的概念，不知道$\frac{1}{2}$是把一个整体平均分成 2 份，表示的是 1 个$\frac{1}{2}$，而$\frac{2}{3}$是 2 个$\frac{1}{3}$，单位不同，不能直接相加。因此，在小学数学教学中要十分重视概念教学的设计。

三、数学概念的教学设计

请看侯海敏老师的教学设计和公开课的课堂实录（见案例 15），其不仅体现了侯老师对教学设计的不断完善，而且体现了他对如何设计概念教学的一些深层思考。读者不妨仔细阅读教案及右侧笔者的点评，再看他的反思，感受小学数学概念教学的“磨课”过程。

案例 15　　**分数的初步认识（详案）**

一、教学目标

根据“新课标”的总体目标确定本课的教学目标：

（1）“知识目标”：使学生初步认识几分之一和几分之几，了解分数的各部分名称，会正确读写分数。

（2）“技能目标”：通过操作、观察、归纳、猜想等数学活动，发展学生的实际操作能力和初步的思维能力。

知识目标明确，但应突出“以学生为主体”。

把技能与能力混为一谈，第 2 条是能力而非技能，这样第 2 条、第 3 条可合并成一条。

(3)“数学思考”：让学生经历运用符号和图形描述二分之一的过程，帮助学生建立符号感，发展抽象思维。

(4)“问题解决”：让学生学会与人合作，并能与他人交流思考的过程和结果。让学生在自我评价和相互评价的过程中形成评价意识和反思意识。

(5)“情感态度”：使学生能积极参与数学学习活动，并能在数学学习活动中获得成功的体验。

注重“问题解决”“情感态度”方面的目标达成，定位也比较准确。特别强调了让学生“获得成功的体验”。

二、教学过程

(一) 初步感知

1. 教学“平均分”

(1) 请学生拿出小圆片随意地折一折，并把折痕画出来。

(2) 请学生上台展示成果。(有意识地让两种情况的学生上台展示)

(3) 请学生仔细观察，并把这些图形分成两类。

(4) 请学生说一说分类的理由，引导得出：一类是把一个圆平均分成两份，一类不是平均分。(板书：平均分成两份)

通过操作，让学生感知“分”的两种结果——平均分和不平均分，过渡自然，能吸引学生的注意力。

2. 导入

我们今天就来研究有关“平均分”的知识

(二) 探究新知

1. 教学“一半”

(1) 请学生在发下的纸片中选择一个图形，并把它平均分成两份。

(2) 请学生展示成果：长方形、圆、三角形这三个图形的一半。

(3) 教师把圆的一半画上阴影，并提问：阴影部分和整个圆有什么关系？

(4) 根据学生的回答完成板书：把一个圆平均分成两份，其中的一份是整个圆的一半。

把“一半”作为“$\frac{1}{2}$”的生长点，符合学生实际。

2. 教学“$\frac{1}{2}$”

(1) 教师提问：你能用一种形式表示出心中的一半吗？可以用一种图形，或一个符号，或其他形式。(给学生充分的思考时间)

(2) 让学生自己上台展示成果。

早—日＝干　　A＝C＋C　　1＝2－1

(3) 学生介绍自己表示的“一半”是怎么回事。

给学生充分的思考时间，允许学生寻找自己的解决办法，让学生经历运用符号和图形描述$\frac{1}{2}$的过

（4）教师概括：把一个圆平均分成两份，其中的一份在数学上可以用这样一个数来表示（板书：$\frac{1}{2}$）。这个数叫分数。（板书：分数）

你在哪里看到过吗？你会读吗？让学生试读，教学生读法。

3. 再次感知

（1）说一说自己折的图形的哪一部分是$\frac{1}{2}$。（要求说完整）指名说，自己说，同桌说。并指出阴影部分是整个图形的$\frac{1}{2}$，引导得出空白部分也是整个图形的$\frac{1}{2}$。

（2）教学写法。指名写，自己写。

4. 教学"几分之一"和"几分之几"

（1）你认为分数还有吗？

（2）你还能不能"创造"出一个分数来？

（3）把你所想的分数用图形表示出来，再和同桌交流。

（4）请学生把所表示的图形贴到黑板上。

（5）请其他同学评价：你认为这个图形怎么样，表示什么？在评价的过程中纠正错误。

（6）在学生的评价过程中教学几分之几，让学生自己来解释几分之几。教师板书：$\frac{2}{4}$里面有2个$\frac{1}{4}$，4个$\frac{1}{4}$是$\frac{4}{4}$。

5. 教学分数的各部分名称

（1）如果要你表示$\frac{3}{7}$，你用刚才的表示方法可以做到吗？

（2）你还知道哪些分数？根据学生的反馈，强调几分之几。

（3）教学各部分名称，你觉得这条线可以取一个什么名字？（平均分线、分数线）让学生自己解释为什么这样取名。

（4）教师给分数线下面的数取个名字叫分母。让学生自己给分子取名。

（5）让学生自己解释分母与分子的关系。

（三）小结

（1）这节课你有哪些收获？

（2）联系生活用分数讲一句话。

程，为学习新数"$\frac{1}{2}$"做好了铺垫。

了解学生的知识基础，为进一步教学"$\frac{1}{2}$"的含义做准备，并及时引入了读写法。

关注"空白"，有利于拓展学生的思维，也能帮助学生进一步理解"$\frac{1}{2}$"。

从形式上的迁移发展到实质性的理解，过渡自然。注重学生间的相互评价，让学生在自我评价和相互评价的过程中形成反思意识和评价意识。

说明数学符号表示的优越性，并通过让学生自己取名，进一步讲解分数的具体含义。

注意联系生活实际，但缺少必要的练习和强化。

公开课：分数的初步认识（课堂实录）

一、创设情境，导入新课

（1）你们喜欢玩吗？都玩过些什么？

（2）你们玩过数学吗？

（3）这节课我们就一起来玩一玩数学。

[关注了学习环境的创设，拉近了与不熟悉的学生之间的心理距离。]

二、实践操作，探求新知

1. 教学“平均分”

（1）请同学们拿出一张小圆片，随意地折一折，并用水彩笔把折痕画出来。

（2）学生展示成果。（将圆片贴在黑板上，两种情况，一种是平均分，一种不是平均分）

（3）你能从黑板上的作品中发现些什么？又想到了什么？

生 1：他们是怎么折的？

生 2：他们都把圆分成两半。

生 3：这两半有区别吗？

师：你能把它们分成两类吗？先和同桌说一说。

[让学生说出“把圆分成两半”后再叫学生分类，指向明确，效果好。]

师：根据刚才说的和想的把上面这些圆分成两类。（指名让学生上来分）

师：你们知道刚才这个同学是怎样分的吗？

[分类是这个学生分的，为什么叫其他同学说分类的依据呢？这是新教师易出现的问题，大概是希望更多的同学有发言的机会或担心只问一个人，其他同学会听得不耐烦。]

引导得出有平均分和非平均分两种情况。

师：平均分的知识你们学过吗？今天这节课就一起来讨论平均分。（板书：平均分）

[注意了学生的知识基础和发展的起点。]

2. 教学“一半”

师：把一个圆平均分成两份。（教师选择黑板上贴示的一个圆，并在圆的一半上画阴影）

（1）提问：阴影部分和整个圆之间有什么关系？

引导得出阴影部分是圆的一半，圆是阴影部分的 2 倍，空白部分也是圆的一半。（板书：其中的一份是圆的一半）

[重视了从不同角度描述知识间的关系，有利于学生理解概念，建立有效的知识体系。此外，采用了指出“空白部分也是圆的一半”这个有效的教学环节，好!]

（2）师：圆的一半我们可以用阴影部分表示，其他物体的一半你们觉得可以怎样表示呢？能不能用一种符号或一个图形或一个数，把你心中的“一半”表示出来？

[提示学生用一个数（注意是数而不是数字）表示，拓展了学生的思维。与详案相比，这里加了“用一种符号或一个图形或一个数……”这个导语，学生反馈的情况也就丰富多了，这也说明教师的提示语非常重要。]

(3) 学生反馈，并把心中的一半写到黑板上，解释为什么这样表示。

学生有画心形并用阴影表示的，有写“中”字的，有在“W”“8”“3”“1”中间画一横的，有在“6”上面画一横的，还有写 8=4+4，10=5+5 的，等等。

(4) 相互评价：其中有一个学生对在“6”上面画一横的同学“有意见”，说：“6”相当于一个苹果，一人吃苹果，另一人吃苹果上的“柄”，这就不公平了，就不是平均分了。（听课师生都笑了起来）

[教师给了学生足够的思考时间，使学生的创造性得到了充分的发挥。原来他们心目中的“一半”竟是如此之丰富。这个环节把课堂教学一下子推向了高潮。]

3. 教学“$\frac{1}{2}$”

(1) 师：同学们都用自己喜欢的方式表示出了心中的一半，在数学里有一种更科学、更简便的表示方法——$\frac{1}{2}$，你们看到过这个数吗？

[教师撇开学生心中的这么多的“一半”不理，突然引进新的表示方法，显得很突兀，对学生的“创造”也显得不够尊重，为什么不顺着学生“创造”的“一半”，通过让学生思考 1=？+？来引进$\frac{1}{2}$？]

师：$\frac{1}{2}$，你们见到过吗？在哪里见到过？

生 1：在音乐书上。

生 2：在高年级的奥数书上。

师：看到老师是怎么写的吗？

(2) 让学生尝试读，并总结写法。

(3) 揭题：今天这节课我们就来认识“分数”。（板书：分数的初步认识）

[这个教学环节设计及时到位，教学效果好。]

(4) 讲解$\frac{1}{2}$的含义。

(5) 让学生比较自己表示“一半”的方法和$\frac{1}{2}$，哪一个比较合理。

师：认为$\frac{1}{2}$表示方法好的，就把你的表示方法擦掉。

[请仔细对比案例 2 吴正宪老师对这个问题的处理，感悟新老教师不同的“生成”能力。]

4. 再次体验“$\frac{1}{2}$”的形成过程

(1) 在发下的纸片中任意选择一个图形，折出$\frac{1}{2}$。

(2) 作品展示，并让学生交流，让学生自己纠正错误。

[重视培养学生的反思意识和评价意识。]

师：说一说你的$\frac{1}{2}$是怎样得到的。

学生有些仍然用阴影表示，也有的在一半的地方写上$\frac{1}{2}$，还有不写的，教师都一一叫学生补充完整。

师：你觉得分数除了$\frac{1}{2}$，还有其他的吗？

5. 教学“几分之一”和“几分之几”

(1) 让学生创造一个分数。

你还知道哪些分数？学生自己举例，同桌互说，并把所想的分数用图形表示出来。

(2) 小组间交流所想的分数是怎样得到的。

(3) 将小组推荐作品贴到黑板上。

(4) 学生解释自己的作品。

(5) 学生之间进行相互评价。

[重视学生之间的相互评价，特别是让学生“推荐”作品，与吴正宪老师的教学设计相比有新的突破。但教师要注意突出“平均分”。]

学生的作品（图 1：长方形平均分成两份，每份标上$\frac{1}{2}$；图 2：正方形平均分成四份，用阴影表示两份；图 3：长方形平均分成四份，在第三份中标$\frac{1}{4}$；图 4：一个圆平均分成四份，全部涂上阴影，写上$\frac{4}{4}$；错误的图：长方形平均分成四份，每一份都标上$\frac{4}{4}$。）

教师都一一做了点评，并叫学生自己改正，评语也很丰富，课堂气氛十分活跃，这时下课铃响了。

[下课铃响了，教师仍按原教案的设计继续上课，没有征求学生的意见。其实，如果这时问学生还要不要学？学生一般都会说“要!”这样能体现教师对学生的尊重，课堂氛围可能会更加和谐、融洽。]

6. 教学分数的各部分名称

(1) 先让学生举例分数。

(2) 让学生自己命名分数的各部分名称。

（3）重点解释分数线、分子。

[在已下课的情况下，再叫学生自己给分数的各部分取名就没有必要了，因为取名不是本节课的基本要求，不是必须完成的教学任务，对学生的发展也没有大的帮助，可以省略。]

三、归纳小结

（1）今天这节课你有什么收获？

（2）今天这节课你是怎样学会这些知识的？

四、巩固练习，深化发展

（1）判断能不能直接用分数表示。

（2）联系生活用分数说句话。

侯老师的教学反思：

上公开课前，我重新审视了自己的教案，删去了一些为了实现知识目标而强加进去的教学环节和练习，重点放在其他三个目标的落实上，对学生在教学过程中可能出现的情况也做了充分的估计。经过这节课，学生在“数学思考、问题解决、情感态度”等方面都有了发展。本节课做得好的地方有：

（1）符号意识的体现：本节课在让学生用一种图形、符号或数表示自己心中的“一半”的时候，学生用各种方法表示出了“一半”，有图形的一半，有文字的一半，有具体实物的一半，有一个数字的一半，有一个数的一半，有一个数分成两个相同数的……虽然形式各异，但学生都表示了“把一个物体平均分成两份”，也就是说学生能够用自己的思维去描述现实世界，去发现隐藏在这些方法背后的共同特点，并能对自己的表示方法做出合理解释。

（2）评价角色的转变：本节课力求转变评价的主体，让学生进行自评、互评。在教学几分之一和几分之几时，学生尝试用不同方法折出分数，提高了自身的实践能力。学生在交流自己所创造的分数的同时，提升了与他人交流和合作的基本技能，也体会到合作的益处。在介绍自己的作品时，学生体会到了成功的感觉。在同学的互评过程中，学生收获了反馈意见和评价意见。

但教师在教学过程中也有欠缺的地方：在教学二分之一的符号时，由于教师只是用一句简单的话直接引出，学生缺少对知识形成过程的体验，对学生表示自己心中“一半”时的创造热情是一个打击。学生接受“$\frac{1}{2}$”这个新符号变成了教师的“灌输”。此外，教学时间的安排上存在一定的问题，没有让学生对所学的知识进行系统的整理和总结。总的来说，这节课的情感目标和能力目标已基本实现，但在知识目标的落实上还需要加强。

从学习理论的角度进行分析，“分数的初步认识”适合以概念形成的方式学习，其知识目标是“使学生知道把一个具体物体平均分成几份，取这样一份或几份的数是几分之一或几分之几，知道分数的各部分名称，会正确读写具体的分数”。教材只用列举的方式定义分数，以揭示概念的外延，不要求抽象概括出分数的一般意义。所以，本节课的重点是让学生在充分感知的基础上体会分数的具体含义，能自然流畅地说出把谁平均分成了多少份，表示这样的一份（或几份）是几分之一（或几分之几）。侯老师的公开课从学生感兴趣的话题入手，注意了形成分数的前提是“平均分”；通过细化学习任务，如学习平均分—学习“一半”—学习$\frac{1}{2}$—学习分数的读写法—学习几分之一—学习几分之几—学习分数的各部分名称，把数学知识的逻辑顺序与学生的认知规律有机结合起来了。这样的教学设计从内容角度分析是科学合理的。从课程角度分析，该教学设计注意了课程目标的多元性，十分重视数学思考、问题解决和情感态度等课程目标的落实，在整个教学过程中学生都处于自主探究的状态，课堂气氛活跃，有效地改进了学生的学习方式。但从概念学习的一般规律分析，由于用概念形成方式学习的基本过程是“辨别—归类—抽象概括—强化”，显然，在此教学设计中还缺少几个重要环节，例如，对概念的本质特征也没有强化（通过练习等手段）等，这必然会影响学生对概念的理解和掌握，导致学生“创造”分数时错误率较高，这时，教师不得不花更多的时间去纠正错误，进而又导致教学时间不够，教学任务完不成。

由于不要求抽象概括出分数的一般意义，侯老师在教学“分数的初步认识”时采用操作引入、实例说明的方法，揭示了概念的外延。教师首先引导学生理解$\frac{1}{2}$的具体含义，然后迁移到其他一些具体的分数。教学中教师揭示了概念之间的关系，如已知概念“平均分”与新概念“分数”之间的关系、阴影部分（空白部分）与整体之间的关系、分子与分母之间的关系等，有利于加深学生对概念的理解。又如，在揭示空白部分与整体之间的关系时，教师利用引导语“用一种符号或一个图形或一个数把你心中的‘一半’表示出来”，开阔了学生的思维空间。

四、经典案例分析

从教学论的角度分析，概念教学一般包括以下几个层次：

（1）概念的引入（如旧知引入、实例引入、计算引入、逐步渗透的方法等）。

（2）概念的揭示（用简单明了的语言进行概括，便于记忆和运用）。

（3）概念的理解与巩固（明确概念的内涵与外延）。

（4）概念的联系与发展（用发展、辩证的观点认识概念，明确概念之间的联系）。

（5）概念的应用（在应用过程中逐步完善认知结构）。

下面研究用同化方式学习概念时，该如何设计教学过程。案例 16 是特级教师封礼珍二十几年前的教案，很好地体现了以同化方式学习概念的过程，这也说明教学的本质是不变的，只要符合教育教学规律，二十几年前的经典教学设计仍值得我们现在借鉴和学习。

案例 16　　分数的初步认识（第二课时）（详案）

一、任务分析

本课的起点目标就是第一课时（见案例 15）的终点目标，主要包括以下三项内容：

（1）使学生知道把一个东西平均分成几份，其中的一份表示几分之一，几份表示几分之几。

（2）使学生知道分数的各部分名称。

（3）教会学生正确读写具体的分数。

由于本课是"分数的初步认识"的第二课时，因此可把本课的教学目标确定如下：

（1）懂得把一群（一堆、一部分）物体平均分，表示这样一份或几份的数也可用分数表示。

（2）能根据图形写出不同的分数，还能根据分数摆（画、想）出不同的分数图。写出（或画出）一种为合格。

（3）能概括出分数的两个本质特征：平均分成几份和表示这样的几份。

上述教学目标还可分解成以下几个目标系列：

（1）懂得把几个物体看作"1"，1 个就是它的几分之一。

（2）知道分数中的"1"，可以是一群或一堆物体。

（3）知道分数中的"1"，还可以是半个物体、一部分物体。

［学习任务分析主要包括对学生起点能力的分析和从起点能力到终点能力之间所需的知识、技能、学习策略及其关系的分析，从而确定学生原有知识及起点知识和终点知识的上下位关系，为各个教学环节的设计提供可靠的依据。］

二、教学活动设计

（一）揭示课题

本节课继续学习分数的初步认识。（板书课题）

［直接揭示课题，明确本课学习内容，引起学生注意，这对高段学生未尝不可。］

（二）复旧引新

（播放幻灯片）全班学生书面练习，师在教室走动观察。

1.

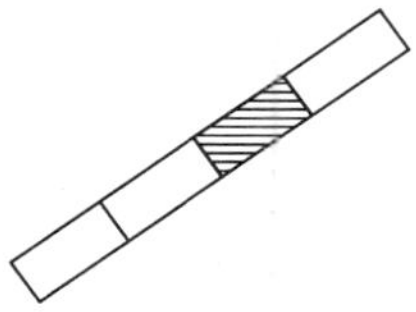

2.

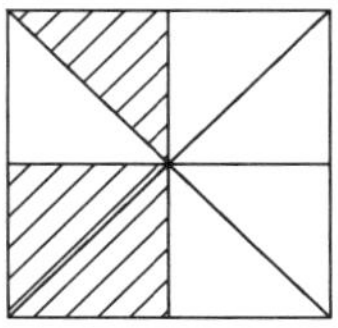

阴影部分占钢管全长的$\frac{(\quad)}{(\quad)}$，阴影部分占正方形的$\frac{(\quad)}{(\quad)}$，白色部分占钢管全长的$\frac{(\quad)}{(\quad)}$，白色部分占正方形的$\frac{(\quad)}{(\quad)}$。

3.

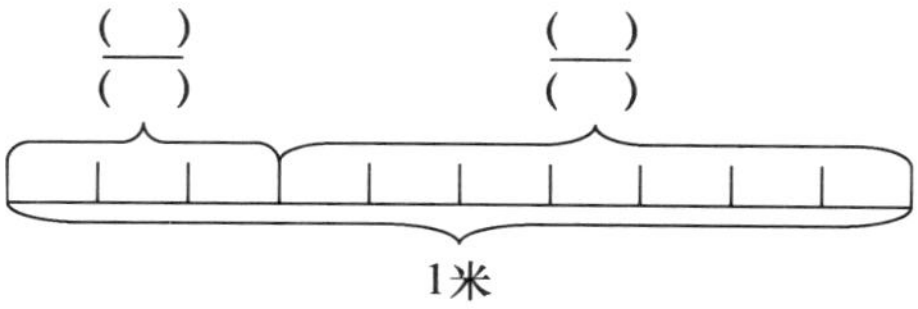

4.

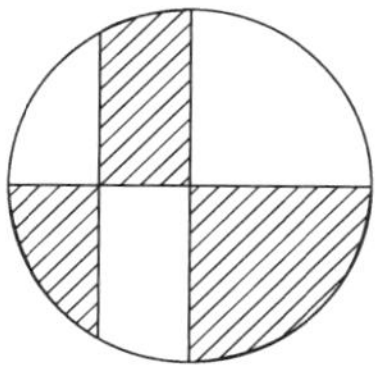

阴影部分占圆的$\frac{(\quad)}{(\quad)}$。

白色部分占圆的$\frac{(\quad)}{(\quad)}$。

[通过练习，学生回忆了旧知。]

(展示学生填写的题，批改，讲评)

师：和第 1、2、3 题答案一样的，举手。(全班学生举手)

[诊断前课目标的实现情况，确定起点目标。]

师：第 4 题有两种答案，哪些同学认为阴影部分占整个圆的$\frac{1}{2}$？(个别学生举手) 你是怎么想的？

生：把一块阴影补过去，正好是半圆。

师把第 4 题的圆演示成

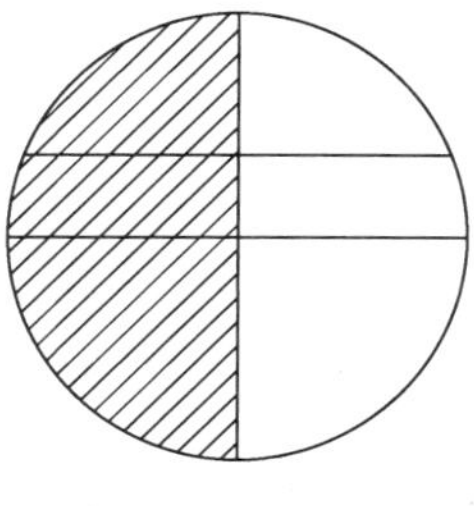

师：想得好！那么如果这块阴影部分不翻过去 (师把圆恢复原样)，阴影部分是这个圆的$\frac{1}{2}$吗？

生：图中阴影部分和白色部分正好一个对着一个，所以还是各占这个圆的$\frac{1}{2}$。

师：每题的阴影部分和白色部分的两个分数合起来是几？

生：合起来都是1。

师：这“1”具体指的是什么？

生：指的是一根钢管、一个圆、一个正方形、一个计量单位。

师：大家复习得很好。分数中的“1”具体指的除了是一个物体、一个计量单位，还可以是怎么样的？这就是本课要学习的。

[找到了新旧知识的结合点，也就找到了教学的切入点。]

（三）教学例2

师：这堆花共几朵？每朵花占这堆花的多少？能用分数表示吗？5朵红花呢？3朵黄花呢？

生：每朵花占这些花的$\frac{1}{8}$。

师：为什么说每朵花占这堆花的$\frac{1}{8}$？这里有个问题很重要，就是把每朵花看作几份？这堆花平均分成几份？请同桌同学相互讨论，然后回答。（学生相互讨论，然后指名汇报）

[通过具体的实例来实现单位“1”概念的扩展，这样既能促进学生对原概念的理解，又能及时把新知纳入学生原有的认知结构。]

生：把每朵花看作1份，这堆花平均成了8份。

生：5朵红花占这堆花的$\frac{5}{8}$，3朵黄花占这堆花的$\frac{3}{8}$。（板书：在8朵花中，红花占$\frac{5}{8}$，黄花占$\frac{3}{8}$）

师：两个分数合起来是几分之几？

生：合起来是$\frac{8}{8}$，也就是“1”。

师：这“1”具体指的是什么？

生：指的是一堆花。

出示上面三头羊、下面四头羊的图和题目：

在7只羊中，白羊占这群羊的$\frac{(\ \ )}{(\ \ )}$，黑羊占这群羊的$\frac{(\ \ )}{(\ \ )}$。

师：为什么说白羊占这群羊的$\frac{3}{7}$？

生：把每只羊看作1份，这群羊平均分成了7份，所以3只羊占这群羊的$\frac{3}{7}$。

师：黑羊、白羊各占这群羊的几分之几？合起来是几？这里的“1”具体指的是什么？

生：指的是一群羊。

[在概念的同化学习中，概念教学的第二、第三个环节是同步进行的，即概念的揭示与概念的理解和巩固同步进行的。]

师：从例题中，我们发现了分数中的“1”还可以指什么？

生：还可以反映一群或一堆物体。

（师一边指图一边小结）分数中的“1”除了指一个物体、一个计量单位外，还可以指一群或一堆物体。

[在概念的联系与发展阶段，教师通过典型实例揭示概念的本质属性，即这个“1”可以是一个物体、一个图形、一个计量单位，也可以是一堆花、一群羊这样的“一堆物体”，从而完成了概念的同化，而且这个结论是在学生充分感知后得到的，能促进学生抽象思维的发展。]

（四）进行练习

1. 看图写分数

（1）图中有：3 个女孩，2 个男孩。

在 5 个小孩中，女孩占$\frac{(\quad)}{(\quad)}$，男孩占$\frac{(\quad)}{(\quad)}$。

（2）图中有：3 种皮球，3 个黑皮球，4 个白皮球，2 个花皮球。

在 9 个皮球中，黑皮球占$\frac{(\quad)}{(\quad)}$，白皮球占$\frac{(\quad)}{(\quad)}$，花皮球占$\frac{(\quad)}{(\quad)}$。

（3）图中有：5 本数学书，3 本语文书，2 本自然书。

在（　）本书中，语文书占$\frac{(\quad)}{(\quad)}$，数学书占$\frac{(\quad)}{(\quad)}$，自然书占$\frac{(\quad)}{(\quad)}$。

批改，讲评。（全班学生基本都对）

[在概念的应用阶段，教师安排的练习既有模仿性的练习，如第（1）小题，也有变式练习，如第（3）小题，不断对学生提高要求。]

2. 看分数想图形（用学具表示图形）

（1）●占总数的$\frac{3}{5}$，○占总数的$\frac{2}{5}$。

（学生摆出表示上题分数的图●●●○○）讲评后，把题目改成●占总数的$\frac{2}{5}$。

[逆向训练题：看分数想图形，其实就是看分数想含义。此题既能使学生加深对概念的理解，又能培养学生的发散思维。]

师：这样改动后，分数图又是怎样的呢？

学生摆出如下几种情况：●●○○　●●○○○　●●○○△

师：哪幅图所表示的分数符合题意？

生 1：第二幅图符合题意，因为第一幅图没有表示把这堆圆平均分成了 5 份，第三幅图中有三角形，题目没有讲到三角形。

生 2：第三幅图应该也符合题意，因为添上三角形表示把这堆物体平均分成 5 份，黑色圆占这些物体的$\frac{2}{5}$，而且白色圆也正好占这些物体的$\frac{2}{5}$。

师：这说明在分数中，把一个东西平均分或者把一群东西平均分，总是要弄清楚哪两个要点？

生：都要弄清平均分成几份和表示这样的几份。

[通过变式训练，突出分数的本质特征是：平均分成几份和表示这样的几份。学生认识到对同一问题的不同理解，会导致不同的结果。]

（2）●占总数的$\frac{1}{3}$，○占总数的$\frac{3}{8}$，余下的△占总数的几分之几？

生 1：余下的△占总数的$\frac{4}{8}$。（学生 1 摆出图：●○○○△△△△）

生 2：余下的△也可以说占总数的$\frac{1}{2}$，因为把 4 个圆看作 1 份，这堆图形就是平均分成 2 份。

[此题设计得非常巧妙，既能加深学生对分数概念的理解，又能拓展学生的思维。]

（3）●占总数的$\frac{1}{3}$，想一想：怎样用分数图表示？

师：有位小朋友，他想了这样的一些分数图，都对吗？

●●	●●●	●●●●
△△ ○○	○○○ △△△	○○○○
		△△△△

认为对的请举手。

（全班基本都举手）

[至此学生已理解：不仅可以把一堆物体看作单位“1”，而且还可以把其中的几个物体看作“1”，这个过程是对分数概念的理解不断深化的过程。]

生：如果再有学具，这道题我还可以想出另外的分数图。（师在上题的后面添上省略号）

师：为什么这些分数图都表示黑色圆占总数的$\frac{1}{3}$？

生：因为它们都是平均分成 3 份，黑色圆占其中的 1 份。

3. 想想说说

师：大家练得好！再来练几题，但不能借用学具，要记在头脑中。

（1）一张纸，用去它的$\frac{1}{5}$，再用去它的$\frac{4}{5}$，还剩下多少？

生：一张纸，用去它的$\frac{1}{5}$，再用去它的$\frac{4}{5}$，就用完了，没有剩余。

师：那么改成100张纸，用去它的$\frac{1}{5}$，再用去它的$\frac{4}{5}$，还剩下多少？

生：也没剩下。因为不管一张纸或者100张纸，平均分成5份，都只有5个$\frac{1}{5}$。

[从具体到抽象，符合学生的认知规律。]

(2) 下列哪几项能表示出它的$\frac{1}{4}$？

1）一个圆　2）四个圆　3）一堆圆　4）半个圆

[没有教师对教学内容的深入理解，是不可能设计出此题的，而学生能解答此题并说出解答依据，就说明学生也已完全理解了分数的概念。]

师：逐题讨论，用手势表示每题能还是不能。(对前两个选项意见一致，对第三个选项个别学生有不同意见)

生：一堆圆有的不能表示出它的$\frac{1}{4}$，譬如这堆圆有5个，就不能表示出它的$\frac{1}{4}$。

生：我认为一堆圆总是可以表示出它的$\frac{1}{4}$，例如，5个圆要先把4个圆平均分成4份，余下的一个圆再平均分成4份，这堆圆的$\frac{1}{4}$是一个圆和$\frac{1}{4}$个圆。

师：说得好！除了这样表示，还可以将5个圆叠在一起，平均分成4份，每一份也是这5个圆的$\frac{1}{4}$。

(教师一边讲述，一边用教具演示)

[随着学生对单位“1”的理解不断深化，学生的数学认知结构也不断完善。这为以后学习分数与除法的关系做了铺垫。]

师：一起来讨论第四项。(个别学生举手表示能)

师：请大家在桌面上用手指比划半个圆，再思考半个圆究竟能不能表示出它的$\frac{1}{4}$。

(大部分学生经过比划后举手表示能)

生：把半个圆平均分成4份，每一份就是半个圆的$\frac{1}{4}$。

(教师根据学生讲述出示半圆图，并将其分成4个面积相等的扇形)

师：通过这几题的练习，大家对分数又有什么新的认识？

生1：分数中的“1”除了可以是一个物体、一群物体外，还可以是半个物体。

生2：还可以是比半个物体更小的物体。

[教师正确处理了数学知识的逻辑序和学生认知的发展序之间的关系，丰富了学生对

单位“1”的认识，值得我们借鉴和学习。]

（五）总结

师：这节课大家学得很认真，结合具体的图形知道了分数中的“1”还可以指一群物体、一堆物体，甚至还可以指半个物体等，随着今后的学习，你们对分数还会有新的发现。

（六）布置家庭作业（略）

案例16中封礼珍老师与案例15中侯老师的教学内容都是“分数的初步认识”，属于概念教学的内容，但侯老师是用概念形成的方式教学的，教学过程是从具体的实例出发，以学生的感性认识为基础，进而揭示事物的本质属性，重在学生的感悟、探究与尝试，相当于建造一所房子。而封老师的教学内容是第二课时，是用概念同化的方式教学的，是对已知概念的进一步细化和理解，相当于“房子”内部的装修。尽管传统的教学设计理念是“精讲多练”，以掌握知识为主要目的，教师不必精心选择与重组教学内容，也不必太注重将数学与学生现实生活联系起来和学生的学习方式等，但封老师还是以自己丰富的数学知识，把分数概念具体化，让学生沿着“一个物体——一堆物体—半个甚至更小的物体”的思路来不断理解分数中的单位“1”；同时通过把单位“1”平均分成若干份，用一个物体、几个物体或物体的一部分“表示”其中的一份或几份，使学生不断深入对分数概念的理解，不断完善认知结构。

第二节　数学规则的教学

以经过严格论证的数学命题形式出现，揭示两个或多个概念之间的固有关系的判断，叫作数学规则。数学规则的学习，是数学技能形成的前提，可以增强学生按规则办事的意识。通过学习规则，学生能够掌握形成或论证规则的一般方法，并将其迁移到其他问题情境之中。如“新课标”对于整数乘法部分，只要求学习乘数不超过两位的乘法运算，而学生学会了两位数乘法，就能迁移到三位数乃至多位数的乘法。

小学中的数学规则属于“数与代数”内容领域的主要有：运算法则，四则运算的关系，五大运算定律和减法、除法的运算性质，常见数量关系，三大基本性质，探索规律，解方程，等等。属于“图形与几何”内容领域的主要有：三角形内角和、三边关系以及各类计算公式等。“统计与概率”内容领域中也有一些方法和规则。

一、规则学习的类型

规则（或命题）学习有三种基本形式：上位学习、下位学习和并列学习。

（1）上位学习。上位学习就是当新规则在概括水平上高于原有认知结构中的有关知识时，获得新规则的学习过程。例如，学习长方形面积计算公式后再学平行四边形的面积计算公式，就是上位学习，因为平行四边形的面积＝底×高，包括了长方形的面积计算公式（长×宽）。上位学习的思维形式一般以归纳推理为主，通过对原有认知结构中有关知识进行综合、归纳与拓展，概括出新规则。概念学习中的“概念形成”与规则学习中的“上位学习”实质上都属于皮亚杰学习理论中的“顺应学习”。

小学里许多公式的推导、性质的获得、数量关系式的提炼都是上位学习。如案例 5 的常见数量关系——总价＝单价×数量，就是采用了上位学习的形式。程老师从 4×3＝12、6×10＝60 等算式中，抽象出“每支笔的价钱×支数＝总的价钱”；然后从“每件童装的价钱×件数＝总的价钱”“每台冰箱的价钱×台数＝总的价钱”等关系式中抽象出“总价＝单价×数量”。这体现了上位学习是从具体到抽象、从概括水平低的认知结构到概括水平更高的新规则的。

我们再来看平行四边形面积计算公式的学习过程（见案例 17）。

案例 17　　**平行四边形的面积（教学设计）**①

一、教学任务分析

1. 教材分析

“平行四边形的面积”是在学生已经掌握并能灵活运用长方形面积计算公式、理解平行四边形特征的基础上进行教学的。本节课是本单元面积计算的起始课，是学习三角形、梯形面积计算的基础，也是今后学习圆的面积和立体图形表面积计算的基础。教材由主题图中学校大门前的两个花坛（一个长方形、一个平行四边形）引入一个实际问题：两个花坛哪一个大？由于长方形面积学生已经会计算了，那如何计算平行四边形面积呢？教材先提供了数方格的方式，数方格实质是数单位面积。“不数方格，能不能计算平行四边形的面积呢？”启发学生将平行四边形转化为已学过的图形来计算面积。教材呈现了学生思考、探索的过程，并结合直观图给出把平行四边形转化为长方形的割补法。接下来，通过观察对比，学生从中发现转化前后图形之间的等量关系，以此沟通两个图形之间的内在联系，为有效推导平行四边形面积计算公式提供有力的支撑。最后，教材结合图形，用字母表示出平行四边形的面积计算公式。

2. 学习者特征分析

五年级学生已经对空间观念和直观几何有了较为丰富的感性认识，生活中也积累了有关图形认识和图形测量的经验，并且已经学习了长方形的特征以及长方形的面积计算公式。为此，在学习平行四边形的面积计算公式的过程中，教师可引导学生从已有的认知基础和生活经验出发，让学生在数、剪、拼等操作活动中，完成对新知的构建。

① 王嫦娥．比较优化 渗透转化：以“平行四边形的面积”教学为例．小学数学教师，2014（9）．

利用转化的数学思想在操作中学习新知是本课教学中的重要环节，教师既要做好引导，又注意不要包办代替，要让学生在独立思考和合作交流的基础上进行操作，通过实际操作活动，发展学生的空间观念，培养动手操作能力，从而体会到数学学习的乐趣。

二、教学目标

(1) 探究并掌握平行四边形的面积计算公式。

(2) 在交流比较中理解转化的意义，优化转化方法。

三、教学重点和难点

教学重点：掌握平行四边形的面积计算公式，并能正确计算。

教学难点：理解平行四边形的面积计算公式的推导过程。

四、教学过程

(一) 呈现情境，提出问题

师：带领学生欣赏世博会的建筑（图略），如果用数学的眼光来欣赏这些建筑的墙面，同学们，你们看到了什么？

生：图形。有三角形、正方形、长方形、平行四边形、梯形、圆……

教师出示：

师：你们的眼力真好！关于这些图形，你们已经知道哪些知识？

（学生描述各个图形的特征，略）

师：如果这节课来研究图形的面积，你会选择什么图形来研究，为什么？

生：我会选择平行四边形，因为平行四边形跟长方形最像，计算方法可能是一样的。

师：你们的猜测非常有道理，这节课我们就来研究平行四边形的面积。

【设计意图】呈现世博会的建筑，学生在欣赏美、感受美的同时，抽象出平面图形，在描述这些图形的特征中完成了旧知复习，也在描述过程中对各图形的特征有了一个比较。教师没有直接指定研究平行四边形的面积，而是出示了多个图形让学生自主选择，就是借助于特征比较，希望学生认识到平行四边形与长方形特征最为接近，进而选择平行四边形来研究。这样既符合学生的认知规律，又促进了知识的迁移，同时渗透了把平行四边形转化成长方形来研究这一策略。

(二) 运用经验，自主探究

师：同学们，你们打算怎样研究平行四边形的面积计算方法呢？

生1：用研究长方形面积的方法来研究。

生2：可以变成长方形来计算。

生3：量出平行四边形的边来研究。

师：现在就按自己想好的方法来研究平行四边形的面积计算方法，还没想好的可以参考其他同学的方法来研究，可以独立也可以同桌合作研究。

（在教师提供的一张底为 3 分米、高为 2 分米的平行四边形纸和一张面积为 1 平方分米的方格纸、直尺、剪刀中选取自己需要的工具进行自主探究）

【设计意图】教材安排数平行四边形和长方形格子图的比较，并提示“不满一格的都按半格计算”。这样的暗示，学生就会不加思索地去拼格，在接下来的探究活动中，也就定势地把平行四边形只转化成另一种图形——长方形来进行计算。这样的做法无可厚非，但会使学生失去思考的机会，思维受到一定的束缚。本案例是把数格和探究计算方法合并成一个探究活动，留给学生一个更大的思考空间，让学生在明确探究方向的前提下，凭借探究长方形数格的经验以及自己特有的思维方式，逐渐地在探究过程中发现割补法，使探究过程和结果呈现个性化和多样性。

（三）成果展示，交流方法

师：同学们完成得非常快，谁来说一说你是如何研究的？

生 1：量出两条边，分别是 30 厘米和 22 厘米，30×22=660（平方厘米）。

生 2：我量出中间是 4 格，再把左边下面的移到右边来，右边上面的移到左边去，一共是 6 格，就是 6 平方分米。（图 1）

生 3：我也量出中间是 4 格，把左边的上面拼到左边的下面，右边的下面拼到右边的上面，这样也是 6 格，所以是 6 平方分米。（图 2）

生 4：我是把左边的三角形剪下来拼到右边，这样也是 6 平方分米。（图 3）

生 5：我没有用小方格量，是把左边的三角形剪下来移到右边拼成长方形，量出长和宽进行计算，所以是 3×2=6（平方分米）。（图 4）

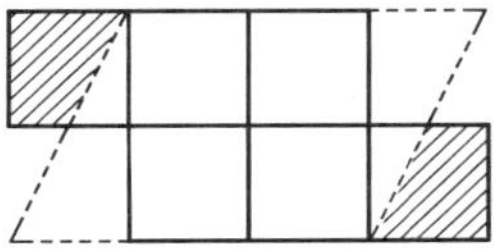
图1

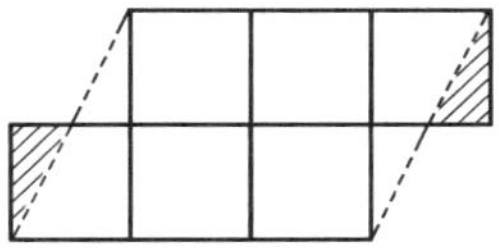
图2

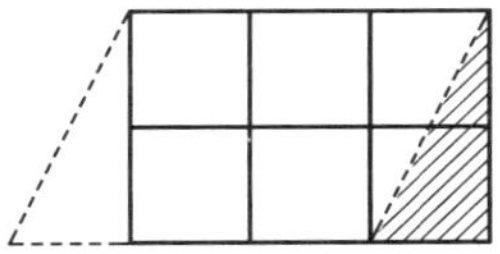
图3

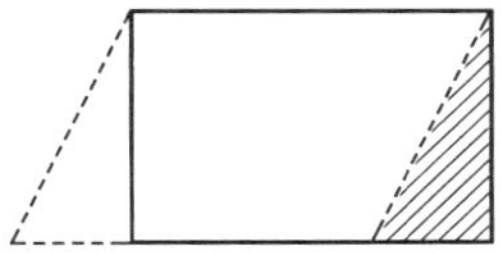
图4

【设计意图】教师选取了有代表性的 5 种方法进行展示，经过互动交流，展现思维过程，让学生了解不同的思路与做法，并与自己的方法进行比较，从中吸取有效成分，修正、补充自己的做法。这一过程使学生懂得，面对多样化的结果时，不要简单地做出判断，而是先去了解每一种结果的由来，为比较优化做好准备。

（四）分析比较，优化转化

师：同学们，这些方法中，你认为哪些是正确的？

生：后面四种都正确，第一种是错误的，它不是 6 平方分米。

师：后四种方法有什么相同的地方？

生 1：都是剪下来再拼起来。

生 2：把平行四边形变成另一种图形。

师：经过剪拼，把平行四边形变成另一种图形，我们也可以说把平行四边形转化成另一种图形。那么，我们为什么要转化呢？

生 1：转化后不满一格的就变成一整格了，可以数出一共有 6 个整格，就知道平行四边形的面积为 6 平方分米。

生 2：转化成长方形，可以数出也可以算出面积。

师：这些转化的方法一样吗？

生 1：不一样，前两种剪拼 2 次，后两种剪拼 1 次。

生 2：前两种不是转化成长方形，后两种是转化成长方形。

师：怎样转化更好？

生 1：剪一次拼起来好，这样方便。

生 2：转化成长方形好，可以计算。

师：是不是所有的平行四边形都能转化成长方形呢？谁能把我手中的这个平行四边形转化成长方形？（出示一个比较大的平行四边形）

（一生上前，沿着高剪出一个三角形和一个梯形，很熟练地拼成了长方形）

师：老师这里还有一个平行四边形（比较小的），谁会？

（一生拿着折了一下，沿着高剪出两个梯形，然后拼成长方形）

师：要想把一个平行四边形转化成长方形，只要怎样做就能办到？

生（齐）：只要沿着任何一条高剪成两块，都可以拼成长方形。

师：平行四边形能转化成长方形，也可以转化成其他图形（手指图 1、图 2），我们在研究平行四边形面积的时候，转化成什么图形比较好？

生 1：转化成长方形好。长方形面积是我们学过的，可以计算，别的图形面积只能数格子。

生 2：转化成长方形好。如果平行四边形很大，数格不方便，就可以量长、宽后计算。

师：大家都认为把平行四边形转化成长方形比较好，是因为长方形的面积不但可以数，还可以用公式计算。从长方形的面积计算中，大家发现了什么？

生 1：算出长方形的面积就知道了平行四边形的面积。

生 2：长方形的面积等于平行四边形的面积。

师小结：所以，转化时剪拼次数越少越好，转化成长方形最好，转化后长方形的面积和原来平行四边形的面积相等。

【设计意图】先通过对比排除错误的方法，再在正确的方法中比较、优选。通过比较相同点，发现了图形转化的策略；通过比较不同点，发现转化思路与方法的差异和优劣。在比较中，初步感知到剪拼次数少且转化成长方形最好。教学中选取了一大一小的平行四边形进行转化，意在表明所有的平行四边形都可以转化成长方形，加深了长方形与平行四边形之间的联系。学生在了解每一种探究方法的基础上，学会运用比较的方法分析它们的优劣。

（五）明理提升，内化方法

师：以后我们可以怎样计算平行四边形的面积？

生1：转化成长方形，用长乘宽来计算。

生2：用底乘高来计算。

师：谁来评价一下他们的方法？

生：转化成长方形，如果平行四边形不能剪的就不好算了。

师：有道理！那底乘高呢？

生：我们可以把一个平行四边形想象成一个长方形，长乘宽和底乘高是一样的，就可以用底乘高计算了。

师：长乘宽和底乘高怎么会一样呢？

生：（指黑板上的图）长方形的长和平行四边形的底是一样的，宽和高是一样的，所以面积就一样了。

师：太棒了！大家能试着用公式把刚才的发现表示出来吗？（生尝试，师从旁协助）如果用 S 表示面积，a 表示底，h 表示高，面积公式就是——（生齐答：$S=ah$）有同学已经测出一条边是 30 厘米，另一条边是 22 厘米，现在测出其中的一条高，算一算面积是不是 6 平方分米。

（生测量后用面积公式计算，并相互交流）

师小结：这节课，我们用转化的方法成功探究出平行四边形的面积计算公式 $S=ah$。像这样，把新的知识转化成我们学过的、关系密切的旧知识来进行研究，就是数学上常用的转化方法。用这种方法比较新旧知识的不同点和相同点，会有很多发现，可以帮助我们解决很多问题，研究出新的结果。

【设计意图】学生的活动往往仅限于研究一个图形，得出一个图形的面积，为了能让学生的研究上升到解决一类图形的面积计算，在得出长方形和平行四边形面积相等的基础上，引导其发现长与底、宽与高的关系，独立推导出平行四边形的面积公式。经过选底测高活动，用公式计算面积并与之前的探究结果进行比较，再次证明探究结果的正确性，并内化新知。

五、教学评价

“转化”是数学学习和研究的一种重要思想方法，“多边形面积计算”这一单元都是借助形与形转化的方法来推导面积计算公式，“平行四边形的面积计算”是运用这种转化方法的起始课，也是进一步探究三角形、梯形、圆的面积计算的经验基础。本节课的学习重点在于培养学生面对新知识、新问题时自觉应用转化方法的意识与能力，分五步完成了比较、优化转化过程和结果的教学。

一是比较图形的特征，确定探究问题。从欣赏建筑入手，以数学知识在生活中的巧妙应用，激起学生的好奇心和学习兴趣。从实物观察中抽象出平面图形，在对图形特征的描述中温习旧知，选择与长方形特征相近的平行四边形作为研究对象，做好探究准备。

二是交流比较，正误归类。学生从交流探究中出现的五种方法，了解到不同的思路与方法，认识到自己的不足并吸取有效成分。通过比较，排除错误的方法，优选正确的方法。

三是比较方法的相同点，理解转化的目的。通过观察，学生发现后四种方法都有剪拼，并且都把平行四边形转化成另一种图形，从而理解什么是转化。学生初步体验到新知经过转化，联系旧知，可以帮助解决新问题——得出平行四边形的面积计算公式。

四是比较方法的不同点，优化转化过程。尽管四种方法都有转化，但转化的思路是不一样的，过程有繁有简。从繁简比较中，体会到不同转化策略的优劣。

五是比较转化后的图形，优化转化结果。从学生呈现的图形中可以看出，转化过程与结果是多样的。那么，转化成什么图形最优呢？通过剪拼，获知所有的平行四边形都可转化成长方形，再与转化成的其他图形进行比较，确定转化成已学的长方形有利于我们解决平行四边形的面积计算，因而是最优结果，也证实了选择平行四边形来研究是有道理的。

最后，安排底与高的比较，使学生理解底与高的对应性，更好地理解公式并加以运用，将优化的结果纳入已有的认知结构中去，内化和巩固新知。

从这份教学设计中可知，平行四边形的面积计算公式是在学生学会长方形的面积计算公式的基础上学习的，平行四边形的面积计算公式 $S=a\times h$ 包含了长方形的面积计算公式 $S=a\times b$，这种学习形式属于上位学习。上位学习一般以归纳推理为主。

（2）下位学习。下位学习就是当原有认知结构中存在概括水平高于新规则的相关知识时，获得新规则的学习过程。概念学习中的“概念同化”与规则学习中的“下位学习”实质上就是皮亚杰学习理论中的“同化学习”。

下位学习一般以演绎推理为主，随着下位学习的不断进行，认知结构不断产生新的层次，不断得到分化和扩充，从而对原规则的认识越来越丰富和清晰。下位学习的效果在较大程度上取决于对原有认知结构中有关知识的掌握程度。例如，掌握了长方形的面积计算公式，再学习正方形的面积计算公式，就不需要通过数方格的形式进行推导，只需要让学生复习正方形和长方形的特征及它们之间的关系，就可以立即得出正方形的面积计算公式。

小学阶段，由于学生的逻辑思维能力尚处于初步发展阶段，所以下位学习用得比较少。

（3）并列学习。并列学习是从把握新旧知识的相互联系入手，分析它们之间的相似之处，通过类比推理获得新规则的学习过程。如商的不变性、分数的基本性质与比的基本性质之间属于并列关系。学了分数的基本性质，再学比的基本性质就是并列学习。在案例18中，何老师组织学生学习加法交换律后，再学乘法交换律，就是并列学习。

案例18　　交换律（课堂实录）

一、课前交流，组织谈话

师：上课前老师先请你们猜一个谜语，好吗？

生：好！

师：绿油油的草地上来了一群羊——打一水果。

过了较长时间才有学生举手：“草莓（草没）。”

师：后来又来了一群狼——打一水果。

学生很快就猜出了是“杨梅（羊没）”。

师：从猜谜语中我们发现，知道了解决一个问题的思想方法后，再来解决同类的其他问题就容易多了。今天这节课老师也请你们从学过的知识中发现一些规律，然后看看其他地方是不是也有这个规律。

[课前用谜语渗透“迁移”和“类比”的思想，重视了对学生思维方式的训练，为并列学习做了准备。]

二、提供资料，探究规律

课前每个学习小组已经准备了两张报告表和一个信封，每个信封里有一些学习资料。这些资料有的是大家在生活中遇到过的，有的是从同学们学过的数学书上复印的，如第一册中的西瓜图：4＋1＝1＋4；102＋27＝□＋102；3＋□＝□＋3；□＋16＝16＋□；等等。

[这个环节设计得好，打破了探究材料总是由教师出题的传统，改用复印已学过的教科书上的一些材料，引发学生思考：“观察这三份资料，你发现了什么？”在学生初步感知的基础上，让学生自己提出问题，主动地去探究规律。]

1. 出示探究的要求

小组合作：

（1）观察这些资料，你发现了什么？

（2）组内选一个代表把你们的“发现”填在“表一”上。

2. 交流反馈（实物投影仪中展示）

生1：我们组发现：4＋1＝1＋4，102＋27＝27＋102，3＋5＝5＋3。

生2：我们组发现：第一个数加第二个数等于第二个数加第一个数。

生3：我们组发现：交换加的两个数，和不变。（教师对学生的发现先加以肯定，然后归纳总结）

这几个小组都有共同的“发现”，那就是“交换加数的位置，和不变”。其他小组的“发现”与他们一样吗？可以让我把大家的“发现”写在黑板上吗？（板书）

师：通过观察（板书：观察）这些资料，同学们得出了这样一个猜想（板书：猜想）：是否任何两个数相加，交换加数的位置，和都不变呢？（学生争议）

[教师通过反问引发学生的认知冲突，激发学生探究的欲望。]

师：现在同学们有两种意见，一种认为我们的“猜想”对任何数都是成立的，另一种认为不一定都成立，我们一起来验证（板书：验证）好吗？

教师把持两种不同意见的学生分成正反两方，各方选出几个代表上台辩论。

师问正方：你们准备怎么验证这个猜想？

正方：4＋7＝7＋4，35＋65＝65＋35。

师：哦，你们是举例验证，好，你们说我写。

师：4＋7等于7＋4吗？

师：左边的同学算左边的算式，右边的同学算右边的算式。

（教师先写左右两边的加法算式，等学生计算后再写上等号）

[这个环节非常重要，因为是“验证”，所以只有经过计算才能确认相等，否则变成应用“猜想”了。]

师：这样的例子举得完吗？

正方：举不完。

师：那你怎么能说对任何数（加重语气）都是成立的呢？

正方：因为我随便举一个例子都是成立的。

师对反方说：既然他们说随便举什么例子都是成立的，那么我们只要举出一个不成立的例子，就能证明这个猜想是不成立的了。

[渗透反证法的思想。]

反方：3＋3与3＋3相等吗？

正方：相等。

反方：你怎么知道它们交换了位置？

[这是学生在无意识中偷换了概念，因为这里论证的是“交换以后是不是相等”，而不是“有没有交换”的问题，如果教师不注意把握问题的实质，就会被误导，在“有没有交换位置”上纠缠不清，导致思维混乱。]

正方：不交换位置是相等的，交换了位置也是相等的。

[如果学生不会这样反驳，教师就要帮助学生分清条件和结论，这里要用到演绎法和

反证法。演绎推理由“大前提、小前提和结论”这三个部分组成，演绎推理的正确取决于前提的真实和推理形式的正确，两者缺一不可。所谓前提的真实是指大小前提已由实践或理论证明为正确的判断，而推理形式的正确主要是反映大小前提和结论之间的必然联系。忽略上述任何一方，演绎推理就会出现错误。而反证法是先假定大前提和小前提是正确的，也就是说假定“交换任何两个加数的位置，和不变——大前提”和“交换 3+3 中两个加数的位置——小前提”成立，而得到的结论却不成立，从而否定大前提的论证方法，而不是去论证小前提是否成立。教师对这些知识都要做到“心中有数”。]

师对反方说：哎呀，你们帮正方举了一个成立的例子，能举一个不成立的例子吗？只要一个就可以了，想好了吗？

反方：3+5 等于 5+2 吗？

正方：不相等，但是 3+5，交换加数的位置，应该得 5+3，3+5 不是与 5+3 相等的吗？

（反方语塞，举不出例子）

师提示反方请其他同学帮忙。

反方：谁能帮我们举一个不成立的例子？

全班同学思考了好长一会儿，都举不出反例来。

师：既然我们举不出“一个”不成立的例子，那我们可不可以说“交换任何两个加数的位置，和不变”？（全体学生响亮地回答：能！）

[这时学生已确信这个结论对任何两个数都是成立的。]

师：我们把这个规律叫作加法交换律。（教师把板书补充完整：任意两个数相加，交换加数的位置，它们的和不变，这叫加法交换律）

[这个探究过程凸显了加法交换律中容易被忽略的本质特征——“任意两数”相加。]

师：谁能用字母表示加法交换律？（教师根据学生的回答板书：$a+b=b+a$）

三、运用迁移，揭示乘法交换律

1. 提出问题

师：加法有交换律，我们学过的其他运算有没有交换律呢？

（引出探究的问题：减法、乘法、除法是否有交换律？）

[这里的学习方式就是并列学习，应用了类比推理的思维方法。所谓类比推理就是根据两类不同对象某些相同或相似的属性，来推出这两类对象的其他属性也可能相同或相似的推理形式。这里的推理过程是：加法是一种运算，加法具有交换律，减法、乘法、除法也是运算，它们是不是也具有交换律呢？教师在这里可以问：刚才我们通过“观察—猜想—验证”，发现了加法交换律，现在你又想到了什么？让学生自己联想“其他运算有没有交换律”。]

多媒体出示探究的要求：各小组任意选一种运算，用探究加法交换律的方法来研究其他运算是否具有交换律，好吗？（学生小组合作验证，并填写研究报告）

我们小组选择研究＿＿＿＿＿＿＿＿（乘法、减法、除法）。

举例：

猜想：

验证：

结论：

［让学生自主选择研究对象进行合作探究，富有创意。］

2. 反馈交流

组1：我们组研究了乘法，我们发现乘法也像加法一样，具有交换律（幻灯片展示该组学生的研究报告）。

我们小组选择研究乘法（乘法、减法、除法）。

举例：5×6＝6×5，25×8＝8×25。

猜想：交换两个因数的位置，积不变。

验证：12×8＝8×12，…

结论：乘法有交换律。

师：有不同意见吗？（生齐声说：没有！）

师：我认为只能这样说："一位数与一位数相乘或一位数与两位数相乘，交换两个因数的位置，积不变？"

［这个环节要告诉学生，探究规律时，实例的范围要广。也就是说，在运用不完全归纳法时，要注意多观察。对象选取的范围越广，结论就越可靠。］

生：任何数相乘都可以。

师：谁能帮我举个不成立的例子？（学生都摇头）

师：找不到一个例子说明这个结论不成立，所以——

生：任何两个数相乘，交换两个因数的位置，积不变。（教师板书这个规律。）

组1：我们组还探究了减法，发现减法也有交换律。（研究报告中的例子有：3－3＝3－3，45－45＝45－45，等等）

组2：我们组认为减法没有交换律。

师：组1与组2的结论是不一样的，到底谁的猜想正确呢？（学生基本上都支持组2的意见）

师：为什么？

生：因为5－3不等于3－5。

师：对，一个反例就能否定这个结论了。也就是说交换减数与被减数的位置，差有可能不变，也有可能——

生：没有差。

师：差是有的，我们以后会学到的，但差肯定变化了，所以能不能说“差不变”？

生：不能。

师：这就是说，减法——

生叫道：没有交换律。（板书）

师：但老师认为前一组的发现也是正确的。（生不解地看着老师）

师：如果我们说“任何两个相同数相减，差不变”，可以吗？

生思考后说：可以！

师：但这能叫减法交换律吗？

生：不能！

师：对，因为这只是一部分减法算式的规律。

[再次凸显交换律中“任意两数”的重要性。]

师：哪个小组是研究除法的？（生 4 上台展示研究报告，学生很快就达成了共识）

（板书：除法没有交换律）

四、总结

这节课我们主要研究的是什么内容？哪些运算有交换律？你又是通过怎样的学习方法知道加法和乘法有交换律的？

五、巩固应用，拓展思维

1. 基本练习——填空

（1）$345+47=(\quad)+(\quad)$　　（2）$(\quad)\times(\quad)=45\times324$

（3）$a+168=168+(\quad)$　　（4）$(\quad)\times(\quad)=a\times m$

2. 判断（用手势表示）

（1）$35+216=216\times35$　　（2）$15\div15=15\div15$

（3）$30-30=30+30$　　（4）$289+762+568=568+762+289$

（5）$a\div3=3\times a$　　（6）$x\div y=y\div x$

3. 解决问题

学校买来了一批学习用品，请你算算共花了多少钱。

商品名称	价格（元）
故事书	348
水彩笔	609
铅笔盒	62
练习册	1 452
奖状	31
合计	

何老师整合加法交换律和乘法交换律这两部分内容，应用“迁移”规律，采用“并列学习”的方法，在示范探究加法交换律的基础上，让学生自主探究乘法交换律，不仅让学生学到加法和乘法有交换律，而且也学到减法和除法没有交换律，学生学到的知识是结构化的、成体系的。这样的教学设计教学效率高、教学效果好。

事实上，一堂课中，可能要用到规则学习的多种形式。何老师的教学设计中，学习加法交换律属于上位学习，学习乘法交换律属于并列学习，而练习中应用运算定律解决简单的实际问题属于下位学习。各种不同的学习形式都需要充分发掘、利用学生原有认知结构中有利于新规则学习的积极因素，促进学生知识的迁移，提高规则学习的成效。

二、规则教学的设计

规则教学的设计要注意以下几个方面：

（1）明确规则学习的基本形式，由此确定推理的主要形式。如果是上位学习，则以归纳推理为主，要选择好典型例证。如果是下位学习，则以演绎推理为主，要找到新知识与原有认知结构的关系。如果是并列学习，则以类比推理为主，要发掘新旧规则间的共同因素，寻找能促进正迁移发生的共同因素，还要注意通过辨析和对比，消除容易产生负迁移的那些因素。

（2）重视规则的形成过程。要把规则的形成过程通过板书或多媒体展示给学生，让学生了解与规则有关的知识体系和规则学习的过程和方法。如案例 18，何老师及时通过板书强调规则的知识体系，通过让学生填写实验报告，明确规则的形成过程，教学效果比较好。

（3）创设问题情境，让学生自觉自愿地进行规则训练。如朱乐平老师在教学两位数乘法时，通过几道特殊题引发学生的猜想：是不是所有的两位数乘两位数，数字反方向排列后，积仍然不变呢？我们能不能也找到这样的一个算式？学生在寻找和验证的过程中，自觉自愿地进行规则训练。

（4）重视把规则应用于新的问题情境，丰富、发展学生的认知结构。

（5）规则教学是技能形成的前提，应该遵循技能教学的一般过程。技能分心智技能和动作技能两种类型。心智技能的形成过程是“认知—示范、模仿—有意识的外部语言阶段—内部简约化语言”，而动作技能的形成过程是“了解有关知识—领会动作要领—掌握局部动作—建立动作连锁”。教学设计时一般要按上述逻辑框架来设计教学活动过程。

以简便计算为例，如果仅从掌握技能上分析，可以采用先学习加法交换律、结合律等（认知），然后让学生模仿，做一些应用交换律、结合律的习题，接着做一些简便计算的习题，并让学生说一说“为什么”（有意识的外部语言阶段）；之后，如果学生看到 289＋732＋568 这样的计算题，马上就能想到先把后两个数相加进行简便计算，那就是进入了“内部简约化语言”阶段。至此，可以说学生已掌握了简便计算的心智技能。但在“新课标”指导下，规则教学不仅仅是知识学习、技能形成的重要载体，也是思维发展、能力提高的重要载体。因此，规则教学的设计要注重融合规则学习的几种基本形式，合理安排教学过程等。

下面请看严叶波老师执教的“可能性大小”（见案例 19）。

案例 19 **可能性大小（课堂实录）**

课前：与学生一起玩转盘摇奖。

师：小朋友，你们玩过大转盘吗？（生：没玩过）

师：现在我们来玩玩，好吗？（出示）

师：这个转盘平均分成了 16 格，我在转盘上设有一些奖，你能转到什么奖？谁想玩就上来玩。

[玩转盘很费时间，如果转的次数少，则不能呈现规律。试教几次，发现时间都来不及，故将这一环节改到课前，这样既能吸引学生的注意力，又能创设学习的环境。]

一、在玩转盘的游戏中引入课题

师：课前玩了转盘，从玩转盘的活动中你能提出什么问题？

生 1：为什么都是二等奖？

生 2：为什么没有转到一等奖？

生 3：难道一等奖没有？

师：想不想揭开秘密？（教师揭去盖在每格上的小动物进行验证）

师：全是二等奖，你能用已经学到的知识来解释这个现象吗？

生：全是二等奖，不管转几次，一定是二等奖。

生：不可能转到一等奖。

师：现在增加一个一等奖（师贴上一等奖），转一次，结果会怎样呢？

生：可能中一等奖，也可能中二等奖。

师：中什么奖的可能性大呢？

生：二等奖。

师：今天我们就来研究可能性大小的问题。（板书）

[教师通过情境创设，激发了学生的问题意识。教师如能加上过渡词“要解决上述问题，我们先来做一个游戏”，再引出下一个环节，效果会更好。]

二、在实践探究中经历从生活经验到数学思考的过程

（一）两种物体可能性大小比较：掷骰子游戏（2 面黑、4 面白）

1. 创设情境，建立猜想

师：你们每个小组都有一个骰子，请大家猜一猜（板书：猜想），掷一次，掷出什么颜色的可能性大？为什么？

生：白色，因为白色有 4 面，黑色只有 2 面。

师：你观察得真仔细，其他同学同意他的看法吗?

生：同意。

师：光猜测不行，怎么办?

生：试一试。

师：好，我们就来试一试（板书：试)。请每组组长掷 3 次骰子，其他同学数掷出的骰子的颜色，看看白色与黑色谁多谁少。开始。

师：××组，你们的结果?

生 1：白色多，黑色少。

师：(对另一组）你们组呢?

生 2：黑色多，白色少。

师：刚才你们都猜是白色出现的次数多，为什么有些小组掷出的反而是黑色多呢?(让学生有一点思考的时间)

[插入这一环节的目的是让学生对凭经验预测的结论产生怀疑，引发学生的认知冲突，这样既能让学生认识到下面验证的重要性和必要性，又能让学生体会到这个规律只有在大量重复实验中才能显示出来，初步感知对不确定事件发生的规律研究需要不同于以往的思维方式。]

师：会不会因为我们只掷了 3 次，掷的次数不够多呢?

(如果每组掷出的都是白色多，师就问：是不是还有一定的偶然性呢?)

生：再试试。

师：好，我们再试一试（板书：再试)。小组合作掷骰子（5 人一组)，想想可以怎样合作呢。

2. 验证

(1) 出示合作要求。

1) 组长分工，一人记录颜色，一人监督。

2) 每人掷 4 次。

3) 掷骰子前先在手心上摇一摇。

师：看清楚要求了吗? 先分工再开始。(师在黑板上贴下表)

师：已完成的小组，请组长赶快统计次数，再把统计结果填到表格中。

	第一组	第二组	第三组	第四组	第五组	第六组	合计
黑色	3	4	5	10	11	5	
白色	17	16	15	10	9	15	
合计							

（2）汇报交流。

师：请看黑板，观察每一小组掷的结果，你发现了什么？

生：都是白色的次数比黑色的次数多。

（预设：如果有些组是白色的次数多，有些组是黑色的次数多，就叫学生计算全班的情况）

[由于这张表里的数据在几次试教时都不同，所以老师做了准备。]

师：掷出白色的次数比黑色的次数多，也就是说——

生：掷出白色的可能性大，掷出黑色的可能性小。（如果学生不能说出这个结论，则继续启发引导）

师：谁能再说一次？

师：从 20 次中已经可以看出掷出白色的可能性大，再从全班看看，会怎么样呢？先算一算全班一共掷多少次。

生 1：120 次。

师：出现白色、黑色各多少次呢？请左边两组统计黑色的次数，右边两组统计白色的次数。

师：谁愿意汇报？（生说，师填数）

师：（验算）得到白色 82 次，黑色 38 次，加起来正好是 120 次。

[总数让学生统计，能让学生始终保持参与的状态。而且教师明确告知了学生在检验统计表中的计算结果是否正确时，要分别相加才科学合理，使学生掌握了计算统计数据的知识。]

师：现在能发现什么吗？

生 2：掷出白色的次数多。

师：其他同学怎么认为呢？

师：掷出白色的次数比黑色的次数多，也就是说，掷出白色的可能性大，掷出黑色的可能性小。

师：谁再来说一说？

师：谁还想说？

师：掷 120 次，我们已能很明显地看出出现白色的可能性大。请你想象一下，如果掷 1 000 次、10 000 次，会是哪种颜色出现的次数多？

生：白色。

师：那掷一次，谁出现的可能性大？

生：白色。

师：其他同学有不同意见吗？

（3）小结：在掷四面白色、两面黑色的骰子时，出现白色的可能性大。

（4）拓展延伸。

师：如果要使掷出黑色的可能性大，怎么办呢？

生 1：让黑色的面数比白色的面数多。

师：你准备再涂几面黑色？（出示骰子）

生 1：再涂 2 面。

师：那变成 4 面黑、2 面白了。大家认为可以吗？

生：可以。

生 2：再涂 3 面。

师：那就有 5 面黑、1 面白了。

师：哪一种情况黑色出现的可能性更大呢？

生：涂成“5 面黑、1 面白”，黑色出现的可能性大。

[这里如果再问“都涂成黑色，结果又会怎么样呢？”，就既能让学生体会确定性与可能性的关系，也能渗透从量变到质变的辩证思维。]

（5）得出结论。

师：由此可以得出什么结论呢？（板书：结论）小组内说一说，并请一个小组代表发言。

生 1：因为白色的面数比黑色的面数多，所以掷出白色的可能性大一些，掷出黑色的可能性小一些。

师：谁还想说？

生 2：在白色面数多、黑色面数少的骰子中，出现白色的可能性大。

师：说得太棒了，真像个小老师。这就是说，两种物体中，数量多的出现的可能性大，数量少的出现的可能性小。

（板书结论后让学生一起读一读）

（6）专项练习：下面请你来做小法官，用手势表示对错。

①小明有 1 根白色的游戏棒和 3 根绿色的游戏棒，任意取 1 根，取出绿色游戏棒的可能性大一些。（ ）

②小明有 3 根绿色的游戏棒和 9 根黄色的游戏棒，任意取 1 根，取出绿色游戏棒的可能性大一些。（ ）

[教师让学生用手势表示，既能激发学生的兴趣，还能全面检查学生的掌握情况，同时节约了时间。]

师：咦！①②两题中，都是 3 根绿色的游戏棒，为什么一题说对，一题说错呢？

生 1：因为第一题是 3 根绿色的游戏棒和 1 根白色的游戏棒，绿色游戏棒的根数多，所以出现的可能性大，而第二题是 3 根绿色的游戏棒和 9 根黄色的游戏棒，绿色的游戏棒根数少，所以出现的可能性小。

师请生 2 再说一遍后概括：第一题是 4 根游戏棒里面有 3 根是绿色的，所以出现绿色的可能性大；第二题是12根游戏棒里只有3根是绿色的，所以出现绿色的可能性小。这下我也明白了，原来“一个物体出现的可能性大小还与总数有关”。谢谢你们！请大家再看屏幕。

③小明有1 000根绿色的游戏棒和1根黄色的游戏棒，任意取1根，取出的一定是绿色的游戏棒。（ ）

师：大家都认为此题错了，那要让此题正确，该怎么办呢？

生1：去掉那根黄色的游戏棒。

师：还可以怎样？

生2：把“一定”改为“取出绿色的可能性大”。

师：你们学得真不错！

[这样引导训练了学生的逆向思维。]

（二）三种物体可能性大小比较

1. 摸球游戏（盒子里装有1蓝、4红、8黄的球）

师：刚才我们用先猜一猜（板书：猜想），后试一试（板书：验证），最后得出结论（板书：结论）的方法研究了两种物体中谁出现的可能性大的问题。

[教师把研究过程板书出来，并且是边讲解边板书，效果较好，为下面研究三个物体时学生的独立活动做了铺垫。]

师：如果有三种物体会是怎样的结果呢？我们继续从摸球游戏中发现规律，好吗？请看规则：

(1) 每一小组的盒子里面都有红、黄、蓝3种颜色的球。

(2) 每人只能摸一次，摸到什么颜色，就向组长取什么颜色的头饰戴上。

(3) 摸之前先摇动盒子。

师：注意每人只能摸一次。

2. 体验研究的过程——猜想、验证和得出结论

师：现在请你猜一猜盒子里面哪种球放得最多？哪种球最少？

生1：黄球最多，蓝球最少。

师：你猜呢？

生2：黄球最多，蓝球最少。

师：你们是怎么猜出来的？

生2：因为我看到小朋友的头饰，黄色的最多。

[这一环节培养了学生的观察能力。]

师：真的吗？请戴黄色头饰的人站起来。真的是摸到黄色的多。

生3：蓝色的人最少。

师：请戴蓝色头饰的人站起来。真的是蓝色最少。你真有观察力。

师：要想知道他猜得对不对，我们可以——

生：验证。

师：请组长揭开盒子的盖子，数一数哪种颜色的球最多。哪组汇报？

组1：黄色最多，蓝色最少。

师：你们组呢？有没有不同意见？

组2：没有。

师：那从这个摸球游戏中我们能得出什么结论呢？

生1：黄色球最多，摸到黄色球的可能性最大。

生2：蓝色球最少，所以摸到蓝色球的可能性最小。

师：还有谁想说吗？

师：你们真能干。对！在3种物体中个数最多的，出现的可能性最大。（板书：个数最多的，出现的可能性最大）

三、总结

师：无论是两种物体还是三种物体，物体出现的可能性大小和什么有关？（板书：大括号）

生1：物体出现的可能性大小与各种物体的个数多少有关。

生2：还与总数有关。

师：说得真棒！请你再说一次。

生2：物体出现的可能性大小与物体的个数多少有关，还与总数有关。

师：说得真精彩！

[教师及时总结，及时强化，把基础知识落到实处。]

四、解决问题

师：你们说物体出现的可能性与它的个数多少有关，那你们能解释玩转盘游戏时的中奖可能性大小的问题吗？

生：中二等奖可能性大，因为二等奖多。

师：请说得具体一点。

生：因为二等奖有15个，一等奖只有1个，所以中二等奖的可能性大。

师：这是老师设计的奖项，如果你是老板，你会设什么奖？分别设几个？为什么？

（学生说出自己的设奖方案，教师都给予鼓励）

师对设计一等奖少的学生说：这位小老板很精明。

师对设计一等奖多的学生说：这位小老板很大方。

师幽默地说：既然这是模拟，那么我们就大方一点，先采用第二位同学的方案来设计转盘，好吗？（再贴若干个一等奖）

[这里本来应让学生自己决定选用谁的摇奖方案，但由于时间的原因只能由教师做主了。]

师：现在转一次，中什么奖的可能性大？

生：一等奖。

师：中什么奖的可能性小？

生：二等奖。

师：你有没有运气转到一等奖呢？谁想来试试？唉，这么多人，我叫谁呢？大家想想，怎样才公平呢？

生：抽签。

师：都想到这个方法，是吗？好（出示盒子），老师在盒子里放了全班1～30号同学的学号。任意抽一张，猜猜可能会抽到几号。

师：你几号，可能抽到吗？你几号？可能抽到吗？你呢？

生1，生2，生3都说：可能。

师：你几号？

生4：30号。

师：他是30号，这么大的数呀，是不是全班同学中，抽到他的可能性最大呢？

生5：不是。

师：为什么？

生5：每个学号只有一个，都可能被抽到。

师：也就是说全班同学被抽到的可能性是——

生5：一样的。

师：对！全班每个同学被抽到的可能性是相等的。

师：这样就很公平了。你说得这么好，请你抽一张。（生5抽号）

师：几号？抽到的同学上来摇奖。

师：二等奖，运气不够好。（或一等奖，说运气真好！）

师：（叫摇奖的同学抽一张，不打开）猜一猜，抽到的是男生还是女生？

女生：女同学。

男生：男同学。

生6：都可能。

师：那谁的可能性大呢？为什么？

师：你为什么猜男的？

生7：因为我是男的所以猜男的。

师：你的心情我理解，但是学了今天的知识后我们该怎样去想呢？

生8：我们班男生人数多，所以抽到男生的可能性大。

师：说得真好！请你来抽。（生8抽签，并打开验证）

预设 1：抽到男生就说，恭喜你，猜对了。

预设 2：抽到女生就说，刚才生 8 说的没错呀，为什么抽到的却是女生呢？

生：抽一次，男女都有可能抽到。

师强调：可能性大并不是说一定能抽到。

师：真是个小小数学家。请抽到的小朋友上来摇奖。

师：再来抽一张，猜猜抽到的学号是一位数还是两位数。

生 9：一位数。

生 10：两位数。

师：你是根据什么猜的？

生 10：因为两位数有 15 个，比一位数多，所以抽到的可能性大。

师对生 9 说：你认为呢？

生 9：同意。

师对其他同学说：你们说呢？

生：有道理。

师：请生 10 抽一张，看看猜的对不对。

预设 1：抽到两位数说，恭喜你们，猜对了。

预设 2：抽到一位数说，刚才说的有道理呀，怎么结果是一位数呢？

生 10：我们只抽了一次，多抽几次就知道是抽到两位数的可能性大了。

师：你问其他小朋友，看看他们认为你说的对不对。

生 10：小朋友们，我说的对不对？

生齐声说：你说得很好。

师：大家为你精彩的回答而鼓掌。你说得太棒了。请抽到的小朋友上来摇奖。

师对摇奖的小朋友说：再抽一张，猜猜抽到的学号中含有数字 2、3、5 的可能性哪一个最大，为什么？（电脑屏幕中出示题目）大家找自己的好朋友讨论交流一下，讨论好了就回到自己的座位上。

[对有一定难度的习题，要给学生留有一定的思考、合作、交流的时间，教师让学生思考后再交流，效果好。]

师：谁作为代表上台说一说？

生：抽到含有数字 2 的学号的可能性大。

师：为什么？

生：因为在 1～30 这些学号中，含有数字 2 的学号有 12 个（电脑闪烁），含有数字 3 的是 4 个（电脑闪烁），含有数字 5 的只有 3 个（电脑闪烁），所以抽到含有数字 2 的学号的可能性最大。

师：认为他说的有道理吗？

师：小朋友学得真不错。

五、总结和拓展

师：学了这节课，你有什么收获？还有什么话想对大家说吗？

师：关于可能性大小的问题除了掷骰子、摸球、转盘外，生活中还有很多很多，书上有，报纸上有，我们校园网上也有（出示）。看，这里有关于可能性的知识介绍，还有关于可能性大小的游戏呢！小朋友有兴趣可以上网去看一看、玩一玩。

案例 19 中的“可能性大小”属于规则学习。严老师在探究“两个物体中谁出现的可能性大”这个问题时，让每组掷 20 次骰子后，让学生观察 6 个组的结果，最后观察全班 120 次的结果，发现规律，得出“在两个物体中，个数多的出现的可能性大”这一客观规律，使学生的认识从感性上升到理性。这个学习过程显然属于上位学习。上位学习的教学设计中，典型例证的选取十分重要。严老师通过掷骰子这一学生熟悉的活动，先让学生猜想哪一种可能性大，再让学生掷 3 次试一试，结果发现与“经验”不符，引发了学生的认知冲突，学生纷纷要求再试一试，最后发现抛掷的次数越多，这个规律就越明显。这样的教学设计符合上位学习的一般规律。

案例 19 中游戏棒的练习是下位学习，教师首先反问绿色游戏棒都是 3 根，为什么第 1 题抽着绿色游戏棒的可能性大，而第 2 题抽到的可能性小呢？学生在应用原规则的基础上，认识到物体出现的可能性大小还与总数有关，与物体在总数中所占比例大小有关。对于下位学习，严老师的这组习题设计得非常巧妙，值得学习和借鉴。

从“两种物体的可能性大小”的学习到“三种物体的可能性大小”的学习属于并列学习，其联结点或实质性的联系是“都可以从个数来考虑”，具有共同的研究过程。

特别要说明的是，在规则教学中，一般教师容易把它变成技能训练课，只重视规则本身的教学，而忽视规则形成的过程，忽视规则形成过程中学生的内心体验。

技能训练最突出的特征是通过“题海战术”使学生达到对规则的熟练应用（见图 4－2 和图 4－3）。

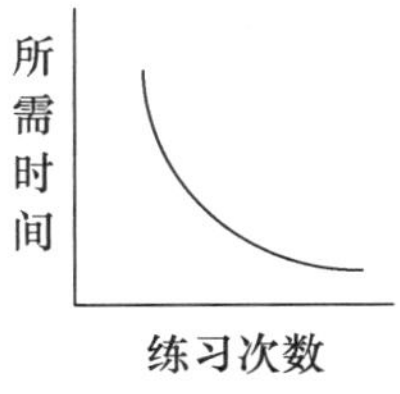

图 4－2

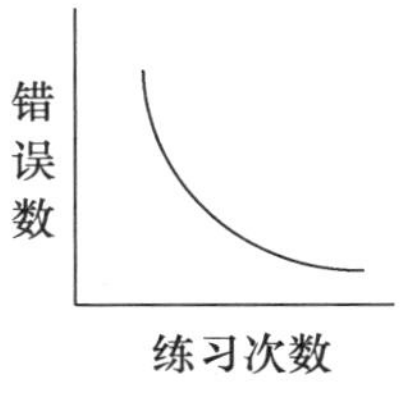

图 4－3

图 4－2 表示练习次数与每次练习所需时间之间的关系，显然，随着练习次数的增加，每次练习所需的时间逐渐减少，练习速度逐渐加快。图 4－3 表示练习次数与

每次练习的错误数之间的关系，随着练习次数的增加，错误数逐渐减少，准确率不断提高。

但是过多的技能训练往往又会导致学生成绩停滞不前，甚至有所下降，这就是练习中的“高原”现象（见图 4－4）。

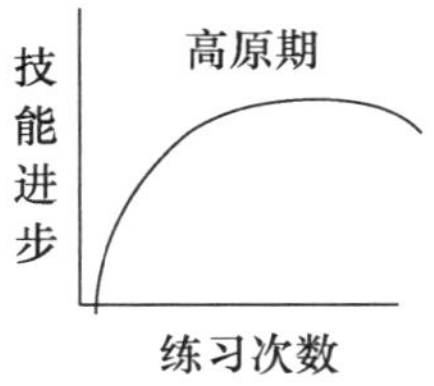

图 4－4

其背后的原因是学生如果只记住规则，只会应用规则解题，不了解规则的形成过程，知识的迁移就会发生困难。死记硬背结论性的知识，知识和技能不能转化成能力，就不能迁移到新的情境中，这样学生学再多的规则又有何用呢？因此“题海战术”并非长期有效，值得教育者反思。

第三节　数学问题解决的教学

对于“问题解决”（problem-solving）的内涵，数学界至今仍然没有统一的认识。有的学者把“问题解决”作为教学目的，认为学习数学的主要目的在于解决问题；有的学者认为“问题解决”是一个过程，是把学到的知识运用到新的或不熟悉的情境中的过程；有的学者认为“问题解决”是能力，是把数学应用于各种情况的能力；等等。美国学者纽厄尔和西蒙指出，个体想做某件事，但不能马上知道这件事所需采取的一系列活动，这时就产生了问题。我们每天要碰到许多问题，但不管什么问题，它们都包含三个要素（见图 4－5）。

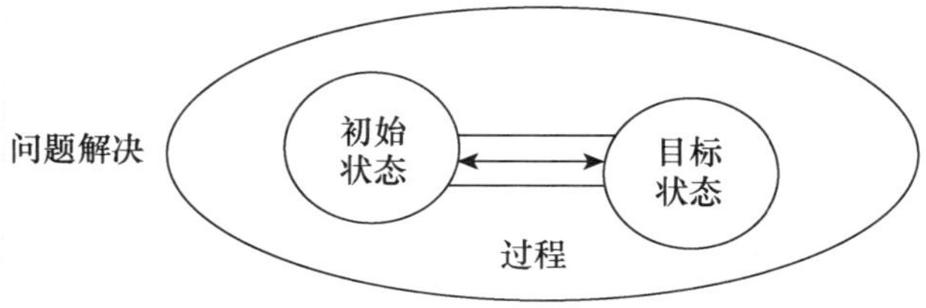

图 4－5

“当常规或自动化反应不适应当前的情境时，问题解决就发生了”①。“问题解决”是

① 陈琦，刘儒德．当代教育心理学．北京：北京师范大学出版社，1997：150.

数学知识的应用。以往的数学问题一般是“给定……条件”和“得出……结论”，它事先给定了初始状态和目标状态，而实际中的许多问题则未贴上数学的标签，这就需要我们学会用数学的眼光去观察分析初始状态、过程和目标状态。所以“问题解决”的教学不仅要重视过程，即帮助学生了解可能遇到的障碍和掌握克服的方法，还要重视初始状态的描述，以及目标状态的延拓。

一、“问题解决”的教学模式

小学数学概念的学习、数学公式的推导、数量关系的揭示都充分体现了“问题解决”的全过程。例如，看到铅笔盒、电视机、火柴盒等物体，不同的人会从不同的角度进行观察，学数学的人会从中抽象出“长方体”的属性，并应用长方体的相关知识解决包装等实际问题。

下图是“问题解决”教学过程中教师和学生的任务，揭示的是“问题解决”教学的基本模式（见图 4－6）。

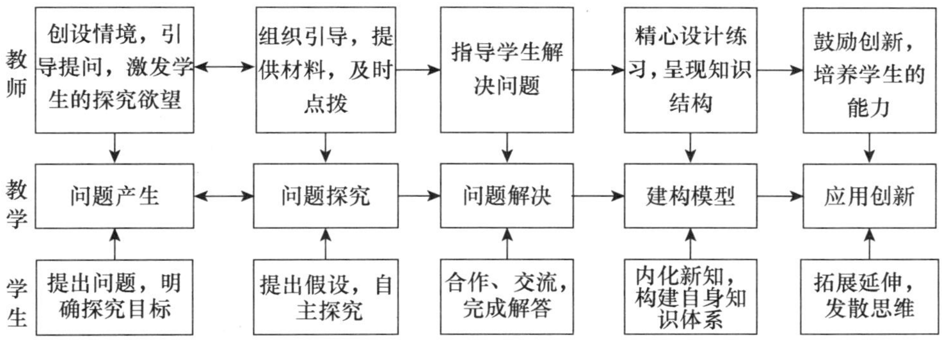

图 4－6

从这一基本模式中可以发现，设计“问题解决”的教学时，先要使学生在一个完整、真实的问题情境中产生学习的需要，再通过学习共同体成员间的互动、交流，即合作学习，共同完成任务。一般要经历以下几个阶段：创设情境—产生数学问题—探索问题—构建模型—解决实际问题—推广与应用。这也是数学建模的过程：建立猜想—举例验证—抽象概括—寻求方法—检验和修改。

二、“问题解决”的教学要点

一般来说，“问题解决”教学的各个环节并非直线型的，而是不断反复的——“提出问题—探究—提出问题—再探究”。在具体教学中也不是所有的问题都要让学生去独立研究，而是要挑一到两个中心问题让学生进行探究。进行教学设计时要注意以下几点：

（1）创设情境。从学生感兴趣的话题入手，激发学生的学习兴趣和解决问题的欲望，使之对所学知识进行积极的探究。教学的关键是选取真实的情境，让学生在真实的情境中学会发现数学问题，经历数学建模的过程，从而培养学生解决问题的意识。教师特别要注意帮助学生把知识和方法迁移到新情境中，让学生学会应用已学的数学模型来解决新的问题。

（2）给予机会。要帮助学生学会用数学的眼光观察和发现问题，促使学生积极参与学习活动。教学中抛出的“问题”应让每个学生都有机会参与。

（3）引导发现，让不同的学生用不同的学习方式进行学习。不同的学生，其学习方式也不同，有的学生喜欢独立探究，有的学生喜欢合作交流，因此，教师应尊重学生不同的学习方式。

“问题解决”的教学模式不仅可以应用到“综合与实践”“数学广角”等内容的数学设计中，也可以应用到“数与代数”“图形与几何”“统计与概率”等内容的教学设计中。我们来看王明杰老师是如何将“简单的数量关系（速度、时间、路程）”融合于“问题解决”的教学之中的（见案例 20）。

案例 20　　简单的数量关系（速度、时间、路程）（教学设计）

一、教学内容

人教版小学数学四年级上册

二、教学目标

1. 在具体情境中理解数量关系中有关名词的含义，自主探究常用的数量关系，发现相互之间的联系。

2. 运用常用数量关系解决问题，用模型化的眼光看待问题，贯通联系，提高解决问题的能力，渗透函数思想。

3. 经历探索数量关系和解决简单问题的过程，培养学生的归纳类推能力，体验成功的喜悦。

三、教学过程

（一）情境导入，调动经验

出示三种交通工具（只有编号）行驶的路程，这里有三种交通工具的信息，你觉得哪种比较快？已经知道了什么信息？（板书：路程）还需要什么信息？（板书：时间）现在你能比出快慢吗？

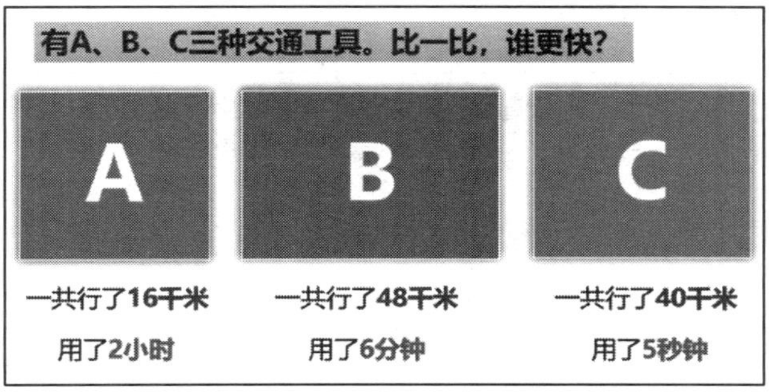

（二）初探问题，反馈讨论

1. 初步感知

师：你是怎么解决问题的？（教师根据学生回答分别出示线段图，引导学生分析算理）

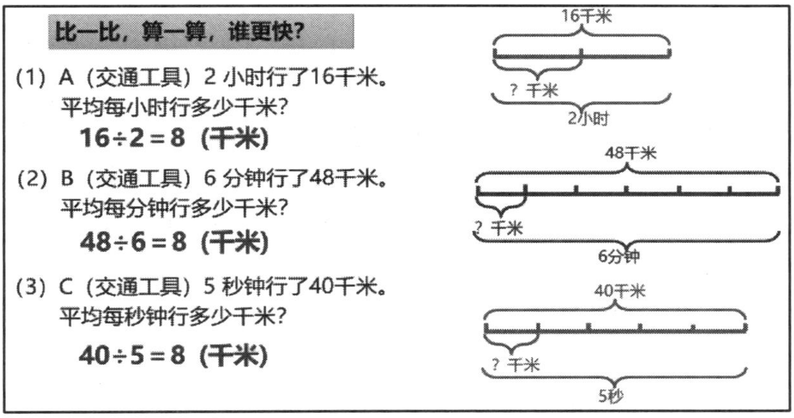

师：都是在求什么？（每小时、每分钟、每秒钟行驶的路程，也可以叫作速度，板书：速度）通过刚才的分析，你认为已知路程和时间，怎么求速度？（板书：路程÷时间＝速度）

2. 抽象概念

师：看上去都是 8 千米，速度一样快吗？速度单位怎么写可以真正看出快慢？

生：加上 1 小时、1 分钟、1 秒就可以了。

（教师根据学生回答，出示复合单位：千米/小时、千米/分、千米/秒）

小结：我们刚才已经知道三种交通工具行驶的路程和时间，现在又计算出了它们的速度，那么，这三种交通工具分别是什么呢？

生：汽车、自行车、宇宙飞船。

（三）观察比较，梳理关系

1. 自主探究

师：大家已经初步了解了路程、时间和速度，能用它们之间的关系求速度了，这三者之间还有什么关系呢？让我们继续来研究。

先在括号里分别填入“速度”、“时间”或“路程”，再解答。

(1) 汽车以 80 千米/小时的速度行驶（　　）了4小时（　　），一共行驶多少千米（　　）？

(2) 汽车以 80 千米/小时的速度行驶（　　）160千米（　　），需要多少小时（　　）？

我发现路程、时间、速度之间还有这样的关系：

________ = 路程　　________ = 时间

2. 交流辨析

(1) 括号里分别填什么？你是怎样算的？

(2) 为何求路程用乘法，而求时间却用除法？(结合线段图辅助学生理解算法)

(速度相当于每份数，时间相当于份数，求路程，就是求几个几的总数)(板书)

(3) 比较：我们通过研究发现了三个数量关系式（板书：数量关系），它们之间有联系吗？其实只要记哪个就行了？

小结：在研究行程问题的时候，速度、时间、路程这三个量中，只要知道其中任何两个，就能求出第三个量。

(四) 回归生活，巩固应用

1. 解决实际问题

1.王老师开车从奉化去上海，3小时行驶了240千米，平均速度多少千米/小时？

↓

2.从奉化到黄山相距约320千米。

(1)如果骑自行车以8千米/小时的速度去，大约需要多长时间？

(2)如果坐直升机以8千米/分钟的速度去，大约需要多长时间？

↓

3.放学了，小明和小刚各自从学校走回家。小明每分钟走60米，8分钟到家。小刚每分钟走45米，10分钟到家。谁的家离学校更近一些？

2. 类比应用模型

师：研究与走路有关系的问题，都离不开研究速度、时间、路程及其之间的关系，其实，二年级的时候，我们也曾遇到过一乘两除的问题，来回忆一下：

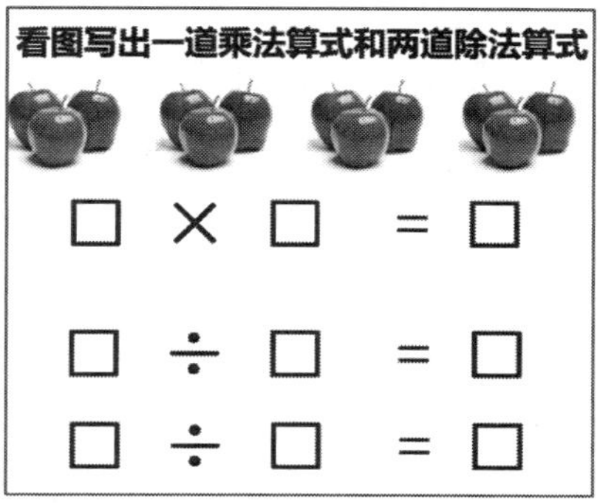

思考：如果把上图看成是走路问题，谁相当于速度？谁相当于时间？谁相当于路程？你是如何想的？

3. 联系搭建结构

想一想，下面哪些问题跟今天的很相似？

（1）一班有 38 人，二班有 36 人，一共有几人？

（2）每个教室有 8 盏灯，6 个教室一共有几盏灯？

（3）苹果每千克 15 元，买了 4 千克，一共付多少元？

小结：这些问题中的数量关系，都可以归纳为每份数、份数和总数之间的关系。

其实，好多数学知识之间是相通的，带着联系的眼光学数学，会让我们的学习越来越简单。

在上述案例中，王老师注重通过情境的创设来激发认知冲突，调动学生利用已有的学习经验和生活经验来解决“谁更快”的实际问题，使得“速度”这一概念在学生的头脑中自然生成；同时，王老师还注重几何直观的应用，借助线段图帮助学生理解抽象的数量关系，并与之前学习的“每份数、份数和总数”的问题建立起联系，引导学生辨析出相同的数学模型在不同问题情境中的表征和应用，这就帮学生建立起一个互通相融的知识结构，有助于学生用联系的观点来学习、解决新的数学问题。这样的“问题解决”教学，让学生完整经历了提出问题、分析问题和解决问题的活动，感受“数学化”的全过程，因而对数量关系的理解和数学模型应用的合理性会有更深入的体验和感悟。

第四节　数学广角的教学

“数学广角”是实施“新课标”后首次出现在小学数学教材中的最具鲜明特色的内

容，在人教版教材中被单独列为一个单元，在其他版本的教材中是以“思考题”的形式被安排在不同的内容领域中。对于“数学广角”的教学目标，学界的意见还是比较一致的，即满足学有余力的学生拓展思维的需要，给予学生接触数学思想方法的机会，以拓展学生的数学思维和数学视野。

“广角”原为摄影术语，一般指的是广角镜头——适合拍摄较大场景照片的镜头。在“数学广角”中则引申为“宽泛、广泛丰富”的意思，指通过日常生活中的简单事例来展现数学应用的广泛性和多样性，从而让学生感悟数学的博大和价值①。可以说，“数学广角”是学生领悟数学思想方法的重要载体。

小学数学教师首先要了解和掌握“数学广角”的内容，其次应明确“数学广角”所蕴含的思想方法。下面，首先介绍与小学数学相关的各分支的基本思想，其次分析小学数学中主要包括了哪些数学思想方法，最后在此基础上研究“数学广角”的教学设计。

一、数学各分支的思想方法简介

众所周知，数和形是数学的两大主干，数学的发展不是一些新定理的简单积累，它包含着许多根本性的变化。这些变化不是通过破坏和取消原有理论的方式实现的，而是通过深化和推广原有理论的方式实现的，即把原来的理论加以精确化、补充和推广，从而逐步形成数学的各个分支。这些分支在其发展过程中会逐步形成一套研究问题的思想方法。数学思想是数学的核心。每一门数学学科都有其特有的数学思想，赖以进行研究（或学习），以便掌握其精神实质。理解“数学广角”中的数学思想方法，要从理解数学各分支研究问题的基本思想开始。

（一）代数学

代数学是数学中最古老的分支之一，起源于算术。算术的产生，表明人类对现实世界的数量关系的认识已达到一定的水平，特别是 0，1，2，…，9 这十个数字及十进制计数法，由于简洁实用，受到阿拉伯人的青睐，并经阿拉伯人传入欧洲，成为世界的通用算术语言，并成为数学最基本的工具之一。但由于算术的运算方法只限于对具体的、已知的数进行运算，解决问题时要先列出算式，然后通过对已知数进行四则运算求出结果，所以它在解决复杂的特别是需要逆向思维的问题时效率很低。

从算术发展到代数是数学发展史上的一件划时代的大事，代数使许多原来在算术中需要极高技巧的算法变成了简单的机械性的运算，也为数学研究开拓了新的空间。

随着研究对象的不断扩大，代数学从低级到高级不断发展。初等代数也叫古典代数，也有人称之为方程的科学，主要包括有理数的四则运算、代数式、指数和幂、常用对数、

① 陈亚明．“数学广角”的教学思考与实践．教学月刊：小学版（数学），2013（10）．

方程和恒等式、分式、根式、因式分解等。高等代数引进了与数很不相同的量，如矩阵、向量、集合、群、环、域、向量空间等，这些量具有与数相类似的运算特点，但比数的运算和研究更加繁复。

（二）数论

数的概念的形成和发展经历了漫长的历史阶段。最初是正整数，后来出现了正分数、零和负数（包括负数和负分数），为了解决度量连续量的问题，在数的计算中引入了无理数；为了解决开方可以实施的问题，引入了虚数，这样又出现了复数的概念。正整数是这些数中最简单的数学概念，数与数之间有一定的排列次序，有自己的特性。在研究正整数的性质和相互关系的过程中，形成了一门分支学科——数论。数论按方法的不同，可分成初等数论、解析数论、代数数论和几何数论。哥德巴赫猜想就是初等数论研究的问题。小学里有这样一道习题："4＝2＋2，6＝3＋3，8＝3＋5，10＝3＋7，12＝5＋7，18＝（ ）＋（ ）"，这里实质上是在介绍哥德巴赫猜想：任何一个大于2的偶数都可以表示成两个素数（质数）之和。我们举任何一个实例（大偶数）都可以找到两个素数，它们的和等于这个偶数，这说明这个结论是成立的。但要从理论上证明它，则不是一件容易的事。哥德巴赫猜想至今仍是尚未被破解的世界难题。

此外，奇数、偶数、质数、合数、最大公约数、最小公倍数等内容都属于数论的内容。数论不只研究整数，还研究如何用有理数来逼近实数，从而达到所要求的精确度。例如，小学中用3.14来代替π，现代天文学在计算日食、月食的时间时都用到了数论。数论特别是初等数论是小学数学教师需要系统学习并教授的学科知识。

（三）几何学

公元前3世纪欧几里得总结了前人的经验，撰写了《几何原本》。《几何原本》是第一次数学危机的自然产物。当时希帕索斯（Hippasus，公元前5世纪）发现了一个腰为1的等腰直角三角形的斜边永远无法用最简整数比来表示（不可公度性），从而发现了第一个无理数$\sqrt{2}$，推翻了毕达哥拉斯的著名理论，相传毕达哥拉斯派的人还因为这一发现而把希帕索斯抛入大海。这一发现表明，几何学的某些真理与算术无关，几何量不能完全由整数及其比来表示。反之，数却可以用几何量表示出来。这一发现不仅使有理数系得到了扩展，产生了无理数，形成了实数的概念，而且使整数的尊贵地位受到挑战，古希腊的数学观点受到极大的冲击（第一次数学危机）。人们开始认为直觉和经验不一定靠得住，推理证明才是可靠的。

（四）解析几何学

在数学的萌芽时期，数与形是不分家的。古埃及人在测量土地面积、建造金字塔的过程中，总是把数和形联系在一起考虑。古希腊人喜欢通过用石子拼摆多边形的方法来研究数的有关特征及运算。可见，人们在生活实践中，通过具体的形来研究数历史悠久。

数形关系的发展，在思想方法上有过两次飞跃。第一次飞跃是把实数与直线上的点一一对应起来，建立直线坐标系，从而使得数和形完美地结合起来。点可以视为数，数也可以视为点。点在直线上的位置关系可以数量化，而数的运算也可以几何化。第二次飞跃就是笛卡儿创造的直角坐标系，由此也形成了一个重要的数学分支——解析几何学。许多长期困扰人们的难题在直角坐标系中变成了一种可按确定的法则和顺序进行运算的问题。

解析几何包括平面解析几何与空间解析几何两部分，这里不再做详细介绍。特别要指出的是笛卡儿把变量引入了数学，开辟了数学发展的新天地。恩格斯曾给予极高的评价，“数学中的转折点是笛卡儿的**变数**。有了变数，**运动**进入了数学，**有了变数，辩证法**进入了数学，**有了变数，微分和积分也就立刻成为必要的了**，而它们也就立刻产生”①。笛卡儿最早没有用“变量”而是用“变数”这个术语，“变量”这个词最早是由瑞士数学家约翰·伯努利开始使用的。

（五）数学分析

数学分析主要研究微分学和积分学。微积分的创立，使数学的研究对象从常量计算转而研究运动着的物体和变化中的量，从对“有限”的研究转向了对“无限”的研究。解析几何与微积分这两门新的学科从本质上改变了整个数学的面貌，使先前无法解决的问题变得容易解决了，但同时也造成了第二次数学危机。最经典的就是“龟兔赛跑”问题，跑得很快的兔子永远赶不上在它前面的乌龟，这是因为乌龟在它前面时，兔子必须首先到达乌龟的起点，而此时乌龟又向前移动了。如果用极限的概念，这个问题就能解决了。设兔子的速度为“1 米/秒”，乌龟的速度为它的$\frac{1}{10}$，乌龟在兔子前面 100 米，那么当兔子到达 100 米的地方时，乌龟已在它前面的 10 米处，当兔子到达 10 米的地方时，乌龟已在它前面的 1 米处……，兔子只要跑 $100+10+1+\frac{1}{10}+\frac{1}{10^2}+\cdots+\frac{1}{10^n}+\cdots=100+10+\frac{\lim\limits_{n\to\infty}\left(1-\frac{1}{10^n}\right)}{1-\frac{1}{10}}=100+10+\frac{10}{9}=\frac{1\,000}{9}$（米），就能追上乌龟了。

微积分是初等数学和高等数学的分水岭，它是学习、掌握任何一门自然科学和工程技术的第一把钥匙，而微积分中的各种概念，实质上就是各种形式的极限。

极限概念不仅包含了“无限接近”的极限过程，同时也包含了极限的结果。极限的定义一般是这样叙述的：如果变量 X 按照某一种规律变化，终于无限接近一个常数 C，那

① 马克思，恩格斯．马克思恩格斯全集：第 20 卷．北京：人民出版社，1971：602.

么，就说 C 是 X 的极限，并用记号$\lim\limits_{n\to\infty}X=C$ 或 $X\to C$ 来表示。从有限到无限是认识论中的一次飞跃。

再来看看上一章提出的两道判断题：（1）因为所有的纯小数都小于 1，所以0.999 999…小于 1。（2）奇数和偶数各占自然数的二分之一。

从极限理论来分析，这两个结论都是不正确的。

对于第（1）题，用极限求和的方法计算：$0.999\,999\cdots=0.9+0.09+0.009+\cdots=9\times\left(\frac{1}{10}+\frac{1}{100}+\frac{1}{100}+\cdots\right)=\lim\limits_{n\to\infty}9\times\dfrac{\left(1-\frac{1}{10^n}\right)\times\frac{1}{10}}{\left(1-\frac{1}{10}\right)}=\lim\limits_{n\to\infty}\left(1-\frac{1}{10^n}\right)=1$，显然，$0.999\,999\cdots=1$。

对于第（2）题，由于偶数与自然数之间可以建立一一对应关系：

$$\begin{array}{cccccc} 2, & 4, & 6, & 8, & \cdots, & 2n, & \cdots \\ \updownarrow & \updownarrow & \updownarrow & \updownarrow & & \updownarrow & \\ 1, & 2, & 3, & 4, & \cdots, & n, & \cdots \end{array}$$

所以，偶数与自然数的“个数”相等。欧氏几何中的公理“整体大于部分”在无限集中就不再是“公理”了。由此可见，确立无限的思想开阔了我们的思维空间。

（六）函数论

函数论是在数学分析基础上发展起来的，包括实变函数论、复变函数论。以实数作为自变量的函数叫实变函数，它的基础是点集论，主要研究点集函数、序列、极限、连续性、可微性、可积性等，包括积分论、逼近论、傅立叶分析和积分变换、描述理论等几个方面的理论。以复数作为自变量的函数叫复变函数。

函数是高等数学中最重要的基本概念。如：“我想了一个三位数，你猜猜是多少?”“500”“比 500 小”“100”“比 100 大”，这里猜的过程就隐含了实变函数中的闭区间套定理。又如荷兰的一道数学竞赛题：“学生甲离校 10 千米，学生乙离甲 5 千米，问学生乙离校几千米?”这个问题不仅答案不唯一，而且学生可以从小学一直做到大学。小学阶段有两个答案（见图 4－7），初中阶段应在平面上考虑（见图 4－8），高中阶段则应在三维空间中考虑，而大学阶段可用复变函数的理论来解答。

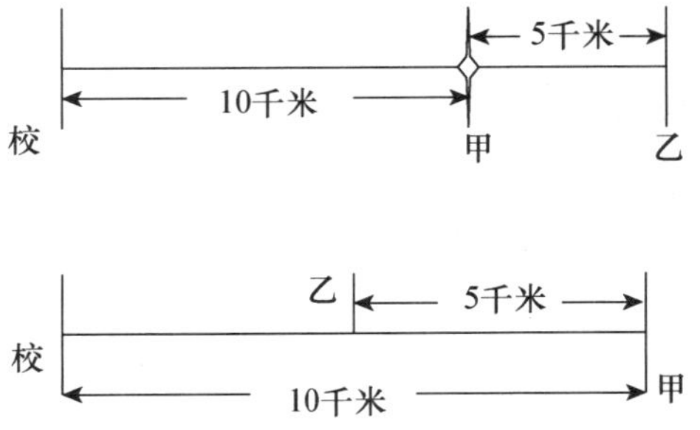

图 4－7

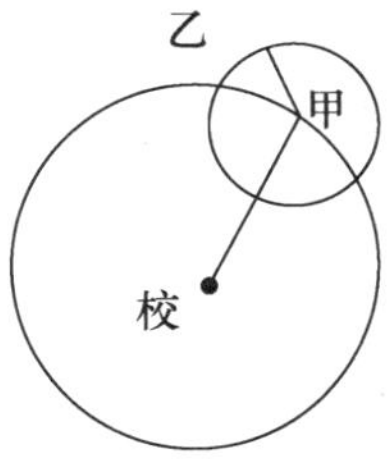

图 4－8

（七）集合论

集合论的创建者是德国数学家格奥尔格·康托尔。19 世纪末，他创立的集合论成为现代数学的基础。但是，集合论的诞生却经历了艰苦的斗争过程。

康托尔集合论的实质是关于“无限”的理论，而“无限”曾经在很长的时间内是数学研究中的禁区。对于什么是“无限”，人们提出了潜无限和实无限两种观点。潜无限论者认为自然数可以永无止境地一个接一个地被生成下去，但不承认这个过程能够最终完结而构造出自然数的全体。而实无限论者则认为自然数的不断生成的过程能够完结，从而形成一个全体自然数构成的集合｛0，1，2，3，…｝。

到了中世纪，围绕是否存在实实在在的无限多个对象的集合这个问题，哲学家和数学家们展开了无休止的争论，尽管人们注意到：把两个同心圆上的点用公共半径连起来，就构成两个圆上的点之间的一一对应关系，但由于一个圆的周长比另一个圆的周长大，因而人们不敢承认这两个圆上的点一样多。直到著名物理学家伽利略发现自然数集合及其平方数集合之间可以构成如下一一对应的关系：

$$\begin{array}{cccccc} 1, & 2, & 3, & \cdots, & n, & \cdots \\ \updownarrow & \updownarrow & \updownarrow & & \updownarrow & \\ 1^2, & 2^2, & 3^2, & \cdots & n^2, & \cdots \end{array}$$

从而推翻了自古以来关于“整体大于部分”这一看来毋庸置疑的“数学公理”，这在无穷集合的认识上和理解上是一个重要的进步和发展。

19 世纪，工业科学和自然科学的蓬勃发展推动了变量数学的迅速发展。当时的数学分析为了要弄清无穷小量等的本质，迫切要求严格奠定微积分的理论基础（极限论），而抽象代数此时已经在研究实际上的无穷集等。正是在这样一个历史背景下，康托尔系统地总结了长期以来人们对数学的认识和实践，并于 1874 年提出了如下的“一一对应”原则：如果在两个集合的元素之间能建立一一对应关系，那么就说这两个集合具有相同的基数（即在数量上是相等的）。

根据上述原则，康托尔对各种已知集合，如自然数集、整数集、有理数集、直线上的点集、平面上的点集……进行了数量分析。他证明了自然数集与有理数集具有相同的基数，但实数集与自然数集却具有不同的基数，从而表明无穷集合在数量上并不都是相等的。康托尔还明确指出，“两个集合，其中一个是另一个的部分，而二者又具有相同的基数，这是经常会出现的，而且也没有什么矛盾”。所以有人说，“从有限推进到无限是康托尔的不朽功绩”。尽管康托尔对无限集合的研究遭到了持有传统观念的人的反对，但集合论很快就显示出强大的生命力。1897 年召开的第一次国际数学家会议肯定了集合论及其应用。随着现代数学基础研究的深入，集合论已成为整个数学的理论基础，它在现代数学中占据了越来越重要的地位。

康托尔创立的集合论既没有明确的原始概念，也没有规定不证自明的公理，仅以朴实的语言陈述这一理论，所以人们把这一理论称作“朴素”集合论或古典集合论。康托尔的古典集合论中的主要思想方法可归结为：概括原则、外延原则和一一对应原则。其中，概括原则用于构造集合，外延原则用于确定集与集的相等，一一对应原则用于引出基数概念。

康托尔对集合的概念曾做过这样的描述：将一些确定的、彼此有区别的、具体的或想象中抽象的东西看作一个整体，这个整体便叫作集合。

集合论作为传统数学的理论基础，在数学学习中的作用是不可低估的，主要体现在下列几方面：

（1）只有用集合论观点，才有可能研究由几何图形构成的集合。在集合论产生之前，人们就在研究数集和几何图形了，但几何图形是被当作完整的总体来研究的，没有被看作由它们的点所组成的集合。只有用集合论的观点，才有可能研究如平面上所有直线的集合，或所有同心圆的集合，等等。

（2）集合概念是数学概念形成的基础，可以说各个数学概念都可以用集合概念来定义。例如，圆是用“到定点的距离等于定长的点的集合”来定义的。

（3）通过集合的包含关系能建立起概念系统。如，研究四边形时，平行四边形、梯形、等腰梯形、直角梯形、菱形、长方形、正方形等概念之间的相互关系可用集合图表示。根据集合之间的包含关系我们还可以把概念进行分类，建立概念系统。图 4－9 为自然数的概念系统。

$$\text{正整数}\begin{cases}\text{质数}\\\text{合数}\\1\end{cases}\qquad \text{或整数}\begin{cases}\text{奇数}\\\text{偶数}\end{cases}$$

图 4－9

（八）概率论和数理统计

以上介绍的各个数学分支研究的都是确定性现象或必然现象，但现实生活中除了必然现象，还有许多随机现象或偶然现象，也称或然现象。如抛掷一元的硬币，通过大量实验发现国徽面朝上和一元面朝上的次数几乎各占一半，也就是说，每个面朝上的概率是 50%，这种规律性也叫大量现象规律。概率论和数理统计就是研究随机现象中的数量规律的科学。

概率论几乎可以说是起源于一种简单的“金融风险”问题——赌博。下面看看经典的帕斯卡分配赌金的故事。1654 年，德·梅勒和他的一个朋友各出 30 个金币、各选一个点数进行赌博，约定：谁选择的点数首先被掷出 3 次，谁就赢得全部的赌注。在游戏进行了一会儿后，德·梅勒选择的点数“5”出现了 2 次，而他的朋友选择的点数“3”只出现了一次。这时候，德·梅勒由于一个紧急事情必须离开，游戏不得不停止。他们该如何分配赌桌上的 60 个金币的赌注呢？数学家帕斯卡就这个问题与费马讨论，他们的五封通信奠定了概率论的基础，有兴趣的读者可查阅相关资料。

概率论和数理统计的基本思想是，从一组样本分析、判断总体的状态或判定某一论断正确的概率有多大，或错误的概率有多大。虽然，从必然数学到随机数学，在研究方法、思维方法上都有了显著变化，但它们之间也是密切相关的，随机数学在对样本的研究中对有关的数据的计算都要用到必然数学。

（九）模糊数学

生活中，我们遇到的许多量的界限是很清晰的，如一个人的体重为 80 千克，但也有许多量的界限是模糊的，如人们平时说的胖与瘦、高与矮，假设 40 千克以下的人是“瘦的”，那么 41 千克的人是“瘦的”还是“胖的”呢？

“秃头悖论”也存在这个问题。如果我们事先约定，头发根数不超过某一确定的常数 n 的人为秃头，那头发根数为 $n+1$ 的人是否是秃头？根据约定，应该不算是秃头，但他只比头发根数为 n 的人多了 1 根，这样定性实在有悖常理。但如果约定，当 $N=n$ 时为秃头，则 $N=n+1$ 也为秃头，那么根据数学归纳法，可以推得世界上所有的人都是秃头。显然，这是更加荒谬的结论，但推理的过程没有错呀！问题的根源在于“秃头”这个概念本身的量模糊不清。

美国控制论专家 L. A. 查德通过研究数学的基础——集合论，发现普通集合论是扬弃了模糊性而抽象出来的。如一个对象 a 或者有某种性质，或者没有，即 a 要么属于集合 A，要么不属于集合 A，两者必居其一，而且只能居其一，绝不容许模棱两可。用数学符号语言表示就是：

$$f(x)\begin{cases}1 & \text{当 } x\in A \text{ 时，}\\ 0 & \text{当 } x\notin A \text{ 时。}\end{cases}$$

这是一个函数式，这个函数的值域是集合 $\{0, 1\}$。但查德认为，客观事物之间界限不分明的中介状态是普遍的，为此他对普通集合进行了推广，把点集改造为区间 $[0, 1]$，用介于 0 和 1 之间的一个数来说明该人“在多大程度上属于瘦的”，程度越高，这个数就越大。如设体重小于 40 千克的人是瘦子，其属于“瘦子”的程度（数学上叫作隶属度）为 1，体重为 80 千克的人不是瘦子，其属于“瘦子”的程度或隶属度为 0，那么，体重为 x 千克的人属于“瘦子”的隶属度就可以通过函数式 $g(x)=\frac{(80-x)}{(80-40)}$，$x\in[40, 80]$ 表达出来。如当 $x=60$ 时，$g(x)=0.5$；当 $x=50$ 时，$g(x)=0.75$，通过这个隶属函数 $g(x)$ 就可以比较谁更“瘦”，显然 50 千克的人比 60 千克的人“瘦”一点。这个隶属度在我们的生活中并不陌生，说“某事有 80%的把握”，这里的 80%就是隶属度，这是模糊数学所研究的内容。

显然，模糊数学是研究界限模糊的量如何用数据来表示的一门学科。模糊数学的发展不仅在科学方法论上给人以新的启示，还为研究计算机的智能化奠定了理论基础。

（十）运筹学

运筹学是一门比较新的数学分支，用来解决生产实践中有关安排、筹划、调度、使用、控制等方面的问题。运筹学的内容比较庞杂，应用范围很广，它不仅发展成了一门独立的学科，它所包含的规划论、优选法、对策论（博弈论）、排队论等也逐步发展成了独立的学科。“数学广角”中的烙饼问题、沏茶问题、田忌赛马、找次品等内容属于优选法和对策论。为了使读者更好地理解该内容，这里介绍优选法和对策论的基本思想。

（1）优选法。优选法简单地说就是解决问题的最优方法，它不仅要求找出问题的最优解，而且要求提高解决问题的效率。它从大的方面可分成两类：单因素优选法和多因素优选法。常用的方法有对分法、0.618 法和分数法等。

（2）对策论。对策论又叫博弈论，是从策略的角度研究在竞赛性、斗争性的活动中怎样取胜的一门分支学科。在竞赛或斗争中，胜负常常取决于双方策略的选择。最典型的就是“田忌赛马”。把这种对策数量化、公理化和系统化的是数学家冯·诺伊曼。

除上述介绍的分支学科以外，数学分支还有：微分方程，包括常微分方程和偏微分方程；射影几何；微分几何；数理逻辑；近世代数；泛函分析；与计算机编程密切相关的计算数学；拓扑学；等等。这些在此不再做介绍。

二、小学数学包括的数学思想方法

从数学各分支的发展可知，任何一个重大数学成果的取得都与数学思想方法的突破分不开，而任何一门学科在发展过程中，都会逐步形成一套独特的研究问题的思想方法。深入开展数学思想方法的学习、研究，探讨其产生与发展的规律，对于提高数学教学水平、发展学生的数学思维具有十分重要的意义。

数学思想方法有狭义和广义之分。狭义的理解认为：数学思想方法研究的对象是数学本身的论证、运算以及应用。广义的理解认为：除上述内容外，数学思想方法研究的对象还包括数学的对象、性质、特性、作用及其产生发展的规律。数学思想方法是从方法论的角度来研究和讨论数学的发展规律的，所以它具有一般意义。对于教学内容重难点的确定，基于数学思想方法的数学教学与单纯讲授数学知识的教学是有区别的。例如，在教授自然数的概念时，前者首先注重对自然数概念产生过程的分析，其次才关注自然数概念本身。对于数学定理、法则也是这样，前者首先注重讲清楚定理、法则的发现过程，然后才关注定理、法则的推导和证明。这就是说，重视数学思想方法的教学关注的是分析问题、思考问题的一般方法，侧重对数学概念和规则的认识过程的分析，注重启发学生的创造性思维，而这正是“新课标”所提倡的。

下面介绍小学数学包括的数学思想方法，以便读者在数学教学中找准那条“暗”线，把“四基”中的“基本思想”落到实处。

（一）集合思想

集合论作为传统数学的理论基础，在小学数学中具有十分重要的地位。集合思想在小学里主要是通过画集合图的形式来渗透的，在“数学广角”中有专门研究用集合图解决问题的内容。

1. 集合概念的渗透

集合概念是通过画集合图的形式来渗透的。教材中用椭圆或方框等表示集合的封闭曲线（见图 4－10），甚至还利用地形的边界线或容器来表示封闭曲线，以形象地表示集合圈。

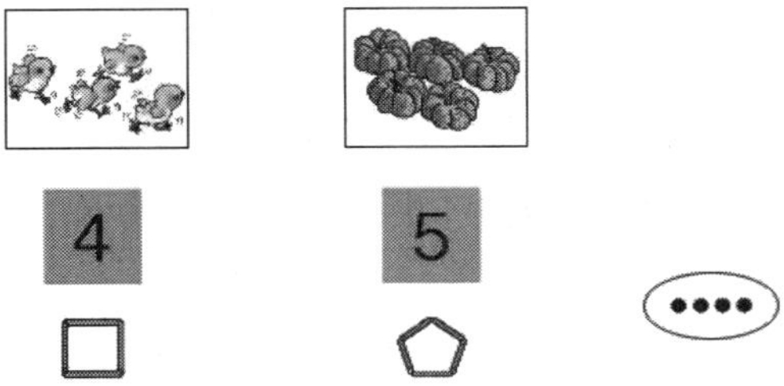

图 4－10

这些生动形象的图形让学生认识到把具有某种属性的一些对象用封闭曲线圈起来后可以看作一个整体。这个整体就是一个集合，圈内的对象就是集合的元素，集合的元素可以是物体、数、几何图形等。请看“5 的认识”的教学结构图（见图 4－11）。

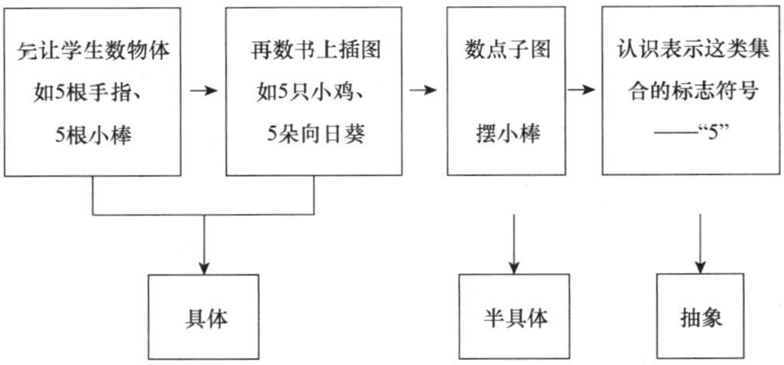

图 4－11

这样的教学过程体现了集合论的主要思想原则：①概括原则。由特殊到一般、从具体到抽象来理解“5”的产生过程。②一一对应原则。利用｛小鸡｝｛小棒｝｛点子｝这类集合之间的一一对应关系，向学生渗透了自然数是可以“建立一一对应的一类集合”。

2. 集合关系的渗透

（1）包含关系。例如，正方形一定是长方形，而长方形又一定是平行四边形，利用集合之间的包含关系，把概念之间的上下位关系揭示出来了。

（2）等价关系。根据自然数的基数定义，自然数就是一类等价非空有限集合的标志，它表示集合中元素的个数。虽然小学生可能无法理解这一抽象定义，但是这个定义的思想在小学数学教材中得到了充分的体现。如图 4－11 中 5 只小鸡、5 根小棒等都是一类等价的非空有限集合，它们的元素个数都是“5”。

3. 集合运算的渗透

（1）并集思想的渗透，有利于引导学生将集合的“合并”与自然数的“相加”有机地联系在一起，从而初步感知到把两个数合并起来，求一共是多少要用加法运算。

（2）交集思想的渗透（见图 4－12），有利于学生理解两个数的公倍数和最小公倍数。

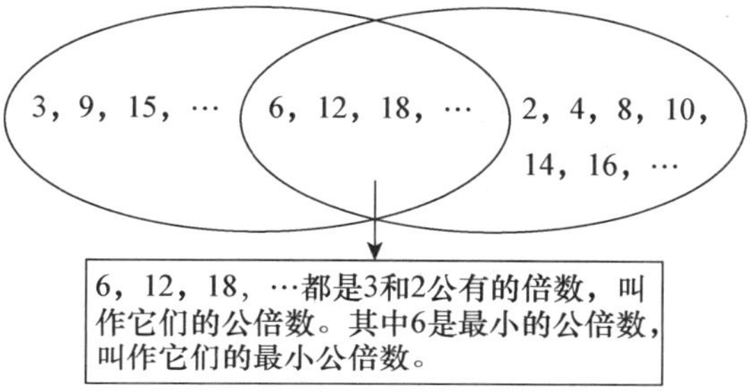

图 4－12

（3）差集思想的渗透（见图 4－13）。这幅图直观地显示了从一个集合里去掉另一个集合的元素，剩下的就是差集的元素。通过数差集元素的个数的方法可以确定差集的基数。差集思想的渗透有利于学生明白从一个数里去掉一部分，求还剩多少要用减法运算。

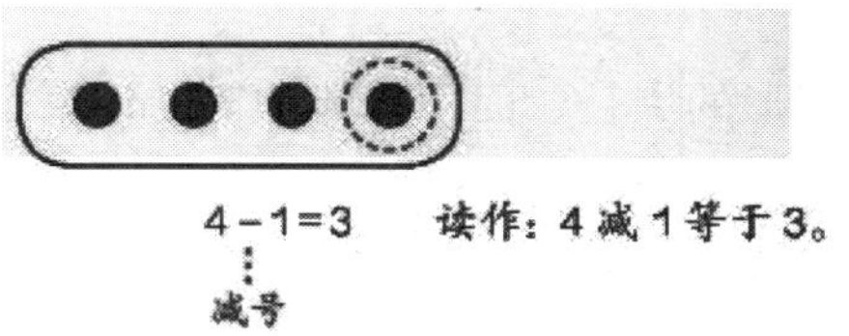

图 4－13

4. 在“数学广角”中用集合图解决问题

读者可以参看人教版小学数学教材三下中“数学广角”的内容。教学时不仅要让学生掌握用集合图解决问题的方法，更要渗透集合的思想。

（二）对应思想

对应思想在数学中无处不在，各数学分支都要用到对应思想。对应是一种重要的数学思想，许多具体的数学思想方法都来源于对应思想。在小学里，数与数、数与量、量与量、数与形、形与形都需要用对应思想进行联结。图 4－10 体现的是物、数、形之间的对应关系，图 4－13 体现的是集合运算与数量运算之间的对应关系。下面介绍的数形结合思想、函数思想等也都来源于对应思想。

（三）数形结合的思想

数形结合的思想，是通过数形间的对应来研究、解决问题的思想方法。具体地说，数形结合就是在研究数学问题的过程中，根据问题给出的条件，把图形性质的问题转化为数量关系的问题，或者把数量关系的问题转化为图形性质的问题，化繁为简，化抽象为具体，化难为易。学习数的认识，学习图形的测量，确定图形的位置等，都要利用数形结合的思想。华罗庚先生的一副对联——“数缺形时少直观，形少数时难入微”，充分揭示了数与形之间的密切联系。

（四）函数的思想

函数的思想在一年级的学习中就有所体现。如练习题 $8-\begin{array}{c}\boxed{8}\\ \boxed{7}\\ \boxed{6}\end{array}=\square$ 就蕴含了函数的思想，其实质是函数 $Y=8-X$。差随着减数的变化而变化，对于每一个减数值，都可以算出差的唯一值与之对应．这就是说，被减数不变时，“差”是“减数”的函数。教学时要问学生“8 还可以减几？结果是多少？”以渗透变量与常量、自变量和函数的概念。这些练习就计算而言没有什么难度，关键是教师在处理这些练习时，心中要有“函数思想”。又如加法表、九九乘法表的实质就是二元函数 $z=x+y$ 和 $z=xy$ 的函数值表。

小学六年级学习的“正比例、反比例”是从事物的运动、变化的角度，研究数量间的关系。在教学时，应通过画图、列式等直观的方式，强调量的“变化”，突出“两种相关联的量”之间的对应关系。

此外，小学数学中几何图形的周长、面积和体积等的计算公式，实际上是用解析法来表示变量之间的函数关系，渗透了幂函数和多元函数的思想。例如，正方形的面积随着边长的变化而变化（$S=a^2$），圆的面积随着半径的变化而变化（$S=\pi r^2$），等等。

统计图表中也隐含了函数表示法——列表法和图像法。教学时，要利用表和图，使函数思想的核心——对应关系直观化和形象化地展现出来。

函数的三种表达形式——列表法、图像法、解析法在小学里都有涉及，定义域和值域的概念也需要教师在教学设计时发掘和渗透。

（五）变换的思想

小学数学中的变换主要有：运算中的恒等变换、解方程时的等量代换，以及图形与几何中的等积变换、图形的旋转和平移等。教学中要注意渗透“变与不变的思想”，化繁为简，变未知为已知，以求得问题的解决。

（六）极限思想

小学数学虽然没有专列章节介绍极限知识，但却十分注意极限思想的渗透。

1. 从数量上看“无限多”

引进“自然数”的概念时，学生体会到自然数 0，1，2，3，… “数不完”，有“无限多”；奇数、偶数的个数也都有“无限多”；即使是几个数的公倍数也有“无限多”。

学习“分数”时，学习到 1÷3 所得的商 0.333 ……是一个无限循环小数，小数点后面的数字“写不完”，从而体会到无限循环小数的位数有“无限多”。

学习“分数”时，根据分数的基本性质，知道分数值相等的分数有“无限多”，如$\frac{2}{3}$，$\frac{4}{6}$，$\frac{6}{9}$，$\frac{8}{12}$，等等。

2. 从图形上看“无限延伸性”

描述“直线”这一几何概念时，可以看到它可由“线段”向两方“无限延伸”而得到。

介绍“角”的画法时，应让学生注意到角的两条边是可以向一方“无限延伸”的。

讲“平行线”的概念时，应该让学生体会到，两条直线只有在同一平面内“无限延长”之后永不相交，它们才能称为平行线。

3. 从概念上看“包含关系”

为了便于理解长方形与正方形的包含关系，可做演示：当长和宽逐渐相等时，长方形趋于正方形，即正方形是长方形在长和宽相等时出现的情况。同样，可用一活动的菱形教具做演示：当菱形的内角趋于直角时，菱形便趋于正方形，从而理解正方形又是菱形的特殊情形。梯形、三角形、平行四边形的面积计算公式，体现了从量变到质变的过程，也蕴含了的极限思想。

4. 从方法上看“无限逼近”

如求圆的面积时，可采用实验法先将圆分割为许多同样的小扇形，再将其拼补成一个近似的长方形。当圆分割成的小扇形无限增多时，所拼成的图形便无限接近长方形，从而就可准确地求得圆的面积。

此外还有统计思想、排列组合的方法、优选法、运筹法，以及化归思想、模型思想、等量代换的思想、算法思想等。

同时，分析与综合、比较与分类、抽象与概括、归纳与演绎、类比与联想等基本思想，也需要教师在教学时进行渗透。

三、“数学广角”的教学设计

在人教版数学教材中，“数学广角”从二年级开始正式作为一个章节出现（见表 2-1），主要涉及搭配（排列和组合的方法以及乘法原理和加法原理）、推理、集合、沏茶问题（运筹法、优化的思想）、烙饼问题（运筹法、优化的思想）、田忌赛马（博弈论）、鸡兔同笼（假设法、列表法、数形结合的思想等）、植树问题（数学建模的思想、化繁为简的思想）、找次品（优化的思想）、数与形（数形结合的思想、化归的思想）、鸽巢问题（抽屉原理）等。接触过“奥数”的人不难发现，这些学习内容都是“奥数题”。这些内容过去只有少数人学习，而现在作为单独设立的单元，面向的是全体学生，所以教师应该准确定位教学目标。

显然，“数学广角”的教学设计应有别于四大内容领域的教学设计。如果把四大内容领域的教学比作带领学生到数学知识园地实地考察，参与数学知识的构建活动，那么“数学广角”的学习犹如打开数学各分支的大门，让学生从门外观赏园内的风景，以激发他们深入探究的欲望。郑毓信指出，由于数学思想特别是那些较为抽象的数学思想的学习往往需要较长的过程，是一个潜移默化的过程，因此，教师应当高度重视这方面内容学习的可接受性，即应当依据学生的认知发展水平，有针对性地采取较为恰当的教学方法，让学生慢慢领悟。

先看杨宏老师的教学设计（见案例 21）。

案例 21 **找次品（课堂实录）**

一、课前谈话

1. 猜一猜（多媒体依次出示）：(1) 他是当今一位世界名人；(2) 他在美国（学生猜测众多，不能确定）；(3) 30 多年前，他与孩提时代的好友创办了微软公司，立志于使计算机“成为每个家庭、每个办公室中最重要的工具”。（比尔·盖茨）

2. 师问：为什么能一下子就猜中是比尔·盖茨呢？（因为根据第三个信息，范围缩小了）

二、引出问题

微软公司在招聘时曾出了这样一道题（幻灯片出示）：

有 81 个铁球，其中一个是轻一点的次品。如果只能用没有砝码的天平来称，请问：你最少称几次就能保证找到这个次品？

师：你猜一猜会是几次？你打算怎么称呢？能保证找到吗？

生：10 次，6 次。

师：看来这个问题有点复杂，既要保证找到，又要知道“最少几次”。今天我们就来研究“找次品”的问题。（板书课题）

三、探究解决问题的策略

1. 称 2 个小球

师：有 81 个铁球，数量太多了。碰到复杂的问题，我们可以从什么地方入手呀？（简单的数据）那从 2 个中找次品，要称几次呢？

学生：1 次。

教师用天平演示，因为次品是轻的，所以往上的那一端就是次品。

（板书：2 个小球最少称 1 次）

2. 称 3 个小球

师：如果是 3 个小球呢？

学生有说 1 次的，也有说 2 次的。教师让学生上台操作：先拿出 2 个小球，放在天平的两端。如果天平平衡，则次品就是没有放在天平上的小球；如果不平衡，那么次品就是向上倾斜的那一端的小球。

教师用圆片代替小球演示：天平两端各放 1 个，天平外放 1 个。

总结：3 个小球，我们称 1 次，如果不平衡，能称出来；如果平衡，能推理出第三个小球的情况。（板书：3 个小球，称 1 次）

3. 称 4 个小球

数量继续增加，4 个小球该称几次？同桌之间相互说一说。（学生上台演示，教师画图表达他们称的过程）

（1）第一种称法：平均分成 2 份称。4 个小球，先是两个两个称了一次，再将轻的这两个小球一个一个称，总共称了 2 次。

板书：

4（2，2）——2（1，1）2次

（2）第二种称法：一个一个称。先拿出 2 个小球，如果平衡，就称另外 2 个小球，向上倾斜一侧的就是次品；称 2 次。

板书：

4（1，1，2）
平2（1，1）　2次
不平1次

师：怎样才能保证找到？

总结：要保证找到，就要从最不利的情况考虑。4 个小球至少称 2 次，才能保证找到。

板书：保证找到（最不利情况），称 2 次。

4. 称 8 个、9 个小球

下面我们看看 8 个、9 个小球的情况。听清要求：用棋子代表小球在纸上摆一摆，摆好后将你们能够想到的称的方法清楚、简洁地记录下来。

（学生合作活动，老师指导用统一的符号记录）

（1）交流汇报称 8 个小球的方法。

出示学生的称法记录表：

怎样称	称几次
第一种：8（4，4）—4（2，2）—2（1，1）	3
第二种：8（3，3，2）—3（1，1，1）	2
第三种：8（2，2，2，2）—4（2，2）—2（1，1）	3

教师引导：

第一种称法是把小球先分成2份，4个4个称，我们把它叫作二分法；

第二种称法是分成3份称，先把3个与3个进行比较，最不利的是次品在3个中，还要再称1次，一共称2次；

第三种情况是分成4份，2个2个称，我们把它叫作四分法，最不利的情况是第1次称是平衡的，次品在外面的4个中，还要称2次，一共要称3次。

比较后发现：第二种称法只需要两次就可以了。教师让学生上来边称边讲解：

如果第一次称天平不平衡，第二次就从较轻的3个里面找，称的方法与前面称3个的一样，只要再称1次，总共2次；如果天平平衡，第二次就从2个里面找，称的方法与前面称2个的方法一样，也只要再称1次，总共也是2次。

师：除了2个2个称、3个3个称、4个4个称，还有其他方法吗？

生：1个1个称。

师：哦，你是把它们平均分成8份了。要保证找到次品，需要称几次？

生：4次。

师：为什么三分法只需要称两次，其他几种称法都比三分法称的次数多呢？根据黑板上的称法图，同桌之间讨论一下。（同桌交流讨论）

生：采用三分法，称一次后，次品只要从3个或者2个里面找；采用二分法，次品要从4个里面找……

师：该生找到这些数的特点了。采用二分法，称一次之后，要从轻的4个里面找；三分法的话，称1次后，从最不利的情况考虑，只需要从3个里面找。如果一个一个称，也就是采用八分法，称一次后，要从天平外面的6个里面找……你发现了什么？

生1：剩下的越少，称的次数就越少。

生2：分成3份比较好。

师点评：大家好像有点感悟到了。我们再来看一看9个小球的情况。

（2）交流汇报称9个小球的方法。

出示学生的称法记录表：

怎样称	称几次
9（4，4，1）—4（2，2）—2（1，1）	3
9（1，1，7）—7（1，1，5）—5（1，1，3）—3（1，1，1）	4
9（2，2，5）—5（2，2，1）—2（1，1）	3
9（3，3，3）—3（1，1，1）	2

师：研究 9 个很有意思，这几种方法都是分成 3 组来称的。同样分成 3 组，为什么第四种方法称的次数最少呢？

生：要从最不利的情况考虑，（4，4，1）就要从 4 个里面找，（1，1，7）要从 7 个里面找，（2，2，5）要从 5 个里面找。（老师用红笔圈出 4，7，5）

比较一下，你发现了什么？（剩下的小球个数要尽可能地少一点）

采用最后一种办法，称一次之后只要从 3 个里面找，而其他方法称一次之后剩下的都不止 3 个。

师：你有什么好的建议？

生：3 个数相差得越小，次数就可能会越少。

师引导：就是要尽可能平均分。（板书：平均分 3 份）

5. 验证平均分成 3 份是最优策略

师：大家的猜想是否正确呢？我们再来找两个数试一试吧。27 个怎么称？26 个怎么称？在你们的练习纸上试一试、画一画。

（1）反馈 27 个小球的称法。

师：你们一共称了几次？（3 次）你是怎么想的？同桌交流一下。

生：先平均分成 3 份，称一次后，要从 9 个当中再找。我们已经知道 9 个小球只要称 2 次，所以称 27 个小球，只要 1＋2，称 3 次就够了。

师：这位同学能把新问题——称 27 个小球，转化成我们已经知道的老问题——称 9 个小球，把称的次数算出来了，真聪明！

（2）反馈 26 个小球的称法。

师：26 个小球不能平均分，怎么办呢？

生：尽量平均分，分成（9，9，8）。

师：从最不利的情况考虑，称 1 次后要从几个里再去找呀？

生：因为他分成（9，9，8），9 和 9 如果相等的话，那么只剩下 8，我们已经求出 8 个只要称 2 次，那用（1＋2）就可以了。9 个和 9 个称，如果不相等，就从轻的 9 个里找，也只要（1+2）次就够了。

师出示另一个学生的称法：这位同学称的次数为什么会比别人多呢？

生：因为他把26个分成13与13来称了。这样称1次后，次品要从13个里面找了。

（3）直观演示，从图形的变化中感悟三分法和“尽可能平均分”的优越性。

师：这位同学说得很好！我们用图形来验证一下好吗？（用多媒体演示）我们把这26个小球看成一个圆。如果第一次一个一个称，那么次品要从剩下的几个当中去找呀？（24个）

师：如果我们第一次是2个2个称，那么次品要从剩下的22个当中去找，那如果第一次是3个3个称呢？（20个）第一次是4个4个称呢？5个5个称呢？6个6个称呢？你有什么发现？

生：次品所在的范围在一点一点缩小。

师：我们继续看下去，如果是9个9个称呢？从最不利情况考虑，次品要从几个中找？（9个）10个10个称呢？（10个）

那同学们再想一想，如果我们第一次是13个13个称的话，次品要从几个当中找？（13个）

师：哪种情况下，次品的范围是最小的？

生：尽可能平均分成3份。

四、解决问题

学到这，同学们想想看，微软公司出的题目你会做了吗？81个小球需要称几次？

生：4次。

师：只要4次就够了？你是怎么想的？

生：先把81个小球平均分成3份，然后从27个里面找，27个只要称3次，所以81个只要称4次就够了。

师：没想到吧？刚刚猜的时候，大家说最少需要10次、6次，实际上只需要几次就够了啊？（4次）同学们真了不起，看来你们每个人都可以到微软公司应聘了。

五、发现规律

师：好，解决了这个问题，我们这节课也快要结束了。今天这节课，我们先通过小数据的研究，在操作、分析和比较中发现了分组的规律，还找到了最优的方法，很了不起。

今天我们尝试了不同数量的小球的称法，但还有一些数量没有涉及。它们各需要称几次？同学们有没有信心再去挑战一下？

生：有！

（1）自主选择练习。

师：谁愿意挑战25个？24个呢？行。现在请同学们任意选自己喜欢的两个数挑战一下，想一想，算一算，看看各要称几次。

（2）反馈与交流。

师：5 个的，有人研究吗？5 个的没人研究？那我们马上想想，5 个怎么分？称几次？

生：分成（2，2，1）。

师：最不利的情况，次品落在几个当中？要称几次？

师：6 个？7 个？10 个呢？你们是怎么分的？

师：24 个？25 个？（在多媒体上把数据依次补充完整）

师：仔细观察你发现了什么？好像是有规律的吧？同桌互相说一说你发现了什么。

生：发现了，2 和 3 是 1 次，4 到 9 是 2 次，10 到 27 是 3 次。

（3）探究规律。

在多媒体上分段，让学生发现规律：2～3 是 1 次，4～9 是 2 次，10～81 是 3 次，那么 82 到某个数是 4 次吗？请同学们课外再去研究。

六、小结（略）

七、板书设计

4（2，2）——2（1，1）2次

4（1，1，2）〈 平2（1，1）2次 ／ 不平1次

8（4，4）3次
8（2，2，2，2）3次
8（3，3，2）2次
8（1，1，1，1，1，1，1，1）4次

小球数量	最少称几次	
2	1	
3	1	保证找到（最不利情况）
4	2	
8	2	
9（3，3，3）	2	
26（9，9，8）	3	尽可能平均分 3 份（最优方法）
27（9，9，9）	3	
81（27，27，27）	4	

“找次品”是人教版数学教材五年级下册“数学广角”的内容。这节课的设计着力于让学生参与有效的实际操作，通过观察比较概括出“找次品”的最佳方案。学生在自主建构知识的基础上，通过“猜想—验证—运用”的教学模式，体验解决问题策略的多样性及运用优化的方法解决问题的有效性，培养学生自主学习的能力和创造性解决问题的能力。这是一节符合“数学广角”教学设计要求的好课，具体分析如下：

（一）教学环节安排合理，层层递进，目标明确

先从杨老师选取的从 2 个、3 个、4 个、8 个、9 个、26 个、27 个球中找次品来分析她的设计意图。

（1）研究从 2 个球里找次品是为了让学生感受正品和次品的重量及其在天平上是怎样的情况。

（2）研究从 3 个球里找次品是为了让学生体会找次品不仅可以用天平称，还可以通过推理知道天平外的小球是不是次品，为下面学习“三分法”打基础。

（3）研究从 4 个球里找次品，是为了让学生理解要保证找到次品，就要从最不利的情况考虑，体会“最少”的含义。

（4）研究从 8 个球里找次品，是为了让学生感悟到三分法能减少称的次数。

（5）研究从 9 个球里找次品，是为了让学生体会，同样是三分法，平均分是最优的分法。

（6）通过自主探索“从 27 个、26 个球里找次品”是为了验证上述猜想。

对于学生反馈的顺序，杨老师安排得当。由于 27 能完全平均分，学生容易想到，相对简单，所以先让学生反馈从 27 个球里找次品的方法。而从 26 个球里找次品，由于 26 不能平均分，这就使学生产生了认知冲突：到底是应该平均分还是不应该平均分？平均分要分成几份？不能平均分怎么办？从而出现了多种答案。在这一环节，学生的思想发生了碰撞，最后杨老师又将问题抛给了学生，学生在交流中得出更完善的找次品的方法，那就是不能平均分的尽量平均分，并且在计算到底要称几次时，灵活运用前面称 8 个、9 个球时得出的结论。

这样的教学设计一环紧扣一环，把复杂问题分解成学生容易理解的几个小问题，学生在动手操作、自主探究的过程中，轻松地完成了“找次品”的学习任务。

（二）重视数学思想方法的渗透与运用

“新课标”强调在课堂教学中要落实“四基”，而“数学广角”的教学重点是让学生领悟数学思想方法，所以杨老师在本课中十分重视数学思想方法的渗透与运用，注重让学生在知识学习和活动操作中领悟其中的思想方法，并用学到的思想方法解决一些实际问题。

（1）化繁为简。化繁为简的思想是把复杂的问题简单化，先从解决简单的问题入手发现规律，再用这个规律解决复杂的问题。本课开始教师就设计了一个“找次品”的问题让学生猜想答案，然后适时介入，提醒学生要解决这个难题，可以先从较小的数量开始研究。接着分别研究 2 个、3 个、4 个球的情况等，逐步寻找“找次品”的规律和方法，最后发现“均分 3 份来称，所需的次数最少，而且保证能找到”，然后用发现的三分法来解决从 26 个、27 个乃至 81 个球中找次品的问题。在探究过程中，学生感受到了“化繁为简”的魅力。

（2）化归思想。在验证平均分成 3 份是最优策略时，学生自主探索从 27 个、26 个球中找次品，最后杨老师强调：并非都要称，可以利用 8 个、9 个球中找次品的结论，比如，27

先平均分成 3 份（9，9，9），接下去 9 个就不用再称了，可以直接通过计算得到（1+2）次，让学生把新问题转化到已有的知识经验中，体会化归思想。

（3）猜想与验证。猜想与验证是一种重要的数学思想方法，正如荷兰数学家和数学教育家弗赖登塔尔所说，“真正的数学家常常凭借数学的直觉思维做出各种猜想，然后加以证实”。本课中杨老师让学生经历了“猜想—验证—运用”的过程。首先对比从 8 个球中找次品的几种方法，从中发现三分法所需的次数最少，再通过从 9 个球中找次品感悟到要“平均分”，由此引发猜想：是否无论多少个物品三分法所用的次数都是最少呢？为了验证这一猜想，让学生从 26、27 中自主选择一个数去验证，然后归纳得出结论。学生在“猜想—验证”的知识学习过程中，不仅获得了数学结论，更重要的是逐步学会了获得数学结论的思想方法，提高了主动探索、获取知识的能力，增强了学好数学的信心。

（4）优化思想。沈文选和杨清桃编著的《数学思想领悟》一书中指出：“系统和统计思想”与“化归和辩证思想”是数学思想的两大“主柱”，其中“优化思想”作为“系统和统计思想”中的一种，更为重要。但优化应建立在多样化的基础上，没有多样化也就无所谓优化。案例 21 中杨老师首先给学生充分的自主探究空间，让学生主动参与到数学学习活动中，得出自己独特的体验和发现，得出多种解决问题的方法和策略。接着，通过有效的交流，让学生明确称一次后“要从哪里找”是关键，要使称的次数少，就要“剩下”的少，由此认识到“尽可能平均分”的优越性，从而主动接受优化策略。

（5）数形结合思想。为了让学生对优化策略有更直观的认识，杨老师还采用“数形结合”的思想，通过多媒体演示 26 等分的圆，让学生观察把 26 个分成怎样的 3 份，“剩下”的最少。

（三）教学方法的选择符合学生实际，让学生成为课堂的“主角”

杨老师以“探究法”为主，结合谈话法和练习法，让学生通过观察、实验、操作、讨论、思考等多种活动进行研究，不是把现成的答案或结论告诉给学生，而是创设问题情境，引发学生的认知冲突，激起学生探求的欲望，继而运用已有的知识经验和生活积累，提出解决问题的策略。在这个探究性学习的过程中，知识是学生自身积极地、主动地去探求获取的，学生在这个学习过程中是发现者、研究者。

同时，教师采用了同桌讨论、画图思考、合作交流等多种学习方式，既让不同水平的学生都能得到思维的训练，又节约了课堂时间。如在初步感知找次品的方法时，让学生说一说，在从 8 个、9 个球中找次品时让学生画一画、摆一摆，在验证平均分成 3 份是最优策略的活动中，又让学生自主选择，接着通过反馈交流，使学生对找次品的方法有了更深入的理解与体会。

（四）教师的语言简练，评价反馈及时，课堂效率高

（1）提问通俗易懂、言简意赅。比如：在从 3 个小球中找次品时，通过“为什么不称也能知道天平外的小球是不是次品”，把学生的思维集中到“推理”的方法上；在从 4 个小球中找次品时通过“怎样才能保证找到”引出“最不利原则”；在从 8 个小球中找次品时反问采用三分法的那个同学为什么这样分，以突出三分法的优越性。当研究 9 个小球时，又通过“同样分成 3 组，为什么第四种方法称的次数最少呢”引出“平均分”。正是这一系列通俗易懂、切中要害的问题，突破了教学中的一个个难点。

(2) 反馈及时有效，评价恰当。比如：有学生将 26 分成（13，13），教师先问学生为什么会多一次，然后分析原因。教师循循善诱，一步一步地引导学生纠正自己的错误，避免了学生因为回答错误而丧失学习的信心。

(3) 能利用学生的错误回答“生成”有效的课堂资源。比如：在讨论用 27 个、26 个球进行验证时，学生对平均分成 3 份还不是特别理解，所以当从 26 个球中找次品时出现了不同意见，此时教师先让学生谈自己的想法，然后引导学生反思哪种情况最优。可见，教师关注到了课堂上每个同学的状况，对于出现的错误回答能加以充分利用。

总之，杨老师的“找次品”教学设计在让学生领悟数学思想方法等方面都做出了示范。如果在“从 4 个球中找次品”这个教学环节中，早点把怎么用符号表示称的过程给学生讲解清楚，效果可能会更好。

从上述案例分析中可知，“数学广角”的教学设计要注意以下几个方面：

(1) 注意拓展学生的知识面。“数学广角”中涉及的内容不仅有“数与代数”的拓展性知识、古代的算法和解决问题的多种策略，还有集合论、概率与数理统计、运筹学等近代数学各分支的内容，难度较高。所以，教师在教学中要注意深入浅出，用通俗易懂的实际事例，让学生领略不同数学分支的不同思维方式，拓展学生的知识面。

(2) 帮助学生掌握数学思想方法。日本著名数学教育家米山国藏认为，作为知识的数学，通常在出校门后不到一两年就忘掉了，然而不管他们从事什么工作，那些深深地铭记于头脑中的数学精神和数学思想方法，却长期地在他们的生活和工作中发挥着重要的作用。为此，“数学广角”的教学目标主要应是“渗透和运用不同的数学思想方法，让学生掌握解决问题的基本策略，感悟数学的不同思维方式”。

(3) 注意培养学生的交流能力。由于“数学广角”的学习重在渗透思想而不是教授解题能力和解题技巧，所以，教学中要给学生充分发表自己意见的机会，让学生学会从数学的视角进行思考和交流，把自己的所思所想用数学语言表达出来，同时学会倾听和理解他人的不同意见。

(4) 培养学生的创新思维。任何一门学科教学的最终目标是培养和发展学生的创新思维和实践能力。教学中要让学生经历数学知识的“创造”过程，在“创造”中感受数学的博大精深，体会数学的理性美。

思考与练习

1. 说出数学概念学习的两种基本方式，选择一种学习模式设计“百分数的教学”，并写出 800 字以内的简案。

2. 说出数学规则学习的三种基本形式，请选择合适的学习方式设计“比的基本性质”，写出教学片段。

3. 什么叫“问题解决”？你认为以“问题解决”为导向的教学设计应抓住哪些要点？

4. 根据小学数学教学的核心理念谈谈不同知识类型的教学设计有什么差异。

5. 选择两种版本的教材，比较各教材所选择的“数学广角”的内容，分析其中蕴含的数学思想方法。

阅读导航

1. 经典阅读

(1) 郑毓信. 数学思维与小学数学. 南京：江苏教育出版社，2008.

(2) 郑毓信. 数学方法论. 南宁：广西教育出版社，1998.

(3) 胡作玄. 第三次数学危机. 成都：四川人民出版社，1985.

(4) 张奠宙，孔凡哲，黄建弘，等. 小学数学研究. 北京：高等教育出版社，2009.

(5) 吴岱明. 科学研究方法学. 长沙：湖南人民出版社，1987.

(6) 史宁中. 数学思想概论. 长春：东北师范大学出版社，2009.

(7) 周金才，梁兮. 数学的过去、现在和未来. 北京：中国青年出版社，1982.

(8) 林玉体. 西方教育思想史. 北京：九州出版社，2006.

(9) 曹培英，张晓芸. 跨越断层，走出误区：小学数学问题解决教学研究. 上海：上海教育出版社，2021.

(10) 管尤跃. 小学数学问题解决图示法教学实践研究. 上海：华东师范大学出版社，2020.

(11) 张丹，于国文. 问题引领数学学习：内涵与实践策略. 北京：教育科学出版社，2021.

2. 网络资源

(1) 小学数学教学资源网，http://m2.ruiwen.com/

(2) 新世纪小学数学网，http://www.xsj21.com/

第五章

基于课堂环节的教学设计

本章导读

本章按课堂教学的基本环节——导入环节、重点环节、练习环节、结课环节——介绍一些经典课例的设计片段、练习课和复习课的经典案例，使读者能够从中借鉴小学数学教师课堂教学的经验和智慧，增强教学设计的可操作性。同时简要介绍了建构主义学习理论指导下的教学策略，帮助读者掌握“新课标”下该“怎么教”和“怎么学”，最后对板书设计的艺术进行介绍和研究，以开阔读者的视野，帮助读者提高教学设计能力。

第一节　导入环节的设计

俗话说，良好的开端是成功的一半。小学数学课堂教学设计也是如此。由于小学生的注意力不易集中，为了能让学生在课前的5分钟集中注意力，教师需要在教学设计中重视导入环节的设计。德国教育家第斯多惠指出：“教学的艺术不在于传授的本领，而在于激励、唤醒、鼓励。”这其中的激励、唤醒、鼓励的核心，就是对学生学习动机的激发与唤醒。课堂导入是激发学生学习动机和兴趣的重要环节。

同时，由于数学具有很强的逻辑性，知识之间的联系非常紧密，先学知识会直接影响后续知识的理解和学习，所以小学数学教学设计要特别重视导入环节。

一、导入的基本策略

小学数学教学的导入设计，有以下几个常用的基本策略：

（一）复旧引新

学生只有经过不断练习才能掌握数学基础知识，同时，由于数学知识前后联系非常紧密，许多新知识需要先学知识做铺垫，所以复旧引新，或者说温故知新，是小学数学教学最常用的导入策略。例如，学习一位数乘多位数的笔算乘法，其基础知识是表内乘法，所以上课前教师会让学生背乘法口诀表，然后再引导学生研究乘数是一位数的笔算乘法的算理和算法。如果教学两位数笔算 21×43，就要让学生先口算“21×3，21×40”。学生口算正确了，再列竖式笔算两位数乘法，只要抓住乘的顺序和积的对位这两个关键点，本课的教学任务也就能顺利完成了。

这里要特别指出的是，复旧引新中的“旧”，既可以是先学知识，也可以是基础知识的常规训练，在常规训练中引出新问题。

下面是特级教师俞正强老师教学“商的不变性”的片段（见案例 22）。

案例 22　　**商的不变性（教学片段）**

师：同学们，我们来完成一组口算练习。（学生口答，集体批改，教师点评）

师：做这组口算题时，你有没有特别的感觉？

生：这些题目都是除法算式；这些题目的数字都比较简单；我发现有些题目虽然算式不同，但结果却是一样的。

师：很好！老师从中选出一道算式（板书：$\frac{48}{6}=8$），你能写出算式不同，而商也是 8 的等式吗？

生：$\frac{24}{3}=8$，$\frac{96}{12}=8$，…

师：同学们很厉害。下面请拿出纸和笔，我们来比一比，看看 1 分钟内谁能写出更多的算式。（学生练习 1 分钟）

师：最多的写了几个算式？谁先来汇报？

生：6 个，8 个，11 个，……

师：好，孩子们，我们分小组交流一下，为什么有的同学写得特别快？他们有什么秘诀吗？（学生讨论）

师：我们请各小组派代表来讲讲他们写得快的理由或办法。

生 1：把 48 和 6 同时变大。

师：怎么变？

生 1：比如 48 乘 3，6 也乘 3，这样，结果仍然是 8。

师：有不同意见吗？

生 2：也可以把 48 和 6 同时变小，比如$\frac{24}{3}$，$\frac{16}{2}$。

师：同学们在写算式时都找到窍门了，真了不起！找到窍门了就能写得又对又快！哪位同学愿意把这个窍门再简单地说一遍？

生 3：把被除数和除数同时变大或变小就可以了。

师：哦！有更好的说法吗？

生 4：把被除数和除数同时扩大或缩小。

师：好！前面同学说变大变小，你用扩大缩小，你说得更有数学味了。还有不同的说法吗？

生 5：把被除数和除数同时乘或除以。

师：精彩！还有不同说法吗？

生 6：我认为扩大或缩小的数应该是相同的，否则的话，结果会变掉。

师：大家认为呢？（大多数学生点头称是）

师：同学们，老师觉得大家很了不起，能够在写类似算式的过程中发现被除数与除数同乘或除以一个数，商的大小不变。这个结论是不是对所有算式都成立呢？这就是我们今天要研究的内容——商的不变性。

案例中的导入为后面的新授做好了充分的准备，商的不变性呼之欲出，接着只要让学生用正反两个方面的实例进行验证，就可把商的不变性中的几个关键词凸显出来，如“同时”“同一个数”“零除外”等。

复旧引新导入法还可以通过数学思想或方法的迁移，让学生自主探究新问题，把旧方法应用到新问题的解决过程中。

请看案例 23“梯形的面积”的导入设计，思考该设计是如何构建新旧知识之间的逻辑联系，通过思想方法的迁移让学生温故而知新的。

案例 23　　梯形的面积（教学片段）

（1）前面我们一起研究了平行四边形、三角形的面积计算，今天来研究有关梯形的面积计算。（出示梯形）

（2）想一想，你能用学过的方法推导出梯形的面积计算公式吗？

试着利用手中的梯形（一般梯形、直角梯形、等腰梯形等形状各不相同），它能转化成哪些已经学过的图形？

（学生展示很多种推导方法，重点讨论下面几种）

（3）出示方法 1 的汇报提纲。

①用两个（　）的梯形可以拼成一个（　）形。

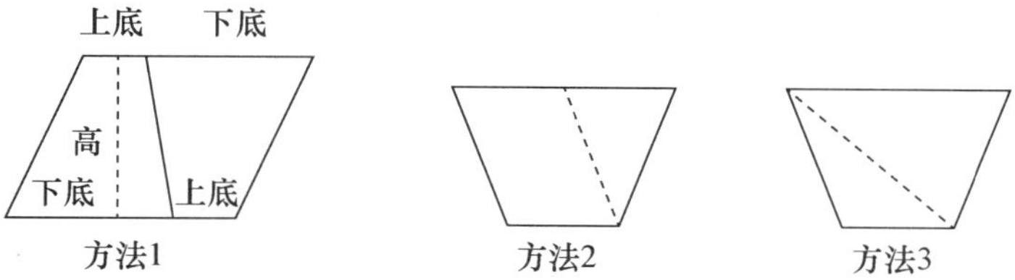

②这个平行四边形的底等于（　），高等于（　）。

③每个梯形的面积等于拼成的平行四边形面积的（　）。

④因为平行四边形的面积＝（　），所以梯形的面积＝（　）。

显然，方法 1 是用拼组的方法推导梯形面积计算公式，而方法 2 和方法 3 是用分割法推导梯形面积计算公式。这些方法都是前面推导三角形和平行四边形面积计算公式时用过的方法，在此迁移过来应用到新问题上。

（二）生活情境导入

建构主义者主张在教学过程中，向学习者提供解决问题的原型，把教材中的数学问题还原到具体的生活情境中，让学生学会用数学的眼光去全方位观察思考，学会“数学地谈论”，强调具体情境中形成的具体经验对建构的重要作用。

如教学“百分数的意义”，该如何导入呢？杨宏老师在教材安排的百分数实例之前，先设计了“谁的投篮更准”的问题情境，让学生在尝试运用已学的知识解决生活中数学问题的过程中经历百分数的产生，感悟百分数的作用（见案例 24）。

案例 24　　**百分数的意义（教学片段）**

一、问题引入

师：这是一次训练赛上，三人的投篮情况，根据现有的数据你能看出谁的投篮更准确吗？

	投中个数
甲	17
乙	19
丙	7

生：不行，我们还不知道他们到底投了几个球？

师：是啊，仅仅根据投中个数，我们无法判断谁的投篮更准确，还要知道投篮的个数。

板书：投中个数　　投篮个数

再出示：

	投中个数	投篮个数
甲	17	20
乙	19	25
丙	7	10

师：现在根据这两组数据，你能比较了吗？好，把你的想法写在练习纸上。（学生自行解答）

二、方法交流

下面哪些方法比较合理？你更欣赏谁的方法？

（1）17∶20＝0.85　19∶25＝0.76　7∶10＝0.7

（2）$17\div20=\frac{17}{20}=\frac{85}{100}$　$19\div25=\frac{19}{25}=\frac{76}{100}$　$7\div10=\frac{7}{10}=\frac{70}{100}$

（3）20－17＝3　25－19＝6　10－7＝3……

思考：$\frac{17}{20}$，$\frac{19}{25}$，$\frac{7}{10}$分别表示什么？为什么要通分成分母是100的分数？

	投中个数	投篮个数	投中个数是投篮个数的几分之几
甲	17	20	$\frac{17}{20}=\frac{85}{100}$
乙	19	25	$\frac{19}{25}=\frac{76}{100}$
丙	7	10	$\frac{7}{10}=\frac{70}{100}$

小结：将这些分数化成分母为100的分数就更容易比较了。

三、概括意义

师：你知道这些分数还能怎样表示？（让学生自己尝试读写出百分数）

	投中个数	投篮个数	投中个数是投篮个数的几分之几	投中个数是投篮个数的百分之几
甲	17	20	$\frac{17}{20}=\frac{85}{100}$	85%
乙	19	25	$\frac{19}{25}=\frac{76}{100}$	76%
丙	7	10	$\frac{7}{10}=\frac{70}{100}$	70%

解释：说说这三个百分数各表示什么意义？

又如案例5，程红老师通过创设学生熟悉的“商场购物”的具体情境，把常见数量关系还原到具体的生活情境之中，让学生根据自己的生活经验提出问题、发现规律。再如第一章第三节通过现代教育手段模拟两列火车相遇的实际情境，并在原题中去掉“货车速度是每小时 54 千米”这个条件，让学生相互讨论，自编“数学问题”。这不仅让学生经历了生活问题“数学化”的过程，而且能把学生的注意力很快集中到教学内容中，直接进入实质性的问题讨论。

（三）故事或儿歌引入

根据小朋友爱听故事的特点，在上课前讲一个与本课有关的故事，引发学生思考，以此导入新课。

如“数学家高斯小时候，老师出了这样一道题目：1＋2＋3＋…＋99＋100＝（　）。同学们都埋头算了起来，高斯却没有，他仔细地观察了算式，认真地想了想，马上报出得数。他是怎么想的？你能算出来吗？你想知道高斯这么快就算出来的秘密吗？”以此引入加法运算定律。

又如教学“周长”的导入设计（见案例 25），由此引出“周长”的概念。

案例 25　　**周长（教学片段）**

一、故事引入，激发兴趣

小朋友们，你知道吗？小头爸爸和大头儿子可是一对非常爱动脑筋的父子哦！这不，今天他们来到了月湖公园，划船游玩的时候，小头爸爸问儿子：“儿子，你看湖岸上的柳树都是怎么种的？”

大头儿子说：“爸爸，这些柳树隔一段种一棵，两棵之间的距离都是一样长的。”

小头爸爸笑着表扬儿子，说道：“你观察得真仔细！这些柳树之间的间隔都是 10 米，那你再想想，如果要让月湖岸边都种上柳树，一共要几棵呢？”

大头儿子挠了挠小脑袋说：“爸爸，那你得告诉我月湖的一周有多长才行！”

同学们，你们说大头儿子说的对吗？（对）那你知道，这月湖的一周在数学上称为什么吗？（学生齐答：周长）

导入也可以用儿歌的形式，激发学生的兴趣，如一年级“1～5 的认识”一课就可以通过学生喜闻乐见的儿歌“上山打老虎”来引入，不仅复习了“数数”，还把本课学习的主要内容说出来了，在此基础上进入新授环节，对一年级小朋友来说就会比较乐于参与。

又如学习“用字母表示数”，有的导入设计采用下面的儿歌：

1 只青蛙 1 张嘴，2 只眼睛 4 条腿。

2 只青蛙 2 张嘴，4 只眼睛 8 条腿。

3 只青蛙（　）张嘴，（　）只眼睛（　）条腿。

4 只青蛙（ ）张嘴，（ ）只眼睛（ ）条腿。

…………

（ ）只青蛙（ ）张嘴，（ ）只眼睛（ ）条腿。

在学生思考括号里应该填什么的过程中，教师导入新课。

（四）设置悬念导入

针对小学生好奇心强的特点，教师通过设置悬念，让学生在急于知道结果的状态下进入新课，不仅能激发学生的求知欲，更能帮助学生快速集中注意力。

例如学习“用字母表示数”，可采用设置悬念策略，在导入时通过屏幕显示案例情节：

宁宁和波波登录了东方热线（网址：www.cnool.net），看到一则新闻：

A 月 6 日中午 12:00，警方接到 110 报警电话：在 h 高速公路上，有 x 个犯罪嫌疑人驾驶着车牌号为浙 BTxxxx 的出租车，以每小时 v 千米的速度朝 s 方向逃跑。警方快速出击，经过 t 小时的追捕，将他们成功抓获。

接着让学生思考“在以上的信息中，你看到了哪些新的表述方式”，由此引出数、字母、符号等，使学生初步感知：字母可以表示未知数，可以表示网址，可以表示时间，还可以表示高速公路的名称，表示小时数，表示多少，等等。在此基础上引出本课研究的内容——“用字母表示数”，帮助学生开阔视野，建立日常生活和数学之间的联系。

（五）话题交流导入

从学生感兴趣的话题入手，在交谈讨论的过程中不知不觉地进入新课环节。

来看沈百军老师教学“平均数”的片段（见案例 26）。

案例 26　　平均数（教学片段）

导入新课，理解平均分

师：同学们听说过“给老师打分”吗？请给我这位新老师打打分好吗？

生 1：我打 100 分。你课前的谈话很风趣，你一定是个十分优秀的老师。

师：才认识几分钟，你就给我这么高的分数，太让我感动了，真心谢谢你。

生 2：我打 95 分。你总是微笑着，看上去很亲切。

生 3：我打 0 分。

师：你为什么给我打这么低的分数？

生 3：你还没有给我们上课，我不知道你到底上得怎么样，就只能打 0 分。

生 4：我打 90 分。

生 5：我打 85 分。

师：（板书学生的分数）观察五位同学的分数，你们有什么想说的？

生：多数同学的分数都很高，只有一位同学打的分数很低，是0分。

生：最高分是100分，很了不起。

师：你们认为这5位同学的平均分大约是多少呢？

生：大约80分。

生：一定比100分低，也肯定高于0分。

师：你们的估计是否正确呢？请列式并计算结果。

[生独立计算，一致认为是：(100＋95＋0＋90＋85) ÷5 ＝ 74（分）]

师：短短的几分钟，沈老师获得了一个比较好的分数，谢谢同学们，我会继续努力，争取更高的分数。请你们说一说：平均分是怎样计算的？它表示的又是什么？

生：先把每个人的分数加起来，再除以人数，就得到平均分。

生：平均分表示的是5位同学评价的平均水平。

生：平均分是5位同学整体的评价情况。

师：要知道全班同学对老师的整体评价，又该怎么办呢？

生：应把全班每个同学的分数加起来，再除以全班的人数。

教师通过“学生给老师打分”这一话题吸引学生注意力，同时自然而然地引出了课题“平均数”。

（六）活动操作导入

这是根据小学生爱动、爱玩的特点，让学生在操作或游戏等活动中思考数学问题的导入策略。

教师资格考试中的面试题（见图2-4）显示教学时也可从学生“摸一摸长方体”的操作活动中导入。学生在感知长方体表面的过程中，知道长方体的表面是由六个平面围成的，再通过把长方体剪开的操作活动，体会平面图形和立体图形之间的联系和区别，发现这六个面的特点和相互关系。学生的思维经历了“直观操作—形象思维—抽象思维”的过程，符合学生的认知规律。学生在操作中还能体会到转换、对应的思想方法。

案例27和案例28也是采用活动操作导入的。

案例27　　角的初步认识（教学片段）

(1) 教师（板书：角）：看到这个字，你想到了什么？（学生自由说，有选择地请学生摸摸这些角）

(2) 揭题：这节课我们来认识数学中的“角”。（板书课题）

[尊重学生，唤醒学生的经验，为学习数学中的“角”创造对比素材。]

（3）用动作表示一个“角”。（学生尝试用各种肢体语言表示“角”）

（4）画一画。（学生试着在纸上画出一个角。教师巡视，从中搜集各种典型图形作为接下来新授的素材）

案例 28　　**除法的初步认识（教学片段）**

（1）活动体验。

师：同学们，你们会分东西吗？今天，老师给大家带来了一些小礼物。你能把它分给你的小组成员吗？要求把这些礼物分完。（出示每组数量不同，但都能平均分的礼物）

每组派代表动手操作，然后交流展示。（学生一般都会平均分，如果出现不平均分，则先分成两类）

（2）师：仔细观察以上分法，你发现了什么？（每份都是一样多的）

小结：像这样把一堆物品分成几份，每份同样多，就叫平均分。今天我们来认识平均分。（板书课题：平均分）

案例 27 的活动操作是为了让学生感受“组成角的两条线应该是直直的，两条线相交后的角是尖尖的”。而案例 28 的活动操作导入，揭示了平均分的本质特征——每份“一样多”，学生从中积累了数学活动经验，更为学习等分除法做好了知识准备。

活动操作导入可以是学生动手操作，也可以是教师示范操作。

俞正强老师在教学“用字母表示数”时，通过“往袋子里装东西”引出未知数的概念，可谓别具一格（见案例 29）。

案例 29　　**用字母表示数（教学片段）**

1. 操作

（1）往袋子里装 1 支粉笔，问学生可用数字几表示？（生答 1）

（2）又往袋子里装 3 支粉笔，问学生用数字几表示？（生答 4）

（3）（藏到讲台下面）往袋子里装粉笔，问学生用数字几表示？

（这时学生的回答多种多样，有的说不知道，有的说 6 支、15 支、30 支等）

2. 讨论

（1）为什么突然之间大家有了这么多答案？（因为前面看到了放进去的，是明确的，是已知的；后面没看见放进去多少，是不明确的，是未知的）

（2）尽管有这么多答案，你们为什么没人说 0，也没人说 100？（因为袋子里的粉笔数一定大于 4，4 支是原来已经放进去了的；一定不会到 100，因为袋子里放不下那么多）

3. 揭题

当我们无法用确定的数来表示时，我们就用字母来表示，今天这节课我们一起来研究“用字母表示数”。

案例 29 不仅让学生感悟到了学习“用字母表示数”的必要性，还渗透了已知与未知、一般与特殊的关系，以及定义域等概念。

（七）问题导入

问题导入是指教师首先揭示本课要解决的主要问题，引导学生思考，在学生的思考和讨论中切入学习主题。如朱乐平老师早在“新课标”实施之初就采用让学生计算一年有多少天的问题导入课程，激发学生的思维。学生“创造”了许多计算 24×32 的方法，为实现“新课标”倡导的“算法多样化”提供了范例。

请看特级教师黄爱华老师教学“解决问题的策略”的导入片段（见案例 30）。

案例 30　　**解决问题的策略（教学片段）**

师：今天我们来学习“解决问题的策略”。关于这个内容，你想知道什么，或者想探究什么？

生 1：我想知道这是一种什么策略。

师：好，我们已经学过一些解决问题的策略了，比如画图、列表、一一列举等，这次又是什么策略呢？（板书：什么策略？）

生 2：怎么用这种策略？

师：我们能不能把这个问题理解成“运用这种策略的依据是什么”？

生 2：可以的。（板书：依据是什么？）

生 3：为什么要用这种策略？

师：也就是说，运用这种策略有什么好处，对吗？（板书：什么好处？）

师：（指着黑板）这三个问题就是我们这节课要探究的重点。其他同学可能还有别的问题，也请你们带着问题进入我们的探究活动中。

这个导入培养了学生的问题意识，也让学生知道了思考问题的方法。

同样，在教授“圆的认识”时，黄爱华老师也曾采用问题导入法（见案例 31）。

案例 31　　**圆的认识（教学片段）**

联系生活，提出大问题

师：圆形在生活中是非常普遍的，好多物体的面都是圆形的。请同学们看屏幕。（课件出示下水道的盖子）

师：同学们知道为什么人们总是习惯性地把下水道盖子做成圆形的吗？

生：因为圆形的井盖不容易掉到下面去。

师：方形的井盖会不会掉下去？

生：有可能会掉下去。

师：确认？

生：确认！

师：有点意思，这个同学坚定地认为，圆形的盖子是掉不下去的。我查过一个资料，人们之所以总是喜欢把下水道盖子做成圆形的，主要有这么几个原因（课件出示）：

（1）不会掉下去。

（2）方便运输。

（3）美观。

（4）受力均匀。

（5）节省材料。

师：第一，圆形的井盖不会掉下去，人们在下水道工作、作业时比较安全。第二，方便运输，圆形的井盖可以滚着走，不需要抬或用机器搬运，这样就节省了人力。至于美观、受力均匀、节省材料等特点，我们以后再讨论。今天这节课我们重点讨论第一个问题：圆形的井盖为什么不会掉下去？

黄老师采用大问题教学的策略导入新课，不仅给了学生比较广阔的思考空间，更能培养学生发现问题和思考问题的意识与能力。

（八）直接导入

在教学内容比较独立并且教学任务比较重的情况下，我们还可以用“短、平、快”的方式，采用直接出示课题的方法，告知学生学习的内容和目标。

如教学“三角形的认识”时，可采用直接导入法。

出示平行四边形和梯形。

师：孩子们，这两个图形你认识吗？叫什么？

师：我们已经学过了这两个图形，谁来介绍一下。（学生回答，如果出现角：你说到了角的特点，真好，那边呢？）

生：两条对边分别平行的四边形叫平行四边形。

师：哦，你介绍了它们的定义。谁还想介绍？你呢？讲到了它们的特性。

老师小结再写。

小结：刚才同学们主要介绍了它们的定义和特性（板书）。看来学习图形时我们常常可以从它的（定义和特性，学生说）来研究，那今天咱们也可以从这几个方面来认识三角形。（板书课题：三角形的认识）

三角形的认识和平行四边形、梯形的认识在学习方法上有着相似之处，都是从定义、各部分名称、性质这几个方面入手，因此，用已经认识的多边形复习引入，让学生发现初步认识图形都可以围绕这几个方面依次展开。通过对学过的四边形知识进行整理回顾，凸显认识图形的通法，为全课指明方向和目标，沟通新旧图形知识。

又如“6，7，8 加几的练习课”的教学设计（见案例 32），也采用了直接导入。

案例 32　　6，7，8 加几的练习课（教学片段）

（一）明确目标

我们已经学习了 6，7，8 加几，这节课我们对这部分知识进行练习（板书课题），通过练习，小朋友要能算得又对又快。

（二）基本练习，巩固算法

卡片口算：8+7，6+5，7+5，8+6，…，抽几题说说算法。

（三）对照比较，进一步理解凑十法

（1）回顾算法：计算 6+5，7+5，8+5 时，大家各是怎样想的？

（2）对比提问：为什么计算时有的算式把 5 分成 4 和 1，有的算式把 5 分成 3 和 2，有的算式把 5 分成 2 和 3？

（3）方法提炼：都是先把较大数凑成 10 再计算。（出示儿歌：看大数，拆小数，先凑十，再加几）

综上所述，导入的方法很多，有复旧引新、生活情境导入、故事或儿歌引入、设置悬念导入、话题交流导入、活动操作导入、问题导入、直接导入等。这些导入方法的使用，能让学生耳听、嘴说、手动、脑思，多感官参与学习。有时可以综合使用几种导入方法，如案例 7 的教学设计，既通过基本口算题复旧引新为后面的连加连减做准备，又通过创设生活情境，把数学问题与学生的生活经验结合起来。

又如教授“角的度量”时，可采用复旧引新与问题导入相结合的策略，先让学生复旧引新：角的概念，角的画法，角的各部分名称，角的符号表示，等等。然后采用问题导入：如何比较角的大小？当发现目测法、直接比较法等都不能解决问题时，引出课题，揭示度量角的必要性。可见，导入的形式是丰富多彩的。

二、导入设计的要点

导入环节的设计，要注意以下几点：

（1）导入要抓住新旧知识的连接点。俗话说，“跳一跳，摘果子”，用维果茨基的理论，就是要找到学生的最近发展区。维果茨基认为：

1）教学主导着儿童的智力发展；

2）教学创造着最近发展区，即激起与推动儿童一系列内部发展的过程（见图 5－1）。

可见，导入的设计只有在学生的最近发展区内，才能收到良好的教学效果。

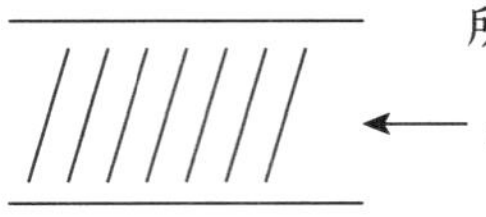

图 5－1

我们试着来找出“因数与倍数”一课的最近发展区是什么？以叶柳君老师的教学设计为例来分析。

“因数和倍数”属于数论中的分支，是在学生已经学了一定的整数知识的基础上，进一步认识整数的性质。教学之前可通过两个问题的前测来了解学生的学情：问题一是请学生通过举例说明对因数和倍数的理解，问题二是提出关于因数和倍数的疑问。反馈如下：

<table>
<tr><td rowspan="4">问题一：
你听说过“因数”和“倍数”吗？你怎样理解？试着举例说一说。</td><td colspan="2">能正确找到因数和倍数的关系：
6÷3＝2
2 和 3 是 6 的因数　　10 是 5 的倍数
6 是 2 和 3 的倍数　　5 是 10 的因数</td><td>8.6%</td></tr>
<tr><td colspan="2">单独表述因数和倍数：
因数是：8　　48÷8＝6
倍数：48　　6×8＝48</td><td>7.4%</td></tr>
<tr><td colspan="2">听说过：
因数就是乘数，倍数就是几倍。
因数是“因数×因数＝积”里的因数，
倍数是一个数是另一个数的几倍。</td><td>55.4%</td></tr>
<tr><td colspan="2">不了解或其他错误的理解。</td><td>28.6%</td></tr>
<tr><td rowspan="5">问题二：
对于“因数”和“倍数”，你有哪些疑问？请写一写。</td><td colspan="2">提不出问题。</td><td>39.4%</td></tr>
<tr><td rowspan="4">能提出问题。</td><td>什么是因数和倍数？</td><td>29.7%</td></tr>
<tr><td>因数和倍数有什么关系？</td><td>13.1%</td></tr>
<tr><td>因数和倍数有什么用？</td><td>12.6%</td></tr>
<tr><td>其他。</td><td>5.2%</td></tr>
</table>

从前测可知，关于“因数和倍数”有些学生已经有所了解，能准确描述“因数和倍数”的关系，有些学生却从未接触过，甚至将近一半的学生会将此和“乘数”与“倍”混淆。很明显，学生对“因数和倍数”并不是一无所知，但是，由于受先前乘法学习中遇到过的“因数（乘数）”和“几倍”的概念影响，学生容易受“乘数”与“倍”的干扰，形成知识的负迁移；此外，从问题二的前测数据来看，学生对“因数和倍数”还是充满疑问的，能自己主动提出有关“因数和倍数”的概念和关系等问题。由此，教师可以确定学生的最近发展区是正处于对乘法各部分含义理解到位、对研究两数关系的“因数和倍数”问题充满好奇的阶段。

这节课的导入，教师可抓住新旧知识的生长点，给学生提供自主提问的机会，通过问题的引领，让学生明确本节课学习的主要内容。从而让学生产生学习的动机和需要，促进学生主动参加获取知识、解决问题的过程，引发学生的探究之旅（见案例 33）。

案例 33　　**因数和倍数（教学片段）**

片段一：

师问：看到这个课题，你想提什么问题？

生 1：什么是因数？什么是倍数？

生 2：因数和倍数有什么关系？

生 3：怎么找因数和倍数？

生 4：因数和倍数有什么用？

师：我们把掌声送给这些敢问问题的同学。

新课一开始就让学生围绕课题提问，学生主要会提出“是什么”“什么关系”“有什么用”等问题。虽然课始学生的提问比较笼统，数量也不会很多，但也是学生自己感兴趣的、想要研究的问题，对于学生来说只有研究自己感兴趣的问题才更有动力。

在学生提问、明确学习目标后，可尝试把学生课始提出的问题作为研究性课题交给学生去自学，并指导学生学会搜集、获取、解读知识，让学生能主动学习。

片段二：

(1) 阅读自学。

提出自主阅读要求：

找一找：什么是因数？什么是倍数？因数和倍数有什么关系？

写一写：你能举例说明吗？

(2) 自学反馈。

生 1：在整数除法中，如果商是整数没有余数，被除数是除数的倍数，除数是被除数的因数。

生 2：因数和倍数是相互依存的。

生 3：我们今天研究因数和倍数都是整数。

(3) 举例说明。

我来找一找：什么是因数？什么是倍数？因数和倍数有什么关系？

我来举例：算式________________________________

（　　）是（　　）的倍数

（　　）是（　　）的因数

温馨提示： 画出你认为重要的、要提醒大家的地方。

这样，学生基于自己的水平打开书本自学，能在“学习单”中呈现出不同水平的自学成果，之后，学生可在问题的反馈交流中相互补充，举例说明。这种导入方式少了教师的强势指导，多了学生的主动参与、独立思考和大胆展示，学生自己“跳一跳”就“摘到了桃子”。

（2）导入的内容要紧扣主题，不选与重点内容无关或相关度较小的活动。课堂教学是师生交往与活动的主阵地，在有限的课堂教学时间里提高课堂教学效率和效果是每一堂数学课应该追求的，也是课堂教学成功的标准之一。所以，无论是课前谈话还是各种导入的内容，都要紧扣主题，紧紧围绕重点内容展开，同时要控制好导入的时间。

如学习小数乘整数，需要达到三个知识目标：一是小数乘整数的意义，二是小数乘整数的算理，三是小数乘整数的算法。

教材中采用情境导入法，设置生活情境——节假日，有不少小朋友结伴去放风筝，从他们选购风筝的情境中导入新授内容：“每个风筝 3.5 元，买三个风筝要多少元?”

在学生列出算式“3.5×3=”后思考讨论多种算法。

这里的列式就要做到“短、平、快”，把时间用在教学的重点——探究算法，明确算理上。请看接下去的教学环节：

1. 四人小组讨论

A. 算一算，得数是多少?

B. 想一想，你们有几种不同的方法?

C. 说一说，你们是怎样算的?

2. 集体交流

方法一：3.5+3.5+3.5=10.5（元）。（把整数乘整数的意义迁移到小数乘整数，并根据小数乘整数的意义把乘法转化成了加法，建立起了加法与乘法、意义与算法之间的联系）

方法二：3.5 元=35 角　　35×3=105（角）=10.5（元）。（借助计量单位的转换把小数乘法转化成整数乘法，让学生理解算理）

方法三：0.5×3=1.5　　3×3=9　　9+1.5=10.5。（利用生活经验和乘法分配律进行计算）

方法四：因为 35×3=105，所以 3.5×3=10.5。（利用积的变化规律，把小数乘整数转化成整数乘法进行计算）

显然，方法四是本课的教学重点。为了抓住方法四这个教学重点，在进行教学设计时教师也可采用复旧引新法，先引导学生复习积的变化规律，为学生理解小数乘整数的算理做好铺垫。

如通过填一填：

6	×3＝			7 000	÷7＝	
60				700		
600				70		
6 000				7		

教师让学生复习“一个因数不变，另一个因数扩大（或缩小）几倍，积也扩大（或缩小）相同的倍数”，导出方法四。

与这节课有关的旧知还有很多，如名数的化聚、混合运算等，导入时就没有必要一一复习了，要突出重点。

这里要特别提醒的是，通过方法一渗透小数乘整数的意义是不能忽略的。

（3）导入要符合儿童的年龄特征，关注学生的兴趣点和热门话题。

请看下面的情境导入：

师：小朋友们，你们喜欢××吗？（生：喜欢）

师：××是个美丽的城市，现在请小向导带着我们去瞧一瞧吧！

（录像显示：一个小朋友站在镜头前说：“秋天来了，把××打扮得多漂亮。瞧……”录像逐一显示××的风景图后，这个小朋友说：“老师和小朋友还一起去玩了呢。看，我们在干什么呀？”录像定格显示：上课教师本人带9个小朋友在草坪上写生。）

[录像中的教师是上课者本人，当时设想学生见到后可能会很关注教师，从而活跃课堂气氛，谁知学生的眼里只有小朋友，请看下面生1的回答。]

生1：有好多小朋友在草坪上画画。

师：看上面这个画面，你能提出一个数学问题吗？

生1：一共有几个小朋友？

从学生的回答中可知，学生的眼里还是只有小朋友而没有关注录像中的教师。可见教师与学生的关注点是不一样的，儿童有自己的话语系统和关注点。教师要时刻关注当前学生的关注点是什么。

只有掌握了儿童的话语体系和热门话题，才能融入学生中间，成为学生学习的引导者与合作者。

我们再来看著名特级教师徐长青老师的“数学广角——重叠问题”一课的导入（见案例34）。

案例34　　**重叠问题（教学片段）**

师：某理发师正在给客人理发，就听门一声响，“叔叔，我和爸爸要剃头。”门又一声响，“师傅，给我和我父亲剃个头。”这时，理发师抬起头一看，他很纳闷……你们猜猜，理发师为什么纳闷啊？

生：理发师想，不是来了两对父子吗？怎么只有三个人呢？

师：真有同学猜对了！可为什么是三个人？（教师此时应故作茫然状。）

生1：老师，我知道，爸爸即是儿子的爸爸，也是爷爷的儿子。

生2：对对，这个爸爸既可以当儿子也可以当爸爸。

教师微笑着板书：既……又……

徐老师利用生活中的一个实际问题，用简单、生动的“问题”激起学生的好奇心和兴趣，同时向学生渗透了“交集”的思想，为新课学习创设了良好的学习环境。

第二节　重点环节的设计

小学数学教学的实质就是把数学知识结构通过课堂教学转化成学生的认知结构。小学数学的课堂教学有六种基本类型，最常见的是新授课、练习课和复习课。新授课的主体结构是“引入—新授—巩固练习”，练习课的主体结构是“基本练习—变式训练—综合应用”，复习课的主体结构是“旧知再现—形成网络—灵活应用”。显然，新授课的重点环节是“新授”，练习课的重点环节是“变式训练”，复习课的重点环节是“形成网络”。

限于篇幅，本节以新授课为例研究重点环节的教学设计。练习课的重点环节设计在第三节“练习环节的设计”中进行说明，复习课的重点环节设计在第四节“结课和板书设计”中展开讨论。

一、新授课的重点环节设计

关于新授课的教学设计研究最多，上述章节中的案例，绝大多数都是新授课的教学设计。教师进行教学设计时首先要看教学内容属于什么内容领域，按照各领域的课程目标选择教学素材，安排教学环节，组织教学活动。如“数与代数”的教学，主要目标是培养学生的数感和符号意识，发展学生的运算能力，树立学生的模型思想。又如“图形与几何”的教学，主要目标是培养学生的空间观念、几何直观，以及推理和论证能力。教学设计还要根据具体的知识类型安排教学环节，如果是概念课，新授时要抓好概念的引入、概念的揭示、概念的强化三个环节。显然，“概念的揭示”是重点环节，只有把概念的内涵和外延揭示清楚了，学生才能掌握概念。如果是规则课，则在新授中要经历规则的发现、规则的验证、规则的应用三个环节，其中“规则的发现”应作为重点环节。

请看“乘法的初步认识”的教学设计，这是一节概念课，属于“数与代数”内容领域。由于乘法的意义是“同数连加的简便运算”，但在初步认识中学生只能体会到乘法的列式简便，计算还依赖加法，如何让学生真正理解乘法的意义是教学设计中需要重点思考的问题。

“新课标”要求教师关注学生的活动经验，为此要注重乘法产生以及乘法意义的探究过程。乘法意义有两个本质特征：一是“同数连加”，二是“比加法简便”。如果在一节课中把两个本质特征都揭示出来，时间比较紧张，可让学生先积累“相同加数的和”的知识。

首先，综观前面的学习内容，除了少量三个数的连加外几乎看不到多个相同加数连加的情境和算式，可见学生学习乘法的现实基础并不充分，也正是这个原因才让学生先学“相同加数的和”这一内容。其次，在后续的学习当中，经常遇到像“1＋3＋5＋7＋9”这样的加法算式如何用乘法来计算的问题，这实质上也是寻找“相同加数的和”的问题。因此，“相同加数的和”可以作为表内乘法的单元准备课。这样做的目的有三个：第一，为学生提供丰富多样的结构性情境，帮助学生学会“按群计数”和写相同加数的连加算式，夯实学生学习乘法的知识基础。第二，借助直观图形和实物，让学生探究不同加数连加如何转化为相同加数连加，提高学生的思维能力。第三，在具体的计算过程中使学生感受到加法的不便，为学习乘法做好铺垫。

鉴于上述思考，教学设计时可把重点内容的学习时间拉长，把“如何求相同加数的和”作为重要的探究内容，让学生积累知识基础。也就是说，可以把“乘法的初步认识”安排两课时学习，先学“相同加数的和”（见案例35），再学“乘法的初步认识”。

案例35　　相同加数的和（教学片段）

一、故事引入，激趣导思

（1）课件演示长颈鹿和矮山羊来到了一个围栏外面（围栏里有5只兔子），教师讲“高矮之争”的故事。

长颈鹿：我能从上面一眼看到兔子的头，数一数有5只。

矮山羊：我能从下面看到兔子的脚，数一数有20只。

师：想一想，长颈鹿和矮山羊是怎么数的？如何用算式来表示数的方法呢？

头：1＋1＋1＋1＋1＝5（只）

脚：1＋1＋1＋1＋1＋…＋1＝20（只）……（A）

脚：4＋4＋4＋4＋4＝20（只）　……（B）

［用生动的童话故事导入，调动学生的参与积极性，用数学问题“怎么数、如何用算式表示”引导学生思考，课堂教学紧凑且具有启发性。］

（2）上面的算式有什么共同点？算式A和算式B有什么不同？哪种比较简便？

生可能的答案是：

①每个算式中的加数都一样；

②算式B比算式A简便，因为一只兔子有4只脚，5只兔子就有5个4相加，这要比一只一只地数方便。

教师肯定学生并揭示课题“相同加数的和”。

[比较学生得出的两种不同方法，让学生初步感受按群计数的好处。]

二、提供素材，学习按群计数的方法

1. 课件出示主题图

图中参加每项游戏的人数分别是多少？你会怎么数？怎么算？（学生独立思考，教师巡视）

2. 小组交流，个别汇报

可能的结果是：

摩天轮：4＋4＋4＋4＋4＝20（人）（5个4相加等于20）

过山车：2＋2＋2＋2＋2＋2＝12（人）（6个2相加等于12）

小火车：3＋3＋3＋3＝12（人）（4个3相加等于12）

师：请说说你们是怎么想的。

[利用书本的主题图，掌握按群计数的方法并能用规范的数学语言表达，事实上就是为学习乘法奠定知识基础。]

3. 圈一圈，再写加法算式

○○○○○○　　　　○○○○○○

○○○○○○　　　　○○○○○○

3＋__＋__＋__＝（　）　　　　____________

（　）个3是（　）　　　（　）个（　）是（　）

[圈一圈是为了感受“几个几”，丰富表象。]

三、联系生活实际，提高数感

(1) 生活中类似的现象还有哪些？如何用算式来计算？

生可能的答案是：

3只兔子的耳朵：2＋2＋2＝6（只）

6组同学的人数：6＋6＋6＋6＋6＋6＝36（人）

…………

（教师引导学生用“3个2相加等于6”表述）

(2) 课件演示具有相同数学结构的生活素材，请学生说加法算式，集体评析。

①4个奥运五环。　　　②5只可爱的小猫。

③3 朵美丽的紫荆花。　　④5 个正方形。

[通过联系生活举例子和教师提供的现实素材，学生充分意识到生活中按群计数是广泛存在的，知道要求几个几可以列成同数连加的形式，为后面学习乘法做好了铺垫。]

显然，案例 35 的“一、”是导入环节，采用了故事导入和问题导入相结合的方法；“二、”和“三、”是重点环节，让学生充分感知“几个几”，这是理解乘法概念的关键。

重点环节设计的关键是还原知识的形成过程，让学生抓住概念的本质特征或公式的推导过程。

下面以“乘数是一位数的乘法口算”为例（见案例 36），说明新授课如何抓住重点环节。

案例 36　　　　**乘数是一位数的乘法口算（重点环节设计）**

该内容属于人教版小学数学教材三年级下册第四单元“两位数乘两位数”第一课时。结合例 1 可通过情境导入两个算式，一是 15×3，二是 150×3。本课要解决的问题是如何口算，为此，可以确定本课的课题是“乘数是一位数的乘法口算”。通过本课的教学，学生“能正确口算一位数乘两位数（积在 100 以内）或几百几十的数，知道一位数乘两位数有多种计算方法，理解每种计算方法的算理，并能自主选择计算方法，优化计算方法。初步感知口算乘法从高位算起的优越性，并愿意应用与推广”。这里特别提出让学生“愿意应用与推广”口算乘法从高位算起，这是因为乘数是一位数的笔算乘法已学，如果不采用相应的教学策略，学生学习本课后计算 15×3 仍会采用头脑中列竖式的笔算计算方法，这样就没有达到本课的口算教学目标。

备课时先要确定本课知识的学习范围，了解学生的知识起点。请读者判断，下列各题，哪些是已经学过的起点知识？哪些是本课要学习的知识？哪些是后续才学习的知识？

(1) 80×3=　　(2) 10×6=　　(3) 16×3 =　　(4) 3×210=

(5) 800×3=　　(6) 160×5=　　(7) 160×3=　　(8) 25×5=

(9) 150×4=　　(10) 35×3=　　(11) 230×6=　　(12) 1 800×4=

显然，(1) (2) (5) 是已经掌握的知识，因为用乘法口诀能直接得出计算结果；(3) (4) (6) (7) (9) (12) 是本课学习的知识；(8) (10) (11) 则超出了本课的目标范围，因为 25×5，35×3，23×6 的积超出了 100；(6) (7) (12) 的积虽然也超出了范围，但去“0”后的积依然在 100 以内，仍属于本课的学习内容。

教学时，学生首先想到的是用竖式计算，也就是教材中的方法二，这是笔算方法。有经验的老师会通过“这是已经掌握的方法，我们还可以考虑新的方法”，把学生从笔算的思考方法中引出来，转而思考其他的计算方法，根据学生的回答，教师板书以下几种计算方法：

方法1：5×3＝15，10×3＝30，15＋30＝45

方法2：10×3＝30，5×3＝15，30＋15＝45

方法3：15×3＝5×3×3＝5×9＝45

这时，教师的点拨十分重要，从这个关键环节的处理上就能衡量出教师的水平。

有一位特级教师把上述计算方法进行了总结和提炼，指出“方法1、2、3的共同特点是‘拆’：拆成两数和或拆成两数积再计算”，既鼓励了学生探究不同计算方法的积极性，又渗透了计算的策略，那就是“拆”。

接着教师出示17×5＝?，学生从中感悟到上面三种方法中“拆成两数和”是一般方法，而“拆成两数积”是特殊方法，只适用于“15×3”这类特殊的算式，从而“愿意”采用“口算乘法从高位算起”。由此可见，重点环节的设计不仅要关注知识目标的达成，更要注意凸显数学学习的特点，那就是从特殊情况中发现一般方法。

重点环节的教学设计是实现教学目标的关键所在，设计时应注意：（1）依据拟定的教学目标设计教学活动；（2）注重激发学生的学习兴趣；（3）注重联系学生的生活实际。

二、重点环节的设计策略

下面，介绍几种常用的重点环节教学设计策略。

（一）任务启动教学设计策略

这是与问题导入相配套的教学设计策略。教师首先提出整体性学习任务，通过任务驱动，让学生自己尝试将整体任务分解为各个子任务，自己发现完成各级任务所需的知识技能，并通过独立思考或小组合作，掌握这些知识技能，进而使问题得到解决，完成整个学习任务。

“自行车里的数学”这一案例也可使用任务启动教学设计策略，把任务分解为几个小任务：了解自行车运动的原理，了解变速自行车的齿轮搭配种类，计算不同搭配下每分钟前进的路程，等等。学生分工合作、自主探究，可以根据自行车模型进行分析，也可以从网上查找资料，最终完成任务。

（二）大问题教学设计策略

“新课标”提倡把教学环节设计成“大步子”，把“导入”与“设疑”结合起来，通过“大问题”给学生足够的探究空间，激发学生探究的欲望。大问题教学设计策略要体现以下几个特点：

(1) 障碍性。在教材内容和学生求知心理之间制造一种“不协调”，使学生产生认知冲突，对学生提出挑战。“乘数是一位数的乘法口算”这一案例，先让学生探究不同的口算方法（大步子），再总结这些方法的共同特点是“拆”，结果发现并不是所有的算式都能拆成两数的积（障碍），拆成两数的和才是通用方法，在此基础上引导学生发现口算乘法是从高位算起的一般方法。

(2) 趣味性。提出的大问题要富有趣味，能吸引学生的注意力，引发学生积极思考。如案例 31 中，黄爱华老师通过三个大问题“什么策略?”“依据是什么?”“什么好处?”激发了学生的探究欲望。

(3) 开放性。观察角度可以多种多样，答案不一定唯一。如“易拉罐设计问题”：教师出示各种各样的啤酒、饮料等圆柱形易拉罐，抛出一个“大问题”：为什么可口可乐易拉罐的高度是底面直径的两倍？如果你是可口可乐公司的老板，你会怎么设计这个易拉罐？要求学生从经济、美观、实用等角度全方位观察思考。

从经济角度考虑，由数学中的最值原理可知，当高与底面直径相等时，容积最大，这时须把易拉罐设计成轴截面为正方形的圆柱体。但从易拉罐的耐压性考虑，当底面厚度为侧面的两倍，且当高是底面直径的两倍时，用料（料重）最省。如果从美学角度考虑，当高与底面直径之比符合黄金分割法时，视觉效果最佳。如果从实用角度考虑，要以握住易拉罐时手感舒服、方便为好，这就需要从成人、孩子的手指弯曲程度等生物学知识层面考虑。由于教师抛出的问题开放性大，差异明显，有些学生可能只会猜想，不知道如何去验证；有的可能会通过操作发现事实“可口可乐易拉罐的高是直径的两倍”，但不知道如何解释；有的可能只从一种角度思考；等等。但通过交流学生能从中得到许多启示，拓展思维。

(4) 差异性。提出的“大问题”要适合各类学生。

请看“圆的认识”的一个教学设计：从钟的实物中抽象出圆形后，问学生：“你对圆已有了哪些认识?”“你想研究圆的什么?”给出这些思维空间比较大的“大问题”，让学生直接进入重点环节。这样的设计适合不同基础的学生，让每个学生“有话可说”。一方面，学生在谈论对圆的已有认识时，可能会想到圆与已学平面图形的不同，自然而然地也就建立起新知与旧知间的联系；另一方面，让学生谈论自己想探究的问题，会激发学生的学习兴趣。

(5) 实践性。伴以个人或小组的操作实践活动，让学生在实践活动中自主探究。

(三) 支架式教学设计策略

由于学生的接受能力有限，教师有时需要做一些铺垫，或进行思想方法上的导引。建构主义提出了支架式教学设计策略，这一策略是借用建筑行业的脚手架概念，让教师先为学生的学习搭建支架，通过支架逐步把管理调控学习的任务转移给学生自己，然后逐步撤去支架，让学生独立探索学习。

在运用支架式教学策略的过程中，了解学生的认知起点，搭建合适的支架非常重要，有经验的教师常常通过“关于这些内容，你已经知道了什么？”来确定从哪里开始搭建支架，或用“刚才我们采用了哪些策略完成了探究任务？”帮助学生顺利完成下一个富有一定挑战性的学习任务。教学的关键是揭示“支架”与“新任务”之间的实质性的联系。

杨宏老师在“万以内数的大小比较”中（见案例 37），通过三种扫地机器人的价格比较，让学生在非良构性问题的解决中自然完成了新知的自主构建。

案例 37　　万以内数的大小比较（教学片段）

A 品牌	B 品牌	C 品牌
1 525 元	998 元	1□73 元

师：看！哪位小朋友的眼睛最亮！这三款扫地机器人中，哪一款最便宜？为什么？

生：B 品牌。（为什么？）998 是三位数，其他两个数是四位数。

师：所以你们认为四位数一定大于三位数。（板书）

师：我们已经知道 B 品牌最便宜，那你能知道哪一款最贵吗？（学生产生分歧）

师：为什么不能判断呢？

生：C 品牌的价钱没法确定，所以不知道到底哪种更贵。

师：看来，□中的数非常重要！

如果 A 品牌的价格最贵，□可以填哪些数字呢？

（四人小组讨论一下，把讨论的结果记录在练习纸，随后教师组织学生交流）

教师引导学生认识到：如果 A 品牌最贵，也就是 1 525＞1□73，因为千位上的数字相同，就要比较百位上的数，□里的数字应比 5 小，所以 C 品牌的价格可能是 1 473 元、1 373 元、1 273 元、1 173 元、1 073 元。

师：如果 C 品牌的价格最贵，□又该填哪些数字呢？请同学们再试一试。

学生尝试后回答，C 品牌最贵，也就是 1 525＜1□73，□里的数字应比 5 大，得出 C 品牌可能是 1 973 元、1 873 元、1 773 元、1 673 元。

师：那么 5 该放在哪里呢？引导孩子思考，1 573 元，千位相同，百位也相同，这时该比较十位上的数，2＜7，所以 1 525＜1 573，还是 C 品牌的价格最贵。

师：通过这两款扫地机器人的价格比较，你们对怎样比较数的大小又有什么新的发现吗？

生：比较两个数的大小先看是几位数，位数多的这个数就大；如果位数一样，就从最高位开始比较，先比千位，再比百位、十位……

在上面的案例中，杨老师抓住了“支架”——百以内数的大小比较与“新任务”——万以内数的大小比较这两者在方法实质上的共性，让学生能够运用已有的学习经验来自主解决问题，自觉建立起知识方法间的联系。

（四）“随机通达”的教学设计策略

这种教学设计是指对同一内容的学习要从问题的不同侧面进行思考，并用不同的方法去解决问题，学生能够对知识获得新的理解，使认知结构上下贯通，运用自如。如教学“三角形的内角和”，可通过以下几种方法，让学生自主探究：

（1）量一量，把三个角的度数加起来（发现有误差，但都在180°左右）。

（2）拼一拼，把三个角拼起来，看是否是一个平角，引发学生猜想。

（3）变一变，教师把用硬纸板做的活动角直立在桌面上，并与桌面形成一个三角形，三个内角分别是∠1、∠2和∠3，教师的手拿在∠3顶点的位置。然后把这个活动角向桌面压一下，形成一个新的三角形，让学生比较∠1、∠2和∠3大小的变化。

学生会发现：∠1、∠2在减小，∠3在增大……

当∠3是180°时，∠1和∠2都变成了0°。

（4）折一折，将一个三角形的三个角分别往内折，三个角刚好组成一个平角。

以上这些操作和活动都是用不同的方法探究同一个问题。

（五）自主选择的教学设计策略

这一策略体现在教学设计中，就是要充分估计学生的不同发展水平，安排有一定弹性的教学活动，供学生自主选择，并充分尊重学生的选择。如可让学生自主选择学习目标、学习内容、学习方法、学习途径、学习难度、学习负荷、学习速度、学习角色、学习伙伴、学习评价等，真正实现不同的人在数学上得到不同的发展。

（六）有效合作的教学设计策略

小组合作有许多好处：第一，它能为学生提供更多参与活动、发表意见的机会，学生在向别人阐述或听别人阐述的过程中加深对知识的理解；第二，能集中全组的智慧，使问题解决向深层次发展，帮助学生更深刻地理解知识。为了防止小组合作流于形式，教师首先要给学生分工，让小组中的每个成员都有事做，其次要给学生留有充足的讨论思考的空间和时间。同时，要抓住合作学习的四个要素：

（1）听。要培养学生专心倾听别人发言的习惯，使学生能听出别人发言的重点，做出判断，并有自己的独立见解。

（2）说。要培养学生敢说的勇气，做到说话条理清楚，语句完整简练，突出重点。小组合作后的“说”，已经过了第一层次的交流和筛选，应当有一定的质量，要时刻提醒学生是代表全组的水平，让学生树立责任感。

（3）分工。能根据任务的性质，合理分组分工，使合作更加有效。首先，教师要合理分组，可以采用“同质分组”或“异质分组”的办法。其次，学生在活动过程中要体验合作的重要性，学习合理分工，提高合作的成效。

（4）分享。让学生学会尊重别人，不随意打断别人的发言，在自己发言时，能主动征求别人的意见，以修改、补充自己原有的想法。为此，教师要善于营造宽松的课堂环境，使学生彼此认同、彼此尊重，既能热情地伸出友好之手帮助别人，也能对别人说“不”，坚持自己的观点。教师要经常说“谁愿意和大家分享你的见解、想法或问题?”“谁需要别人的帮助?”“谁愿意帮助他?”等，促进学生的交往和交流。

第三节　练习环节的设计

美国著名数学家乔治·波利亚说过：“掌握数学意味着什么？那就是善于解题。”可见，数学学习离不开解题和练习。数学知识的掌握、技能的形成、思想方法的领悟都离不开数学练习，为此，要重视练习环节的设计。

一、练习的基本形式

首先，请看同数连加的练习设计：

（1）学生用手中的小棒摆出一些图案来，然后请同桌用相同加数的和来表示你所用的小棒数量。

学生先独立摆，然后让同桌写算式，教师巡视。选择典型或特别的进行交流。

如：△ △ △ △ △　算式是：3＋3＋3＋3＋3＝15

[让学生自主创造能用相同加数的和表示的图案，不仅能发挥学生的主动性和创造性，还能很好地检测学生对前面学习内容的理解程度。]

（2）课件出示下面 4 幅图示。

①| | |　| | |　| | |　| | | |　| |

②○○○○　○○○○　○○○　○○○○○

③| | | | | |　| | | |　| |

④○　○○　○○○　○○○○　○○○○○

师：请大家用加法算式表示每排的总数。

学生独立写，个别板演。正确的结果是：

1）3＋3＋3＋4＋2＝15

2）4＋4＋3＋5＝16

3）6＋4＋2＝12

4）1+2+3+4+5=15

师：这些算式与前面研究的有什么不同？请大家开动脑筋，能否移动一些小棒或圆片，使它们变成相同加数的算式？

学生独立思考，小组交流，集体汇报讲评。

[当学生对相同加数的和掌握相对牢固时，教师及时提供辨析素材，打破学生容易形成的定向思维，促使学生进一步思考和寻求对策，为后面学习改写乘法算式提供方法和经验的支撑。]

（3）将下列算式改成相同加数的和，保持结果不变。

①3+5+7　②7+7+7+7+9+5　③4+4+4+4+2+2

这节课的练习设计分三个层次：一是利用数形结合的思想模仿“几个几”；二是通过变式训练，学习加数不同时该如何列式；三是建立起“同数连加”与“不同数相加”的联系。

练习题的设计既要有一题解决一个知识点的单一练习，甚至是模仿性练习，也要有为了突出本质特征而设计的变式练习，更要有应用所学知识解决或解释实际问题的综合性练习。

从上述案例中可知，练习有以下三种类型：一是专项练习，二是变式练习，三是综合练习。这三种类型的练习，从简单到复杂，依次排列，有的可在新授课中完成，但有的受教学时间的限制，不能在新授课中完成，需要专门用一至几节课的时间来让学生慢慢掌握，这时就要通过新的课型——练习课来完成。

二、练习课的教学要点

练习课作为一种课型，也有它的基本结构，一般要经历“基本训练—变式开拓—综合应用”的过程，其中变式开拓是练习课的重点环节。教学设计时不能把练习课设计成错题订正课或根据教材中的练习题一题一题往下讲，而是要把练习的内容串点成线，让学生能够综合运用。

请看北京名师于萍执教的“小数乘法练习课”（见案例38）。

案例38　　**小数乘法练习课（课堂实录）**

一、基本练习

1. 出示1.2×0.34，并计算

先读题，再用竖式试着算一算，边算边想：小数乘法应该怎么算呢？（请一学生上台板演）

2. 校对

(1) 请其他写完了的同学看一看黑板上这位同学与自己想的和写的是不是一样。

(2) 校对结束，请学生指出错误。

(3) 探讨：计算过程怎么样？写得怎么样？

3. 算法小结

(1) 说一说：小数乘法怎样算？先算什么？再算什么？

(2) 总结计算步骤：①先按整数乘法算出积；②再给积点上小数点。

二、提出问题

(1) 小数乘法计算的过程中，总是先把它看作什么？

(2) 小数乘法和整数乘法比起来，差别在哪儿？

在学生回答的基础上教师点题：小数乘法与整数乘法就差在这小数点上了。新知识也就是新在这小数点上。

师：那么同学们，小数点到底点在哪儿，又和谁有关系，这事又重不重要呢？今天我们边练习边来深入研究这个问题，好吗？

[导入设计采用计算与提问相结合的形式，在完成基本练习的基础上，引导学生思考小数乘法的实质是什么。]

三、探索小数乘法的本质特征

1. 寻找"替身"

(1) 回顾：刚才计算 1.2×0.34 时，你们把它看作哪一个整数乘法了呢？（出示整数乘法 12×34=408 的竖式）

(2) 对比：计算结果是多少？后来又怎么变成 0.408 的呢？

(3) 一般化：不单是你们刚才算的这道小数乘法题，其实我们每算一道小数乘法题的时候都会有这样一个整数乘法，就好像它的隐形"替身"一样，帮它完成计算。

2. 发现"替身"与原题之间的关系

师：这个"替身"的计算结果，就是小数乘法的结果吗？还要做什么工作？（生思考和讨论）

师小结：每个小数乘法算的时候都得有个隐形的"替身"。对这个"替身"12×34，除了为你们刚才计算的这个小数乘法做"替身"，你觉得它还可以做哪个小数乘法的"替身"呢？

3. 揭示"替身"的实质

(1) 举例：根据"替身"12×34=408，说出一些算式，并直接说出计算结果。

(2) 验证：0.12×0.34=0.040 8，1.2×3.4=4.08，0.012×34=0.408 等。

(3) 分析结果：

①找"异"：具体来看看，这样一组算式的计算结果都不一样，你知道这些结果各表

示几个几吗？（板书：408 个 0.000 1，408 个 0.01，408 个 0.001 等）

②找“同”：有没有相同的地方？你有什么发现？

生：计数单位的个数是相同的。

③找“源”：计数单位的个数是谁帮我们算出来的啊？

提示：在进行小数乘法计算的时候，先按整数乘法算出积，这个积其实是什么？

（板书：计数单位的个数）

（4）发现“替身”的实质。

①这么一组算式共用一个“替身”，难怪它们的计算结果中，计数单位的个数是相同的，都是 408。那又有什么不同的？（生：计数单位）

②怎么就看出它们的计数单位是不同的呢？

③你们做小数乘法计算的时候，给积点上小数点是在确定积的什么？（板书：计数单位）

小结：就这样一个“替身”，帮我们把整数乘法与小数乘法联系起来了。学数学就要这样，用联系的眼光看待问题。

[同样是练习，是被动地进行题海战术，还是在练习的过程中进行理性分析，建立起算法与算理之间的联系，这直接影响练习的质量。显然，于老师通过“替身”，不仅揭示了小数乘法两个计算步骤的实质，更明确了小数乘法与整数乘法之间的联系与区别，为下面联系末尾有零的整数乘法搭建了支架。]

四、拓展

1. 联系末尾有“0”的整数乘法

（1）引导学生说出末尾有“0”的整数乘法，有 120×34，1 200×340。

（2）利用“替身”计算结果，得 120×34＝4 080，1 200×340＝408 000。

（3）分析结果：4 080 表示 408 个 10，408 个 1 000……

2. 小结

有了刚才的这些分析，有了对计数单位的这种理解，相信同学们在遇到不同的小数乘法、整数乘法时，都能算得更快、更准，不仅有方法，还明白方法背后的道理。

五、练习

1. 简单应用

课件出示“1.2×3＝，0.12×0.3＝，1.2×0.03＝”等算式，让学生通过找“替身”的方法，快速说出计算结果。

（1）找“替身”：12×3＝36。

（2）利用“替身”算结果。

2. 变式训练

(1) 填一填：0.12×（　）=36。

(2)（　）×（　）=360。

①抽学生口答，并分析结果。

②独立写式，发现写不完。

③分析写不完的原因。

师：你们有的通过增加一个因数后面0的个数，同时增加小数位数，让计算的结果等于360。有的采用移动小数点的方法：在前一个算式的基础上，把一个因数的小数点往左移，另一个因数的小数点往右移。其实这些方法都是在做什么呢？

生：确定积的小数点的位置。

师：也就是确定计数单位，小数位数或整数末尾的零的个数决定了计数单位。

师：你们能够透过计算看到计算的本质，这本身就是学习过程中重要的收获。

[通过“替身”，把整数乘法与小数乘法，以及末尾有零的整数乘法联系了起来，揭示了乘法计算的本质，那就是“替身”的计算结果确定了计数单位的个数，而小数的位数或整数末尾的零的个数决定了计数单位。]

六、揭示小数乘法与小数加减法的关系，学习用联系的眼光看问题

(1) 引导：小数乘法和其他的运算也有密切的联系。我们在计算小数加减法时，有一个重要的法则是？（小数点对齐）

师：那你们知道吗？在小数点对齐的时候，其实就确保了什么相同呢？（计数单位）

(2) 分析：我们以1.2+0.34为例，一旦小数点对齐了，即便我们没有计算，但和的末位一定表示的是几个0.01。

师：（课件出示1.2+0.34的竖式，教师指着竖式解释：这里表示0.1，这里表示1）换句话说，什么就确定了？（计数单位）

师：那接下来，我再细致地算一算，这一位上是4，这一位上是5，这些是在算什么？

生：计数单位的个数。

(3) 比较：那你们再带着联系的眼光看一看，你觉得小数加减法和小数乘法相比不一样的地方是什么啊？

(4) 结论：小数加减法先确定计数单位，再确定计数单位的个数。

七、课堂总结

在这节课中，你们透过现象看到了乘法计算的本质。不光是乘法运算这样，其实任何一种计算方法的背后都藏着道理呢。如果你们能够带着对计数单位的这种理解去学习新的运算，研究新的计算方法，相信你们一定能够具备带着联系的眼光看问题、找方法、解决问题的重要本领。

八、板书设计

小数乘法练习

先按整数乘法算出积——计数单位的个数

再给积点上小数点——计数单位

	1.2×0.34=0.408	0.12×0.34=0.0 408	408 个 0.000 1
“替身”	12	1.2×3.4=4.08	408 个 0.01
	× 34	0.012×34=0.408	408 个 0.001
	48	12×3.4=40.8	408 个 0.1
	36	0.012×0.034=0.000 408	408 个 0.000 001
	408		

于老师通过基本练习题 1.2×0.34 导入新课后，用大问题教学设计策略，引导学生思考：“小数乘法和整数乘法比起来，差别在哪儿？”“小数点的处理实质是什么问题？”由此进入重点环节的学习，在研究“替身”12×34 与 1.2×0.34 的关系后，得出：计算小数乘法，“先按整数乘法算出积”，得到的实际上就是计数单位的个数，“再给积点上小数点”，实质上就是确定“是什么计数单位”。由此明确小数乘法 1.2×0.34 和整数乘法 12×34 的计数单位个数相同，计数单位不同，前者是多少个千分之一，后者是多少个一。

可见练习课的教学设计，也像新授课一样，可采用大问题教学设计策略。

同样，新授课中采用的“任务启动”、“随机通达”、“支架式教学”、“自主选择”和“有效合作”等教学设计策略，也可应用到练习课的设计中。但由于练习课的主要目的是通过“变式开拓”让学生在新授课中习得的知识和方法转化为能力，所以，教学中要抓住知识的内在联系，凸显不同知识的本质特征，让学生在辨析、应用的过程中形成自己的思想观念和独立解决问题的能力。

三、练习设计的策略

小学数学的练习设计要抓住以下几个要点：

（一）通过变式练习揭示概念的本质特征

学生的学习一般都要经过“模仿练习—变式练习—探究应用”的过程，而要激发学生探究的欲望，变式练习的教学设计十分重要，通过变式练习，可以让模糊的概念清晰起来。如为了让学生掌握平行四边形的本质特征，一位教师采用以下策略：一进教室问学生：“我是谁？”学生说：“×老师！”然后这位教师又做一些坐着、蹲着、睡着、金鸡独立等姿势，不断地问学生：“我是谁？”在学生疑惑不解时，出示不同摆放位置、不同形状和不同颜色的四边形：有斜放的，有竖放的；有棱形的，有正方形的；有红的，有绿的。让学生判断哪些是平行四边形，在辨别过程中学生逐步感悟到只要有“两组对边分别平行”这个本质特征，不管什么形状、什么颜色，都是平行四边形。这一教学设计揭示了平行四边形的概念，给学生留下了深刻的印象，这就是“变式”的作用。

（二）通过概括提炼揭示规则之间的实质联系

如案例38，于萍老师的练习课，不仅把小数乘法联系在一起，发现它们的共同特征是“整数（‘替身’）相乘的积确定计数单位的个数，小数位数的和决定计数单位”，还把末尾有零的整数乘法结合在一起，建立起了整数乘法与小数乘法的实质性联系，通过概括提炼促使学生的知识转化为能力。今后学生在解决问题时就能融会贯通、举一反三。同时，通过小数乘法与小数加法的对比，发现小数乘法是先确定计数单位的个数（先按整数乘法进行计算），再确定计数单位（再根据因数的小数位数之和点上小数点），而小数加法是先确定计数单位（小数点对齐），再确定计数单位的个数（末位加起，哪一位上满十就向前一位进一）。

（三）通过变换叙述方式提高学生的思辨能力

练习设计，不仅要考虑正向思维，也要考虑逆向思维，如于萍老师的练习题中既有根据算式求结果的练习，也有根据结果想算式的练习。又如学习“用计算器找规律”，可通过以下练习题帮助学生发现规律：

仔细观察这5题，你能发现什么？

$\frac{1}{11}=0.090\,9\cdots\cdots$

$\frac{2}{11}=0.181\,8\cdots\cdots$

$\frac{3}{11}=0.272\,7\cdots\cdots$

$\frac{4}{11}=0.363\,6\cdots\cdots$

$\frac{5}{11}=0.454\,5\cdots\cdots$

然后，通过变换叙述方式，让学生完成下面的练习题：

能根据发现的规律写出下面几题的答案吗？

$\frac{6}{11}=$（　）

$\frac{7}{11}=$（　）

$0.818\,1\cdots\cdots=\frac{(\quad)}{(\quad)}$

$0.727\,2\cdots\cdots=\frac{(\quad)}{(\quad)}$

以上练习能训练学生的逆向思维。

同样，在练习课的教学中也要重视改变问题的叙述方式，以帮助学生掌握问题的实质。如“小鸡比小鸭多 2 只”，还可以叙述成“小鸭比小鸡少 2 只”，“小鸡的只数减 2 只就与小鸭的只数同样多”，“小鸭的只数增加 2 只就与小鸡的只数同样多”，等等，这样可以提高学生的思辨能力。

（四）关注练习的分布和频率

小学里的一些“基本内容”是解决其他问题的基础，也是数学学习的基础之基础，就像语文中的 3 000 个常用字、英文中的 26 个英文字母和语音表一样，需要通过不断练习才能熟能生巧。如 100 道加法基本题、100 道减法基本题、乘法口诀表、“十一类基本问题”等，要经常通过课堂导入让学生口算、口答等，以帮助学生熟练掌握。

有经验的教师在安排每天的口算练习时，会关注训练的频率，以及根据难易程度确定训练的密度，同时会结合本课需要、学生作业情况等因素，在基本题上做记号，控制训练的频率和密度，对学生容易错的题多安排几次练习。

如加法 100 道基本题，如图 5－2 所示。

0+0，	1+0，	2+0，	3+0，	4+0，	5+0，	6+0，	7+0，	8+0，	9+0
0+1，	1+1，	2+1，	3+1，	4+1，	5+1，	6+1，	7+1，	8+1，	9+1
0+2，	1+2，	2+2，	3+2，	4+2，	5+2，	6+2，	7+2，	8+2，	9+2
0+3，	1+3，	2+3，	3+3，	4+3，	5+3，	6+3，	7+3，	8+3，	9+3
0+4，	1+4，	2+4，	3+4，	4+4，	5+4，	6+4，	7+4，	8+4，	9+4
0+5，	1+5，	2+5，	3+5，	4+5，	5+5，	6+5，	7+5，	8+5，	9+5
0+6，	1+6，	2+6，	3+6，	4+6，	5+6，	6+6，	7+6，	8+6，	9+6
0+7，	1+7，	2+7，	3+7，	4+7，	5+7，	6+7，	7+7，	8+7，	9+7
0+8，	1+8，	2+8，	3+8，	4+8，	5+8，	6+8，	7+8，	8+8，	9+8
0+9，	1+9，	2+9，	3+9，	4+9，	5+9，	6+9，	7+9，	8+9，	9+9

图 5－2

学生容易出错的是以下几题：“6＋5 与 5＋6；7＋5 与 5＋7；7＋6 与 6＋7，7＋7；8＋5 与 5＋8；8＋6 与 6＋8；8＋7 与 7＋8，8＋8”。此外，比较困难的还有：“3＋8 与 8＋3；4＋7 与 7＋4；4＋8 与 8＋4”。如果学了加法交换律，以及知道与 0 相加都得原数的规律，那么，加法基本题实际上只有上图中阴影部分的题了，等学了乘法口诀表后，图 5－2 中如 7＋7，8＋8这样的 9 道题，就会熟练掌握，这样，加法基本题只需要关注其余的题即可，而其中学生感到困难的也就只有“4＋7，4＋8，5＋7，5＋8，6＋7，6＋8，7＋8”这几题了。

同样，在乘法口诀表中，也有学生感到特别困难的，如“三六十八，三七二十一，三八二十四，四六二十四，四七二十八，四八三十二，六七四十二，六八四十八，七八五十六”等，至于九的口诀，教师可通过手指图（见图 5－3），帮助学生理解和记忆。

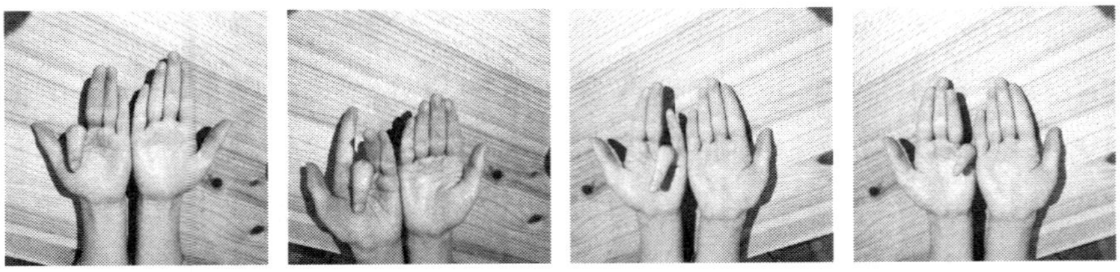

（二九十八）　（三九二十七）　（四九三十六）　（五九四十五）

图 5-3

读者可用手指图试一试其他口诀，如一九得九，六九五十四，七九六十三，八九七十二，九九八十一。

（五）重视联系学生生活实际

“新课标”提出要重视数学与现实生活的联系，这种联系不是形式上的联系，而是让学生按照从生活问题到数学问题、从特殊关系到发现一般规律的人类认识规律进行学习。教师通过提供足够的资源、空间和时间，使学生有“发现”和应用数学知识的机会，从而使数学学习变成“发现”和“再创造”的过程，培养学生的洞察力和解决问题的能力。

练习设计也同样，数学题有现实感，学生才能从中感觉到解题的乐趣。如案例 5“常见数量关系”中的练习设计，导入时，教师先让学生练习“购物”计算，在计算价格的过程中发现服装标价牌等里面隐藏着共同的数量关系，由此引出“单价×数量＝总价”这个数量关系式，最后让学生买鲜花以进行综合练习，使学生灵活应用公式。

（六）重视学生自主提问

练习的设计不仅仅来源于教师的精心设计，有时启发学生有效提问也不失为“以‘问’生‘问’”的有效途径，在新课教学完后应有意识地促发学生去反思、去挖掘具有思考性的问题，借助“生问”促使学生用这节课学到的知识来观察、思考和表达，逐步养成多思善问的能力。例如，叶柳君老师在“因数和倍数”的最后练习中设计了如下的练习（见图 5-4）：

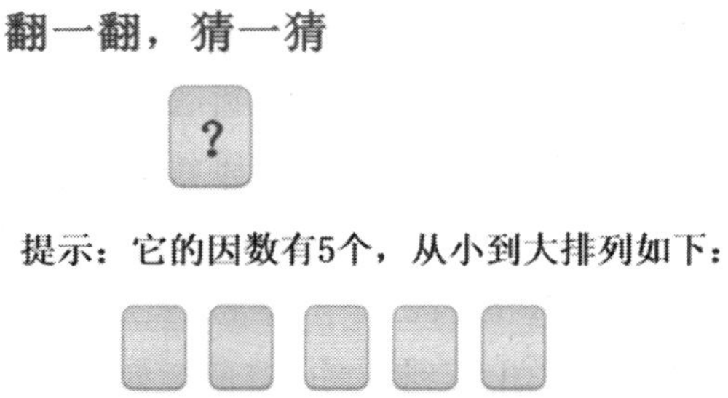

图 5-4　猜数游戏

师引导：你有什么问题呢？

生 1：我应该翻开哪一张呢？

生 2：至少翻几张就能猜出来？

生 3：不翻能猜到吗？

…………

解决问题 1：我应该翻开哪一张呢？

生 1：最后一张，因为最大的因数是它本身。

生 2：中间一张，因为中间一张再乘它本身就得到这个数。

解决问题 2：至少翻几张就能猜出来？

生：至少翻开一张就能猜出来，最后一张或者中间一张都可以。

解决问题 3：不翻能猜到吗？

生 1：这个数是平方数，可能是 9，16，25，36，49 等等。

生 2：它有 5 个因数，可能是 16，也可能是 81。

…………

叶老师设计的生动有趣又兼顾挑战性的猜数游戏，把枯燥的知识应用和猜数游戏相结合，一方面是能帮助学生巩固并加深对“因数和倍数”知识的理解；另一方面，在“生问”的过程中，学生的思维自然而然地开始运作，课堂的氛围也会灵动起来。学生从不同的角度提出了这样三个问题，并且在解答的过程中，暴露出了这个问题的思维过程。大部分学生会根据因数的特点来解决问题，个别学生根据“平方数”的特点来解决，知道“这个数就是最中间因数的平方”，在思考的过程中明晰了平方数因数的特点。在这样有层次地推进问题解决的过程中，学生思维得到了延伸。可见，一道“好题”往往能生发出精彩的课堂生成。

第四节　结课和板书设计

一、结课的设计策略

俗话说，写文章要“凤头、猪肚、豹尾”，课堂教学也是如此，精彩的结课可以在一节课的最后环节起到画龙点睛、提炼升华的作用。

（一）谈话式总结引发个性交流

通常在新课结束时，教师常常会提问“通过这节课的学习，你有哪些收获”来引导学生对整节课的学习内容进行回顾与整理。对照着教师的板书，学生大都是将主要的知识点罗列一番，这样的课堂总结只单纯地起到了复述的作用，缺少学生个体学习的反馈。教学中，可尝试将提问改成“在今天这节课的学习中，给你印象最深的是什么”，让学生在回顾整理的基础上自主选择相应的知识点，结合自身的体会进行反馈。

例如，在“认识百分数”一课结束前，笔者引导学生交流“百分数给你印象最深的地方是什么”时，有学生谈到“我印象最深的是，如果百分数表示一种成分，是不可能大于100%的，比如纯棉的含棉量最高就是100%，大于100%的分数都是表示后来比原来增加了，比如超速的汽车或者上涨后的房价”，还有学生谈到“我以前看到牛奶包装盒上‘营养成分表’中的百分数，就以为是能量、蛋白质、脂肪等占到这盒牛奶的百分比，其实不是的，因为我们人体每天都要补充能量、蛋白质、脂肪等营养，盒子上的营养成分表是告诉你这盒牛奶能提供百分之几的能量、蛋白质和脂肪，人们买东西的时候可以自己计算一下”，从学生的小结中可以看出，相较于百分数的意义、读写法、与分数的区别等常规知识点，应用百分数、联系生活解读百分数的活动更能激发学生的探究兴趣，给他们留下深刻的印象，而这恰恰是学习百分数的目标之一。可见，谈话式的结课能促使学生反思学习过程，联系自身实际表达出个体学习的感受，体现了学以致用的目的。

（二）比较式总结提炼思想方法

有效的课堂总结在整理和归纳知识点的同时，教师还应引导学生对所学的概念、算法间的异同点进行比较和辨析，尝试提炼出共同的数学思想和方法，构建起完整的知识结构。

例如，在二年级教学“退位减法”的课堂小结中，笔者引导学生将例题学习的小棒图、巩固练习的计数器和减法竖式进行对照观察。

师：同学们，计算50—26、51—26、52—26……这些不同的减法，我们都可以先用小棒来摆，用计数器来拨，回顾一下，刚才在操作中，我们都碰到了哪些问题？又是怎样解决的？

生：50—26，0减6不够减，要先拿出1捆拆开来。

师：就是把1个十变成？

生：变成10个一。

师：那用计数器来拨51—26呢？

生：个位上只有1颗珠子，也不够减，可以把十位上的1颗珠子去掉，个位上加10颗珠子，有11颗珠子了再减。

师：这相当于是把十位上的“1”变成了几？

生：变成了10。

师：看来碰到个位不够减的时候，不论是摆小棒还是拨计数器，都要先把十位上的“1个十”变成“10个一”，其实，这个方法就藏在在同学们的竖式中，你能找到吗？

生：就是从十位退位，个位不够减的时候要从十位“退‘1’”。

师：这个“退”下来的“1”真的是1吗？

生：不是，是10。

师：那么，这个从十位退下来的10有什么用？

生：可以和个位上的数合起来再去减。

师：是啊，同学们，你看咱们今天学习的“退位减法”，用到的还是咱们以前学过的“1个十等于10个一”的知识。

通过以上比较式的课堂总结，学生能把在小棒操作中用到的“拆1捆化10根”、计数器中的“用十位1颗珠子换成个位10颗珠子”这两个直观的动作表征与竖式计算中“个位不够减，要从十位退1当10”的抽象符号表征对应起来，沟通直观算理与抽象算法之间的联系，凸显出“退位减法”的方法本质——“计数单位的重组”，顺利地将计算技能与之前有关整数的认数知识进行了纵向的勾连。

（三）延伸式总结明确学习方向

在课堂教学中，教师的课堂总结有时并不意味着给一节课画上了圆满的句号，还可以让总结发挥出省略号的作用，为后续的学习做好孕伏。教师可询问学生“通过这节课的学习，你还有什么不明白和想知道的问题吗”，在了解学生学习效果的同时，“用问题回答问题”的回应方式引发学生产生新的疑惑，激发学生继续探究的欲望。

此外，还可用承上启下的小结来延伸学习，例如，笔者在“认识长方体”一课的最后练习环节，让学生根据长、宽、高的实际长度来猜出形状相同、实物不同的长方体。

师：你们估得真准啊！同样的长方体，为什么同学们猜出来的东西却是不一样的呢？

生：因为它们的长、宽、高是不一样的。

师：对，长、宽、高的长度对长方体来说非常重要。今天我们研究了长方体的结构，认识了面、棱、顶点和它们之间的关系，以后我们还会继续测量长方体的长、宽、高，进一步从度量的角度来认识长方体。

上述小结将“认识长方体”这节课中有关图形构成要素的巩固应用和知识延伸联系起来，让学生深切感受到今日所学内容的重要性，并明确了今后学习的方向。

总之，让课堂总结充分发挥出引导学生总结交流、应用巩固和扩展延伸的作用，会使课堂完美收尾，立起“豹尾”，取得“课虽终、趣未尽、思不止”的“回味”效果。

新授课和练习课的“结课”是对本课所学的知识和方法进行总结，而小学数学复习课实际上是对一个单元、一个知识块、一个内容领域进行总结，通过对知识体系进行整理和提炼，厘清知识点、知识块之间的关系。由此可见，“结课”与复习课有相通之处。但由于复习课是一种课型，有其独特的结构和要求，因此需要单列出来进行研究。

二、复习课的设计要点

复习课，以系统复习知识、培养学生综合应用能力为主要任务，一般放在单元后、期中和期末，分为单元复习课、期中复习课和期末复习课。它的主体结构都是“旧知再现—形成网络—灵活应用”，重点环节是“形成网络”。通过复习，使学生记忆中零散的知识或方法系统化，帮助学生形成良好的数学认知结构和掌握总结与提炼的方法。这里的“网”可以是知识网，也可以是思想和方法网。

复习课的设计要注意以下几个方面：

（一）揭示知识间的内在联系

设计复习课，首先要明确“复习哪些知识，构建什么结构，形成什么能力”，同时要引导或帮助学生整理知识或思想网络图，以揭示知识之间的内在联系。我们来看六年级两位学生整理的知识网络图（见图 5－5）[①]：

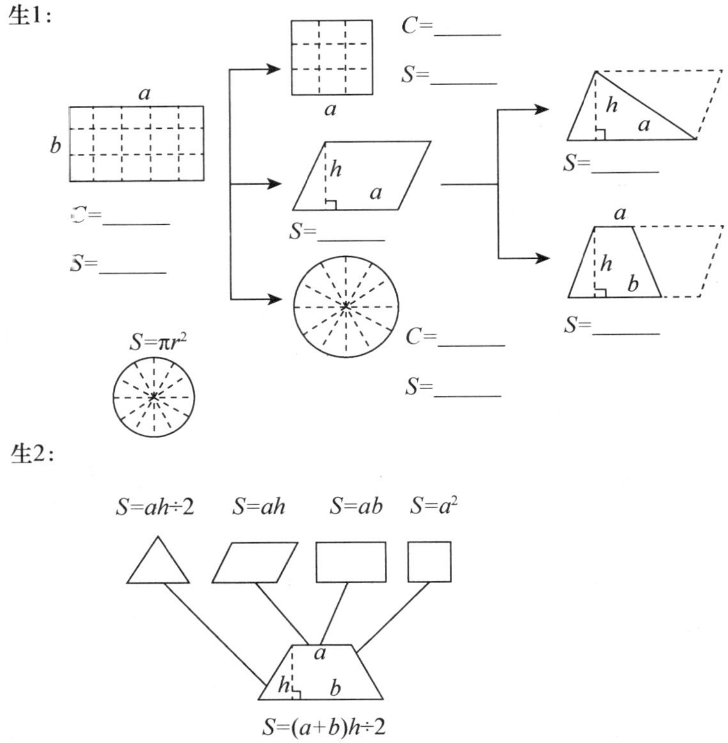

图 5－5

① 刘松．小学数学常规课和创新课教学设计：六年级下．宁波：宁波出版社，2011：108.

显然，生 1 关注的是公式的推导过程，生 2 关注的是公式之间的关系。教学时如果能组织学生互相学习和交流，就能帮助学生厘清知识之间的内部联系，拓展学生的思维。

（二）重视培养学生的综合应用能力

请看下面的案例 39“连乘连除复习课”，这是总复习的内容，教材中只出示了以下两道习题，要教师上一节复习课，该如何设计呢？

案例 39　　连乘连除复习课（案例分析）

教材中有如下两道题：

1. 豆腐店有 10 袋黄豆，每袋 50 千克。1 千克黄豆能做 4 千克豆腐。这些黄豆能做多少千克豆腐？

2. 奶牛场有 5 个牛棚，每个牛棚里有 8 头奶牛。一天共喂 800 千克饲料，平均每头喂多少饲料？

如何使学生的知识和方法系统化？有一位教师的教学设计值得我们学习。

他采用大问题设计策略，首先把教材中的两道练习题合并成一题改成如下综合题，让学生自己独立解决问题：

有 200 本书，每层可以放 20 本，问这些书架能放下这些书吗？（图：2 个并列的书架，每个书架有 4 层，注意两个书架是并列放着的）

然后，根据巡视中发现的信息，按照下面顺序让学生依次说出解决问题的方法。

生 1：20×4×2＝160（本）

生 2：20×2×4＝160（本）

生 3：20×（2×4）＝160（本）

接着，让这些学生说说他们的思考过程。

生 1：我是从每层可以放 20 本出发思考的，一层 20 本，4 层就是 20×4，也就是一个书架能放的书。一个书架能放 80 本，两个书架只能放 160 本，所以，200 本书在这两个书架中放不下。

生 2：我也是从每个书架每层放 20 本出发想的，先求一大格可以放几本，再求四层可以放几本。

生 3：我是先求两个书架一共有几格，再根据每格放 20 本求出来的。

教师提出总结性的问题：“这三位同学是用连乘的方法解决问题的。他们的解题策略有什么共同之处？”学生在思考问题时发现这几位同学都是从“每层放 20 本出发想的”。

由此引发学生的思考：可否从“有 200 本书”出发思考？学生通过相互讨论得出了以下三种解决问题的方法：

生 4：200 ÷ 2 ÷ 4＝25（本）

生 5：200 ÷ 4 ÷ 2＝25（本）

生 6：200 ÷（2×4）＝25（本）

教师让学生板书上述三种方法后，再次让学生思考：“这三位学生的解题策略又有什么共同之处？”

生很快就自己总结出解题策略，那就是从“有 200 本书”这个信息出发用连除解决问题。先求出每层需要放几本，最后从 25 大于 20 得出“放不下”这个结论。

这样的设计把连乘和连除两种方法联系起来了。

教师接着问学生：这里的 200 ÷ 2，200 ÷ 4，2×4 各表示什么？学生在交流中学会了解决问题的多种方法。同时，教师又通过追问“还有什么解决问题的办法？”或“还可以怎样想？”引导学生探究另外的解题思路，那就是“两面夹攻法”：从一共 200 本书中可知每个书架要放 100 本才够，而从每层 20 本、一个书架 4 层可知一个书架只能放 80 本，所以，“200 本书在这两个书架中放不下”。

最后把上述解决问题的方法完整地写在黑板上。

连乘连除总复习

方法 1：$\underline{20\times4}\times2=160$（本）　　方法 4：$\underline{200\div2}\div4=25$（本）

方法 2：$\underline{20\times2}\times4=160$（本）　　方法 5：$\underline{200\div4}\div2=25$（本）

方法 3：$20\times\underline{(2\times4)}=160$（本）　　方法 6：$200\div\underline{(2\times4)}=25$（本）

方法 7：200 ÷ 2＝100（本），20×4＝80（本）

答：这些书架放不下 200 本书。

板书不仅揭示了连乘、连除之间的关系，更总结和提炼了多样化的解决问题的策略，培养了学生综合应用知识解决实际问题的能力。

（三）提高学生的概括水平

我们来看案例 40 袁晓萍老师的教学设计①：

案例 40　　**圆柱和圆锥的复习（详案）**

一、教学目标

1. 梳理圆柱与圆锥的特征、面积、体积计算公式，能灵活地根据问题情境，选择合理的方法进行计算。

2. 沟通立体图形之间的内在联系，构建图形网格，使所学知识进一步条理化和系统化。

3. 引导学生以类的观点去观察与分析图形，体会解决问题的乐趣，发展空间观念。

① 袁晓萍．由薄到厚由厚到薄：“整理与复习：圆柱与圆锥”一课的教学实践与思考．小学数学教师，2016（2）．

二、教学过程

（一）物以类聚，知识梳理

1. 揭题引入

师：今天，我们复习与练习的主题和它有关。（出示）

2. 分类梳理出示下图：

师：这些立体图形，你认识吗？有一个成语叫“物以类聚”，你觉得哪几号立体图形可以和圆柱归为一类呢？

生1：我觉得①②④可以和圆柱归为一类，因为它们都是由一个平面图形平移得到的。

师：哪些同学和他的归类方法是一样的？

（大部分学生举手表示赞同）这几个立体图形还有其他相同的地方吗？

生2：它们有共同的体积计算公式：体积＝底面积×高。

生3：它们有共同的表面积计算公式：表面积＝侧面积＋底面积×2。

师：有道理吗？只是底面的形状不同。老师再给大家一个提示，它们还有共同的侧面积计算公式，侧面积＝底面周长×高。

生4：它们的侧面沿高展开都是长方形。长方形的长相当于立体图形的底面周长，长方形的宽相当于立体图形的高。

生5：我还知道，这些立体图形都是直柱体。

师：刚才，同学们从整体上对直柱体做了更全面的梳理。我们还可以把哪些图形“物以类聚”？

生6：把③⑤和圆柱归为一类，因为它们都有截面是圆形的。

师：把③⑤和圆柱归为一类，还有不同的理由吗？

生7：这些立体图形都可以由一个平面图形旋转得到……

师：如果圆柱和圆锥等底等高，老师建议同学们可以把圆柱和圆锥归为一类。

生8：哦，我知道了。因为在等底等高的情况下，圆锥体积是圆柱体积的1/3。

教师根据学生的回答形成如下板书：

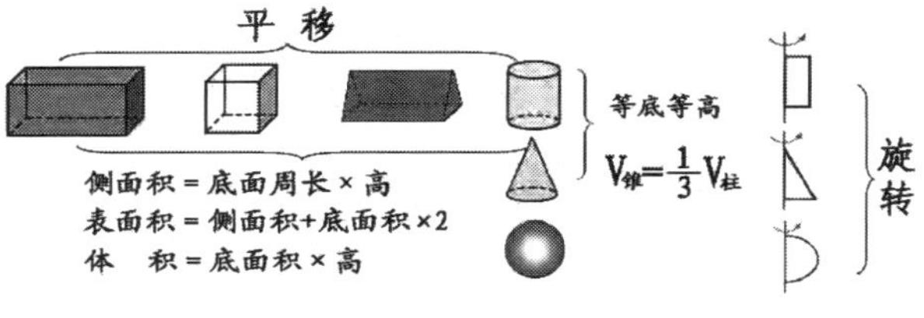

师：物以类聚，用归类的方法一类类地看图形，可以帮助我们更多地了解图形间的联系。

【设计简析】为了让学生整体、系统地感悟知识，形成良好的认知结构，基于主体探究的“疏通”环节至关重要。“圆柱与圆锥”这一单元的知识（包括特征、表面积、侧面积、体积等）较多，又与前面立体图形的知识有着千丝万缕的联系。教学中以“哪些立体图形可以和圆柱分为一类”作为任务驱动，通过“物以类聚”激活、唤醒学生已有的知识、方法及经验，重建学生认知结构。学生从不同角度阐述分类理由，进行整体类化，并以“平移”“旋转”等方式再现与强化了立体图形的运动内涵，很好地完成了对单元知识纵向和横向的结构化。

（二）无中生有，变式应用

1. 根据情境选择合适的解决策略

师：运用我们所整理的这些知识，能够解决很多生活中的实际问题。请看下图：

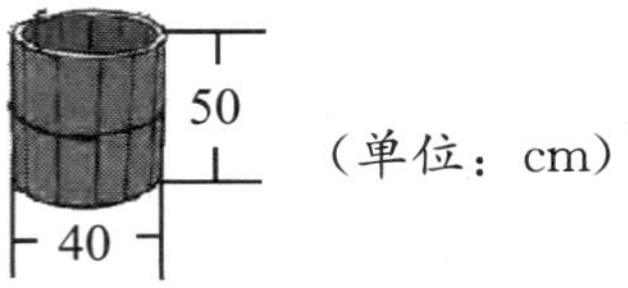

师：这是一个圆柱形的木桶。根据图中信息，你能不能“无中生有”，提出一些不同的实际问题呢？

生 1：做这个木桶需要多少木板？

生 2：这个木桶的底面积是多少？

生 3：这个木桶能装多少水？

师：老师这里也有一些相似的问题，你会解决吗？出示：

①给这个木桶打三道铁箍，需要多长的铁丝？

②给木桶配盖子，需要多少木板？

③在木桶外面涂油漆，油漆面的大小是多少？

④这个木桶能盛多少升水？学生独立练习，同桌相互批改。

师：相互批改的过程中，你发现了哪些需要注意的地方？跟大家分享一下吧！

生 1：我想提醒大家注意，最后一题，要转换成以“升”为单位。

生 2：我想提醒大家这个水桶是无盖的，求表面积时只需加上一个底面积就可以了。

师：太棒了！不断地反思错误，可以让我们的复习变得更有力量。老师想提醒大家注意，生活中能直接使用这些计算所得的数据来准备材料吗？

生 3：准备铁丝、盖子、油漆这些材料的时候，要考虑到损耗，所以要多准备一些。

师：这种取近似数的方法，就是“进一法”。那水桶的容量呢？

生 4：这个数据可以用“去尾法”取近似数，不然水会溢出来。

师：像这样“量体裁衣”，数学中的结论才会更适合生活的需要。我们在解决问题时，经常会看到这样一句话，叫“结果保留……”，就是让我们结合生活实际确定最合适的取值。

【设计简析】复习课的练习，应该指向知识链中的缺漏，根据学生学习的薄弱环节，设计主题鲜明、针对性强的练习。在立体图形教学中，学生对计算公式的运用并不困难，“什么时候用哪个知识”，却是学生的能力弱项。针对这一关键、薄弱问题，教师设计了一系列生活应用问题，试图引导学生将实际问题与“底面周长”“底面积”“表面积”“体积”等相应知识建立联系，帮助学生进一步明晰基本概念、巩固计算方法。

2. 根据圆柱的动态变化解决问题

师：让我们接着玩！同学们能不能继续对这个圆柱进行一些“加工”，进行更多的、有意义的、关于数学的“无中生有”呢？

学生主动搜索知识储备，罗列出了许多“加工”方法：切、拼、灌、滚、削、熔……

师：同学们想到的问题是不是有这些情况：

①把这段圆木削成最大的圆锥，需要削去多少？

②把这段圆木沿水平方向横着切成相等的两段，表面积增加了多少？

③把这段木柱沿底面直径纵切后，表面积增加了多少？

④给圆柱形烟囱接上 10cm 长的一段，表面积增加了多少？

【设计简析】复习中的练习设计应尽量减少单纯模仿、重复操练的内容，增加情境练习、综合应用的拓展性内容。等底等高的圆柱与圆锥之间的关系、若干个圆柱拼合后表面积变化问题、圆柱沿底面直径纵切之后的表面积问题、烟囱的表面积问题……这些材料的设计与展开，不仅有助于知识与概念的深化，更能促进思维与能力的拓展。

师：接下来，我们这样练习。你可以自主选择其中几个问题独立解决，觉得挑战性不够的同学，可以自己编题，用简单的文字和示意图进行表述，再列式解答。课件上设了“自助服务区”，如果解题遇到了困难，可以点击旁边的“HELP”，让它给你点小提示。（结合学生所画图形和所列算式，进行拓展题的点评。略）

师：让我们再来看看同学们自己创编的数学问题吧！

投影学生自编的数学问题，如下：

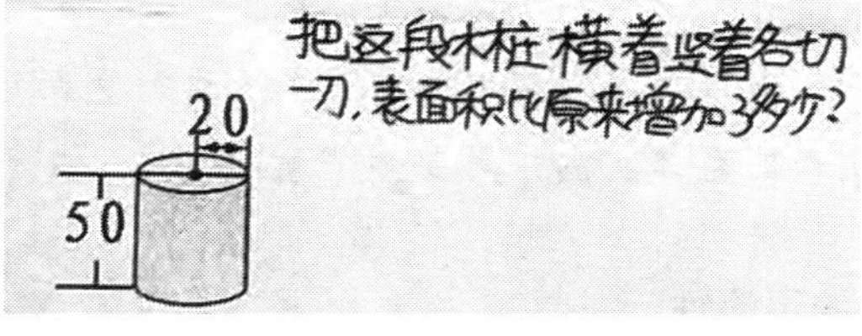

师：这个问题你会解决吗？

生：我感觉这道题就是上面②③两题的组合……

师：鉴赏同伴创编的问题，联系我们已经解决过的问题，你有什么体会？

小结：复杂的数学问题都是由简单的数学问题生发、演变而来的。

【设计简析】练习不是把不同学生拉回到同一起跑线上进行训练，而是使不同的学生通过练习得到不同的发展。让不同层次的孩子都能找到可以去挑战和自我实现的习题资源，是其中的关键。“画一画”“标一标”“列一列”，为缺乏思路的学生提供了有效的解题方法的指引。同时，教师进行分层要求与指导，有困难的学生可以借助课件理解题意或寻求帮助；有余力的学生在完成任务之后，可以自己编题并解决。学生在应用数学知识、解决实际问题的挑战性过程中，选择方法、整合知识的能力得到了提升。

（三）触类旁通，提升应用

师：“无中生有”让我们对图形的思考更立体、更全面了。大家还能不能“触类旁通”，把这样的加工方式用到其他图形上？还有什么图形也可以这样削、这样切，或者这样接呢？

引导学生联想：长方体、正方体、长方形和正方形。

提问：用同样的方式加工上述图形，结果有什么相同？有什么不同？

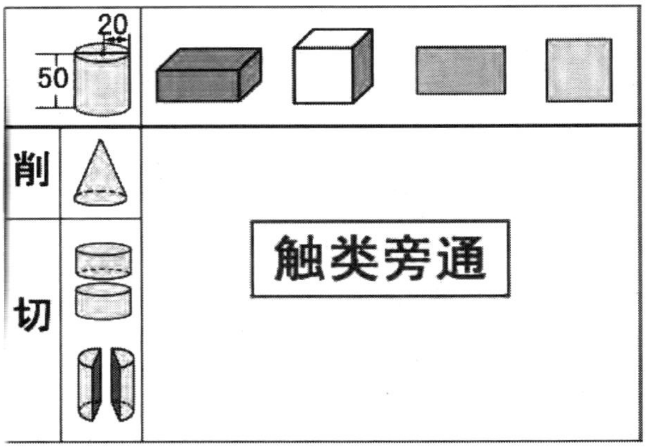

师小结：当我们用触类旁通的视角去思考解决过的问题时，又可以不断地物以类聚、无中生有，然后继续触类旁通。温故而知“新”，这就是复习的意义。

【设计简析】复习课应该是学生思维能力提升的最佳机会。复习课的尾声以微视频引导学生“触”及“圆柱”，“通”至“长方体、正方体”“长方形、正方形”。将原本在每节课里获得的“散装”的知识与方法，在整体知识背景下进行重新组织和构建，将原来彼此分割开来的方法联结成统一的整体。温故更要知“新”！

（四）增强知识应用的灵活性

复习课与练习课相比有更高层次的要求，那就是要提高学生举一反三、灵活应用的能力。例如，“除法试商”是小学阶段学习的难点，通过试商方法的总结和提炼，可增强学生应用知识的灵活性。

再看下面的一道计算题："用绳子测量井深，把绳子三折来量，井外余 2 米，把绳子四折来量，井外余 1 米。求绳子和井深。"

通过综合运用算术、代数，以及比和比例等知识，可总结出以下几种不同的解法：

解法一：把绳子三折来量井深时，井外每折余 2 米，则井外共余 2×3=6（米）；把绳子四折来量，井外每折余 1 米，则井外共余 1×4=4（米），由于少了一折（4－3），井外绳子多出 6－4=2（米），所以井深为 2 米。列式计算：

（2×3－1×4）÷（4－3）=2（米）……井深

（2+2）×3=12（米）或（2+1）×4=12（米）……绳长

解法二：由于井深一定，三折变四折，第四折可以看作三折的井外余绳总长与四折的井外余绳（减去第四折的井外部分）长度之差，即第四折的长度为 2×3－1×3=3（米）。综合算式：

（2×3－1×3）×4=12（米）……绳长

12÷3－2=2（米）或 12÷4－1=2（米）……井深

解法三：按照用分数解决问题的思路解答。把绳子三折来量，即每一折是绳长的$\frac{1}{3}$，把绳子四折来量，则每一折是绳长的$\frac{1}{4}$。三折中的每一折比四折中的每一折长（2－1）=1（米），这个对应量 2－1 的对应分率是$\frac{1}{3}-\frac{1}{4}$。列式计算：

$(2-1)\div(\frac{1}{3}-\frac{1}{4})=12$（米）……绳长

$12\times\frac{1}{3}-2=2$（米）或 $12\times\frac{1}{4}-1=2$（米）……井深

解法四：列方程解。

设绳长为 x 米，根据井深相等，得方程 $x\times\frac{1}{3}-2=x\times\frac{1}{4}-1$

解之得 $x=12$

井深是：$12\times\frac{1}{3}-2=2$（米）

解法五：用比例解。

绳长一定，每折的长度与折数成反比例。

设井深为 x 米，就有

$(x+2):(x+1)=4:3$

即 $3(x+2)=4(x+1)$

解之得 $x=2$

绳子是（2+2）×3=12（米）

以上这五种解法沟通了算术解法、方程解法和比例解法之间的关系，学生可从中感悟到解法四和解法五的思路最简捷，而求简始终是数学的价值追求所在。

总之，我们要抓住小学数学复习课的核心，那就是“沟通相互关系，形成知识体系，提高举一反三的能力”。

从案例 39、案例 40 中可知，板书是复习课的重要载体。板书不仅能加深学生的印象，还给了学生如何画知识网络图或思维导图的样例。

事实上，好的板书展示了一节数学课的核心内容，无论是复习课、练习课还是新授课都需要关注板书设计。虽然由于多媒体技术的发展，更多展示知识的载体不断出现，但板书设计仍有其独特的作用和魅力。板书设计是一个完整的教学设计必不可少的组成部分。

三、板书设计的艺术

（一）板书设计概述

板书是与“说”相对应的“写或画”所留下来的痕迹。板书一般由三部分构成：课题、主板书和副板书。教师利用板书对重要内容或学生的习作进行讲解或点评。配上文字或图像的板书设计，能使谈话有主题、练习有示范，还能为课堂总结提供线索，帮助学生理解知识，明晰关系，形成良好的数学认知结构。请看下面两个板书设计①：

图 5－6 和图 5－7 把除法试商的方法、步骤，以及除数是两位数除法的一般规律完整地展示出来了，不看教案也能大致了解这两节课的重点和难点是什么了。

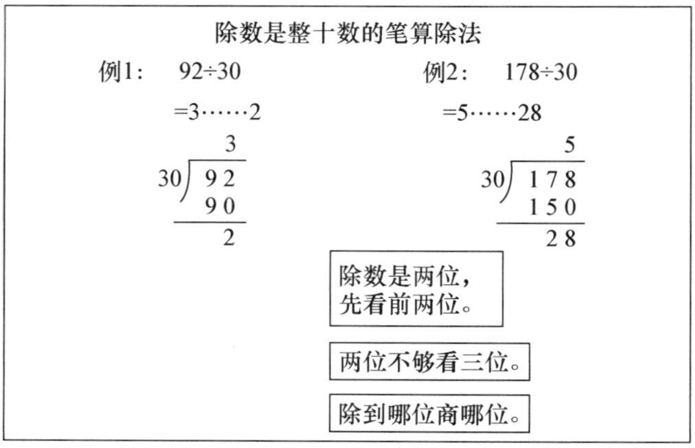

图 5－6

① 张红波．小学数学常规课和创新课教学设计：四年级上．宁波：宁波出版社，2014：108.

除数是两位数的笔算除法（四舍五入法试商）

例3：　(1)84÷21=4　　　(2)430÷62=6……58

例4：　197÷28=7……1

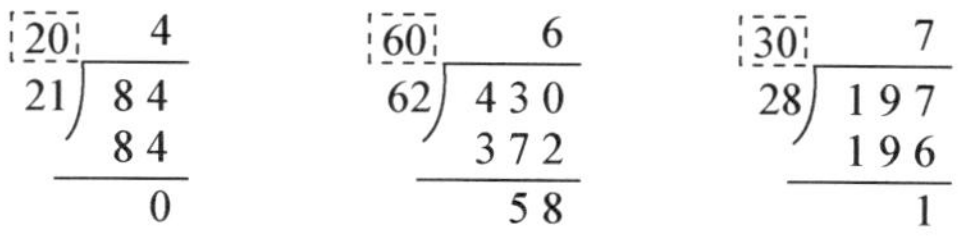

“四舍”法初商易偏大，“五入”法初商易偏小。

除数是两位数的除法，一般按照四舍五入法，把除数看作和它接近的整十数来试商。

图 5－7

又如，案例 39 中的板书设计不仅展示了于萍老师的教学重点，更把教学的过程、知识的联系、探究的脉络完整地展示出来了。学生看到板书设计，相当于看到了整个教学设计活动方案。板书设计是课堂教学的精华，一个教师的教学水平往往可以通过板书设计体现出来。

再来看“分数的意义和性质复习课”的板书设计（见图 5－8）。

分数的意义和性质
- 分数的意义
  - 分数的意义
  - 分数与除法的关系：$a\div b=\frac{a}{b}$ （$b\neq 0$）
- 真分数和假分数
  - 真分数
  - 假分数 —转化→ 整数 / 带分数
- 分数的基本性质 —应用→
  - 约分 → 最大公因数
  - 通分 → 最小公倍数
  - 分数大小的比较
    1. 同分母分数
    2. 同分子分数
    3. 分子、分母都不同的分数
- 分数和小数的互化
  - 分数化成小数
  - 小数化成分数

图 5－8

该板书设计不仅把整个单元的内容展示出来了，还揭示了各部分内容之间的关系，学生从中学到的是知识的整体结构，而不是零碎的知识点，这是认知主义学习理论在小学数学教学中的具体应用。

（二）板书设计的策略

板书设计要抓住以下几个要点：

1. 板书要有课题

课题揭示了一节课的主要内容，学生根据课题能了解学习的主要目标，所以板书中要有课题。可以在上课前写好板书中的课题，也可以在导入时揭题，或在结课环节通过“这就是我们今天学习的内容”等导语来揭题，以加深学生的印象。

课题大多数在黑板或白板的顶端，也可以放在其他合适的位置。如“含小括号的三步计算”（见图 5－9），是在学生理解两步计算的基础上进行教学的，重点是让学生掌握三步计算中的运算顺序，并能正确计算。所以，板书中的“四则运算”是课题，同时也展示了四则混合运算的顺序及有关的“规定”。

42＋6×12－4（①：6×12）　（42＋6）×12－4（①：42＋6）　42＋6×（12－4）（①：12－4）　（42＋6）×（12－4）（①：42＋6；①：12－4）

四则运算
- 没有小括号的算式
  - 同级运算，从左往右依次计算
  - 两级运算，先乘除，后加减
- 有小括号的算式，先算小括号里的

图 5－9

请看图 5－10 的板书设计，课题“组合图形的面积”在正中间，周围注上“割、补、和、差”，不仅美观，而且把如何求组合图形的方法展示出来了。

割、补｝组合图形的面积｛和、差

算法 1　5×5＋5×2÷2
＝25＋5
＝30（平方米）

算法 2　（5＋5＋2）×（5÷2）÷2×2
＝12×2.5÷2×2
＝30（平方米）

图 5－10

2. 板书要有主次之分

好的板书，一般都会把学习的重要内容放在最醒目的位置。如果把黑板三等分，那么中间部分一般是重点内容，前面部分是复习或准备的内容，后面部分是重点内容的应用。如果把板书分成左右两部分，那么左面是重点内容，又称主板书。如果把板书分成上下两部分，那上面是重点内容，下面是学生活动区。请看图 5－11 的板书设计[①]。

9加几

9＋3＝12

想：①10＋3－1＝12
②9，10，11，12
③9＋3＝12（3 分成 1 和 2，9 与 1 凑成 10）

9＋②＝1①
9＋③＝1②
9＋④＝1③
9＋5＝14
9＋6＝15
9＋⑦＝1⑥
9＋8＝17
9＋⑨＝1⑧

图 5－11

① 金莹．小学数学常规课和创新课教学设计：一年级上．宁波：宁波出版社，2012：138.

该板书分成左右两栏，左栏是重点内容。这节课的重点是教学计算方法，特别是第三种计算方法——凑十法，学生只有掌握了“9 加几”的凑十法，才能更快地学习 8 加几、7 加几等知识。同样，在图 5－9 板书中采用算式下面画线的方式，突出教学重点是四则运算的运算顺序而不是具体的计算。

3. 板书要有逻辑结构，从板书中要能看出各内容之间的逻辑关系

请看下面的板书设计（见图 5－12）。

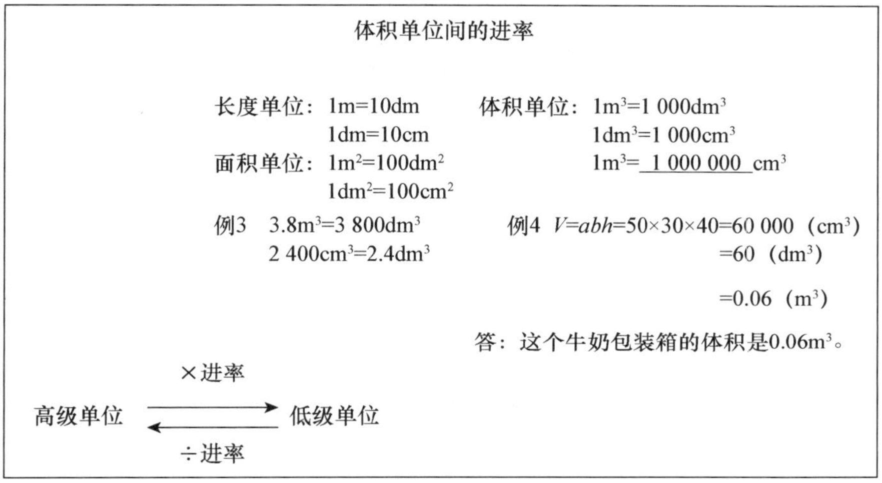

图 5－12

显然，图 5－12 的左上角是复习旧知，起承上启下和对比分析的作用；右上角是本课新学的体积单位及单位间的进率；中间是当天学习的两个例题，例 3 是重点内容——名数的化聚，例 4 是知识的应用；左下角是名数化聚方法的提炼和总结。板书把这一节课的课堂结构完整地展示出来了。

再来看下面的板书（见图 5－13），既显示了“数数”的本质特征、数的产生过程、符号的统一过程，还揭示了自然数的内涵与外延。

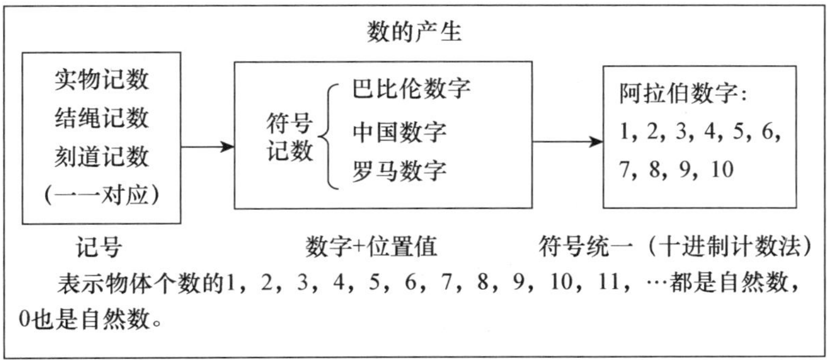

图 5－13

4. 板书要有详有略

小学中的板书文字要简化，多采用图形或符号进行说明，以便于学生理解和记忆。

下面的板书（见图 5－14），不仅凸显了本课研究的是“同一平面内”两条直线的位置关系，而且把平行与垂直的本质特征以及平行与垂直的关系都揭示出来了。

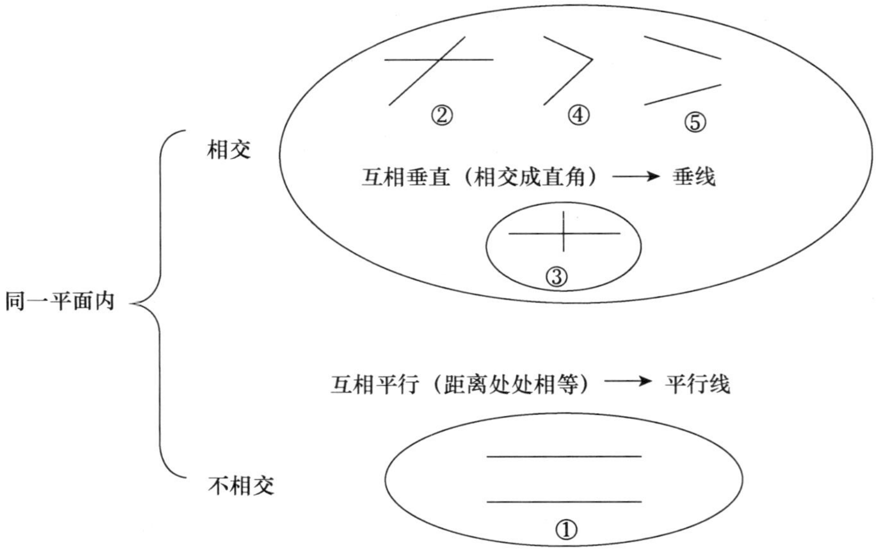

图 5－14

而板书（见图 5－15）则关注了图形的“变式”，让学生在判别这六个图形哪些平行、哪些垂直的过程中，进一步明确图形的本质特征。

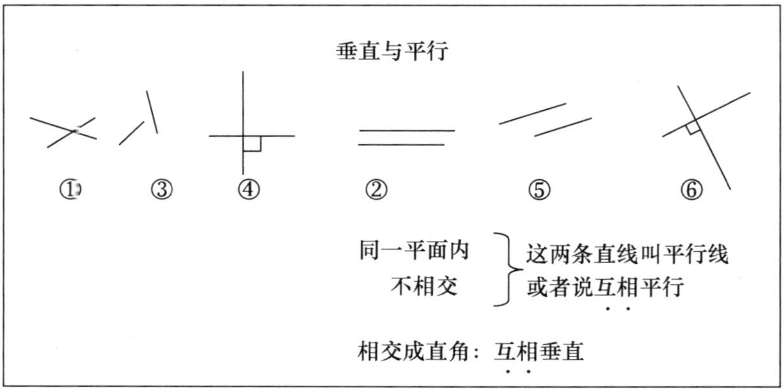

图 5－15

这两个板书设计各具特色，值得借鉴和学习。

5. 板书要有思维含量

数学课堂教学中有两条线：一条是明线，那就是知识体系；另一条是暗线，那就是思想方法。板书中呈现一般都是明线，也就是本课学习的知识点，以及知识之间的逻辑关系。但板书还应力求揭示知识的抽象过程、逻辑关系图以及思想方法，即呈现那条暗线。如能展示暗线，则能增加板书的思维含量，促进学生的思维发展。图 5－16 为小学数学四上“观察物体”部分的一个板书设计，通过摆一摆、看一看，发现“摆”与“看”之间的辩证关系，并在板书中写了“要用全面的眼光看问题”等思想方法，这无疑会给学生留下深刻的印象。

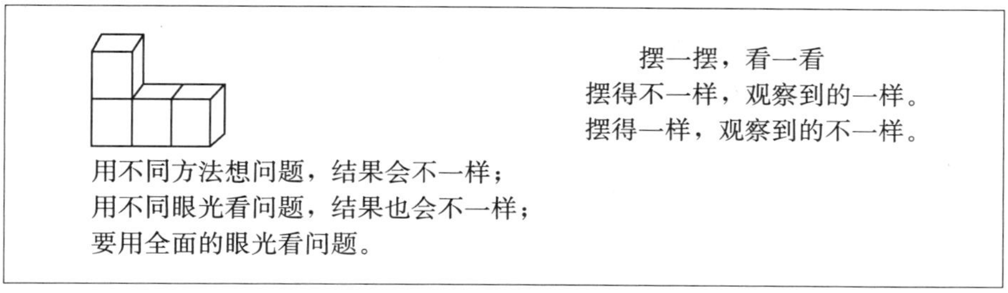

图 5－16

6. 板书要有一定的美感

张景中院士说，数学的科学美既包括图形美，还包括规律美与和谐美，只有让学生感受数学美、欣赏数学美，才能激发学生的学习兴趣，增强学生对数学的热爱。数学教育应向学生传递“数学很美，我爱数学”的信息，显然，板书是展示数学美的重要载体。请看下面的板书设计（见图 5－17）。

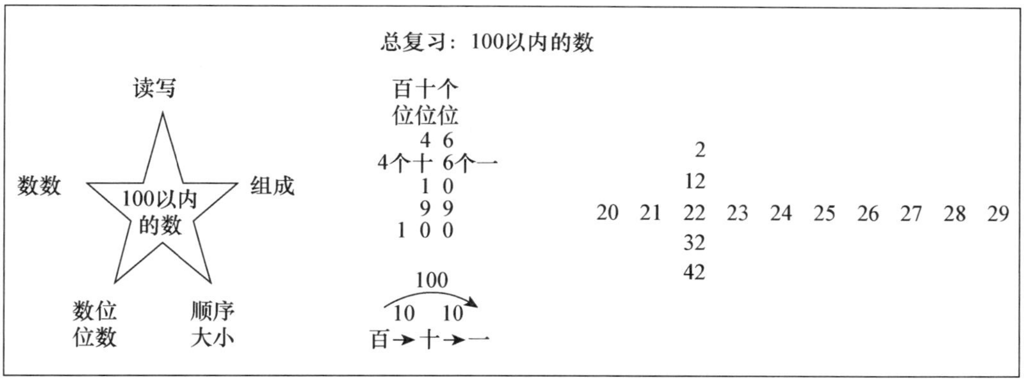

图 5－17

该板书不仅利用五角星图形展示了“100 以内数的认识”的学习内容和知识结构，还展示了数学的规律美与和谐美。有位哲学家曾说：数学就是在看似简单的事物背后探寻美丽的规律。这样的板书能给学生美的熏陶。

（三）板书设计欣赏

下面我们来欣赏不同课型的一些优秀的板书设计，它们不仅能给读者带来美的感受，也能使读者从中感悟到数学教学设计的魅力。

1. 新授课的板书设计

（1）数与代数的板书设计。

这是小学一年级的内容，该板书把有关 10 的认识的所有内容都展示出来了，为学生清楚地示范了不同的数数方法，如何有序地考虑 10 的组成，以及 10 的基数与序数的不同含义，让学生自然地学会了 10 和其他数的大小比较（见图 5－18）。

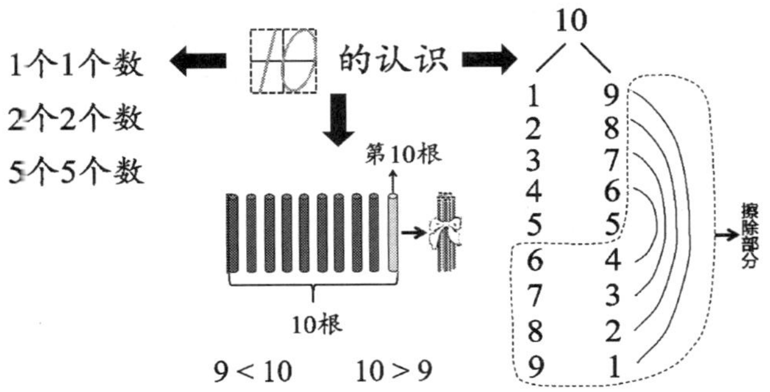

图 5－18

图 5－19 的板书设计既展示了 0 的含义，还把与 0 有关的计算整理出来了，同时为学生留下了思考的空间，向学生渗透了交换律以及函数的思想等。

0 的认识及有关加减法

0　　一个也没有，起点

4－4＝0	0＋1＝1	1＋0＝1	5－0＝5
3－3＝0	0＋2＝2	2＋0＝2	4－0＝4
2－2＝0	0＋3＝3	3＋0＝3	3－0＝3
1－1＝0	0＋4＝4	4＋0＝4	2－0＝2
	0＋5＝5	5＋0＝5	

图 5－19

而图 5－20 中展示的是分数的基本性质的推导过程。板书中特别强调了“0 除外”“同时”“相同”这几个关键词，并用点做了标注，以提醒学生注意。

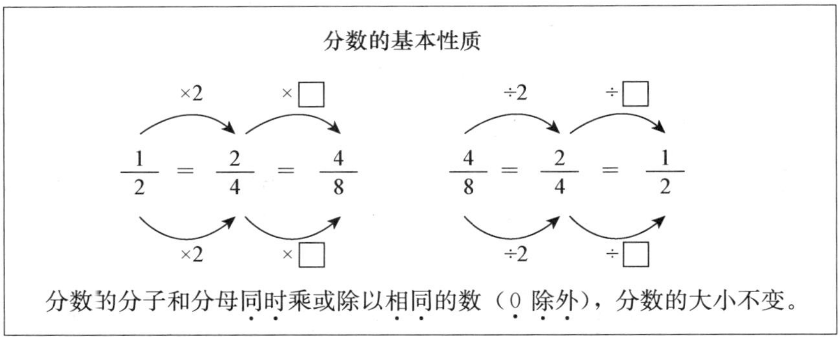

图 5－20

从图 5－20 中还可以知道，教学分数的基本性质采用的是上位学习的形式。

从图 5－21、图 5－22 中可知，这两部分内容的教学采用的也是上位学习的形式，而且从板书中就能知道这节课的基本结构和学习内容。

亿以内数的大小比较

黑龙江 454 800 平方千米，四川 486 000 平方千米，青海 721 000 平方千米。 小于 内蒙古 1 183 000 平方千米，西藏 1 228 000 平方千米，新疆 1 660 000 平方千米。

位数不同：位数多的数就大。

位数相同：从最高位起逐位比较，直到比出大小为止。

图 5－21

把亿以内的数改写成用万作单位的数

10 000＝1 万	12 756≈1 万
500 000＝50 万	1 389 000≈139 万
大小不变	用四舍五入法取近似数

省略万后面的尾数看千位上的数字“一看二取三改写”
- 千位：小于 5　四舍
- 千位：等于或大于 5　五入

图 5－22

图 5－21 学习的是亿以内数的大小比较，教学时先举实例，比较具体的量数的大小，再总结归纳出数的大小比较方法。

图 5－22 不仅揭示了“以个为单位的数改写成以万为单位的数”有两种情况，那就是“大小不变”与“取近似数”，还把如何用四舍五入法取近似数的要点总结出来了，通过“一看二取三改写”，让学生明确改写的操作步骤，减少学生的错误。

图 5－23 中，既有最大公因数的概念，也有最大公因数的三种求法及其书写格式，更揭示了公因数和最大公因数的关系，同时渗透了 3 和 19 是互质数的概念。

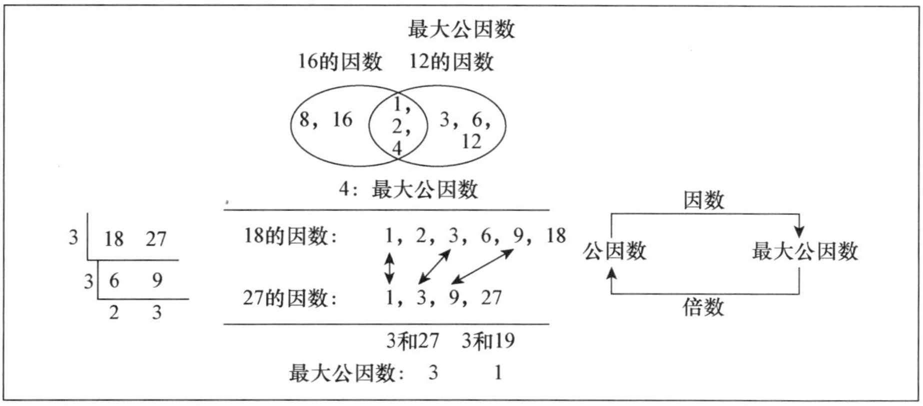

图 5－23

图 5－24 是解决问题的板书设计。显然，这是“十一类基本问题”中的乘法问题，属于倍比关系。教学中不仅要给学生展示解决问题的基本步骤，那就是“阅读与理解、分析与解答、回顾与反思”，还要引导学生学会借助线段图分析数量关系。由于这里是两个量之间的比较，所以，要用两条线段来表示军棋和象棋。通过线段图，发现解决这个倍比问题的实质是“求几个几是多少”，这样就把新问题与学生已学的乘法的意义联系起来了。

解决问题

求一个数的几倍是多少　　用乘法

（标准 1 倍）（几个 1 倍）

阅读与理解：象棋的价钱是多少？

分析与解答：画线段图

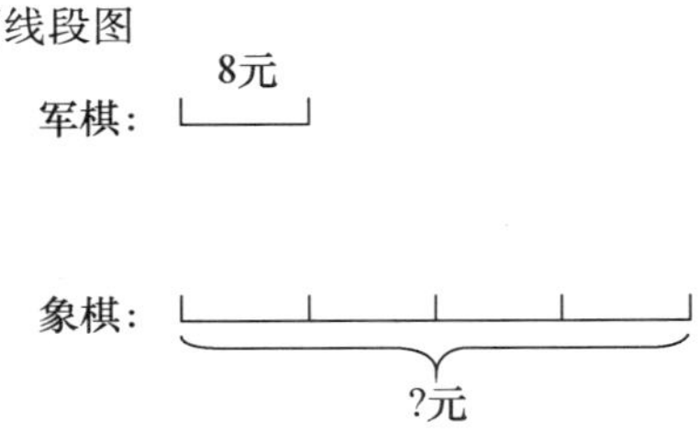

求象棋的价钱，就是求（4）个（8）是多少

8×4＝32（元）

回顾与反思：32÷8＝4　　　答：（略）

图 5－24

图 5－25 是用方程解决问题，解决问题的步骤与算术解法是相同的，也要经历“阅读与理解、分析与解答、回顾与反思”的完整过程。

实际问题与方程

阅读与理解：　　同时　　相向　　相遇

分析与解答：　　小林骑的路程＋小云骑的路程＝总路程

解：设两人 x 分钟后会相遇。

$0.25x+0.2x=4.5$

$0.45x=4.5$

$x=4.5\div0.45$

$x=10$　　答：（略）

回顾与反思：

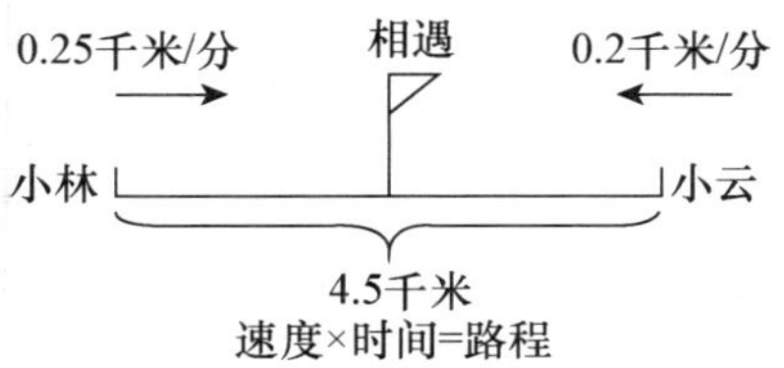

图 5－25

从图 5－25 可知，这是相遇问题的数学模型，板书中揭示了解决这类问题的三个要素，那就是“同时、相向和相遇”。

下面一道选择题可以用来判断学生是否掌握“相遇问题”。

两城相距 663 千米，两列火车从两城对开，甲车每小时行 54 千米，乙车每小时行 48 千米，求两车相遇的时间。

A. 6 点 30 分　B. 6 小时 30 分　C. 6.5 小时　D. 无法解答

解答此题时，有的人没有关注到这里缺少“同时”这个条件，导致选择错误，正确答案应是“D. 无法解答”。如果我们能在教学中注意通过板书（见图 5－25）揭示解决相遇问题的上述三个要点，就能减少学生的错误。

（2）图形与几何的板书设计。

图 5－26 是学习直线、射线、线段时的板书设计。该板书利用表格把直线、线段、射线的特点，以及它们之间的联系和区别展示出来了。而图 5－27 则不仅展示了圆面积计算公式的推导过程和应用过程，更渗透了“化圆为方、以直代曲”的思想方法。这样，教师教给学生的就不仅是解决问题的策略，更把学生的思维从“有限”引向了“无限”，使学生初步感受极限思想。

名称	图形	联系	区别		
			端点个数	延伸方式	能否度量
线段	•———•	线段、射线都是直线的一部分	两个端点	不能延伸	能（有一定的长度）
射线	•———		一个端点	向一端无限延伸	否（无限长）
直线	———		没有端点	向两端无限延伸	否（无限长）

图 5－26

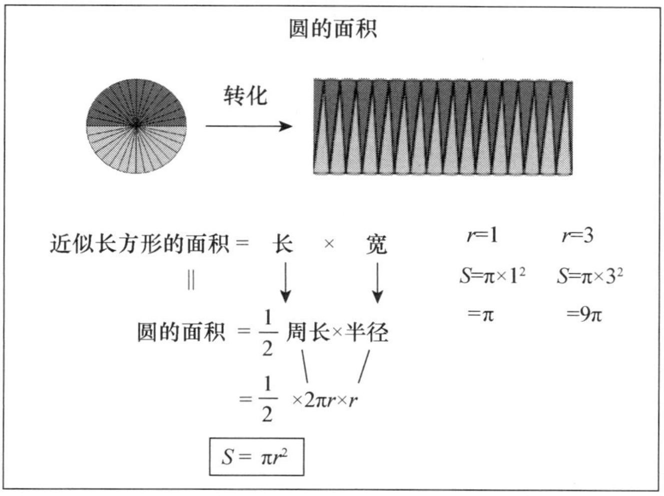

图 5－27

图 5－28 展示的是有关角的两个知识块：一是角的分类，二是画角顺序。这个板书不仅展示了锐角、直角、钝角等角的概念，还把它们的大小关系揭示出来了。但板书中“画角顺序”总结提炼得不够简练，显得有点琐碎。读者不妨根据画角的要领和小学生的特点，自己试一试该如何提炼才能言简意赅、恰到好处。

画角

角的分类：
- 0°＜锐角＜90°
- ∧
- 直角＝90°
- ∧
- 90°＜钝角＜180°
- ∧
- 平角＝180°
- ∧
- 周角＝360°

画角顺序：
- 画线
- 重合：中心　端点；0°刻度线　射线
- 取点
- 连线
- 标角度

图 5－28

图 5－29 中展示的是“角的度量”，通过四步“点对点，边对边，找零线，看刻度”，把量角的过程完整地展现出来了，简单好记，要点突出，学生容易理解和操作。

角的度量（单位：度；符号：°）

量角器

量法：①点对点　　角的大小；
　　　②边对边　　与边画的长短无关；
　　　③找零线　　看两边叉开的大小。
　　　④看刻度

图 5－29

图 5－30 的最大亮点是把一节课的主要内容完整地展示出来了。该板书中有三角形各部分名称的复习，有特征和定义的概括，对定义中学生容易混淆的“围成”两字还做了注解，同时把新学的高、高的画法以及三角形的稳定性也展示出来了。如果能在该板书的右下角画上直角三角形及其高、钝角三角形及其高，效果可能会更好。

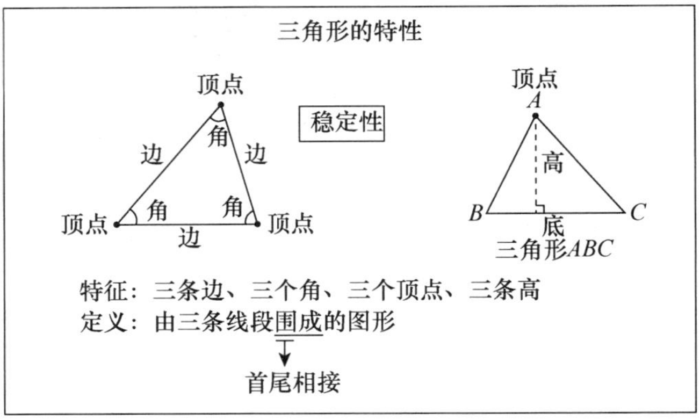

图 5－30

这里要提醒大家注意的是，由于课堂教学时间有限，在板书中图形较多的情况下，教师要先准备教具或图片，也可选择将一部分内容先画在黑板上用纸盖住，以提高课堂教学的效率。

图 5－31 的板书设计比较完整，但文字太多。有经验的小学教师一般不会在课堂中写太多的文字，以防学生“坐不住”。如果教师背向学生的时间太长，那么课堂管理容易出现问题；而且文字太多，学生不能抓住要点，只能死记硬背、不求甚解。为此，教师在进行教学设计时要把文字尽可能转化成图形、符号、表格，这也是对教师教学设计能力的一个考验。

面积和面积单位

物体表面
或
封闭图形　的大小就是它们的面积

□ 边长为 1 厘米的正方形的面积是 1 平方厘米

□ 边长为 1 分米的正方形的面积是 1 平方分米

边长为 1 米的正方形的面积是 1 平方米

比较两个图形面积的大小，要用统一的面积单位来测量。
常用的面积单位：平方厘米、平方分米、平方米。

图 5－31

（3）统计与概率的板书设计。

“统计与概率”的板书设计比较困难，因为画图、制表都需要占用很多时间。课堂中教师画的统计图要规范。有经验的教师会利用现代教育技术事先做好准备，或用挂图，或先画好格子、图形或坐标让学生填，以节约时间，把学生的精力都集中到统计思想的领悟和数据的处理与分析中。请看图 5－32 的板书设计。

纵向复式条形统计图

四（2）班四种卡通人物喜欢人数统计表

卡通人物 / 性别	喜羊羊	懒羊羊	灰太狼	红太狼
男	8	2	12	3
女	4	6	8	10

直观
形象、
简单 →

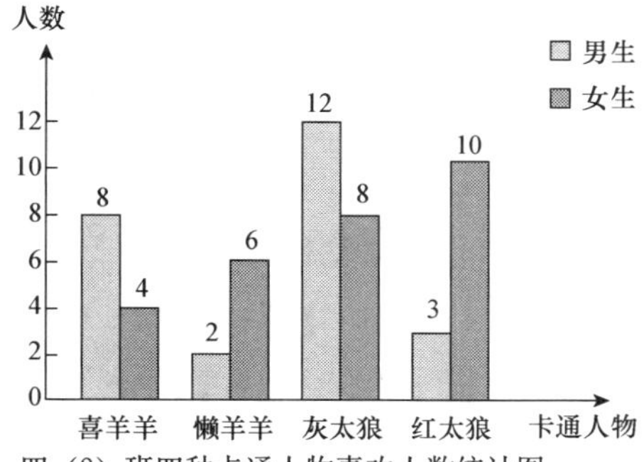

四（2）班四种卡通人物喜欢人数统计图

标题、图例、数字、条形统计图的竖条用颜色区分

共同点：可以统计多种量，进行对比和分析

图 5－32

显然，这里的统计表与统计图需要教师事先画好，或在上课前画好表格或坐标，在教学时再把重点内容填上去。

同样的内容，图 5－33 中的板书强调了引进复式条形统计图的必要性。通过统计表和统计图的对比，我们发现单式统计图虽然直观形象，但不利于对比。为此，需要引进复式条形统计图，并把单式条形统计图和复式条形统计图的异同解释清楚，让学生知道复式条形统计图不仅直观形象，而且有利于对比分析。

复式条形统计图

条形统计图 { 单式条形统计图 / 复式条形统计图

相同点：都有标题、横轴、纵轴、直条

不同点：{ 单式：反映一种数据的情况，没有图例 / 复式：反映两种或两种以上数据的情况，有图例

图 5－33

再来看图 5－34 和图 5－35。图 5－33 是“单式折线统计图”的板书设计，凸显了折线统计图的结构和特点，而图 5－34 是“复式折线统计图”的板书设计，强调了两种折线图之间的关系。

单式折线统计图

点　数量的多少

线　数量的增减变化

平——没变化　　缓——变化小　　陡——变化大

图 5－34

复式折线统计图

合并↑　↑增加折线、图例，便于比较

单式折线统计图

图 5－35

（4）综合与实践的板书设计。

最后欣赏“综合与实践”（见图 5－36 和图 5－37）和“数学广角”（见图 5－38 和图 5－39）的板书设计。

“摆一摆、想一想”是学习“100 以内数的认识”后安排的一次实践活动①，学生通过实际操作，巩固数位和位值的概念，进一步探索 100 以内数的特点和排列规律。图 5－36

① 邵陈标．小学数学常规课和创新课教学设计：一年级下．宁波：宁波出版社，2014：203.

的板书展示了学生操作后的成果——1～9 颗珠子分别能摆出的所有数，并通过分类整理揭示了 100 以内各数之间的关系，渗透了十进制计数法和排列的思想方法。

摆一摆、想一想

1 颗	1	10									2 个
2 颗	2	11	20								3 个
3 颗	3	12	21	30							4 个
4 颗	4	13	22	31	40						5 个
5 颗	5	14	23	32	41	50					6 个
6 颗	6	15	24	33	42	51	60				7 个
7 颗	7	16	25	34	43	52	61	70			8 个
8 颗	8	17	26	35	44	53	62	71	80		9 个
9 颗	9	18	27	36	45	54	63	72	81	90	10 个

图 5－36

而图 5－37[①] 展示了“打电话”的最优方案，是在学生实施了“确定研究主题、明确目的任务、准备课程资源、开展实践活动、交流与评价”等操作活动并提出了各种方案之后，教师从各种方案中挑选出来并进行改造后得到的思路图。这一思路图不仅能让学生看到操作的过程，还凸显了活动的结果，为学生留下了思考的空间，更为学生建立了如何打电话的数学模型。

打电话（最优方案）

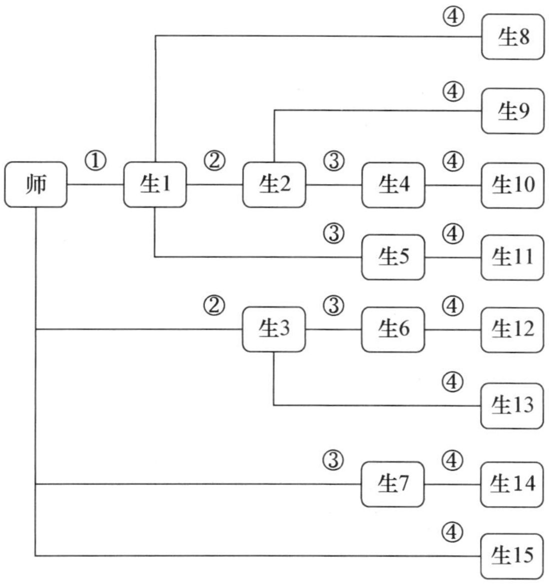

第n分钟　　老师和学生的总数：2^n　　　学生总数：2^n-1

图 5－37

① 沈丹丹．小学数学常规课和创新课教学设计：五年级下．宁波：宁波出版社，2014：181.

再来看图 5－38① 和图 5－39，这是“数学广角”中的内容，讨论的虽然也是优化问题，但板书中强调的是用了什么策略。

田忌赛马（对策问题）

齐王	田忌	获胜方	
上	下	齐 王	
中	上	田 忌	结果：2∶1　田忌获胜
下	中	田 忌	

策略：1. 让齐王先出；
　　　2. 用最弱的马来牵住齐王最强的马。

图 5－38

烙饼问题

	第一个	第二个		第一个	第二个	第三个
(1)	正	正	(1)	正	正	
(2)	反	反	(2)		反	正
			(3)	反		反

2×3=6（分钟）　　3×3=9（分钟）

4	5	6	7	8	9
2 2	2 3	2 2 2	2 2 3	2 2 2 2	2 2 2 3
(2+2)×3=12	(2+3)×3=15	6×3=18	7×3=21	8×3=24	9×3=27

策略：复杂 ⟶ 简单/已知

图 5－39

从图 5－37、图 5－38、图 5－39 的对比中我们发现，“综合与实践”内容领域的“打电话”的板书设计的重点是让学生积累活动经验，在活动中感悟思想方法，而“数学广角”中的“烙饼问题”和“田忌赛马”的板书设计更多的是揭示数学的思想方法，让学生在思辨中发现解决问题的策略和方法。

即使是小学低段的“数学广角”（见图 5－40）②，也要重视方法的提炼和总结。图 5－40 展示了如何“排列”才能不重复、不遗漏的思想方法。

数学广角

用 1，2，3 组成两位数

方法 1		方法 2
1 在十位：12　13		12　21
2 在十位：21　23		13　31
3 在十位：31　32		23　32
有顺序地写		交换位置

图 5－40

① 张红波．小学数学常规课和创新课教学设计：四年级上．宁波：宁波出版社，2014：233.

② 沈百军．小学数学常规课和创新课教学设计：二年级上．宁波：宁波出版社，2013：153.

2. 练习课和复习课的板书设计

先来对比图 5－41[①] 和图 5－42。图 5－41 是新授课的板书设计，它展示了质数与合数的分类过程，展示的是一个或几个知识点以及这些知识点的产生过程。而图 5－42 是复习课的板书设计，它强调的是各知识点之间的联系，展示的是一个知识体系。

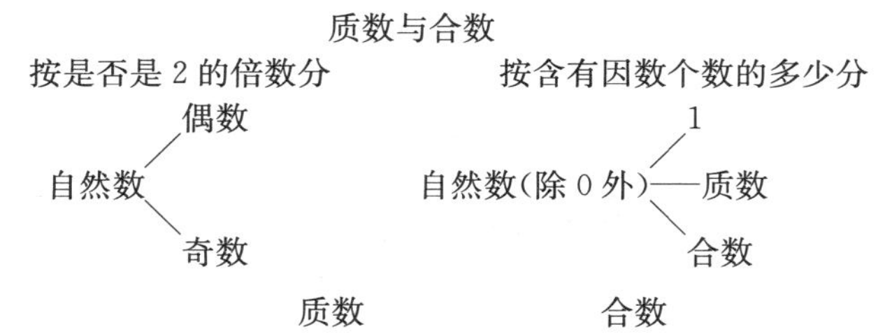

只有一个因数	只有 1 和它本身两个因数	有两个以上的因数
1	2，3，5，7，11，13，17，19，…	4，6，8，9，10，12，14，15，16，18，20，…

图 5－41

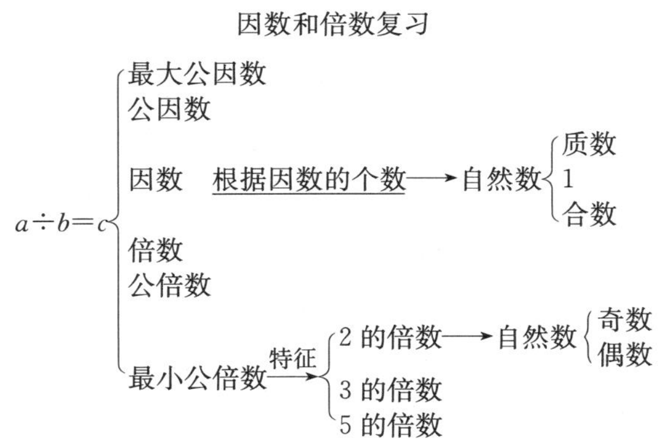

图 5－42

图 5－43 是练习课的板书设计，图 5－44 是复习课的板书设计，它们都十分重视构建数学知识网络，以强化知识之间的逻辑关系。板书把 5 以内数的认识与 10 的认识和计算中的各个知识点串起来，对学生形成良好的数学认知结构十分有益。

① 沈丹丹．小学数学常规课和创新课教学设计：五年级下．宁波：宁波出版社，2015：28.

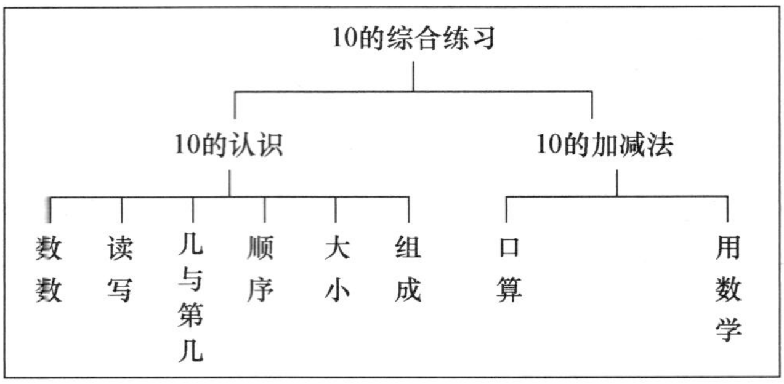

图 5-43

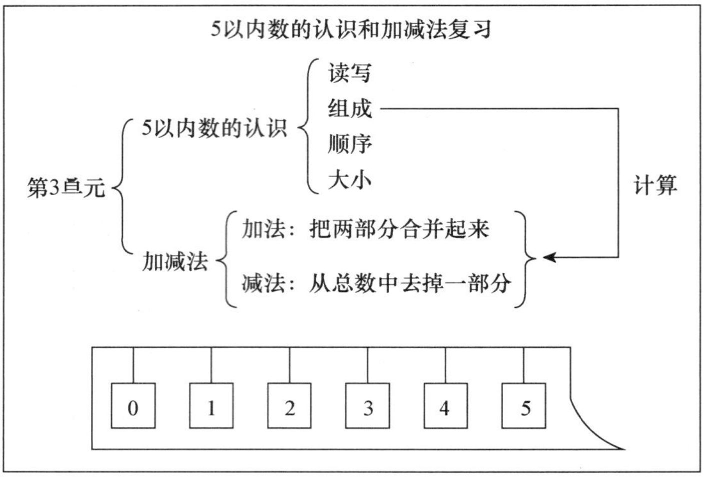

图 5-44

图 5-45 和图 5-46 都是除法有关内容的板书设计。图 5-45 是练习课的板书设计，通过练习把整除和有余数除法联结起来，同时揭示了被除数、除数、商、余数之间的关系。而图 5-46① 的板书设计是“除数是两位数”这个单元的整理和复习，把除的类型、除的策略、商的变化规律等知识点联系起来。

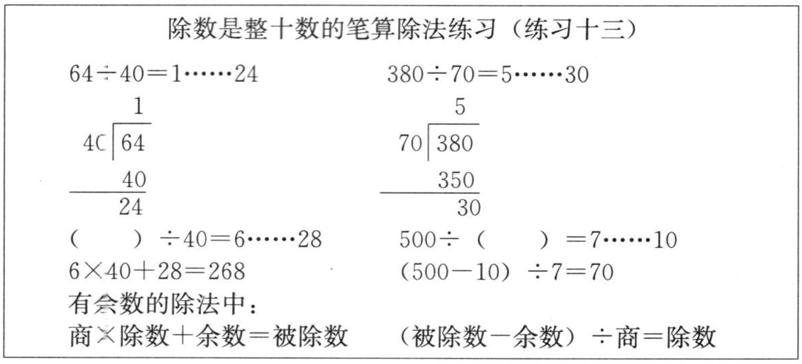

图 5-45

① 张红波．小学数学常规课和创新课教学设计：四年级上．宁波：宁波出版社，2014：142.

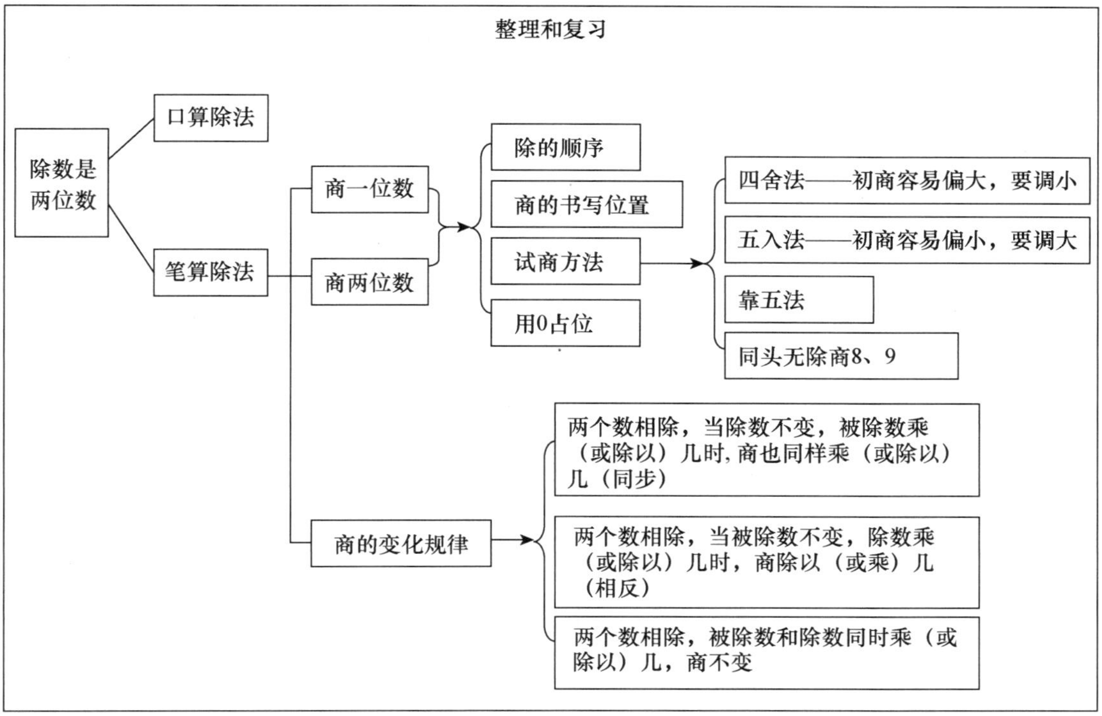

图 5－46

可见，练习课和复习课的板书设计一般会重视把所学知识串点成线、穿线成网，把操作过程和方法总结提炼出来，帮助学生掌握技能。

由于复习课的内容比较多，所以有时需要课前做一些准备。如图 5－46 所示，由于文字较多，因此教师可利用思维导图，在学生自行整理的基础上再形成上述板书设计。有的老师为了节约时间，会把每个方框中的文字写在小纸条上，让学生小组合作贴在小黑板上，教师在巡视中择优展示，或在学生展示基础上讨论修改。

再来对比图 5－47、图 5－48 和图 5－49① 的板书设计。图 5－47 是“小数乘法的单元复习和练习”的板书设计，图 5－48 是“小数除法的整理和复习”的板书设计，而图 5－49 是“小数乘除法的综合练习”的板书设计，这三个板书反映了单元复习和总复习的共性和个性。

小数乘法的单元复习和练习

小数乘整数　　　　小数点的处理
小数乘小数
连乘、乘加、乘减　　　　积的近似值（根据实际）
乘法运算定律　　　　简便计算
解决问题

图 5－47

① 沈丹丹．小学数学常规课和创新课教学设计：五年级上．宁波：宁波出版社，2014：185.

小数除法的整理和复习

小数除法的计算：一看二移三算　　用计算器求商（探索规律）

小数 { 有限小数；无限小数 { 无限循环小数——商的近似值；无限不循环小数 } }

图 5-48

小数乘除法的综合练习

计算方法

小数乘除法 —转化→ 整数乘除法　　乘法：先按整数乘法计算再在积中点上小数点

除法：除数是小数 —转化→ 除数是整数

运算顺序、运算定律 → 相同

方法一：$(23.2-17.4)\div 4$
$=1.45$（元）
≈ 1.5（元）

方法二：$23.2\div 4-17.4\div 4$
$=5.8-4.35$
$=1.45$（元）
≈ 1.5（元）

解决问题时，要根据实际情况取近似值。

图 5-49

最后，请看“平面图形总复习”的板书（见图 5-50），这个板书既是平面图形的知识结构图，实际上也是学生头脑中的思维导图，有助于学生厘清概念、明确关系，还带给学生美的享受。

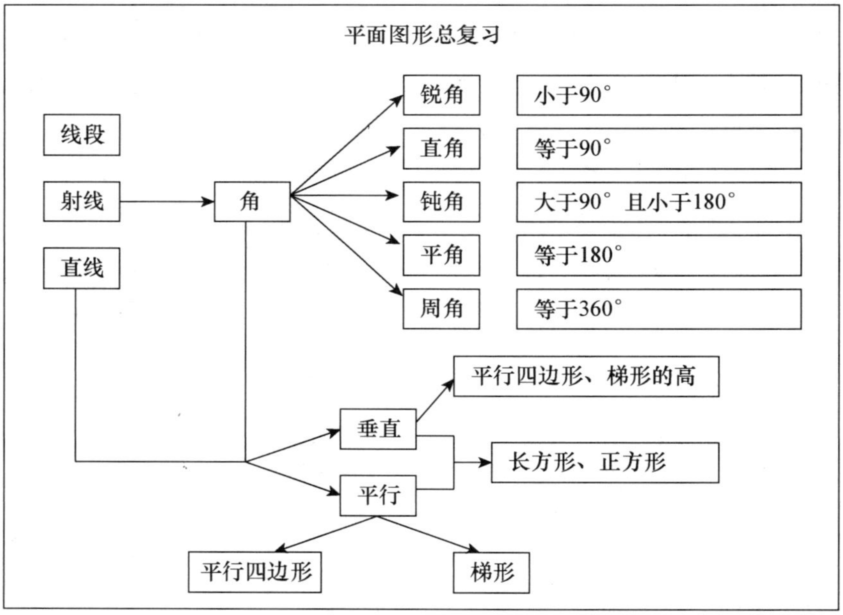

图 5-50

综上所述，小学数学板书设计不仅能帮助学生掌握知识要点和知识体系，巩固所学，启发学生思维，使学生形成良好的数学认知结构，还有利于培养学生良好的书写和思考习惯。更进一步来说，数学中的对称美、规律美、结构美、和谐美、理性美都可以通过板书传递给学生，板书是展示数学美的重要载体之一。音乐家说，数学是世界上最和谐的音符；美学家说，哪里有数学，哪里才有真正的美。数学板书设计是数学美和设计美的集中体现，展示的是教师的教学智慧。

思考与练习

1. 小学数学的导入设计有哪些策略？请举例说明。
2. 简要说明小学数学三种主要课型的基本结构及功能。
3. 谈谈你对“题海战术”的认识，你认为“新课标”下小学数学练习设计应注意什么？
4. 在前测的基础上，设计一节小学数学复习课，并附板书设计。
5. 收集一些板书设计的资料，感受数学板书的设计美。

阅读导航

1. 经典阅读

（1）林良富．超越模式的小学数学课堂教学．北京：教育科学出版社，2013.

（2）曹一鸣．中国数学课堂教学模式及其发展研究．北京：北京师范大学出版社，2007.

（3）格劳斯．数学教与学研究手册．上海：上海教育出版社，1999.

（4）沈丹丹，沈百军．小学数学常规课和创新课教学设计（一年级至六年级）．修订版．宁波：宁波出版社，2011—2015.

（5）黄爱华，张文质，等．“大问题”教学的形与神．南京：江苏教育出版社，2013.

（6）史宁中．基本概念与运算法则：小学数学教学中的核心问题．北京：高等教育出版社，2013.

（7）索耶．剑桥学习科学手册．北京：教育科学出版社，2010.

（8）孙佳威，张晶．数学提问力：促进儿童提问的活动设计．北京：教育科学出版社，2021.

（9）金香．会教・懂学：小学数学教师的八项修炼．上海：上海教育出版社，2021.

（10）严育洪．教学120：小学数学课堂教学问题诊疗．北京：教育科学出版社，2019.

2. 网络资源

一师一优课，http://1sik.eduyun.cn/

参考文献

中华人民共和国教育部．义务教育数学课程标准（2022 年版）．北京：北京师范大学出版社，2022.

中华人民共和国教育部．义务教育数学课程标准（2011 年版）．北京：北京师范大学出版社，2012.

教育部基础教育课程教材专家工作委员会．义务教育数学课程标准解读：2011 年版．北京：北京师范大学出版社，2012.

欧阳绛．数学的艺术．北京：农村读物出版社，1997.

加涅，韦杰，戈勒斯，等．教学设计原理．上海：华东师范大学出版社，2018.

陈琦，刘儒德．当代教育心理学．北京：北京师范大学出版社，1997.

柯普兰．儿童怎样学习数学：皮亚杰研究的教育含义．北京：中国宇航出版社，2002.

何克抗，林君芬，张文兰．教学系统设计．2 版．北京：北京高等教育出版社，2016.

施良方．学习论：学习心理学的理论与原理．北京：人民教育出版社，1994.

唐瑞芬．数学教学理论选讲．上海：华东师范大学出版社，2001.

张奠宙．数学素质教育设计．南京：江苏教育出版社，1996.

奥苏伯尔，等．教育心理学：认知观点．北京：人民教育出版社，1994.

黄建宏．小学数学教学心理初探．上海：上海教育出版社，1995.

施良方．课程理论：课程的基础、原理与问题．北京：教育科学出版社，1996.

沈丹丹．小学数学教例剖析与教案研制．南宁：广西教育出版社，2004.

张奠宙，巩子坤，任敏龙，等．小学数学教材中的大道理：核心概念的理解与呈现．上海：上海教育出版社，2018.

林玉体．西方教育思想史．北京：九州出版社，2006.

吴岱明．科学研究方法学．长沙：湖南人民出版社，1987.

史宁中．数学思想概论．长春：东北师范大学出版社，2008.

俞正强．种子课：一个数学特级教师的思与行，北京：教育科学出版社，2013.

胡作玄．第三次数学危机．成都：四川人民出版社，1985.

沈毅，崔允漷．课堂观察：走向专业的听评课．上海：华东师范大学出版社，2008.

郑毓信．新数学教育哲学．上海：华东师范大学出版社，2015.

吴正宪，刘延革．发展儿童数学关键能力．北京：教育科学出版社，2017.

吴正宪，范存丽．让儿童在对话中学数学．北京：教育科学出版社，2017.

吴正宪，张丹．让儿童在问题中学数学．北京：教育科学出版社，2017.

吴正宪，贾福录．让儿童在涂画中学数学．北京：教育科学出版社，2017.

陆虹．小学数学这样教：一名数学特级教师的修炼之路．上海：上海教育出版社，2019.

潘菽．教育心理学．北京：人民教育出版社，1980.

管尤跃．小学数学问题解决图示法教学实践研究．上海：华东师范大学出版社，2020.

陈琦，刘儒德．当代教育心理学．北京：北京师范大学出版社，1997.

马克思，恩格斯．马克思恩格斯全集：第 20 卷．北京：人民出版社，1971.

刘松．小学数学常规课和创新课教学设计：六年级下．宁波：宁波出版社，2011.

张红波．小学数学常规课和创新课教学设计：四年级上．宁波：宁波出版社，2014.

金莹．小学数学常规课和创新课教学设计：一年级上．宁波：宁波出版社，2012.

邵陈标．小学数学常规课和创新课教学设计：一年级下．宁波：宁波出版社，2014.

沈丹丹．小学数学常规课和创新课教学设计：五年级下．宁波：宁波出版社，2014.

沈百军．小学数学常规课和创新课教学设计：二年级上．宁波：宁波出版社，2013.

沈丹丹，黄冠麟．师生解题方法与解题错误的比较、分析．中小学数学（小学版），2008（12）.

沈丹丹．开展数学建模活动促进小学教学改革．宁波大学学报（教育科学版），2002（5）.

吴晓红，郑毓信．从质疑到释疑：数学教育国际比较可比性解读．比较教育研究，2007（8）.

沈丹丹．简论数学符号语言的特征．现代语文（语言研究），2015（9）.

王荣生．语文课程标准所预示的范型转换．教育研究，2003（2）.

李红梅．数据分析观念的认识及调查分析：以七年级学生为例．数学教育学报，2014（4）.

沈丹丹，郭芳莉．新加坡小学数学教材的发展过程、特色及启示．课程・教材・教法，2010（7）.

杨宏．搭—拆—想，在系列活动中推进空间观念的培养：“长方体的认识”教学实践与思考．小学数学教师，2020（12）.

杨重生，张丹，孙京红．“平均数的认识”教学设计与说明．小学数学教育，2021（13）．

王嫦娥．比较优化渗透转化：以“平行四边形的面积”教学为例．小学数学教师，2014（9）．

陈亚明．“数学广角”的教学思考与实践．教学月刊：小学版（数学），2013（10）．

袁晓萍．由薄到厚由厚到薄：“整理与复习：圆柱与圆锥”一课的教学实践与思考．小学数学教师，2016（2）．

后 记

第一版书稿是我在 30 余年所积累的教学素材基础上，用了一年多的时间写作而成的。不仅写作时间长，写作地点也较多，从浙江四明山到海南岛，从自己工作与生活的宁波到女儿定居的墨尔本，最终于国庆 67 周年之际顺利完成，出版之后得到了广大读者的信任与支持。

本书出版后这几年，国家对培养学生核心素养的具体要求不断提高，提高小学生数学素养方面也有新的研究成果，这些变化使得修改本书显得尤为必要。在第二版的修改中，我们以不久前颁布的《义务教育数学课程标准（2022 年版）》为依据，增加了一些在教学实践中不断研磨的经典案例，借鉴了优秀教师的成功经验，并充分吸取了广大读者的建设性意见。其间本人由于身体不适等各种原因，将完成期限一拖再拖。为了跟上时代的步伐，为了能按时完成修改任务，特邀请了宁波市名师、专业能力突出的杨宏老师共同参与，在她的辛苦努力下，终于顺利完成了修改任务。杨宏老师在第二版修订中承担了重要的任务，不仅结合案例对 2022 版新课标提出的十一个核心词进行了详细的解释说明，还重新修改与撰写了书中的许多案例，确保每一个案例都能体现 2022 版新课标的改革要求。此外，杨老师对本书中运用的教材插图进行了严格审核，对不符合要求的插图进行了修改或重新绘制。

作为教育部人文社会科学研究规划基金项目（项目批准号 11YJA880086）的研究成果之一，我们希望本书再版后能使读者对《义务教育数学课程标准（2022 年版）》的特点有所了解，能在一定程度上满足读者对教师专业发展与教师资格考试的现实需求，能为广大读者提供最前沿的一些教学信息，同时也期望第二版能给一线教师的教学改革提供更多的支持和帮助。

这两版书稿的写作历时较长，写得也很辛苦，在整个过程中得到许多人的帮助。首先，本系列丛书的总主编惠中教授，他的欣赏和鼓励，给了我们信心与力量，他严谨的工作态度和工作作风永远是我们学习的榜样。其次，中国人民大学出版社的领导和编辑，特别是王雪颖老师和刘袁源老师，提供资料，不断提出修改意见，让我们的教学理念能跟上时代发展的步伐。朱乐平、林良富、张红波、沈百军、陈亚明、陈幸、邵陈标、王世彦等老师对本书也提供了许多帮助，在此一并表示感谢！

宁波大学数学与统计学院　沈丹丹

2022 年 6 月 24 日

教学支持说明

（教学课件）

中国人民大学出版社教育学科秉承“出教材学术精品，育人文社科英才”的出版宗旨，多年来，出版了大批高质量的教育学、小学教育、学前教育专业教材和学术著作。

我们为本教材制作了相应的 PPT 教学课件，任何一位采用本书作为授课教材的教师均可免费获得该课件。为了确保该课件仅为授课教师获得，烦请您填写如下材料，并将相关信息通过 E-mail 发送给我们，我们将在收到相关信息后通过 E-mail 给您发送该课件。欢迎您加入我们的 QQ 群（教育新视野交流群，群号为 159813080），或登录我社官方网站（www. crup. com. cn），注册并认证成为教师会员，以获得更好的服务。

我们的联系方式：

地址：（100872）北京市中关村大街甲 59 号文化大厦 1202 室

中国人民大学出版社

电话：（010）82502724　62514775（传真）

E-mail：ggglcbfs@vip. 163. com

QQ 群：159813080

兹证明____________大学/学院__________院/系__________专业__________学年第__________学期开设的______________课程，采用中国人民大学出版社出版的________________________（书名、作者）作为本课程教材。授课教师为____________，授课班级共______个、学生______人。授课教师需要与本书配套的教学课件。

联 系 人：____________________

通信地址：____________________

邮　　编：____________________

电　　话：____________________

E-mail：____________________

系/院主任：__________（签字）

（系/院办公室章）

______年____月____日